教育部哲学社会科学发展报告建设（培育）项目
山东大学、文化部民族民间文艺发展中心资助

Report on Development
of China's Folk Culture 2013

中国民俗文化发展报告

2013

张士闪　主编

北京大学出版社
PEKING UNIVERSITY PRESS

图书在版编目(CIP)数据

中国民俗文化发展报告.2013/张士闪主编.—北京:北京大学出版社,2014.10
ISBN 978-7-301-24808-9

Ⅰ.①中… Ⅱ.①张… Ⅲ.①风俗习惯—研究报告—中国—2013 Ⅳ.①K892

中国版本图书馆 CIP 数据核字(2014)第 209867 号

书　　　　名：中国民俗文化发展报告2013
著作责任者：张士闪　主编
责　任　编　辑：闵艳芸
标　准　书　号：ISBN 978-7-301-24808-9/G·3886
出　版　发　行：北京大学出版社
地　　　　址：北京市海淀区成府路205号　100871
网　　　　址：http://www.pup.cn
新　浪　微　博：@北京大学出版社
电　子　信　箱：minyanyun@163.com
电　　　　话：邮购部 62752015　发行部 62750672　编辑部 62750673
　　　　　　　出版部 62754962
印　刷　者：北京宏伟双华印刷有限公司
经　销　者：新华书店
　　　　　　　730毫米×980毫米　16开本　21印张　393千字
　　　　　　　2014年10月第1版　2014年10月第1次印刷
定　　　　价：55.00元

未经许可,不得以任何方式复制或抄袭本书之部分或全部内容。
版权所有,侵权必究
举报电话:010-62752024　电子信箱:fd@pup.pku.edu.cn

学术委员会

主　任：
　　李　松　文化部民族民间文艺发展中心主任
委　员：
　　赵世瑜　北京大学教授、博士生导师
　　刘铁梁　山东大学教授、博士生导师
　　李文亮　国务院参事室国学中心副主任
　　张　刚　文化部民族民间文艺发展中心副主任
　　刘德龙　山东省政协文史委员会主任
　　周　星　日本爱知大学教授
秘　书：
　　朱振华　山东大学儒学高等研究院博士生

目　　录

2013　总报告

2012 年度中国民俗文化发展总报告 …………………………………… 3
　一、2012 年度中国民俗文化发展考察的理论基点与方法 ………… 3
　二、2012 年度中国民俗发展考察的六个发现 ……………………… 5
　三、2012 年度中国民俗文化发展七项建议 ………………………… 19

2013　分题报告

2012 年度中国民俗文化研究综述 ……………………………………… 25
　一、理论探讨 …………………………………………………… 25
　二、田野研究 …………………………………………………… 43
　三、民俗文化发展策略 ………………………………………… 60
2012 年度国家非物质文化遗产保护制度与民俗文化发展报告 …… 69
　一、2012 年我国非物质文化遗产保护工作的发展与对策建议 …… 71
　二、2012 年中国民俗文化发展概况 ………………………………… 90
2012 年度中国城乡廊道与民俗传统的变迁 …………………………… 113
　一、非物质文化遗产传统的双重属性与民俗文化的双层约定 …… 113
　二、中国区域传统中城乡廊道的公共意义与六要素 ……………… 116
　三、20 世纪 80 年代以来中国城乡廊道的变迁与民俗传承状况 … 120
　四、2012：城市化进程中中国民俗发展的九个面相 ……………… 130
　五、非遗的功利性诉求与城市化进程中非遗保护的典型空间分析：
　　　文化生态保护(馆)区 ……………………………………… 137

2013 专题报告

2012 年度中国"汉服运动"研究报告 145
- 一、"汉服":追求文化纯粹性的寻根 145
- 二、旨在建构"汉服"的汉服活动 151
- 三、收获:2011—2013 年汉服运动的最新动态 159
- 四、瓶颈与前景:汉服运动对"中式服装"可能的贡献 169

2012 年度中国农村婚俗研究报告 175
- 一、多元化的婚姻模式 175
- 二、动荡的婚姻 184
- 三、非正常婚姻形式 186
- 四、婚姻仪式的变迁 190
- 五、婚姻的伦理性危机 194
- 结语 200

2012 年度中国民间信仰研究报告 202
- 一、历史回顾:近代以来中国社会中的民间信仰 206
- 二、新世纪以来的非物质文化遗产保护运动与民间信仰的全方位复活 217
- 三、2012 年民间信仰实践的发展情况 225
- 四、2012 年民间信仰研究方面的主要成果 238
- 结语:问题与展望 254

2012 年度中国网络谣言与民间话语研究报告 264
- 一、2012 年的谣言大势 265
- 二、谣言生产和传播的专业化倾向 267
- 三、钓鱼谣言日渐流行 268
- 四、图片谣言成为新的谣言生长点 270
- 五、网络谣言的"自净"功能 271
- 六、信谣和传谣是一种情绪 273
- 七、谣言的变异性特点 275

跨越数字鸿沟:2012 年度中国民族文化资源保护
——信息化时代中国民俗文化数字化的现状、问题与对策 277
- 一、信息化时代带来变革 277
- 二、民俗文化与信息化时代的相遇 279
- 三、我国的民俗文化数字化现状 283
- 四、国际趋势和经验 287

五、跨越数字鸿沟……………………………………………… 289
　　附:跨越"数字鸿沟"与文化创新……………………………… 290

2012年度中国民俗旅游发展报告 …………………………………… 296
　　一、2012年度中国民俗旅游发展的背景分析………………… 297
　　二、2012年度中国民俗旅游发展状况综述…………………… 300
　　三、2012年度民俗旅游发展和产业运行对策建议…………… 309
　　四、2012年度中国民俗旅游十大热点话题…………………… 318

后记 ………………………………………………………………… 328

总报告

2013

2012年度中国民俗文化发展总报告

张士闪　李海云[*]

近30年来,中国社会日趋成熟,民众生活方式与价值观日趋多元。一方面,改革开放推动了民众主体意识的日益觉醒,民间自治资源活力重现;另一方面,在新旧体制转轨期间,各地程度不同地出现了社区振荡、发展失衡的现象。以此为背景,我国在最近10年里加大了改革力度,改革进入深水区。特别是近年来,中国社会结构变化之深、利益格局调整之大、遭遇的外部环境之复杂,实属罕见。市场经济的冲击余波未了,全球化、民主化、信息化的浪潮又叠加而来。越来越多的人已意识到,中国正面临比经济转型更具挑战的社会转型。民众不仅需要福利的拓展,也要公平的提升;不仅要法制体系的建设,也要法制权利在社会的落地生根。在国家掌控庞巨社会资源,同时以此为依托致力于持续的渐进式的民主化改革进程中,随着公众参与意识、表达意识、监督意识的增强,来自公众的对于政府公信力的质疑和批评将会持续存在并趋于具体化、明晰化。不言而喻,作为中央决策提出的要"最大限度激发社会活力",关键之处在于尊重民意、民心,用好民智、民力,从倾听民众诉求中改善治理,在及时回应中引导公众参与,在良性互动中促成社会共识,让政府职能的转变促成社会的蓬勃发展,促进政府公信力的保值增值。民众的诉求,总是基于其当下的生存状态,因循民俗文化的叙事传统而表达,借助国家与社会之间的互动框架而实现。2012年的民俗文化发展,将之置放于当代中国社会的总体发展中考察,可以发现诸多转机已然出现,民俗传统在当代社会整体建设中扮演了多重角色,就其整体而言已经加入中华民族伟大复兴的合奏。

一、2012年度中国民俗文化发展考察的理论基点与方法

民俗文化在当代社会发展中扮演何种角色以及如何扮演,是本报告考察2012年度中国民俗文化发展的逻辑起点。民俗文化,是涵纳丰富的历史社会信息、植

---

[*] 张士闪,山东大学文化遗产研究院副院长,儒学高等研究院民俗学研究所所长,教授,博士生导师;李海云,山东大学儒学高等研究院民俗学研究所博士生。

根于民族生活的深厚土壤之中的文化传统之一种,对于当代社会具有积极的建构与助推意义。民俗发展有关国运,要认识到这一点并不容易。在我国,历经了十年"文革"矫枉过正的"移风易俗",和改革开放三十余年以来将民俗文化传统单纯视作产业资源、所谓"文化搭台,经济唱戏"的"民俗热"之后,民俗文化对于中华文化传统的根性支撑的意义,在当代社会发展的宏大格局中正在扮演和可能扮演的角色,才在知识界与民众中得以实现观念启蒙。

关于民俗文化观念的这一创新性认识,民俗从单纯的文化传统上升为社会建设的主要资源,这种创新观念的发生,源自学界近二十多年来持续不断的探讨,以及从政府到地方社会的具体实践,从而构成了2012年中国民俗文化发展的界面特征。这主要体现在两个方面:一方面,知识界在对国家政治强行干预民俗传承进行反思的基础上,观察到民俗文化与国家社会发展的内在关系,并给了予深入揭示。这种关系主要表现为:当国家权力强力干预民间生活时,民间会通过种种改头换面的方式对权力干预进行"应付";当国家将社区发展的权力部分地让渡于民,国家与民间保持相对的独立性时,民间自治资源就会在一定程度上获得复生。在当今全球化时代,文化层面的"礼俗互动"与现实社会中的"官民互动"的通道是否顺畅,关乎中华民族伟大复兴能否真正实现。换言之,知识界在其细致的观察中指出,以民间精英的崛起为表征的民俗传统的复兴,并不一定指向与国家政治的背离。为了能让自身权威身份得以确立,民间精英必然要对社区族群有所作为(经济的、文化的、道德的等等),或主动向国家政治话语靠拢。这种由国家的粗放型管理与民间自治模式相结合、在互动中分治民间社会的现象,在中国现阶段具有相当的合理性。

另一方面,民俗传统勃兴并在当代社会发展格局中扮演重要角色,看似与全球化、现代化的人类社会发展大趋势逆向而行,其实是代表着当今社会一种特殊的进化力量。当全球化、现代化的发展势头落实到区域社会,就必然表现为一方水土遵循自身的生活传统,努力地适应现代社会发展、不断自我更新的生活实践,而民俗传统必然会在这一进程中担当一种特殊的社会角色。民俗传统,毕竟内含着一方民众的集体智慧与文化逻辑,承载着区域社会长期传承的道德观念、精神需求、价值体系等,对于区域社会具有潜移默化的约定性,从而保证了一方民众的幸福感底线与区域社会的平稳和谐发展。反过来说,民俗传统在当代全球化社会中所发生的传播与嬗变,也并不必然形成对其社会"母体"的背离或消解。因为作为一种人文内涵深厚的区域传统,民俗文化原本就包含着人同此心的全人类性。但这种全人类性不是指所有民俗传统在文化内涵与形式上的趋同,而是指民俗传统体现了人类面对现实环境天然具有的生态适应性,通过民俗,人与人通过在现实境遇中主动建构自身生活世界方面找到了共同的价值指向。不言而喻,全球化背景下的中国社会,只有在与其他国家的文化各自保持一定差异的前提下才能来谈全球化、普适性的问题,否则,它就只能沦为跨国意识形态"在地化"的空壳,成为飘荡在全球化网络上的孤魂。事实上,中华民族正是凭借文化传统的高度连续性与独特的民俗生活方式,源远流长绵延至今,并在当今世界显示出强大的文化软实力与文化增长潜力。因此,民俗文化传统的当代传承,表面上看是一个社会实现稳定传承的精气神;时至今日,在当代全球化语境下民俗传统引导人们直面挑战、积极调适、创化新生并主动参与国家文化建构,在社会发展宏大格局中扮演越来越重要的角色。

新世纪以来,中国民俗文化通过"活态传承"在社会发展宏大格局中扮演重要角色观念,已经在与"以经济建设为中心"的强势话语形成对冲磋磨之势,最终在实现中华民族伟大复兴与提升民众幸福指数的意义上谋求互补。那么,民俗文化在参与国家文化建构、在社会发展大格局中扮演重要角色这一问题,如何被提上日程,如何突破惯性思维的瓶颈,并在现实生活中有所表现?这一社会现象,在未来的社会发展中又有何趋势?基于此理论反思,本年度报告的考察宗旨,在于强调年度民俗文化的"社会担当"与"自我调适"双重视角。所谓"社会担当"视角,是指本报告关注民俗文化在国家决策、政府施政、法制建设、区域发展及全球化问题中的介入问题,希望在充分把握民俗文化在当代中国社会发展宏大格局的契机与途径的前提下,探索民俗文化在当代中国社会实践中的角色扮演问题。所谓"自我调适"视角,是强调对民俗文化在当代中国现代性语境中的积极调适与创生活力的考察。

基于上述考察宗旨,本年度报告仍将遵循《中国民俗文化发展报告2011》所形成的有效模式,着意突出以下三个方面:

一是注重考察年度民俗活动的现场性与创生性特征;

二是注重把握年度民俗活动的"节点"事件,通过对"节点"事件的深入阐释,连"点"成"线"、连"线"成"片",呈现年度民俗文化发展的内在"纹理"与发展"脉络";

三是注重树立"大民俗"观念,不仅考察年度民俗发展中传统民俗在当代文化语境中的创生,以及现代性活动中的新生民俗,更要关注民俗传统在当代中国社会发展宏大格局中的"再嵌入"问题。

二、2012年度中国民俗发展考察的六个发现

(一)民俗的政治功能受到空前重视,传统中国社会中的"礼俗互动"框架在当代社会中活力重现

在中国政治传统中,官民间具有良好而合理的互动框架,具体而言,体现为民

众向国家寻求文化认同并阐释自身生活,国家向民众提供认同符号与归属路径。在传统社会中,民俗文化的社会担当建基于以"礼"为中心的宗法制度,以"礼俗互动"的形式建立了民俗与国家社会宏大格局的共生关系。近现代以来,以"公法"为中心的现代法律体系逐渐成为中心,而作为"习惯法"的传统礼俗逐渐凋零。但即使是"五四运动",也并没有打破国家与民间的礼俗互动模式,而只是试图为这种互动提供了新的内容与方式,如对"国家"的理解,"民"的内涵,"文化""革命"等概念的引入与意义赋予等。因为我国的传统文化,是随着中华文明的演进而逐渐汇集凝练而成的反映民族生活特质和精神风貌的一种民族文化。大致说来,中华传统文化在载体形式上可以分为两类,一是文献典籍,一是民俗传统。其中的民俗是传统文化之根,最贴切中华民族的生活世界,古往今来滋养着民众的生命情感。而在中华传统文化的社会贯彻实践中,一直有着一种礼俗互动的流畅渠道,它是中华民族源远流长的有力保障,也是这个民族走向伟大复兴的基石。

中华文明的发展及当代海内外中国学的研究已一再证明,民间社会是中国传统文化的深厚载体。在中华文明传承发展史上,国家意识形态的提倡,在很大程度上要在向民间社会生活的贯彻中才能真正落实。近现代社会以降,中国传统文化遭遇现代文明的巨大挑战,使其在表面上退出了中华文明的主流传承谱系。但这只是表象,其实中国文化传统并未失去传承,而是在民间社会中一直有所维系,并在20世纪80年代以降出现复振态势,民俗传统的复活与再造是其表征之一。时至今日,虽然因以全球化、都市化为特征的现代化进程的迅速普及,民俗文化的连续性、系统性、整体性已严重受损,但民间社会对于传统文化的葆育传承能力是惊人的。大量民俗田野调查证明:中国传统文化的精髓至今仍以较为完整、活态的民俗生活方式在继续传承,并借助民间社会的内部逻辑,在与现代化进程的对撞中产生了创新发展。传统文化的一些重要概念,如"心""性""道""教""公""私""义""利""王""霸""理""礼""事""功""天命""道德"等,至今仍被频繁地使用于中国各地民众生活的各种场合,并且通过语音转化、语义挪移等方式密切地杂糅于日常交际中,在表述传统、化解纠纷、统合伦理秩序等方面起了极其显著的"以言行事"之作用。这些话语被民众赋予一种恒久性、普世性的意义,已经凝结为种种具有鲜明地方感的民间叙事提示符,时刻提示着"家"与"国""天下"之间的深刻联系。这些民间话语,体现了民众个体自觉与乡土社区乃至国家政治相涵化,使"礼"向"俗"落实、以"俗"涵养"礼"义的礼俗互动逻辑。如果我们将民俗文化理解为一种富有活力的文化因子,就会发现,它在中国社会发展进程中所产生的影响力日益扩大,而其自身也在这一社会进程中显现出自我调适、多元创生的文化活力。

以兴起于2002年,在2012年表现得极其活跃的"汉服运动"为例。以全球化为背景,汉服运动显然具有"全球在地化"的生活实践性质,它力图建构并突显中国符号,以强化自我族群的符号认同(相对于和服、韩服、西服等而言),追溯并试图保持中华文化之根。这一民间自发形成的社会运动,目前处于多元并起、自由聚散的状态,但其倡导者都积极参与国家层面或地方政府主导的相关活动,并在话语模式上与国家保持高度一致,努力使汉服不断地介入社会公众的主流生活,从而凸显了汉服运动以民俗传承为载体寻求被涵纳于主流价值体系的努力。汉服运动的口号之一乃是"华夏复兴"或"兴汉",这和官方所谓"中华民族的伟大复兴"以及"中国梦"等表述颇多契合。服饰作为民俗文化之一种,具有联通生活世界与文化意识的功能,而选择某种服饰、赋予一定的文化意义从而形成一呼百应之势的汉服运动,其实与长期扎根于某一社区的民俗仪式活动的生成运作机制是相似的,也与中国大多数自下而上的自发的民俗活动一样,非常渴望得到官方的支持和承认。

在经历了长时期的冷落之后,民俗文化在中国社会各种合力的共同作用下,在贴近国家政治、建构社区价值的层面积极地有所作为,从而为其自身的复兴提供重要基础,这是其政治倾向性凸显的主要内涵。而基于民俗文化的社区传承而建构起来的国家主流价值,因为有着广大民间社会的生活支撑,也将显示越来越大的影响力。2012年,民俗文化传统与国家主流价值呈现出多方面的相互融合、彼此借助的迹象。

(二)国家正在大力推行的城镇化建设,对于民俗文化的发展走势影响巨大

新型城镇化建设作为一项国策,在自上而下推行于乡土社会的过程中,必然会面临来自乡土社会的接受、理解、应对与涵化。因此,我们应从村落基层出发,自下而上地观察新型城镇化建设的"落地"情势,直面乡土传统与新型城镇化建设之间的种种纠结与冲突。新型城镇化建设的关键在于"人的城镇化",而"人的城镇化"的基础是人的社区化,包括岁时节日、人生礼仪、游艺、信仰、家族等民俗传统,理应成为当代城镇化建设"社区落地"的重要构建因素。上述乡土传统,曾长期被学者视为零碎、散在的"文化遗留物",现代民俗学则将其视为具有完整体系、常在常新的"地方性知识",在乡土社区中起到交流思想情感、编织社会网络、组织生活生产等作用。在乡土社会发生剧变的今天,应将乡土传统置放于百年中国的历史背景与当下乡土生活实践状态中予以观察,发挥它在理解现实生活、助推社会发展等方面的作用。对于民俗文化在当今城镇化建设中的角色扮演,可以从三个方面予以理解:

首先,城镇化导致乡村民俗"碎片化"。传统意义上的村落,自有其社会秩序与权力格局。传统村落的生活组织方式倾向于单纯、明确,作为其表现形式的民俗规约具有稳定性,而民众对之运用得心应手,具有一定的灵活性,因而在面对内忧外患时往往能释放相当的活力。纵观整个20世纪,来自国家政府的强势介入对原有的乡土生态造成了强烈的"扭转",而传承乡土传统的民众个体及民间组织,往往会有条件地选择与政府合作,将之视作改善自身生存的契机。为适应即时政治需求而形成的"新传统",或许代表了乡土文化的一层外壳,凸显的是乡土传统坚忍的适存能力。

在过去的十几年中,中国乡土社会发生了巨大的变化。从某种意义上说,这场变化是由乡土社会内部生发出来的,比较契合乡土社会发展的内在逻辑,并最终规定着乡土社会的现代走向。无论是多种经营的生产方式、满足农村商业需求的集市贸易、以家族联系为纽带的合作方式、土地承包和转包制度中的长期化,还是多种形式的帮工换工、集体入股的民俗村经营模式、逐渐取得合法地位的民间借贷等,其实都有相当悠久与深厚的乡土渊源,可以被视为是民间自治传统在当今乡土社会语境中的重建与再造。

近年来,村落中青壮年长期向城市的涌动和迁居("去村落化"或"城镇化"),与村落生活的城市化转变("在地城镇化"),构成了当代中国乡村社会"城镇化"的基本特征。来自国家政策的对于城镇化进程的加速推进,对所有社会阶层特别是农民群体来说,既是发展机遇,又面临诸多问题。一方面,农民"上楼"变为市民,在获得一定生活便利、享受到当代文明福祉的同时,也在一定程度上拉动和扩大内需,促进经济稳速发展;另一方面,这些农民面临着劳作模式、生活方式和文化认同方面的巨大变化,以他们为主体所组成的大量新型社区,其组织过程和文化建设等成为重要问题。如果各方利益的协调是稳定的,将形成有序的过渡,正在经历阵痛与撕裂的乡土传统将在调适中相对顺畅地延续或重构。如果没有合理的过渡设计,来自外部世界的改造压力过强过急,村落共同体的原有组织体系极易崩溃,村民的价值观、宇宙观就容易发生断裂。毋庸讳言,处于转型期的村落社会是脆弱的,积压已久、交织错杂的矛盾一旦触发,就容易产生极端行为,最终将由整个社会付出高额代价。

其次,村落有选择地接受城镇化带来的改变。据统计,到2012年年底,中国城镇化率已达到52.6%,有7亿人生活在城镇。自发形成的农村剩余劳动力向城市转移,已成汹涌之势,它在推动城市发展繁荣的同时,也改变着农民的属性,动摇了传统的乡村文化体系。而乡村的城镇化进程在当代中国,势不可当也无可回避。纵观整个20世纪,政府对村落的介入给原有的乡土生态带来影响,但传承乡土传统的个体及民间组织,往往会有条件地选择与政府合作,将之视作改善自身生存状态的契机。乡村社会为适应时代而形成的"新传统",久而久之也成为乡土文化的一部分,凸显坚忍的文化适应能力。近年来,村落中的青壮年向城市迁居与村落生活的城市化转变,使得他们面临着劳作模式、生活方式和文化认同等方面的巨大变化。新型城镇化建设,对于既有的乡村生活应该扮演"顺水推舟"的角色,而非"牛不喝水强按头"式的"逆水行舟"。

再次,结合民俗规约建设新型城镇化。就目前而言,对于城镇化问题的核心是"人的城镇化"这一点业已达成共识,而如何具体落实"人的城镇化",却还刚刚起步,有如下几个方面值得特别注意:其一,消除对乡土文化的偏见。在精英文化的叙事层面,"归园田居""小桥流水人家"代表了超俗风雅的生活方式与文化精神,同时也是对乡土生活的归属感、幸福感的表达,但一旦落实到现实农民群众群体身上,就经常带有"三四亩地一头牛,老婆孩子热炕头"式的调侃。如当代荧屏上的农民形象,总带有傻里傻气、一根筋、胸无大志的"底色"。其二,正视村落危机,在新型城镇化建设的设计中,要培养农民对其乡土社区的文化认同,激发其对本乡本土的热爱,使乡土社区焕发活力。当代城乡社会发展不平衡,乡村自我发展能力在降低,并对外部世界形成了经济依赖。处于开发状态的村落,则成为各种力量的利益博弈场。当旅游开发、新农村改造、文化保护、村落保护等纷纷涌入乡村时,乡村既不能选择也无法保有自主权,农民总处于最脆弱的位置。外部利益最大化已经成了村落开发的普遍现象,乡土传统的瓦解由此进一步加剧。其三,重视城镇化进程对乡村社会组织性的引导与重建功能。民众对民俗文化的运用通常是"常用而不觉","文化自觉"由"不觉"而"觉"并不能单靠民众的领悟,如果说"有所觉悟"是内因的话,还需要外因的共同作用,这些外因包括非物质文化遗产保护及正在自上而下推行的新型城镇化建设战略。在为乡村社会的文化自觉提供外因推动方面,新型城镇化建设代表了一种乡村之外的强大力量。这种力量的植入,应注意与原有乡土传统中的组织系统有效兼容。其四,在推进新型城镇化建设的过程中,明确地将民俗政策从20世纪中期的"移风易俗"、80年代以来的"还俗于民",调整为面向乡村社会的"顺水推舟"。具体说来,就是将乡土社区的发展权力逐步让渡于民,让乡土组织真正发挥其组织社区生活、管理社区秩序、勾连城乡关系的作用。一言以蔽之,在新型城镇化建设中,国家政府之于乡村社会应该扮演一种"顺水推舟"的角色。

就目前来看,城镇化问题的核心在于"人的城镇化"的实现,业已达成基本共识,而关于"人的城镇化"如何通过新型社区的组织确立和文化建设得以具体落实,却远没有受到应有重视。我们应该通过怎样的顶层设计,使村落在面临全球化、城市化的多元转型的时候,激发其内部活力尤其是自身适变能力,乃是其中的关键。最终目的,是使置身于现代化、全球化语境之中的乡村,通过重构本土文化传统的特殊魅力,保持一种舒适的生活节奏、"田园"的生活方式,而成为人类可亲可居的生活乐园。

（三）国家在非遗政策方面表现出很强的一贯性，如何将非遗保护的成果落实在普遍意义上的民俗文化发展，并与基层社区生活的持续改善紧密结合在一起，尚任重道远

市场经济的快速发展和过度的商业化，使得民俗文化受到严峻冲击，由此激发的文化危机感和全社会迅速蔓延的"怀旧"乡愁，逐渐引发了对乡村传统生活方式和传统民俗价值的全面再评价。在这一过程中，非遗运动轰轰烈烈开展开来，究其背景大概有如下几点：(1) 改革开放政策持续推动中国的经济高速增长已长达 30 余年，由此带来一系列重大的社会与文化变迁；(2) 经济、政治和文化的全球化趋势及西方强势文化的涌入，触发了中国社会大众尤其是知识界的反弹乃至某种程度的抵触；(3) 长期以来的"文化革命"政策终于走到尽头，建设可对应于"和谐社会"之国民文化的现实需求，不断促使国家文化政策朝向保护传统文化的方向逐渐实现着转型。

2012 年我国的"非遗"工作与民俗文化自身都呈现出了朝良好方向发展的态势，这与我国社会主义文化大发展大繁荣的大背景密不可分。作为国家文化发展战略的重要环节，政府与社会对于民俗文化传承、发展的重视与积极参与，总的来说为我国社会主义文化建设，特别是城镇化过程中的地方和社区文化建设做出了一定贡献。在这一态势中，国家与政府成为非遗保护运动的主要推动者，发挥了主导的作用，并在非遗政策方面表现出很强的一贯性，这从非遗保护三种方法的陆续提出及配套施政措施的及时出台可以明显看出。社会和个人的积极参与，使国家、社会和基层民众之间形成了一股强大的合力，在有法可依的基础之上，使非遗保护工作取得了重大的成效。总之，社会实践的问题激发，与学界的自觉反思，使得近些年来非遗运动的成果得到及时总结，这对于当代民俗文化发展具有重要意义。这主要表现在如下四个方面：

其一，国家主导的非遗保护工作不仅超出了保护、传承和发扬非物质文化遗产的范畴，即通过典型案例倡导了保留传统文化的精髓，保护我国民间文化的多样性，促进社会主义新时期文化的大发展；还超出了一般文化事业的范畴，在社会变迁的大潮中维系了中华民族传统价值观的传承与发展，增强了中国人的身份认同、群体认同、民族认同与国家认同，凝聚了民族自信心，为构建社会主义和谐社会贡献了力量。

其二，对于中国非遗保护的理念与实践的反思。21 世纪初的中国，原本在民间生活中传承的民俗，被国家政府有选择地赋予荣誉和资助，有差别地置于非物质文化遗产（以下简称"非遗"）四级保护框架之内。随着国家非遗名录的审批、非遗传承人的评选、国家级文化生态保护区试点的确定，非遗运动声势渐壮，并初步呈现出政府、学者和民众合力推动的态势。与此同时，社会上对于非遗保护方式

的讨论亦日益增多,并先后出现了"抢救性保护""整体性保护"及"生产性保护"的说法,"生产性保护"更是在近年来由一般概念迅速上升为社会文化热点。如果说,非遗名录及传承人的评选制度代表的是某种"抢救性保护"的理念,那么国家级文化生态保护区试点工程则旨在实验一种对于非遗的"整体性保护"。

这三种保护方式各有所本,而在现实实践中也各有所失:"抢救性保护",体现的是国家政治的急切诉求,并最终成为一项国策,在国家主导制度的推行下,落实为非物质文化遗产项目的认定、非遗传承人的评选以及有限的非遗"普查";"整体性保护",体现的是当代学术群体的诉求,作为一种理念高调登场,而国家主导的社会实践始终停留在试点层面;"生产性保护",体现了当代产业群体的强烈诉求,并在当下现实生活中日益强势,其关键失误,在于政府部门有意无意地对保护对象的过于狭义的理解,由此激活了经济利益的"再生产",而与此相关的精神生活的再生产少人问津。

其三,对目前影响最大的"生产性保护"的反思。不容忽视的社会现实是,当非遗保护已经成为我国的一项基本国策,各级政府对于非遗的拉网式普查宣告结束,其考虑更多的是如何操作已确立的非遗资源,"通过行政手段使之转化为实际生产力,达到经世致用的目的"(施爱东)。"生产性保护"一说,大致以此为背景。特别是在2009年元宵节期间文化部主办的"非物质文化遗产生产性方式保护论坛"上,将"生产性保护"由传统技艺类项目延伸到整个非遗领域,成为与会专家的主流观点。在部分研究者和业界人士看来,"生产性保护"似乎已经成为非遗融入当代社会生活和生产实践的最直接、最现实的途径,凭此方式似可保证非遗传承的长治久安。

非遗的"生产性保护",就其实现它自身所设定的目标"实现非物质文化遗产保护与经济社会协调发展的良性互动"而言,绝不是看上去那么乐观。"生产性保护"观念的提出,与"抢救性保护""整体性保护"相比,最重要的意义在于将社会现代性的最重要方面,即生产现代性,引入到非物质文化遗产保护的视野中。其实质是,它使得社会各个利益群体对非遗的诉求,在经历了国家政治诉求("抢救性保护")与学术群体诉求("整体性保护")后,当代产业群体借助"生产性保护"表达了自己的诉求。在上述多种诉求的叠合与冲突中,国家政策的经济中心倾向使政府决策部门不自觉地倾向于"生产性保护"。然而,"生产性保护"的观念并不会因为它附生在国家集体利益之上而更有说服力。与"抢救性保护""整体性保护"相比,"生产性保护"与其说提出了一种解决方案,毋宁说是使一个真正需要提出的问题在官方平台上被明确地提了出来:在一个产业化强势发展的时代,非遗保护与产业增益之间如何真正实现共赢?

其四,非物质文化遗产作为官方话语培育出来的特定文化概念,具有一定的指向性与针对性,它指向传承久远的濒于灭绝的优秀民俗文化,指向那些在一定程度上能够代表国家或者民族特色的部分。因此非物质文化遗产的概念具有个别案例的性质和保护工作的示范意义,有明显的限定性,并不能指称和涵盖所有的民俗文化。因而我们绝不能对于那些没有被非物质文化遗产工作所触及,但却是普遍存在、具有顽强生命力的、与人民的日常生活息息相关的各种"在地"的群众民俗文化给予忽视。非物质文化遗产名录以外的民俗文化拥有着更为广袤的传承和发展空间,它们在形式上不受束缚,没有约束,是活态的文化,可以随着生活生产方式的改变而随时发生变化。

因此,在轰轰烈烈的非遗运动暂告消歇之后,非遗背后的"巨大冰山"——民俗文化——浮出水面,并在国家社会发展中扮演重要角色。非遗的"生产性"的维度,自然应该与非遗传承人期望在产业经营中获益的冲动有关。在不远的过去,非遗曾经在很大程度上与中国传统的小农经济紧密联系在一起。新中国建立至"文革"结束,小农经济被彻底禁绝,民间手工技艺活动的萎缩同步发生。20世纪80年代,随着农村小农经济的逐步恢复,传统民俗活动又有了活力。但与农村小农经济恢复相伴生的,是市场经济的勃兴以及官方作为经济主体的介入;进入20世纪90年代,包括民间手工技艺在内的民俗资源,在许多地方被尝试着"开发"成现代产业的特征,民俗手工技艺对于社区的精神价值受到轻视,最终造成了民俗生态的败坏,引来众多批评。21世纪以来,随着因"经济中心化"所引发的种种社会不公,自上而下发生了对当代中国经济发展的价值反思与文化深化,以及对传统文化、民俗文化对于中华文明当代复兴的根本性价值的追问与反思,同样影响到对民俗文化的产业价值与精神价值的重新定位。恰好,非物质文化遗产保护运动"忽如一夜春风来",与上述需求深度契合,于是自国际而国内、自上而下地开展起来,形成热潮。社会上对于民俗文化的精神价值的评价渐高,民俗传统的定位正逐渐发生着从"民俗资源"向"公共文化"的转向,这突出地表现在许多学者对于民俗文化产业化发展的持续质疑与批评方面。这种观点其实忽略了以民间手工技艺为代表的很大一部分民俗文化的商品性特征,即使在传统社会中,这一商品性特征其实也表现得相当明显,只不过在与其自洽性特征相冲和的社会格局中未显疣败而已。

其实,真正对非遗及其背后的民俗文化构成威胁的,不是当代社会的产业化冲动,而是以之为重要载体之一的乡土公共秩序的紊乱和民间文化精神的凋敝。当非遗因为被认为是烦琐的、劳累的、费力的、不赚钱的而被扬弃,当大规模的机器生产被认为是代表着科技进步和先进的生活方式,人们丢失的就绝不仅仅是一种传统记忆,曾经借助民间手工技艺而存身的民俗文化,作为乡土社会中的生活惯性和文化根基所具有的对于社会结构的温润与导引的作用也就削弱甚至消解了。可以说，自20世纪90年代中期以来民俗产业的畸形发展，已经使得民俗文化资源成为市场紧缺"物资"，在此前提下，大量伪民俗、仿民间手工技艺被制造出来，由此所造成的恶劣后果是真正的民俗文化被冲击至湮没，民间手工技艺的神圣性与对于社区生活的自洽性被削平，从而造成中国民俗知识建构在当代的整体失落。而这一切表明，当非遗在所属社区中变了味甚或失去价值，其实就是对非遗及其背后的民俗文化的变相扼杀。

特别应该指出，民俗文化的各种形式、各种表达方式，都是结合民众自身的身体经验，它们的传承、保护与发展也完全依赖于民众在长期历史和社会变革中对于这些民俗文化传统的反复身体实践和身体记忆。因此，民俗文化才依靠人的全部感受能力而饱含了民众刻骨铭心的集体记忆的最为真挚和深沉的情感，满足了民众们对增强自身和社会认同的需求，凝聚了民众对幸福生活的美好期望，进而总会呈现出常在常新的发展态势。非遗以外的民俗文化当然也会受到政府与其他社会组织、有关产业的干预，然而一般与成为"非遗"的民俗文化有所不同并不特别依赖政府的引导、扶持和控制。非遗以外的民俗文化往往拥有政府可以引导却不能主导，可以参与却无从控制的特点。

（四）民俗文化的城乡廊道，在当代地方主义的竞争格局中逐渐湮没。在城乡一体化的进程中，民俗文化要想真正发挥其公共性价值，城乡廊道畅通是关键

众所周知，民俗文化是在具体环境中因生活应激产生的具有鲜明功利性特征的文化，"十里不同风，百里不同俗"是其生动写照。然而，民俗文化的核心特征又具有稳定性与连续性，因生活应激而产生的民俗文化，当其在特定群体价值框架中获得正当性确认，就会被赋予比较稳定的表现形式，预设特定价值，形成跨越时空的传统。可以说，生活应激与价值约束的相互激荡和动态共存，是民俗文化的典型形态。换言之，民俗总是形成于约定俗成，而约定俗成的起因来自于环境变动提出的现实问题，需要约其同心、共襄其事，并在时过境迁之后仍被社区群体赋予恒久的超时空价值。民俗文化的内在传承机制与外在形式变迁，以及在不同地域社会之间的交流耦合，应该在此认知前提下进行讨论。

在近现代中国的城乡二元结构社会中，借助于因集镇体系的经济流动而产生的公共性场域，即城乡廊道，为民俗文化提供了其在城乡两大传承系统中的交流耦合，并进而形成了民俗传统得以存身与创造性传承的完整生态系统。在因生活应激而发生的意义上，民俗文化尚不具备稳定的文化形式与物化形态，本身即是活态的，其在城乡廊道的互动中实现传统生成的特征就更加典型。传统意义上的城乡廊道系统，由六个要素组成，即城乡间的集市体系、神圣公共领域、流动人群（乡绅、商人与游艺群体）、道路空间、传统节日、民俗符号。不断扩张的城市空间，与相对稳定的村落社会，经由城乡廊道，实现多重的供需关系，不同民俗文化系统的可公约性则是这一廊道畅通的保证。

完善的城乡廊道生态系统是民俗文化传统实现存在与传承的前提条件,因此,城乡廊道的变迁也直接造成了中国民俗文化传统的变化。在城乡廊道系统中,城市聚落的变化则是永恒的,其总体趋向呈现为区域内资源向城市的聚集,这导致中国区域传统一直处于变动之中,而此变动乃是造成中国民俗文化传统变迁的根本原因。

自1840年以来,伴随列强侵华,中国近代化进程展开。受到殖民势力的外在推动,极少数大城市如上海、北京、广州等成为区域经济结构中生产高度聚集的中心,而农村经济日益凋敝,近代中国逐渐出现了城乡疏离。在越来越显亮的大的城市化文明背景下,乡土不可避免地成为了落后、蛮荒文化的显著象征,村落的现代危机由此产生,农民及其代表的民俗文化成为被拯救的对象。而从新中国成立后至20世纪80年代初,城乡廊道在国家意志的冲击下全面走向解体,城市与村落相隔离,民俗文化遭受灭顶之灾。直至80年代中后期,城乡廊道重新打开,但以农村向城市提供低廉劳动力服务为基本形态,呈现出经济层面的单向度、廊道功能的扁平化等特征,所有的城乡互动都成为了产业资源的交换,而民俗文化则往往在所谓"文化搭台,经济唱戏"的潮流中作为产业资源而登场,呈现出"碎片化"的状态。新世纪以来,城镇化进程中城乡关系的变迁,构成了城镇化建设背景下民俗文化发展的基础,城乡廊道在地方主义的竞争格局中逐渐被淡化,但民俗文化则在城乡一体化的进程中孕育了另一种意义上的契机,即通过其蕴具的公共性价值的开掘,承担政治、文化、经济的多种社会角色而焕发生机。

总而言之,近现代以来,伴随中国城市化进程的推进,城乡廊道逐渐被剥离其集市体系与神圣公共领域体系空间叠加的特征,最终在完全成为纯经济通道的意义上陷落。城乡廊道是中国民俗文化发展的先决要素,廊道结构中神圣公共领域体系的失去,使得民俗文化逐渐凸显其文化功利性,而缺乏使之上升为传统的价值规束,民俗文化的整体资源化、产业化是这一过程的必然结局。但在新世纪以来,伴随着非遗运动自上而下轰轰烈烈的展开,被极度资源化的民俗文化也引发了新的价值规束契机,即文化公共性。显然,民俗文化在近现代以降的中国社会,经历了从"知识化"到"资源化"再到"公共化"三个大的阶段。目前,通过对民俗文化的公共性价值的开掘与彰显,使其在当代社会发展中扮演多种角色,则是其日渐明确的总体发展趋向,而城乡廊道如何在民俗文化的这一发展趋势中恢复活力,将是其中的关键。

(五)学者基本上将民间信仰视作民俗文化资源之一种,而民众以日常信仰实践的方式参与地方社会的传统再造

2012年,民间信仰获得了更宽松的发展空间。国家对民间信仰的政策管理和

"俗信"类非物质文化遗产的保护,学界关于民间信仰研究的长热不衰并日益深化,与民众信仰实践的蓬勃,汇成一道较为宏阔的社会潮流。其实质是,在中国现代化进程中,以民间信仰为媒介,主流意识形态、精英话语与民俗文化之间不断互动调适的过程。这样一种局面的获得,既有中国近现代信仰传统的累积因素,又有当下全球化语境中的现实基础。

关于中国民众宗教信仰活动的集中关注,尤其是民间信仰的研究与定位,自明末清初的中西方礼仪之争以来就已经拉开了序幕,及至晚清的定孔教为国教,将中国宗教问题的争议推到了顶峰。从"清末新政"的"废庙兴学"、民国"风俗改革运动"与"反封建、反迷信"运动、新中国成立后的"破四旧"到当代的"非物质文化遗产"运动,"民间信仰"作为核心议题不断地被解读和阐释,也不断被中西方学者和官员在现实问题研究与政策制定过程中使用。

在古代社会,中国文化中并没有专门的词汇来指称民众的宗教信仰与活动,只是根据礼法制度将不同的神灵信仰进行"正祀"与"淫祀"的区分,并将符合朝廷意识形态的民间崇祀纳入不同层次的祀典之中,在一般的地方志中多在"寺庙""宫观"之后另列"祠神/祠祀"("神祠")一类收录当地的民间信仰场所及其崇拜活动的基本概貌。"中国有没有宗教"成为一个争议的问题,是从明末清初的中西方"礼仪之争"开始的。西方传教士与中国士绅阶层展开西方宗教(以耶稣会士利玛窦为代表)与中国民间宗教实践(尤其是中国的祖先崇拜和鬼神崇拜,但"祭孔"仪式不在此列)之间孰是孰非的争论。由于论争的焦点直指儒家文化,最终由康熙帝出面下旨驱逐对华传教的西方传教士而结束论争。

经过新文化运动后,马克思主义"阶级革命"话语强化,"封建"与"愚昧"成为"迷信"最直接的价值内涵,政治化的目的将"信仰"与"政权""阶级"紧紧地束缚在一起,已经不再是纯然的哲学概念。在这些革命言论的推动和宣传下,社会对"宗教"观念的全面排斥程度达到巅峰,知识分子普遍持极端的态度,更不用说"迷信"的民间信仰了。这既导致了民国时期军人与官员废毁祠庙、神像的行为,也为后来的共产主义信仰者和拥护者们所接受,并且用来改造民众的思维与实践。

民国时期,由于受到新文化运动的启蒙主义和科学主义的双重影响,北洋政府延续清廷对民间秘密宗教的高度不信任感,采取查禁政策。民间信仰与秘密宗教的关系往往非常密切,同样也受到一定的牵连和压制。国民政府还推行风俗改良运动与新生活运动来反迷信:前者将民间信仰视为"迷信",认为它是应被改造的民间风俗习惯;后者由蒋介石发起,将民族主义与传统的儒家文化糅合在一起,希望重塑国民的日常生活和道德规范,其中也隐含了以基督教信仰取代"迷信"的倾向。

在新中国建立初期,国家根据1949年《中国人民政治协商会议共同纲领》和

1954年《中华人民共和国宪法》,确立了公民的宗教信仰自由权力,政府对民间信仰的国家政策相对而言是比较宽松的。由于国家政治形势的急剧变化,受到宪法保护的稳健宗教政策很快因为"文化大革命"受到极大的冲击,最终导致了民间信仰遭受有史以来最大的破坏。在"反右"斗争、"大跃进"与"文化大革命"运动早期,国家对民众日常生活强势介入,推行了大量移风易俗的文化政策与土地所有权调整的管理政策,民间信仰崇拜场所受到强烈冲击与破坏,民众的家庭日常信仰与公共仪式活动也遭到打压。大量的庙宇被拆除和损毁,民众只能偷偷祭祀神灵,无法再公开地、大规模地举行信仰活动。

1982年3月,中共中央下达了《关于我国社会主义时期宗教问题的基本观点和基本政策》文件,将宗教视为社会主义事业积极的推动力量。学术界也重新展开民间信仰的调查与研究,对其文化价值重新定位。民间信仰作为"民间"的一种文化,其内在的社会和文化价值被学者们广泛肯定。与此同时,一方面不少地区开始重建庙宇,通过观光化和节日化的市场运作手段来吸引游客,形成"信仰搭台,经济唱戏"的地方经济发展模式,并且出现了不少具有跨区域影响力的民间信仰庙宇或者文化旅游胜地。民间信仰被地方政府当作一种"文化遗产"或者"旅游资源"进行重新包装。另一方面,这些具有历史感召力和民族凝聚力的民间信仰被国家视为一种新的文化象征符号加以重视,从政策上支持重建庙宇、举行仪式活动。

新世纪以来,在全球化与现代化的语境下,民间信仰还获得了另一种寻求制度合法化的路径——"非物质文化遗产保护"。国家政府部门在实际操作过程中,倾向于将民间信仰纳入民俗文化体系进行管理。如文化部于2006年在首批"国家级非物质文化遗产名录"中纳入了祭典。2009年,文化部公布的新一批"国家级非物质文化遗产名录"中增加了"庙会"与"民间信俗"项目。

顺循历史脉络,审视目前民间信仰的态势,就会发现有三个方面的表现特别值得关注:

1. 对于民间信仰的术语、概念的多称杂用,表现出当今学界实证优先、不急于仓促定性的研究策略。"民间信仰"是民俗学、人类学、历史学、宗教学、社会学、民族学等学科普遍关注的议题,但至今未能就术语的使用问题达成一致,而是广泛使用民间信仰、俗信(包括"民间俗信""民间信俗"或"民俗信仰")、民间宗教(包括"民众宗教""大众宗教")、民俗宗教、民生宗教、通俗信仰、普化宗教("扩散性宗教"或"弥漫性宗教")、宗法性传统宗教、民众祠神信仰等。学者在搁置"民间信仰"的专名之争的同时,更加注重在田野调查的基础上,从当地民众的地方性知识出发,对于民间信仰的历史传统、现实表现、内在机制与社会功能予以体认。绝大多数学者的研究结果,都是将民众的宗教思想、信仰和仪式实践活动,视作民众谋求社区和谐的民俗文化资源。

2. 悬置对于民间信仰社会性质的精确界定。虽然对民间信仰的价值认知方面仍然存在一定的分歧，使民间信仰无法得到更为准确有效的社会定位，但对民间信仰的认识不再是一边倒地视为"封建迷信"。国家政府将民间信仰纳入文化和宗教的管理体系之下，采取了逐渐放开松绑的管理策略。从政府部门的架构来看，无论是国家宗教事务局第四司的设置，还是地方民间信仰协会由地方民宗局管理，都说明在行政层面上民间信仰的"宗教性"被优先考虑。而从文化部所颁布的"国家级非物质文化遗产名录"来看，凡涉及"民间信仰"活动的，使用了"民间信俗"来指称，作为"民俗"的子项目，将其明确归入"民俗文化"范畴。国家管理部门对"民间信仰"定位的不统一，其实是对于民间信仰社会性质的精确界定的悬置，而以宽松地实施管理、有选择地提供服务为基调。

3. 民众对自身信仰活动归属的模糊化现象，既与民间信仰的传统特性有关，也与当下社会语境中的自我保护心理有关。目前，大多数民间信仰场所都被登记注册在道教协会或佛教协会之下，或对外悬挂"老年人协会""老年人活动中心"的牌子，只有在极个别地方，民间信仰庙宇联合起来成立地方民间信仰协会。这主要是因为，民众既担心国家政府部门将自己的信仰活动视为"封建迷信"进行取缔和打击，又因为近代以来长期的"封建迷信"观念灌输，民众对自身信仰活动并不自信，为了获得政府支持而不得不采取对其他合法宗教进行模仿和加盟的自我保护模式。然而，毕竟有海外"信仰反哺"的寻根热潮和国内"非遗保护"的政策支持的两股助推力量，本土民间信仰的活动逐渐常态化，活动空间亦逐渐扩大，并在日常信仰实践中参与地方社会的传统再造。

（六）互联网时代，民俗文化发展的"应激性"新变逐渐呈现

传统意义上的民俗文化发展，集中体现于乡土社区的群体合作活动之中，并以稳定性、反复性为主要特征。在传统社会中，传承于乡土社会日常生活之中的民俗文化，如婚丧嫁娶、逢年过节、互助帮工、扮玩表演、礼神敬祖等仪式活动，既具有一定的现实功用，又具有一定的超现实意义，但这种超越却始终未曾脱离生活的日常与凡俗。或者说，它能够在日常生活中呈现出最朴素的意义，同时又蕴涵着超越现实的无数可能。民俗文化的传承因此具有相当的稳定性、反复性，而非单线式的演进，这一稳定性、反复性的传承过程正是民俗文化存在的基本形式。这样一种民俗文化的存在，有利于乡土社会内部家庭、家族的和谐，街邻之间的和谐，干群关系的和谐，乃至村际关系的和谐。此时，民俗文化的周期性的组织与演示，就表现为一种文化在现实社会中运作、表达、积淀与再生产的循环过程。

进入到信息化时代，这种相对稳定的人际关系被彻底改变了。人们跨地域的流动成为一种生活常态，跨时空的联系变得简单而直接。人们活动的空间极大拓

展,对时间的把握能力也显著提升。在以计算机技术、数字化技术、网络技术所成就的信息化时代里,人类的认知模式、生活方式、知识生产都在发生深刻的变迁。信息化时代对人类社会产生的影响是全面而深刻的。作为文化重要组成部分的民俗文化在这一时代进程中,也已经发生和正在发生着变化。同时因为民俗文化本身的特点,使得民俗文化在信息化时代的生存境遇和发展状态就更加复杂。民俗文化与信息化时代的相遇,不仅带来民俗文化本身的全面转型,涉及民俗文化的内涵、形态、价值、传承和传播载体,而且还催生出许多新的民俗文化类型。此时,民俗文化发展也就呈现出若干新的特征。

其一,信息化时代的"礼俗互动"形式。在中国,因为有着深厚的农耕社会传统、不均衡的生产力水平、未经充分发育的工业社会基础、实现发展的迫切现实和改变冲动等诸多因素的影响,民俗文化变迁显得更加复杂和富于挑战。民俗文化,这种通常被归于传统文化范畴的文化,本就在现代社会的治理制度、知识体系、生活实践和精神世界中处于需扬弃、转型、适应的敏感位置,此时却借助信息化技术迸发出新的活力,演绎出前所未有的社会图景。与此同时,现代国家同样借助互联网技术,借助"新旧杂陈"的民俗文化形式,以更便捷地完成民族国家的新构建、经济转型升级、社会团结整合与文化创新发展。

信息化时代为民俗文化的利用开辟了广阔舞台。民俗文化是体现人类文化多样性的重要表征,是跨文化交流的重要内容,民族国家的重要标识,还被作为推动可持续发展和产业转型升级的绿色资源。因此,我们看到,民俗文化的保护和利用越来越得到重视。利用民俗文化实现政治、经济、社会、文化上的追求,正在成为政府、市场、学界、媒体、民众等的期许和行动。信息化时代为民俗文化利用提供了技术的支撑。

其二,不同的民俗文化类型,在信息化时代中发生的变化是不同的。以故事、传说为代表的口头传统,很大程度上已经失去了口耳相传的情境,电视、网络的发达,学校教育功能的前移,特别是生产生活方式的改变,使得全家围座听老人讲故事的景象已很难找到。植根于农耕生活之中的很多生产技艺已经没有了施展的机会,取而代之的是新的生产工具和在此基础上重新构建起的生产关系。众多的民俗文化逐渐脱离了生存的土壤,成为被观赏的"艺术"和被保护的"遗产"。许多民俗文化的"内价值"日益衰落,而"外价值"不断彰显。

其三,信息时代拓展了民俗文化的传播渠道。民俗文化,有着很强的地域性和群体性,主要为本地域、本群体的民众所认知。信息时代,使得民俗文化的传播空间突破了地域和群体的界限。电视、网络的发达,让人们足不出户就可以领略世界各地的民俗风情。无论对方是接受、理解,还是反对、排斥,客观上还是传播了某一群体、某一地域的民俗文化。信息时代中的各种传播渠道,很好地呈现出文化多样性的现实,使人们更加真切地感受到和而不同的人文世界。同时,在这种交流传播中,一些地方性的民俗文化传播影响区域得以扩大,甚至成为全国性的风俗。这种交流、交融和变迁正是文化的本质所在。

总之,民俗文化对当代社会的影响,已从民间社会的文化传承深入到对现代生活世界的主体构建层面。在以全球化、城市化、信息化为典型特征的现代生活世界的构筑中,民俗文化作为承载社会认同、组织社会行为的符号体系,在当代社会发展进程中扮演着越来越重要的角色。

三、2012年度中国民俗文化发展七项建议

(一)在国家政治的层面,在充分汲取民俗文化丰厚养分的基础上构建中国特色的话语体系;确立民俗文化发展在当代中国宏大格局中的重要角色,明确其在国家重大现实问题中的独特意义;建立多种渠道,促使民俗文化的当代传承在国家主流价值构建、政府决策施政、民族文化的世界崛起及经济产业结构转型等重大建设领域中,积极地扮演角色,发挥效用。

中华传统文化包含着中华民族最根本的精神基因,代表着中华民族独特的精神标识,是我们最深厚的软实力,也是中华民族面向世界发出"中国声音"的底气。如果说,我国的传统文化,是随着中华文明的演进而逐渐汇集凝练而成的反映民族生活特质和精神风貌的一种民族文化,那么民俗文化是中国传统文化之根,最贴切中华民族的生活世界,古往今来滋养着民众的生命情感。只有对中国广袤深厚的民俗文化资源做到了"讲清楚",中华民族才接通了地气,有了底气,在国际舞台上才有骨气,才能硬气。

(二)以民俗文化的准确认知与有效运用为抓手,政府、学界面向基层社会建设而密切合作。国家各级政府的"走基层""走群众路线",应该广泛吸收学界已有的田野作业成果,而学界的田野研究,应该有自觉的社会担当意识,并在建言献策、学术研讨、参与社区建设的层面,使研究成果得到充分运用。

当代学者应在当代社会发展的具体情境中,实现自己的价值。将丰厚的区域民俗文化与国家政府的施政方针贯通起来,是当今时代向学界提出的重要课题之一。学者应着眼现实需要,进一步梳理、萃取民俗文化的精华,赋予其与时代发展相适应、与主流价值相一致的科学内涵,使之在新的时代条件下发扬光大,转化为中华民族的话语优势和现实智慧。

(三)优化当代社会中的"礼俗互动"模式。中华民族是众多地域族群的集合,传统文化从来不是单向地从上而下贯彻国家政治的结果,而是国家与民间社会相互激荡的过程中,多样化地方文化的提炼、提升的结果。在当代中国民俗文化发展模式从"政府主导型"向"社会主导型"的范式转型中,明确民俗文化传统在

"地方认同"与"地方性知识"构建中的独特意义,赋予民俗文化发展更大的文化自治空间。即使是政治谣言,除了极少数别有用心之外,大部分其实是公众关心政治、渴望参与政治的一种变相表现,可能与现实生活中参与政治通道的不够充分、便利有关。

（四）重视城镇化建设中的城乡廊道建设问题。完善、畅通的城乡廊道是民俗文化传统实现传承与当代转化的前提条件,是民俗文化在当代中国社会发挥公共性价值润的保障。当代中国社会所存在的最大问题,是基层社区组织的弱化、疏离与解构现象,这一情况不仅存在于农村,而且在城市也表现得非常突出。在城市中,真正意义上的人文社区是不存在的,如果关于城镇化建设的顶层设计不够合理,这一弊端就有可能借势大规模地延伸到农村中去。只有大力推进城市与乡村社区的发育,重视民俗发展在城乡社区的良性互动与文化建设,防止民俗文化从公共生活向乡土社会或私人领域的滑落或退隐,才能使民俗文化传统在引导当代价值观、助推社会发展方面凸显其重要价值。

（五）关注互联网时代的民俗发展新态势。产生于互联网虚拟空间中的民俗文化,也是当代生活文化的一部分,其所体现的人文价值要予以尊重。我们不仅要实现数字化技术在民俗文化记录、保存、研究、创新、传播等领域的效益最大化,也要积极关注、研究、疏通借助互联网而产生的"新民俗"。

（六）在轰轰烈烈的非遗运动的背后,是民俗文化的地位提升与稳步发展。总之,以活生生的民众生活现实为基础,在知识精英的有力推动下,对国家政府的非物质文化遗产保护与发展决策予以推进,促进民俗文化在当代中国的良好传承与合理运用,是近些年来非遗运动的最大实绩。非遗保护涉及文化多样性、主体多元性、地域复杂性等,国家针对非遗保护所采取的施政措施,都是探索性的、预留弹性空间的实践工具,并非是所谓"示范性样板"的简单推行。随着非遗运动的消歇,民俗文化在当今社会中所代表的特殊进化力量日益受到重视,应注意在吸纳非遗运动成果的同时更好地发挥民俗文化的社会作用,探索民俗文化与现代性文化融合的新路径。

（七）民俗旅游虽然是产业行为,但其社会效益却可以远大于其产业效益。转换思路,注重开发民俗旅游的社会效益与文化传承的功能,是当前民俗旅游发展的关键问题。我国民俗旅游,应强调转变追求短期经济利益和规模扩大的"产业本位"观念,深刻反思民俗旅游"产业中心"观念的局限性,强调树立民俗旅游产业发展的"格局思维"和"品牌意识"。应当强化和坚持以人为本、活态民俗优先的原则来塑造民俗旅游核心产品。民俗旅游的战略规划,应当不断强调对民俗文化自身创新性的关注,尤其关注民俗文化主体在当代中国现实语境中的积极性与创造性,注重凸显民俗旅游的社会效益,以满足游客的深层需要为抓手,借助旅游激活区域社会的自组织活力与价值认同,推动本区域文化传统的当代传承。应该强调以旅游服务社会,旨在摆脱旅游发展的唯产业化定位,以旅游业发展为媒介激活区域社会自组织活力、优化区域社会生态、助推区域社会发展;将本区域民众的社会生活作为旅游终极对象给予展示,邀请人们参与、体验、对话,以此产生社会与文化层次的吸引力,并将此吸引力转化为注意力经济,以此实现产业发展与文化发展、社会发展的和谐。

分题报告

2013

2012年度中国民俗文化研究综述

赵世瑜　龙　圣　王素珍　李向振[*]

随着现代化进程的加速尤其是新型城镇化建设的开展,中国社会不论是城市还是乡村都发生了巨大的变化,直接影响到学界对民俗、民俗学研究及民俗文化发展等问题的思考,突出表现在上一年度学界对民俗学如何安身立命、社会转型与民俗变迁等问题进行了热烈而深入的探讨。与上一年度相比,关于以上问题的讨论仍在继续,也不乏新见,但讨论的力度明显不如往年。然而,本年度学界对民俗学、民俗文化发展的某些方面或者主题却呈现出较大的兴趣,如对女性民俗、都市民俗、民俗语言、民俗产业化发展等都有集中的讨论,构成本年度中国民俗学、民俗文化发展探讨的亮点。

一、理论探讨

（一）关于民俗的讨论

1. 何谓民俗

"民俗是什么"? 这是民俗学家始终关心的问题。康保成在前人提出生活即是民俗的基础上,对这一问题作了进一步的阐释。他认为生活就是民俗,民俗植根于生活,与人们的生活习惯和方式紧密相关。因此随着人们生活状态和生活方式的变化,民俗必然会出现新旧之分,旧民俗的消亡与新民俗的不断出现是一种必然,然而民俗也有善恶之别,因此不必为旧民俗的消亡杞人忧天,而应该重视对新民俗的建设,使之向好的一面发展。[①] 康保成对生活即是民俗的理解是建立在现代社会快速发展造成新旧传统之分日益明显的基础上的,但并没有以往学者在西方学者认识基础上的相关阐发。与此不同,黄清喜从生命哲学出发,对"民俗是什么"进行了阐释。他认为人类文明的发展处处展示着对身体的感受,无论对自

---

[*] 赵世瑜,北京大学历史系教授;龙圣,山东大学儒学高等研究院民俗学研究所讲师;王素珍,山东大学儒学高等研究院民俗学研究所博士后;李向振,山东大学儒学高等研究院民俗学研究所博士生。本文撰写的分工如下:龙圣负责撰写第一部分,王素珍负责撰写第二部分,龙圣、李向振负责撰写第三部分,赵世瑜负责全文的归纳、补充、文字润饰等统稿工作。

[①] 康保成:《生活就是民俗——关于民俗文化与都市发展的若干思考》,《民俗研究》2012年第1期。

然还是社会的探索归根到底都要回到对人类身体感受的追问上来,可以说人类历史就是一部身体感受史。正是在这个意义上,民俗是民众在以他们的身体感受谱写自己的生活经历,是民众身体感受的生活事象。① 可以看出,两者都承认民俗与生活的关系,但前者强调民俗应随生活的变化而前进,后者则更关注民俗生活中人们的具体感受。

2. 对社会转型过程中民俗诸现象的讨论

随着现代化的日益推进,社会变化迅速,新事物层出不穷,引起了学界的普遍关注和对"伪民俗""新民俗""泛民俗""民俗主义"等现象的讨论。

"伪民俗"概指那些出于某种目的而有意制造的民俗现象。康保成认为伪民俗与真民俗的区别主要有两个标准:首先是看其是否属于人们的实际生活。真正的民俗从不矫揉造作、不扭扭捏捏,因为它原本就属于生活的一部分,而不是作秀;其次是看它是否代表时代发展的方向,是否属于健康的、有益的、人性化的,至少是无害的。因此,他认为随着社会的变迁,不论城市还是乡村大量出现的新民俗不一定就是伪民俗,关键看它是否符合上述标准。②

而对于"伪民俗"本身,学界亦表达了多种看法。陶然认为,"伪民俗"的出现根源不在于官员的决策,而在于市场经济的需求。他认为正是因为有市场需求,才会有市场供给,从而在民族地区的景区催生了大量用表演方式制造的"伪民俗"。他还以云南西双版纳一个展示克木人生活的景区为例对其危害进行了分析,认为民俗旅游如果要持续发展,必须摒弃猎奇心理,深入到民俗文化内核,挖掘其精华、展现其本质,才能最终实现。③

郑茜则承认中国当下确实存在不少的"伪民俗"现象,但不能不作区别就一概加以废止。她将"伪民俗"制造动机大致分为两类:一类是为了维护一个民族身份与增强民族自豪感,另一类是为商业资本谋利。前者对于建设民族精神、满足民族心灵是有宜的,应该受到欢迎;而后者为了商业利益而败坏传统文化、掏空民族安身立命的精神价值,百害而无一益,应该坚决抵制。④ 与此相似,逸华指出,"伪民俗"主要指为商业利益驱动的、趣味低俗的、粗制滥造的"民俗",它们只注重外表,不注重民俗的内涵;是为了营利,而不是恢复传统民俗真正有价值的内容,其虚假与肤浅的特点破坏了民俗的自然与淳朴。因此,这种"伪民俗"应被唾弃。但他同时也强调,"伪民俗"虽带有"欺骗""蒙蔽"的性质,但并非一无是处,其结果不一定都是坏的,如果能把握好一个开发利用的度,并对其加以正确的引导,则能

---

① 黄清喜:《民俗为民众身体感受之生活事象》,《民间文化论坛》2012 年第 3 期。
② 康保成:《生活就是民俗——关于民俗文化与都市发展的若干思考》,《民俗研究》2012 年第 1 期。
③ 陶然:《猎奇心理催生"伪民俗"》,《中国民族报》2012 年 1 月 17 日。
④ 郑茜:《伪民俗:辩? 不辩?》,《中国民族报》2012 年 1 月 17 日。

推动民俗文化的广泛传播。①

翁敏华认为,年轻一代对于传统文化的继承,必然会有其新的看法,包括新的审美、思考和表现方式。对于历来被视为"伪民俗"的民俗表演,她则给予了正面的评价,认为民俗表演古已有之,许多民俗就是由表演而来。民俗表演活动,可以提高当代人特别是年轻学子的民族自信心和自豪感,提升人们生活的品质和丰富性,因此是民俗文化的一种存续之道。②

尽管以上学者对"伪民俗"讨论的侧重点不一样,但都表现出两个基本的倾向:一是要对当下出现的所谓的"伪民俗"进行辨别,不能一概而论;而是要用动态的眼光看待所谓的"伪民俗",那些有益的"伪民俗"具备一定的条件后也可以变为"真民俗"。

此外,刘爱华、艾亚伟还对"伪民俗""泛民俗""新民俗"与"民俗主义"等概念进行了区分。两人认为民俗主义的概念目前尚有争议,往往让人联想到"伪民俗""泛民俗""新民俗"等,但前者同它们又有所不同。"民俗主义",最早是德国民俗学界探讨的一个重要概念,意在促发民俗学者思考民俗文化商业化对民俗学发展的反思,曾引起德国、美国、日本等民俗学界的广泛探讨。"民俗主义"简而言之就是当代社会对民俗文化的利用和开发现象。但是,它并非按照生活的逻辑自然呈现,而是基于消费主义和功利主义的立场,对民俗元素进行选择、加工的一种民俗现象。"伪民俗"是打着地道的民俗旗号造假和合成出来的民俗;"泛民俗"是指游离了原有发展轨迹,而发展出的一种具有民俗特点但又不是真正意义上的民俗,它往往只有一个外壳,其实质已经发生根本变化。"伪民俗"不等同于"泛民俗",前者往往脱离民众的日常生活,出于消费主义、功利目的、政绩需求等被人为创造或者恢复;后者是出于服务现实的目的,可能由新的文化元素自发形成,也可能来自于传统民俗的自然变化。部分"伪民俗"和"泛民俗"最终被民众生活淘汰,走向消亡,但也有部分进入日常生活,被群众选择而成为"新民俗",经过一段时间发展则变为"传统民俗"。而"民俗主义"与"泛民俗"相比,虽然都是从现实价值和功能角度出发对传统民俗进行改造、利用,但前者不一定源自民众日常生活,也不一定与新民俗元素的自发形成有关,但却符合生活逻辑和艺术真实,而后者却是传统民俗的当代发展,与民众日常生活紧密联系。"民俗主义"与"伪民俗"不同的是,伪民俗脱离了民众的生活,但"民俗主义"却是民众生活的表现,是民俗文化的艺术化,是民俗文化的一种"变脸"。就对待民俗主义的态度而言,刘爱华、艾亚伟认为应该正视创意产业中的民俗主义现象并对其进行研究,这对民俗学融入主流

---

① 逸华:《"伪民俗"的存在价值》,《中国民族报》2012 年 1 月 17 日。
② 翁敏华:《民俗表演:在传承与创新之间》,《文汇报》2012 年 6 月 21 日。

学术、发挥更大价值来说是一重要的契机。①

此外,李柳赟、许燕滨则通过南宁香火龙民俗文化旅游节为例,探讨了民俗节庆文化中的民俗主义问题。二者认为在旅游产业化、文化产业蓬勃发展的当下,民俗主义的存在虽然大行其道,但能否为民俗节庆的可持续发展提供相应的范式,仍值得我们进一步地思考。②

从对"伪民俗""民俗主义"问题的讨论,可以看出人们面对社会变化过程中如何对待"民俗"的焦虑。从上述概念看,"伪民俗"显然带有贬义,显示了坚守传统或文化保守主义的某种立场,因此在学者们倡导"一分为二"看待这类现象时,这个概念显然就不太适用。"民俗主义"比较中性(当然译成"主义"似不甚妥,因为类似英文的 ism 可以有多重含义),适用范围较广,并为未来的发展变化留有空间。由此可以看出,中国学者在面对新问题时,概念工具还相当贫乏,即使在讨论老问题"何为民俗"时,亦无法摆脱西方学术的基本理路。在这个意义上说,所谓民俗学的"中国学派"的兴起,还有较长的路要走。

(二) 对民俗学学科的反思

随着民俗学研究的日益深入,学界对民俗学的一些基本命题的思考也越来越深入,包括民俗学的研究对象,学科属性,困境、功能与出路,教学问题与对策等,体现出学界在民俗学学科反思方面的新进展。首先值得注意的是,董晓萍、朝戈金、黄涛的《民俗学科建设报告书》是自国内院校正式建立民俗学学科后第一次编写的学科建设报告书,对我国民俗学学科相关问题进行了比较系统的梳理、总结。③ 其次,针对民俗学学科的诸多问题,亦有许多单篇论文进行讨论。这些问题主要有:

1. 对民俗学研究对象的检讨

民俗学研究对象,不但关系到民俗学研究什么,而且关系到民俗学的学科定位与发展,因此是学界一直在不断反思和检讨的重要问题。

关于民俗学研究对象问题,长期以来争论不断。其焦点主要集中在作为研究对象的民和俗都包括那些范围。高丙中最早将现象学的"生活世界"概念引入民俗学研究当中作为研究对象,人为生活世界中的人都是"民","俗"不应限于传统的形式,广泛性的活动模式都应被纳入。如此,以"生活世界"作为研究对象,民俗之"民"和"俗"都被拓展性地理解了。户晓辉则明确认为"生活世界"不是民俗学认识和研究的对象,其原因是民间文学或民俗是"生活世界"的现象而不是其本

---

① 刘爱华、艾亚伟:《创意与"变脸":创意产业中民俗主义现象阐释》,《民俗研究》2012 年第 6 期。
② 李柳赟、许燕滨:《论南宁民俗节庆文化中民俗主义问题——以香火龙民俗文化旅游节为例》,《文学界》(理论版)2012 年第 5 期。
③ 董晓萍、朝戈金、黄涛:《民俗学科建设报告书》,学苑出版社 2012 年版。

身,因此不可能当作对象来研究。邵卉芳在对比高丙中、户晓辉对"生活世界"的理解时候,亦认为高丙中把"生活世界"概念引入民俗学,并当成了研究的对象,容易重蹈主观—客观二元对立的覆辙,与胡塞尔提出这一概念的初衷相悖。在胡塞尔那里,"生活世界"是"科学之前"和"科学之外"的世界,不是现象学的研究对象,也不是民俗学的研究对象。因此,她认为户晓辉对"生活世界"的理解更为准确。①

此外,周建新以客家围龙屋保护为例对民俗学的研究对象问题进行了反思,认为仅仅将民俗事象作为研究对象加以静态的描述,实际上忽视了民俗在生活文化中的动态过程,忽略了民俗传承者的能动性,同时也忽略了民俗文化研究者及其学术活动对民俗的作用。因此,他认为民俗中的民、俗与民俗学者都应该成为民俗学研究的重要对象,这是未来民俗学科发展的新趋势和新动向。② 陈秋则从女性民俗研究的角度出发,认为当前民俗学界把研究者(研究主体)纳入研究对象的极少,而从研究者的性别视角来思考民俗研究过程和问题的则更少。因此,其主张民俗学研究应对研究者本身予以关注。③ 可见,高丙中、周建新都强调拓展性地理解民俗学研究对象。而耿羽则认为,在民俗学研究对象上,存在扩大说(如高丙中)和缩小说(如施爱东),意在通过研究对象的圈定来博得民俗学在人文社科研究中的一席之地,但他以德国和日本民俗学为例,说明仅仅把关注点放在研究对象上,并不能解决实质问题,而只有提升自己的"内功",即理论解释能力,才能带来中国民俗学的繁荣发展。④

2. 对民俗学学科特性的讨论

民俗学究竟是一门什么样的学问?是古代之学,还是现代之学?人文学科,还是社会科学?诸如此类的疑问都涉及民俗学的学科特性问题,决定了其研究的重点和学术的走向。

户晓辉在对瑞士民俗学(主要集中在德语区)发展进行梳理基础上,就民俗学到底是一门"经验科学"还是"实践科学"问题进行了讨论。从"实践科学"向"经验科学"的转变是瑞士民俗学发展的大致脉络,而与此同时,研究对象则经历了从实体实在论到关系实在论的发展。户晓辉认为,如果把民众的生活创造视为研究的对象,那么民俗学更应该是一门"实践科学"。理由主要有:首先,民俗学以研究

---

① 邵卉芳:《"生活世界"再认识》,《民俗研究》2012 年第 6 期。
② 周建新:《集体行动情境中的民、俗、学者与民俗学研究——以客家围龙屋保护为中心的讨论》,《民俗研究》2013 年第 3 期。
③ 陈秋:《从"女性的民俗"到"女性主义的民俗"——女性民俗研究略述》,方刚主编:《性别多元:理论与务实研究(下)》,台湾万有出版社 2012 年版,第 549—558 页。
④ 耿羽:《民俗学的对象、功能和方法——评〈倡立一门新学科——中国现代民俗学的鼓吹、经营与中落〉》,《民族文学研究》2012 年第 3 期。

民众生活为己任,而人也是一种超验的存在,人的生活并不完全是经验性的生活。保守地说,经验研究不是民俗学的全部,民俗学不完全等于经验民俗学。只有加上实践科学的维度,民俗学才能完整,才能完成其研究的任务。其次,民俗学研究的对象并非自然现象,而是人的实践创造出来的现象和产物;是非经验性的产物,而不是人的感性经验的产物。也就是说民俗是人的实践领域,而不是哲学上划分出来的经验领域。因此,民俗学面对和研究的主要是人的实践活动,而不是人的感性经验。由此,民俗学和社会学有本质性的区别,以研究城市为例,社会学把城市当作客观的、已经存在的事实和结构,即城市是一种先验的存在;而民俗学研究的是人在城市中的创造和体验,即城市特性。城市特性是人实践活动的结果。因此,民俗学应该是一门实践科学,而不是经验科学。把民俗学定位为经验科学,就会在方法论和认识论上存在严重失误,从而埋下学科危机。相反,只有把民俗学视为"实践科学",民俗学才有可能发现民俗或文化的本质并对人的自我认识真正有所贡献。①

钟敬文先生曾明确表示,民俗学是现代之学,不是古代之学,强调了民俗学的现代性。在非遗的影响下,"过去""传统""古老"等字眼频频出现,部分民俗学者也都顺势而应,积极参与。而对于民众当下的生活,尤其是都市民众生活,很多学者却并不关心。岳永逸对此进行了批评,再次强调民俗学的现代性,呼吁学者们在关注那些脱离当下百姓生活的传统的同时,要更多地关心当下老百姓是如何过日子的。按照他的话来说,民俗学者应该关注被工业文明、信息文明和技术文明主宰的都市生活,而非永远墨守于乡土民俗。当代的中国民俗学不仅仅是关于现代的学问,也是关于现代性的学问,都市文明及其生活方式应该是中国民俗学的基本研究对象。②

其实民俗学之所以存在,就在于它连接过去与现在的特点,没有必要将此二者截然对立。即使如历史学这样的关于过去的学科,也依然是带着今天的问题意识去研究过去的,因此有"一切历史都是当代史"的说法。既然当今人们频繁提到的"古老""传统"是在"非遗"的语境下出现的,那就说明它已经被"现代化"了,为今天的需要所用了。问题在于,在中国民俗学内部,仍然多将"传统"与"现代"二分,很少思考民俗或人的生活的连续性,反而更多考虑时代变革的断裂性,这无疑是"五四"以来现代性带来的后遗症。

3. 民俗学的困境、功能与出路

尽管中国民俗学发展到今天已有近百年的历史,也不乏很多重要的成就,但

---

① 户晓辉:《建构城市特性:瑞士民俗学理论新视角——以托马斯·亨格纳的研究为例》,《民俗研究》2012年第3期。
② 廖明君、岳永逸:《现代性的都市民俗学——岳永逸博士访谈录》,《民族艺术》2012年第2期。

民俗学在当下的境遇却不容乐观。民俗学是做什么的？民俗学有什么用？民俗学是不是可有可无？如何改变民俗学的处境？一直以来，这些问题一方面困扰着学人，另一方面也激起了学界广泛的、持续的讨论。

民俗学是做什么的？这样一个看似简单的问题却令许多民众，甚至是民俗学专业的学生和从业者都为之困惑。这一问题本身就显示出民俗学在当下的一种窘境，表现在民俗学在整个学科制度上的边缘化、民俗学从业者处境尴尬、民俗学学生就业困难等诸多方面。关于民俗学的困境原因，陈连山从中国民俗学诞生的五四新文化运动时期入手，认为"科学至上主义"和"强制启蒙"是民俗学发展的禁锢，是笼罩在中国现代民俗学头顶的紧箍咒。如果不破除这两大理论基石，民俗学的发展就难以为继。① 与此相似，岳永逸首先将民俗学的各种尴尬归结为整个民俗学学科建制在中国"现代化"整体语境下出现的窘境。近代以来，中国的现代化就沿着西方单线进化的模式进行，认为"发展就是好的"，处于草根的民众、边缘族群始终被视为可以教育、改造和提高的对象，而没有被视为有知识、思想和思考能力的群体。因此人民群众创造的生活知识——民俗是无用的，那么民俗学自然也就是没用的学问。② 在现代化话语霸权和"有用论"充斥的语境下，民俗学的窘境也就不难理解了。其次，岳永逸还认为民俗学窘境之存在还与学科归属的行政性调整紧密相关，民俗学作为二级学科从文学划归社会学后遗留的一列体制问题，如中文系学生拿法学学位，国家社科基金申报体系中民俗学处于附属地位等，不但造成学生就业的困难，也造成民俗学教师科研课题申请的尴尬处境。③ 可以说，岳永逸主要从学术语境和体制出发来分析当下民俗学困境的原因。

与陈连山、岳永逸不同，安德明、杨丽慧认为民俗学的困境固然同学术界偏重精英文化有关，但更重要的还在于学科自身存在的一些问题：首先是学科定位方面对民间文学研究作为民俗学组成部分的属性论证不清，导致学科目录设置不当以及民俗学在整个人文社科领域缺少地位。其次是越来越多的区域和个案研究使民俗学知识体系日趋破碎，研究碎片化，缺乏一般性理论概括和范式提炼，难以凸显学科的优势。第三是过度强调研究对象的草根性，不自觉地把民俗与上层文化割裂开，容易使民俗学丧失在民族文化整体系统中和人文社科学中的解释力。第四是过度强调对以文本为中心的视角矫正，导致重视外部语境研究而轻视内部的文本或民俗事象内在属性分析的倾向。④

---

① 陈连山：《重新审视五四与中国现代民俗学的命运——以20世纪对于传统节日的批判为例》，《民俗研究》2012年第1期。
② 岳永逸：《"民俗学，那是干啥的"——忧郁的民俗学札记之二》，《新产经》2012年第5期。
③ 岳永逸：《小学科的大窘境——忧郁的民俗学札记之一》，《新产经》2012年第4期。
④ 安德明、杨利慧：《1970年代末以来的中国民俗学：成就、困境与挑战》，《民俗研究》2012年第5期。

当然,在民俗学被质疑、出现困境的同时,也不断有学人为民俗学辩护。民俗学不是一门无用的学问,民俗学具有社会功能和价值。朱婵媛认为,民俗学作为一门学科,其功能是多方面、多层次的,对人类精神生活、社会政治及工艺生产都起到作用,其中一个重要的功能就是教育国民。民俗的功能既有教育国民的显性功能,又具有增强民族自豪感、增进爱国主义精神的隐形功能。① 刘巽达则以当今社会转型过程中出现的鲜活个案为例,生动说明法制不是解决民主政治和社会建设的唯一药方,而民俗学在化解社会危机和心理危机上具有十分重要的作用,如何善用民俗资源,是一个值得探讨的问题。此外,民俗学也是对外宣传中国文化,实施中国文化走出去战略的重要平台。因此,民俗学绝不是可有可无的边缘学科,应成为主流学科、前沿学科和当代的一门显学。② 从社会秩序出发,霍福认为民俗通过诠释和宣教、规范和维系方式,能产生较好的社会整合功能,对秩序的建构具有现实意义。③ 此外,随着国内外对"非遗"保护的日益深入,民俗学在指导文化遗产保护方面所具有作用也开始受到专家和社会的关注。④

在为民俗学辩护的同时,学人也在积极探索民俗学发展的出路问题。部分学者试图对中国民俗学自身发展的历程进行梳理、总结经验,希望通过反思过去来找到前进的方向。⑤ 亦有部分学者积极探索他国民俗学发展的进程,以期对中国民俗学的发展提供参考,达到"抛砖引玉"之效。⑥ 也有部分学者直入主题,加以讨论。例如,安德明认为非遗保护工作的开展,是民俗学发展的契机。非遗为民俗学发展带来了更多的机会,使民俗学社会地位显著提升,能够利用国家政策新的转向、借助更多经费进行探索,而且其工作过程中凸显的各种张力,亦为民俗学学科自身理论和方法的建设贡献了新的视角。但同时,他也对民俗学参与非遗保护

---

① 朱婵媛:《民俗学研究之我见》,《剑南文学》(经典教苑)2012年第9期。
② 刘巽达:《民俗学能在社会建设中当担重任》,《社会科学报》2012年7月26日。
③ 霍福:《本地人和外地人——从西宁移民谈民俗的社会整合功能》,《青海师范大学民族师范学院学报》2012年2期。
④ 参见曾江:《民俗学界深入参与国际学术进程》,《中国社会科学报》2012年7月2日;文慧:《中国民俗学会与国际非遗合作》,《光明日报》2012年7月7日。
⑤ 石晶:《开拓与探索的历程——1930年代钟敬文与民俗学创建发展的回顾》,《社会科学战线》2012年第2期;董晓萍:《钟敬文先生对新时期民俗学科的重大建树——兼谈〈北京师范大学学报〉与民俗学科的发展》,《北京师范大学学报》2012年第5期;萧放:《钟敬文的民俗学情缘》,《光明日报》2012年1月16日;王素珍:《名与实之争——对中国民俗学史研究的批评与反思》,《民俗研究》2012年第1期;岳永逸:《旁置、艰涩与悲壮的小步舞曲——忧郁的民俗学札记之三》,《新产经》2012年第6期;岳永逸:《旁置、艰涩与悲壮的小步舞曲——忧郁的民俗学札记之三》,《新产经》2012年第7期。
⑥ 王京:《1958年:战后日本民俗学转折的胎动》,《民俗研究》2012年第1期;王京:《关于日本文化遗产保护制度的几个问题——以民俗及民俗学的关联为中心》,《文化遗产》2012年第1期;张丽君、李维屏访谈;于倩、程安霞翻译:《美国民俗学领域物质文化研究的兴起与现状——印第安纳大学民俗学与音乐人类学系杰森·拜尔德·杰克逊访谈录》,《民俗研究》2012年第4期。

工作的诸多问题保持警醒的态度,认为还需要进一步的审视。① 此外,亦有学者通过分析钟敬文先生的"多民族的一国民俗学"思想来为民俗学学科发展提供建议。朝戈金对"多民族的一国民俗学"思想及其实践进行了总结,认为它为中国民俗学的发展道路做出了符合现实情况和学科特点的规划。而当下,民俗学研究当中少数民族的维度仍然较少,因此强调"多民族"这一思想对于民俗学学科的整体发展很有必要。② 尹虎彬则认为,"多民族的一国民俗学"体现了多民族历史文化内涵和多学科学术脉络,是现代民俗学发展的重要特点之一。因此,针对少数民族历史文化的口头传统研究是少数民族文学研究的重要内容,也是中国民俗学的学术创新领域,具有文化遗产学、信息科学、传播学等多学科意义。重视口头传统的研究对促进民俗学的发展具有现实意义。③

事实上,民俗学在中国的境遇并未达到步履维艰的地步。相比英国、美国这样的国家民俗学科的状况,相比民俗学此前数十年在中国的状况,如今中国的民俗学还应以乐观的态度视之。所谓"困境"只是发展中的问题:民俗学研究的队伍还不够大,民俗学科体系的建设还很不完善,民俗学从业人员自身的知识结构还存在问题……如果我们自己做得足够好,如果我们能够在 20 年内拿出一批其他学科都能击节称赞的精品力作——简言之,得到学术界的认可,学科目录问题、申请项目问题等等都会迎刃而解。

4. 民俗学教学的问题与对策

作为高校中所开设的一门课程,民俗学教学的重要性、存在的问题、方法的改进备受学界关注,因此反思性和探索性的成果较多。

额尔德木图认为在高校开展民俗学教学活动具有重要的意义:它一方面是民俗学学科自身建设的需要,另一方面也是中华民族先进文化建设和发展的自身要求。高校民俗学教学对提高大学生人文素质教育质量、提高高校素质教育质量、推进高校教学改革等都有积极作用。④ 龙梦晴认为,民俗文化教育是连接素质教育与传统文化教育必需的环节,可以通过学校教育的方式使后辈感受到前人的思想情感以及生活方式,有利于培养国人的民族的自尊心、自豪感、自信心。⑤ 民俗教育意义重大,余翰卿、龙梦晴甚至认为它应该在大学以外进行推广。例如,余翰卿首先从社会和时代发展要求两方面对"民俗进课堂"的理由进行了说明,然后根

---

① 安德明、杨利慧:《1970 年代末以来的中国民俗学:成就、困境与挑战》,《民俗研究》2012 年第 5 期。
② 朝戈金:《钟敬文"多民族的一国民俗学"思想的再认识》,《民族文学研究》2012 年第 3 期。
③ 尹虎彬:《民俗学与民族文学——重温钟敬文先生多学科的民俗学思想》,《民族文学研究》2012 年第 3 期。
④ 额尔德木图:《浅谈高校民俗学教学的重要性》,《内蒙古民族大学学报》2012 年第 2 期。
⑤ 龙梦晴:《民俗文化教育发展论》,《湖南师范大学教学科学学报》2012 年第 6 期。

据不同教育阶段的特点,提出除高中外,应在幼儿园、小学、初中和大学都进行民俗知识的教学。① 龙梦晴亦认为有必要在幼儿园、中小学、大学各教育层次开展民俗教学活动。

我国很多高校都开设有民俗学这门课程,但在教学方面存在的问题也不少。例如,黄鹏认为目前我国高校民俗学教学存在三大问题:首先是灌输式的教学模式使丰富的、个性化的民俗事象成为抽象的知识被传授给学生,导致理论与现实生活脱节,学生对民俗事象的分析和理解存在缺陷;其次是灌输式的教学模式使得教学气氛沉闷,学生学习的积极性不高;最后是教学注重知识的系统性,而忽略对学生应用知识能力的培养。② 陈丽琴亦认为以往高校的民俗学、民间文学教学存在重理论、轻实践,教学与社会要求脱节、教学的现实应用性差等问题,导致民俗学教学出现"生态失衡"的现象。③ 都吉雅则以蒙古地区民俗学教学为例,分析了教学当中存在的问题,包括:"满堂灌"的授课方式导致教学不符合民俗文化活形态生发和操演;教学手段落后、单一导致课堂没有生气;过分重视知识讲述而忽视教学实践的环节导致学生田野调查能力欠缺。④ 此外,李萍则主要对民俗学教学的方式提出了批评,认为以往教学所遵循的课本加粉笔、黑板、教室四位一体的传统模式限制了民俗学的课程特性,没有发挥其资源优势,使得民俗学的教学效果不甚理想。⑤

针对当前民俗学教学存在的诸多问题,学者也提出了许多教学改进措施。额尔德木图认为高校民俗学教学改革应该要做好三点:一是要建构民俗文化知识体系;二是培养和增强民俗文化自觉意识;三是要改革课程教学的方法和手段。通过多种途径和手段促进民俗学教学效果的改善。⑥ 黄鹏则提出可以从三个方面进行民俗教学改革:首先是运用多媒体技术教学,以适应民俗学综合性、空间性、多学科交叉性的特点,从而收到最佳教学效果;其次是采用理论讲授同交流、分析、讨论相结合的教学模式,以发挥学生的积极性。第三是要多开展第二课堂活动,加强教学实践,培养学生理论联系实际的学习能力。⑦

陈丽琴则从"生态课堂"的理念出发,对民俗学教学改革进行了讨论。据她解释,所谓"生态课堂"是把教师的教学与学生的学习视为一个教学的生态系统,从

---

① 余翰卿:《让民俗走进课堂》,《学理论》2012年第18期。
② 黄鹏:《高校民俗学教学方法新尝试研究》,《教育与职业》2012年第27期。
③ 陈丽琴:《论高校民俗学、民间文学课堂教学的"生态平衡"》,《内蒙古教育》(职教版)2012年第11期;陈丽琴:《构建高校民俗学、民间文学的生态课堂》,《科教导刊》(中旬刊)2012年第6期。
④ 都吉雅:《蒙古民俗学实训教学改革思考》,《内蒙古民族大学学报》2012年第6期。
⑤ 李萍:《民歌文化资源在西部高校民俗学教学中的创新化应用》,《湖北民族学院报》2012年第1期。
⑥ 额尔德木图:《浅谈高校民俗学教学的重要性》,《内蒙古民族大学学报》2012年第2期。
⑦ 黄鹏:《高校民俗学教学方法新尝试研究》,《教育与职业》2012年第27期。

而建立一种整体、多样、和谐、可持续发展的课堂形式,具体来说,要做到:课堂教学资源平衡;课堂生态主体之间平衡;教学对象的动静平衡。① 为了达到这一目标,她认为应该首先创设和谐、开放的教学环境,其次要挖掘动态自由的教学内容。② 从蒙古民俗学教学实践经验出发,都吉雅则提出四点改革意见:一是要及时更新教学观念;二是要不断创新教学方式和手段;三是鼓励学生回乡进行田野调查;四是要求学生田野调查返校后陈述调查报告。只有将课堂讲授与田野调查、搜集整理材料的实践相结合,才能更好地培养学生的能力。③ 李萍以民歌文化资源的利用为例,对民俗学教学创新提出了三点建议:一是开设田野课堂,延伸教学的空间;二是要注入区域的资源,提升校本特色;三是要巧妙利用情景教学,以增添课堂的亮点。④

也有学者从教学手段单方面对民俗教学改革提出建议,如李慧认为应当发挥多媒体技术在民俗学教学中的作用,具体可以从以下几个方面入手:第一要立足所授课程的实际内容来选择多媒体教学素材;第二要利用多媒体创设情境,将抽象的概念直观化,使理论知识趣味化,以提高学生学习的兴趣。⑤

在人才培养方面,民俗学倒的确有许多需要改进的地方。由于很少有高校的民俗学设立本科专业,因此就谈不上建立系统的培养体系,无法就课程设置、实践环节、毕业生与社会对接这类问题有深入的研讨。因此一方面民俗学应努力推动本科专业设置的尝试(比如现在已有文化遗产专业,但需冠名民俗学并对培养体系做认真论证),另一方面则应同时提升民俗学类课程在全校公选课程中的地位。同时,由于民俗学人才培养目前主要通过研究生教育来进行,但培养方式和教学体系还是五花八门,假如我们选择目前民俗学界学术地位最高的十个人进行调查,可以肯定地说,他们对合格的民俗学研究生培养的具体要求是很不同的。因此,对高水平人才不断涌现的期望值还无法太高。

(三)民俗研究专题探讨

1. 女性民俗研究

女性民俗事象自中国现代民俗学诞生之初就受到关注,一度成为当时学术开启民智所努力的方面之一,此后相关研究因国内民俗学发展的坎坷而归寂。⑥ 自

---

① 陈丽琴:《论高校民俗学、民间文学课堂教学的"生态平衡"》,《内蒙古教育》(职教版)2012年第11期。
② 陈丽琴:《构建高校民俗学、民间文学的生态课堂》,《科教导刊》(中旬刊)2012年第6期。
③ 都吉雅:《蒙古民俗学实训教学改革思考》,《内蒙古民族大学学报》2012年第6期。
④ 李萍:《民歌文化资源在西部高校民俗学教学中的创新化应用》,《湖北民族学院学报》2012年第1期。
⑤ 李慧:《浅谈多媒体技术在民俗学教学中的运用》,《读与写杂志》2012年第2期。
⑥ 陈秋:《国内外女性民俗研究综述》,《妇女研究论丛》2012年第3期。

上世纪八九十年代至今,"女性民俗文化""女性民俗"研究逐渐复苏,在理论和实践方面都有讨论,出现了一批相关研究成果。

在学理探讨方面,因国外女性民俗研究起步早,发展至今已经比较成熟,故其发展历程、研究经验成为当前我国女性民俗研究十分重视的问题,部分学者对此进行了梳理和总结。张翠霞对美国女性民俗研究历程做了全方位的梳理,她认为20世纪70年代以前美国女性民俗研究处于早期发展阶段,女性及其民俗事象被关注,相关研究更多的是为说明其他问题服务。七八十年代在女权运动、女性主义理论和民俗学研究范式转变的影响下,女性及女性民俗作为研究主体被纳入民俗学研究视野,对以往以男性为主导的研究视角进行了批评和纠正。90年代,女性民俗学研究逐渐出现新的转向,"权力"关系成为关注的焦点,"政治""权力""族群""认同"等问题成为相关研究的重要话题,理论化色彩日益浓厚。①

此外,李靖对上世纪70年代以来的美国女性主义民俗学发展做了深入的分析,指出上世纪70年代,女性民俗形式的特征、女性对民俗形式的使用、女性民俗内在独特性和价值成为关注的主题;80年代中后期美国女性民俗研究逐渐走向理论化,一方面通过探讨女性民俗内在意识形态的自治性,反思和纠正女性民俗是对男权社会的一种抵抗性反应的观点,另一方面则试图让被视为文化他者的女性回归到权力作用体系中,探讨不同语境中女性民俗所表现的对抗的多样变异性、微妙性和模糊性。强调理论化标志着女性主义民俗学发展日益成熟,同时也暴露了其"低理论""经验性"的特点,而论者认为民俗学的"经验性"正意味着一种不同以往的自下而上意义的理论性。②

陈秋对国内外女性民俗研究的历程和特点进行了对比,并指出了中国女性民俗研究目前存在的主要问题。经过梳理,她指出西方女性民俗学研究经历了从早期对民俗事象的关注,到近代建构女性主义民俗认识论,再到当代进行女性主义民俗批评的发展过程。而日韩女性民俗研究路径,基本遵循从本民族文化和社会结构特点(如家族、村落等)来开展。欧美和日韩女性民俗研究都有各自的文化根基和学术生长逻辑,取向各不相同。按照这一思路,她对五四新文化运动以来的中国女性民俗研究的相关实践进行了较细致的梳理,认为尽管当前学界对女性民俗研究关注得越来越多,但仍然没有足够的重视,表现在一些基本的问题没有得到阐述和界定,如什么是女性民俗、女性民俗研究什么等等,故遭到部分学者的质疑,因此相关问题亟待探讨和回应。③

---

① 张翠霞:《美国女性民俗学研究述评》,《民族研究》2012年第5期。
② 李靖:《美国女性主义民俗学研究的理论之路》,《民俗研究》2012年第4期。
③ 陈秋:《国内外女性民俗研究综述》,《妇女研究论丛》2012年第3期。

由于上述问题的存在,陈秋对女性民俗的内涵、女性民俗研究概念、对象、路径等做了进一步的阐释。她认为,女性民俗的内涵可以从两方面认识:从研究客体层面来看,是指"女性的民俗"研究,即对女性的民俗事象进行收集整理、资料辑录,对相关民俗文化进行描述,对相关民俗文本、民俗生活进行解读。从研究主体层面看,是指"女性主义的民俗"研究,其关注点是民俗学的研究主体问题,考察民俗社会运行的女性观和性别关系等,其发挥的功能是女性主义的民俗批评,并在学术语境中找到民俗学的阐释力所在。①

那么,究竟什么是女性民俗研究?她指出"女性民俗研究"应该是性别和性别关系意义上的民俗学研究,研究者通过关注女性进而对民俗学理论进行一场哲学上的反思。对于女性民俗研究的对象,她认为主要有两个:一是"民俗社会"的社会"性别制度"。女性民俗研究首先要关注女性民俗事象,在此基础上思考民俗社会中女性性别规范的养成,女性和男性在民俗生活的互动中如何扮演各自的角色,进而考察民俗社会如何建构规范社会性别。二是性别习俗化及其女性民俗的主体性。习俗化是指个人在出生环境中逐渐对习俗管制适应的过程,同时也是群体对成员个体施以习俗管制的养成过程。习俗化具有一定的强制性,但女性个体并非没有能动性,需结合两者来讨论日常生活中女性社会性别的建构过程。此外,陈秋还提出女性民俗研究的核心目的是"寻找女性民俗"的主体性,具体可以通过三条路径进行:第一,收集、整理与女性有关的具体民俗事象。第二,思考民俗文化和生活如何建构女性的"社会性别,以及女性民俗的主体如何在其中进行表达。第三,考察女性与男性在民俗社会中互动关系下实践的主体性。② 女性民俗研究在中国起步较晚,相关理论探讨和反思还需时日,但已经显示出在多学科背景下建构本土理论和提升民俗学阐释力的努力。

在具体研究方面,也不乏女性民俗研究的成果。王卫华以鲁中榆钱村春节家祭为个案,探讨了女性在血缘亲属体系中的"外人"身份及其对女性地位确立的影响。论者认为女性自出生就被家族视为潜在的"外人",随着年龄的增长,其在春节家祭活动中受到的限制越来越明显。以婚姻为契机,女性最终完成从本家族到夫家族身份的转换,也因此失去本家族春节祭祀的权利,而获得夫家族春节祭祀的权利。这种身份转换和权利的限定性、不确定性因素(如是否有子嗣、丈夫的忠诚度等),直接影响到女性今后在本家与夫家族的活动及其地位。③

---

① 陈秋:《从"女性的民俗"到"女性主义的民俗"——女性民俗研究略述》,方刚主编:《性别多元:理论与务实研究》(下),(台湾)万有出版社2012年版,第549—558页。
② 陈秋、苏日娜:《女性民俗研究发微》,《中央民族大学学报》2012年第4期。
③ 王卫华:《论女性在血缘亲属体系中的"外人"身份——以榆钱村春节家祭为个案》,《民俗研究》2012年第4期。

王军霞通过对鲁东南纪村的调查,对邻里圈的类型、功能与女性的关系进行了讨论。以往研究早已注意到邻里关系对于女性的意义。王军霞则进一步指出由女性建构和维持的邻里关系具有两个层次:一是情感性邻里圈,主要是女性为满足自我情感而建立的相邻女性之间的亲密关系;二是工具性邻里圈,主要起维护家庭在村落中的面子与地位的功能,常常由仪式性的交往来建构和维系。[①] 刁统菊对嫁女与娘家和婆家的微妙关系进行了探讨,认为女子的出嫁确实在一定程度上将嫁女从娘家(父系宗族文化体系)排斥、疏离出去,但嫁女与娘家并未完全脱离关系。这种关系既有文化习俗和情感(如节庆回娘家等)的规约,也有现实生活(如经济互助、分家析产等)的诉求,还有神秘观念(女性死亡与财富的关系)的影响,具有其相应的调节功能。随着乡村社会的现代变迁,嫁女与婆家和娘家的关系也随之变化,并对原有的社会关系和结构,如甥舅关系、家庭结构产生一定的影响。[②]

此外,潘帅、范学新对哈萨克族婚嫁仪式歌的"分离""通过""再进入"三仪式进行了分析,认为这一女性民俗文化具有标记功能、文化符号、交流教育媒介三大价值。[③] 最后,刘慧萍通过对台湾花莲客家族群中男性比女性更擅长讲述这一现象进行了分析,认为"男人比较闲""女人比较忙"并不是造成上述区别的原因。真正原因在于,一方面客家男性走南闯北,比女性具有更丰富的人生阅历、更多的人际关系,使得男性具有较多的口传来源和讲述机会。另一方面,客家妇女不但具有家务和生产双重任务限制了其讲述活动,而且讲述的行为容易让人联系到游手好闲、不务正业,也影响了女性当众讲述的意愿。是否善于讲述,除个人天赋外,与具体的社会文化环境密切相关。[④]

2. 都市民俗研究

随着我国城镇化建设的开展,城市人口日益增多,乡村人口相应减少,据第六次全国人口普查显示,我国城镇和乡村人口比例接近1∶1,城乡格局发生了显著的变化。各种城市现象越来越引起社会各界的关注,在这一背景下,民俗学的研究视野也逐渐呈现出从关注乡村到关注城市的变化趋势,表现在都市民俗研究日益受到学界的关注。

在理论探讨方面,户晓辉首先对瑞士城市民俗学发展的学脉进行了梳理,认为其经历了从消极适应到主动理解城市,从批判城市到面对城市,从关注城市外

---

① 王均霞:《在自我与家庭之间:纪村女性与两种邻里圈的建构与维持》,《民俗研究》2012 年第 4 期。
② 刁统菊:《娘家人还是婆家人:嫁女归属问题的民俗学研究》,《民族艺术》2012 年第 1 期。
③ 潘帅、范学新:《哈萨克族婚嫁仪式歌中的女性民俗文化价值》,《内蒙古民族大学学报》(社会科学版),2012 年第 1 期。
④ 刘惠萍:《族群性别文化与讲述活动——以花莲客家族群讲述人为例》,《民俗研究》2012 年第 4 期。

表到理解城市精神的发展过程。他对瑞士民俗学家亨格纳的"城市特性"概念作了进一步的阐释,认为它不是城市的实体,而是城市的日常生活维度或者人在城市里的感觉和经验。城市民俗学研究的是人对城市特性的创造和体验。基于这一理解,他认为,一方面,中国民俗学急需用城市民俗学的眼光使城市特性成为民俗学的研究对象,关注城市普通人的民俗文化和日常生活。另一方面,作为民俗学家应该担当起社会责任,肩负起开辟城市文化空间的特殊任务,使民俗学成为一门实践科学。[①]

此外,廖明君就都市民俗学的相关问题对岳永逸进行了访谈,岳永逸指出都市民俗学不是要建立一门学科,而是一种观念的转变,即从以往指向过去、传统、乡村、边缘的乡土民俗学,转向现代的以工业文明、科技文明支配的都市民俗学。都市民俗学不停留在过去,而是要去理解老百姓当下的生活,即他们如何过日子。为实现这一转变,岳永逸强调起码要做好两件事:一是要搜集整理已有文献中关于都市民俗的记述;二是要实实在在地调查记录当下城市民众的的生活。就研究的关注点而言,他认为都市民俗不仅仅是对都市民众当下如何生活进行研究,也要关注都市文明及其生活如何影响到乡土社会。[②]康保成认为,都市民俗就是都市居民长期积累的生活方式和生活习惯。真正的都市新民俗应该以人为本,是生活的一部分,而非作秀。古今都市都同时具有好与坏的生活方式,两者都应该成为都市民俗学研究的对象。研究都市民俗,应当具有实录精神、批判精神和建设都市民俗的意识。尤其是政府应该在都市民俗建设方面发挥积极作用,对其加以正确的引导,使都市民俗朝着健康的方向发展。[③]

在研究实践方面,都市民俗学越来越引起人们的关注。就类型来看,大致可以分为都市新民俗的个案研究和传统都市民俗的现代变迁研究两类。

关于都市新民俗,信息化与新民俗,谣言传说是论者较为关心的两大主题。就前者而言,程名认为随着网络时代的来临,一些都市民俗正在逐步形成,其网络的空间结构方式并不固定,但却能够传承发展,因此与民俗是"固定的可传承"的文化模式相矛盾。他认为造成这种结果的原因在于除空间结构外,网络民俗亦有组织的本质特征,网络空间的组织结构和类似于乡土社会的空间结构共同作用形成了网络民俗。[④]殷俊、喻婷从信息化角度探讨了新都市民俗的特征、趋势问题,

---

① 户晓辉:《建构城市特性:瑞士民俗学理论新视角——以托马斯·亨格纳的研究为例》,《民俗研究》2012年第3期。
② 廖明君、岳永逸:《现代性的都市民俗学——岳永逸博士访谈录》,《民族艺术》2012年第2期。
③ 康保成:《生活就是民俗——关于民俗文化与都市发展的若干思考》,《民俗研究》2012年第1期。
④ 程名:《网络传播的社群化特征与网络民俗的建立——以天涯虚拟社区为例》,《东南传播》2012年第9期。

认为随着信息技术的快速发展,以数字化应用为基本特征的"微时代"来临,对都市市民衣食住行及娱乐等方面产生了全面的影响,都市民俗正经历着向网络化、数字化转变的历程,具有个性化、多元化、开放性的特征,并朝着虚拟化、体验化、兼容并包、全面共享的倾向发展。有鉴于此,论者呼吁进一步研究它们的方向和规律,从而使市民生活变得更加健康和谐。①

随着都市化和数字化进程的加速,都市传说和谣言成为人们日常生活中显著的现象,借助数字化网络的快速传播,影响越来越大。民俗学研究在从乡村"转移"城市的学术转型的过程中,自然关注到上述现象,并做了相应的探讨。施爱东以钱云会案为例,客观分析了谣言产生的过程和蕴含的弱势反抗性情绪,认为谣言可以理解、宽容,但必须受到理性的制约,而这恰恰是对谣言权利的一种保护。②在另一篇文章中,施爱东对割肾传说和割肾谣言做了分析,认为它们虽然是现代都市民俗现象,但其本质上与乡土传统的守阈叙事一脉相承,正因其激起了人们的传统记忆而造成恐慌,反映出人们因都市缺乏安全感造成的恐惧心理以及对获得安全感的希望。此外,论者还从情节、时间、地点、人物、影响五个方面对割肾传说和割肾谣言作了区分。③而刘文江则对传说、都市传说、谣言三者的关系进行了探讨,认为三者在人们的口头叙事实践中,其形式表现出极大的相似性,可视为同一种实践性叙事体裁;传说的中心是一种基于传统题材的确定性话语,而都市传说与谣言则相反。三者的各种实践形式或亚体裁之间是一种平等关系,并使得它们相互构成了一种否定性的、不稳定的交流模式。④ 近年来,作为都市传说重要类型的校园传说也引起了学者的广泛关注。魏泉对近十年来我国大学校园流传的各种传说进行了分析,认为它们可以分为三种类型:一是确有其人其事的传说;二是有其事无其人的传说;三是凭空编造的鬼故事。论者强调,校园传说是大学生活活力的重要来源,同时反映出社会风气的变迁。⑤

此外,随着都市化进程的推进,人们的价值观也在不断变化,追求高效、速度成为一种时尚心理,并催生了闪婚这一都市民俗现象。王健瑛认为闪婚是一种都市民俗,是现代化大都市中人们在经济、物质迅速发展背景下形成的一种生活或生存方式,其原因具体来说包括四个方面:一是经济迅速发展,城市化速度加快。二是婚姻程序的简化。三是社会文化思想的变迁。四是传统婚恋观的影响。闪婚利弊参半,一方面满足了时代追求高效、速度的需求,在心理上给压力日增的年

---

① 殷俊、喻婷:《"微时代"下市民生活习俗的变迁》,《江西社会科学》2012年第12期。
② 施爱东:《谣言的鸡蛋情绪——钱云会案的造谣、传谣与辟谣》,《民俗研究》2012年第2期。
③ 施爱东:《盗肾传说、割肾谣言与守阈故事》,《华南师范大学学报》2012年第6期。
④ 刘文江:《作为实践性体裁的传说、都市传说与谣言研究》,《民俗研究》2012年第2期。
⑤ 魏泉:《若有若无:中国大学校园传说的个案与类型》,《民俗研究》2012年第2期。

轻人以安慰；另一方面也因双方了解不够深入而导致离婚快、离婚多的现象。因此，人们应当对闪婚这一都市民俗现象保持警醒，不要盲从。①

除都市新民俗外，传统都市民俗的现代变迁也颇受学者关注。王燕妮、王伟杰对武汉这一大都市的春节习俗的现代变迁进行了考察，指出节日意识简单化、过节形式多样化、文化内涵持续化是其演变的主要特点。② 同样是武汉，杨童舒则对其当下的婚俗进行了细致的描述，并对其民俗文化意义进行了讨论。③ 而李柳赟、许燕滨对南宁民俗节庆文化特点、影响效果、缺陷与对策等问题进行了分析，试图为民族地区都市民俗节庆可持续发展提供参考。④ 此外，霍福以西宁为例探讨了都市民俗的建构，认为可以从以下几点出发：一是利用仪式的周期性增强群体的认同感。二是充分发挥城市文化的引领作用。三是加大硬件建设。而其中政府的方向引导、渠道沟通对都市民俗的建构具有重要的作用。⑤ 同样是研究网络民俗，徐瑞华关注的却是传统民俗如何通过网络发展衍生出新的形势和内容，并对网络祭拜、在线祈福、网上占卜等网络民俗现象进行了分析，认为其具有以都市居民为主，传播速度快、覆盖面广、方式简单等显著特点，具有教育、调试、传承、环保等社会功能。⑥

3. 民俗语言研究

从民俗角度对语言的研究近年来成为一项热门话题，许多论者都强调语言与民俗文化相结合的重要性，但是在研究的方法、理路和目的上却呈现出不同的层次。归纳起来，主要有三种倾向：

首先，语言是民俗文化的载体，透过语言能够反映出一地的民俗文化特征。相对于孤立的语言词汇研究而言，这一方法将语言同其背后的文化相联系，在研究语言的同时，也关注到语言所呈现出的民俗文化传统，从而拓展了语言研究的范畴。沿着这一路数，出现了一批研究成果及相关评述。例如曲彦斌认为，"隐语行话不是独立的语言，而是语言的一种社会变体，几乎世界上各种语言都存在这种特殊的民俗语言文化现象和语言习俗"⑦，因此隐语行话体现了一定时代和地域的民俗文化。李贵生强调民俗学与方言学的"结盟"在研究地方口头传统方面具有重要价值，他以甘肃武威民间口头说唱"凉州贤孝"为例，从人生仪礼、岁时节

---

① 王健瑛：《浅析都市民俗"闪婚"现象》，《知识经济》2012年第24期。
② 王燕妮、王伟杰：《武汉市春节习俗的现代变迁考察》，《三峡论坛》2012年第4期。
③ 杨童舒：《当代武汉城市婚俗的民俗文化解读》，《文学教育》（上）2012年第12期。
④ 李柳赟、许燕滨：《都市语境中的南宁民俗节庆文化研究》，《剑南文学（经典教苑）》2012年第2期。
⑤ 霍福：《本地人和外地人——从西宁移民谈民俗的社会整合功能》，《青海师范大学民族师范学院学报》2012年第2期。
⑥ 徐瑞华：《网络民俗研究》，《贵州社会科学》2012年第11期。
⑦ 曲彦斌：《民俗语言与社会生活》，社会科学文献出版社2012年版。

日、饮食民俗、民间信仰、民间俗语和词语六个方面分析了这一方言文本所体现的民俗文化。① 高群从语言民俗的角度对皖北民俗语言进行了分析，认为当地语言民俗可以分为读音民俗和谐音民俗，两者反映了民俗语言文化形态的"深层结构"，通过皖北民俗语言可以历时性地探讨皖北地区人民的物质、精神文化的底蕴。② 孔祥馥通过河湟"花儿"语言当中的民俗文化词汇，探讨了"花儿"所蕴含的饮食民俗、服饰民俗、气象民俗、岁时节日、生产习俗等民俗文化特征，以增进我们对"花儿"流行区域内各民族民俗和文化心理的了解。③ 曹慧萍对王作新关于三峡地区方言词汇与民俗的研究进行了评析，认为是书以方言词汇为基础，注重对词语背后的地域民俗文化进行申述，一方面可以观察当地文化面貌和认识文化发展进程，另一方面再现了社会生活场面，展现了特定时代的社会风貌。④ 此外，董丽娟认为在整个语言系统中，民俗语汇直接与风俗文化密切相关，是民俗事象的重要载体和传播工具，反映了地方传统文化的深层信息。所以，她认为开展民俗语汇的调查、整理和研究，是民俗研究的重要内容，对服务现实、移风易俗具有指导意义。⑤ 不难看出，以上研究大都是以民俗语言为切入点，来探讨其背后所蕴含的民俗文化问题。

其次，随着我国民俗学从对民俗事象的关注到对人的生活关注的整体转向，民俗学研究越来越重视对民俗语境的把握。民俗语言的研究亦是如此，以往对民俗语言的研究多脱离其语境，将语言与民众的生活剥离开来。而近来则更多地意识到将民俗语言置于具体的语境当中加以分析，使语言回归到民众的生活，在生活中理解民俗语言是民俗学研究的一个重要特点，对语言与语境关系的强调体现出民俗学研究的学术转向。田耿辉认为，民俗情景是语言民俗不可分割的一部分，对语言民俗的考察必须紧密结合其产生和运作的情景，主要包括两大部分：一是文化背景，一是现场处境。只有结合情境才能实现对语言民俗现象的有效认识。⑥ 董金玉亦认为民俗学者将民间话语当作民间文化现象给予整体性把握，不但关注语言形式，而且注重考察与语言形式紧密联系的生活情景和民众精神。在民俗学视野下，民间话语体现为具体情境下发生的活生生的民众行为、民俗活

---

① 李贵生：《也谈民俗学与方言学的结盟——以甘肃武威"凉州贤孝"为例》，《宝鸡文理学院学报》（社会科学版）2012 年第 3 期。
② 高群：《皖北语音民俗简论》，《阜阳师范学院学报（社会科学版）》2012 年第 1 期。
③ 孔祥馥：《试析河湟"花儿"语言中蕴涵的民俗文化现象》，《青海民族大学学报（社会科学版）》2012 年第 7 期。
④ 曹慧萍：《特定时空中方言与民俗交互研究的成功之作——读王作新教授〈三峡峡口方言词汇与民俗〉》，《三峡大学学报》2012 年第 2 期。
⑤ 董丽娟：《论民俗语汇与辨风正俗》，《教育文化论坛》2012 年第 6 期。
⑥ 田耿辉：《如何构成语言民俗的情境讨论》，《群文天地》2012 年第 7 期下。

动。① 以上论述都反映出将民俗语言这一现象置于生活情景当中进行讨论的研究取向。

而在实践当中,黄涛的《语言民俗与中国文化》正是在这一研究取向下取得的重要成果。刘铁梁认为该研究十分重视将口头语言至于村落语境当中加以理解,也就是注重考察词语的民俗意义在交际中如何呈现,民俗语言在生活情境中如何被运用。因此,他认为尽管该书在对民俗语言类型探讨方面不全面,但这并不重要,重要的是把语言放在生活中来理解和研究的方法,因此该书填补了我国民俗学在这一课题领域的空白,建立了民俗文化研究的一种范式,使得"语言民俗"的界定及其在民俗学研究中所处的位置更加明确。② 何九盈、刘红玉亦认为该书探讨语言与文化的关系,不是像以往那样单纯地将语言视为文化的载体,而更多地将语言表述本身视为文化活动;将语言与社区讲述人、生活情境等联系在一起考察在语言与文化关系研究领域具有显著的突破性意义。③ 张举文则认为该书不但提供了那些民俗语言应用的场景,也交代了历史背景和演变情况,还展开了学术话语,充分体现了格尔茨提出的民族(俗)志的"厚描"。④

此外,还有从语言民俗来关注文化变迁的研究。虽然研究语言民俗,但主要目的是为了透过这一现象来讨论社会生活及其文化的整体性变迁。如王志清的《语言民俗与农区蒙古族村落的文化变迁:以辽宁省西部阜新地区的烟台营子村为个案》。邢莉认为论者从语言民俗角度来表述近代蒙古族农业村落的变迁,是民俗学在具体村落语境下研究文化变迁的一次成功尝试。⑤

究竟是探讨民俗语言所蕴涵的民俗生活文化,还是将民俗语言置于生活文化中加以理解的"语言民俗"研究,抑或是通过语言民俗来展现社会生活的变迁,虽然都从民俗的角度对语言这一现象进行了探讨,但其问题意识却大相径庭,既体现出学术发展、反思的渐进过程,同时也体现出学者们不同的研究旨趣。

二、田野研究

如何研究中国,如何研究中国的风俗与民俗文化?田野研究在中国民俗学学科史上始终占有其重要的位置。中国风俗的资料汇编与研究自来有重视调查的

---

① 董金玉:《民俗视角下的话语研究》,《边疆经济与文化》2012年第10期。
② 刘铁梁:《语言民俗研究的范式建构——评黄涛〈语言民俗与中国文化〉》,《民俗研究》2012年第3期。
③ 何九盈、刘红玉:《语境中的语言民俗》,《中国社会科学报》2012年4月11日。
④ 张举文:《基于实地调查与民族志"厚描"的语言民俗研究——评〈语言民俗与中国文化〉》,《文化学刊》2012年第3期。
⑤ 邢莉:《研究蒙古民俗的新作——评述〈语言民俗与农区蒙古族村落的文化变迁:以辽宁省西部阜新地区的烟台营子村为个案〉》,《内蒙古师范大学学报(哲学社会科学版)》2012年第3期。

传统,从古代学者的"采风问俗"到现代民俗学的"到民间去"①"搜集整理"②"十套集成"③"非物质文化遗产保护",④调查不仅是发现和搜集风俗、民俗资料的重要方法,也是发现问题、解释和解决问题以及反思问题的重要途径之一。中国现代民俗学的田野研究,是伴随着民俗学现代学科在中国的建立而出现的,在随后的一百多年发展历程中,学者们经历了曲折而艰辛的田野研究之路。民俗学在新中国得到恢复之后,学者们怀揣梦想与学术理想"走向民间""走向田野",搜集整理民俗资料、抢救国家和民族传统民俗文化。20世纪末21世纪初,面对人人做田野的学术研究趋势、田野研究中存在的盲目性与主观随意性,有学者提出了"告别田野"⑤"回归文本"的极端呼声,其尝试矫枉过正,以过激的言论来引导田野研究回归其在民俗学应有的位置。经历了"告别田野"与"捍卫田野"之争,⑥民俗学界开始反思田野研究,倡导田野与文本相结合,进行整体和综合的研究。也正是在这一百多年的曲折发展进程中,田野研究已经成了民俗学标志性的研究方法之一。

钟敬文先生将民俗学的田野研究分为三种:一种是走马观花式的"旅人之学",就是到某个地方跑一跑,看一看,得到一点一般性的信息;一种是"寓公之学",就是在一个地区住三五年,进行长期考察;第三种是"土著之学",就是当地人来研究当地民俗。⑦ 在某种意义上,可以说,这也是中国民俗学田野研究的几个重要的发展阶段:最初的"旅人之学",以"获取资料"为主要目的,田野研究只是其他研究的"辅助""补充"。第二阶段是"寓公之学",即通过较长时间的考察,获取资料,发现问题,寻求解释问题之方法。第三阶段的"土著之学",则要求对某一地区(田野点)的民俗生活有"当地人"的认识和理解,强调的是在田野中进行研究。当

---

① 〔美〕洪长泰:《到民间去——1918—1937年的中国知识分子与民间文学运动》,董晓萍译,上海文艺出版社1993年版。

② "民俗学自20世纪七八十年代恢复以来,研究进展走入困境:民俗学的研究路径,在调查方面,仍主要是通过'采风',按照已设定的民间口传文学各种体裁(如神话、传说、民间故事、歌谣等)和民俗事象分类(包括生产民俗、生活民俗、人生礼仪民俗、岁时节日民俗等)标准进行资料搜集;在研究旨归上,大多可归为单纯的事象记录、民俗事象类型比较研究、民间文学母题研究,以及由调查事象与文献结合的(往往是简单化了的)溯源研究等。"李霞:《传统与现代之间的民俗与民俗学——〈民俗学的历史、理论和方法〉读后》,《民俗研究》2006年第3期。

③ 20世纪60年代发起了民间音乐普查、搜集活动,后因"文化大革命"而停顿。20世纪八九十年代,普查搜集录音整理、编辑出版"民间文学三套集成"。

④ 20世纪末21世纪初,非物质文化遗产保护成为中国社会最重大的文化保护运动,民俗学不仅参与其间,同时非物质文化遗产田野研究成为其研究内容和重要发展趋势之一。

⑤ 施爱东:《告别田野》,《民俗研究》2003年第1期。

⑥ 刘宗迪等:《两种文化:田野是"试验场"还是"我们的生活本身"》,《民间文化论坛》2005年第6期。

⑦ 钟敬文:《天人之际的非常对话——甘肃天水地区的农事禳灾研究序》,中国社会科学出版社2003年版。

然,田野研究的这几个阶段并非单线进行的,在民俗学对田野研究进行反思的今天,这几个阶段是可以并置、同时存在的。

2012年民俗学的田野研究,根据其研究的特点,我们可以大体分为以下几个方面:获取资料:作为记录民俗学与资料之学的田野研究;发现问题、解释问题:作为阐释之学与理论之学的田野研究;提出问题、参与实践:作为实践之学与公共之学的田野研究;田野伦理、田野规范:田野研究的反思。①

(一)走向田野:记录民俗学与资料之学

民俗学的田野研究首先是资料之学,即搜集、记录和获取鲜活的第一手资料。关于田野中获取第一手资料的重要性,尽管从一开始,民俗学者已经意识到了,钟敬文先生在最初的中国民俗学的结构体系中就明确提出"民俗志""记录的民俗学"。② 但另一方面,学界对资料的获取,特别是第一手资料的重要性认识并不够,也因为此,民俗学的田野研究在很长一段时间内,被认为只是资料的汇编,是其他研究者的"采录员""配料员"。随着田野研究的深入,田野研究作为资料之学的重要性越来越成为共识,"我对人类学的热爱很大程度上来源于对田野研究的热爱,而正是因为田野研究这种一线调研,让我们掌握更多的一手资料,让人类学永葆青春"。③ 传统民俗学的田野研究,最大的特点是获取资料。资料的获取是民俗学田野研究的最核心目标,也是民俗学田野研究得以维系持续的重要生命力。

作为资料之学的民俗学田野研究在调查、记录、描述等方面,形成了史志书写传统,积累了大量的民俗志资料。走向田野,获取资料,呈现资料是民俗学田野研究的重要内容和主要研究方向之一。传统的民俗志、田野报告包括搜集、记录民俗资料和对民俗资料的具体描述。从传统风俗志发展而来的民俗志,以民俗事象为中心,以资料汇集和描述为核心。这一传统在民俗学田野研究中得到了继承。另一方面,以村落、地区、民族为主要研究单位,对特定空间范围内的民俗进行标志性、整体性的民俗志书写成为民俗学田野研究的新的态势。

1. 以民俗事象为中心

以民俗事象为中心,以特定区域、特殊群体为主要调查对象,在调查、记录民

---

① 如此的分类,部分参考了刘晓春《资料、阐释与实践:从学术史看当前中国民俗学的危机》(《民俗研究》2011年第4期)。刘晓春提出:资料之学,即发现、记录和描述,呈现不同分类层面的民俗文化;阐释之学,即关于民俗资料的阐释;实践之学,即不断参与社会实践的过程,学术发展与社会发展相互建构。

② "民俗是一种民众文化事象,对它的研究,不仅仅是理论考察,它的资料本身也是有价值的。这就关系到民俗志的问题,我把它叫做记录的民俗学。它的内容,包括民俗资料,也包括搜集、整理和撰写民俗资料原则、观念和方法等。"钟敬文:《建立中国民俗学学派论纲》,《广西民族学院学报》2000年第1期;王杰文:《反思民俗志——关于钟敬文现实的"记录民俗学"》,《西北民族研究》2004年第1期。

③ 张清俐、郑讴:《在田野中发现真正的学术问题——访哈佛大学人类学系教授迈克尔·赫茨菲尔德》,《中国社会科学报》2013年8月28日。

俗资料的基础上,进行民俗资料的描述与汇编是部分田野研究的主要内容。学者们选择的这些民俗事象多是少数民族特殊习俗、边缘地区特殊群体的特殊习俗以及某一地域具有地方性特征的民俗。如张振江、代世莹对贵州水族村落的传统空间、民居的田野研究,①主要是对水族村落空间的布局以及民居,特别是建房时的程序和禁忌进行了描述。王海娜以云南大理白族的婚俗为主要考察对象,②对具体村落的概况、婚礼程序、婚姻形式等进行了介绍。黄世杰、黄亮濒以三联村独山屯为例,对壮族村落风水观进行了介绍,③张柱华对陕甘黄土高原地区民间手工艺生存现状进行了考察与分析,④邵一飞对广州地区自梳女习俗进行了介绍。⑤郎雅娟对贵州侗寨"千三节"进行了田野调查,⑥通过对贵州省黎平县地扪侗寨"千三节"的参与和访谈,记录了地扪侗寨的自然生态和文化生态以及"千三祭祖"的仪式过程。刘秀峰则对浙江鼓词陈十四夫人传进行了田野关注,对颂唱仪式进行了调查。⑦

随着非物质文化遗产保护的持续深入,有学者对后非遗时代的民俗事象进行了资料实证方面的田野研究。天津市河西区杨家庄永音法鼓老会2008年进入国家级非物质文化遗产名录,史静力图通过对该会在申请国家非遗之后传承状况的田野考察,对后非遗时空下,非物质文化遗产的基本情况做个案资料上的挖掘和研究,并希望能在这些个案资料基础上,来思考后非遗时代对非物质文化遗产的保护。⑧ 总体而言,这些学者基本上沿袭了传统的民俗资料搜集整理的田野研究路径。

2. 新式民俗志

新式民俗志,以村落等传统社区、区域或者特殊群体为田野研究的基本单位,旨在发现、记录和描述,并完整呈现不同分类层次的民俗文化。其对民俗事象的关注,不仅在资料深度上有所拓展,而且关注了民俗事象所处的时空语境与场域,

---

① 代世莹、张振江:《双星水族的建房习俗初探》,《民俗研究》2012年第1期;张振江、杨槐、代世莹:《水族村落的民族传统空间结构——以贵州三洞乡为主要对象的调查与研究》,《文化遗产》2012年第1期。

② 王海娜:《试论大理白族婚俗——以双廊镇大建旁村为例》,《文化遗产》2012年第1期。

③ 黄世杰、黄亮濒:《壮族村落原生态空间风水观——以武鸣县三联村独山屯为例》,《文化遗产》2012年第1期。

④ 张柱华:《陕甘黄土高原地区民间手工艺生存现状的考察与分析》,《民俗研究》2012年第3期。

⑤ 邵一飞:《试析自梳女习俗的起源、构成和基本特征——以广州地区自梳女习俗为例》,《文化遗产》2012年第2期。

⑥ 郎雅娟:《一首歌谣和一个村落——贵州省黎平县地扪侗寨"千三节"田野调查》,《民间文化论坛》2012年第1期。

⑦ 刘秀峰:《演唱的力量——浙南鼓词〈陈十四夫人传〉》,《广西民族大学学报》(哲学社会科学版)2012年第1期。

⑧ 史静:《后非遗时代的天津市河西区杨家庄永音法鼓老会调查》,《民间文化论坛》2012年第2期。

这些民俗事象并非随意选择的结果,而是在特定区域内特定群体内,具有标志性意义和价值。①

这些田野研究多以村落为单位,以扎实的田野作业为基础,对特定村落、区域的民俗事象在资料上做深入的获取和挖掘,并以某一问题意识为主线,呈现这些具有地方性特色的民俗资料。

张士闪对河北故城村梅花拳的调查,以村落为主要调查单位,将村落社会生活、信仰空间与梅花拳作为一个整体来研究。② 作者认为,民间信仰与民众生活密切相关,对民间信仰的考察应从具体的社区语境出发,通过田野调查认知其在当今社会中的真确形态。

刁统菊等人以行政村落作为田野调查和研究单位,以村落的民间信仰为中心,注意分析与之具有关联性的村落位置、家族历史进程和村落生计形态。③ 其民俗志的书写主要从关联性着手力求全面、准确地获取田野资料,并以标志性文化统领式民俗志做理论指导。也正是由于对"关联性"的强调和把握,其村落民俗志并不局限于单一的行政村落,同时兼顾了这一行政村落所影响下的更大范围内的区域社会——"麻峪三村"。此外,其所书写的民俗事象也并不局限于民间信仰,而是兼及村民的日常生活。

段友文、王旭等人在田野调查基础上,对山西娘子关古村镇的春节民俗进行描述,并从三个方面将这些碎片化的民俗资料细节做了分类:神人同住的世界:娘子关年节的宗教色彩;世俗百姓的"第二种生活":狂欢中的平民灯官;军户后裔的怀祖情结:跑马排与武社火。④ 正是通过对特定区域内春节民俗的深描,呈现了该区域历史文化与民间文化的独特性。

刘昭瑞、钟林春等人在较长时期的田野调查基础上,对通行于南部中国地区的罗家通书及其编制者——"通书罗"家族做了较详细的描述,对罗家通书的出

---

① "所谓标志性文化,是对于一个地方或群体文化的具象的概括,也就是从生活文化中筛选出来的体现一个地方文化特征、包含丰富与深刻意义的事象本身。它一般是不同程度地符合以下三个条件:1. 能够反映这个地方特殊的历史进程,代表这里的民众对于自己民族、国家乃至人类文化所做出的特殊贡献;2. 能够体现一个地方民众的集体性格、共同气质,具有薪尽火传的内在生命力;3. 这一文化事象的内涵比较丰富、深刻地联系着一个地方社会中广大民众的生活方式,所以对于它的理解往往也需要联系当地其他诸多的文化现象。"刘铁梁:《"标志性文化统领式"民俗志的理论与实践》(《北京师范大学学报》(社会科学版)2005年第6期)、《文化巨变时代的新式民俗志——〈中国民俗文化志〉总序》(《北京师范大学学报》(社会科学版)2006年第6期)。

② 张士闪:《灵的皈依与身的证验——河北永年县故城村梅花拳调查》,《民俗研究》2012年第2期。

③ 刁统菊等:《古道、庙宇与村落生计》,《民俗研究》2012年第1期。

④ 段友文、王旭:《崇神敬祖、节日狂欢与历史记忆——山西娘子关古村镇春节民俗调查》,《文化遗产》2012年第4期。

现、形成、发展及现状做了较细致的梳理。① 闫爱萍通过对与水旱码头和商业重镇相关的民俗文化的调查,试图在这些调查所得的资料呈现中,更好地了解碛口古渡的兴起、繁盛和没落的原因。②

新式民俗志不仅关注民俗事象的时空语境,同时也以一定的"问题意识"为基本导向。唐仲山通过对年都乎村村落山神信仰与村落民俗的民族志分析,探讨村落信仰与仪式、民俗空间与村落社会建构之间的关系。③ 并在田野资料获取的基础上提出,神灵信仰和仪式构成了文化的基本特质,也构成了社会形貌的象征展示方式。精神世界的神灵存在是现实世界中仪式举行的观念依据,祈求护佑的功利性意愿使得作为村落守护神的外来神并没有受到客观上的排斥,即便是既有的历史文化的冲突也被主观上包容或消解。

以个人生活和生命为主线,通过对个人生活史、口述史的书写来呈现田野资料,是新式民俗志的另一重要研究方向。倪彩霞对高州木偶戏广东省传承人梁东兴的个人专访,内容涉及高州单人木偶戏的历史与现状,梁先生的学艺经历及表演技艺,梁先生对单人木偶戏艺术传承的一些看法。④ 沙彦奋关于新疆伊犁回族口述史的研究,是一种抢救性的研究工作。⑤ 作者以对"迁徙的第一代先民""迁徙原因""迁徙过程"和"落户"等方面的记忆为口述历史的"描述"和"解释",认为通过在田野中发掘一些身后的"活"的回族历史,为我们研究新疆回族社会历史文化提供了丰富、鲜活和珍贵的材料。

在专著方面,作为记录之学与资料之学的田野研究,多以田野调查报告丛书为主要呈现方式。中山大学张振江、周大鸣教授主编的《中国田野调查丛书》是中山大学人类学系田野调查及其研究的系列成果。《双星水族:贵州独山双星水族调查与研究》《三都三洞水族——贵州三都三洞乡调查与研究》对贵州省双星村水族、贵州三都三洞水族医药、建筑、风俗、信仰、婚姻等多方面进行了田野调查并获取了丰富的田野资料。⑥《侨乡·宗族·围龙屋:梅州南口侨乡村的田野考察》从侨乡村的政治经济、社会文化、侨民经历、宗族历史、村落建筑等方面对侨乡村进行了系统而细致的田野调查。⑦《农民的流动与转型:以湖南攸县为例》全方位、多

---

① 刘昭瑞、钟林春:《"通书罗"与罗家通书》,《文化遗产》2012 年第 4 期。
② 闫爱萍:《碛口古渡水陆交通运输民俗调查报告》,《民俗研究》2012 年第 1 期。
③ 唐仲山:《同仁县年都乎村村落山神信仰与村落民俗的民族志分析》,《西北民族研究》2012 年第 3 期。
④ 倪彩霞:《一个人的艺术盛宴——高州单人木偶戏艺人梁东兴专访》,《文化遗产》2012 年第 1 期。
⑤ 沙彦奋:《口述历史:在田野中追寻回族的迁徙之旅——基于新疆伊犁的调查》,《北方民族大学学报》(哲学社会科学版)2012 年第 4 期。
⑥ 张振江主编:《双星水族:贵州独山双星水族调查与研究》,知识产权出版社 2012 年版。张振江主编:《三都三洞水族——贵州三都三洞乡调查与研究》,知识产权出版社 2012 年版。
⑦ 周大鸣、段颖编:《侨乡·宗族·围龙屋:梅州南口侨乡村的田野考察》,知识产权出版社 2012 年版。

角度地对攸县渌田镇社会经济总体发展现状进行了详细了解。① 余光弘、杨晋涛主编的厦门大学人类学与民族学系田野调查报告丛书是厦门大学对福建区域文化田野调查的重要成果之一。《闽南顶城人的社会与文化》主要对顶城人的经济生活,人口、家庭与亲属称谓,陈氏宗族,民间纠纷的解决,聚落宗教,岁时祭仪,生育与养育,婚礼和礼物交换,丧葬仪式,医疗与保健,传统童戏等进行了深入的田野调查。②《闽南北山人的社会与文化》内容包括北山村的经济活动、日常饮食、民居建筑、人口与家庭、家庭宗教、聚落宗教、岁时祭仪与祭品、宗族组织、婚姻习俗、非正常死亡葬俗等。③

（二）深入田野：作为阐释之学与理论之学

田野研究不仅可以发现、获取第一手资料,更重要的是在深入田野过程中,可以发现真正的学术和现实问题。作为解释之学、阐释之学的田野研究,从资料之学层面上向发现问题、解释问题、解决问题迈进。同时,田野研究不再局限于田野现场及田野获取的资料,而是更广泛地结合各种资料,包括文献、文本及田野资料,进行综合整体上的研究。

从西方人类学倡导的民族志发展而来的民俗志,多以特定区域内、特定群体的个案研究为主导,注重理论和方法的思考。以"问题意识"为主导的田野研究,强调不仅要有问题意识,同时要在田野研究中提出新问题、真问题。如此,田野研究呈现出文化取向、生活取向、分类取向、关系研究、整体取向等多样化学术取向。

1. 个案的深描

作为阐释之学的田野研究,多以个案研究为基本形式,结合文献和田野两方面,对特定民俗事象进行特定问题的解释和阐释。周大鸣、黄平芳从文献和田野两方面,对梅州地区客家乡土神——惭愧祖师进行了考察④,在田野个案的基础上总结地方乡土神灵信仰的特点及其形成这些特点的原因。宋德剑采用文献检阅和田野调查相结合的方法,以具体村落为重点,将该区域的基督教信仰置于历史发展的脉络予以考察,并在此基础上,解释基督教作为外来文化与中国传统民间宗教信仰及本土民俗文化如何在冲突中实现调适。⑤

---

① 周大鸣编：《农民的流动与转型：以湖南攸县为例》,知识产权出版社2012年版。
② 余光弘、杨晋涛编：《闽南顶城人的社会与文化》,厦门大学出版社2012年版。
③ 杨晋涛、余光弘编：《闽南北山人的社会与文化》,厦门大学出版社2012年版。
④ 周大鸣、黄平芳：《梅州地区惭愧祖师的神格形态——以阴那山为中心的考察》,《文化遗产》2012年第1期。
⑤ 宋德剑：《冲突与调适：粤东客家基督教信仰的文化人类学研究——以广东梅州五华县大田樟村为例》,《文化遗产》2012年第3期。

王加华从山东禹王台个案出发,分析和解释了民众生活中狐仙传说与狐仙信仰。① 狐仙信仰是华北地区一种比较普遍的民间信仰形态。作者通过田野调查研究发现,在山东省潍坊市禹王台及其周边村落,其信仰形态大体由三个层面组成:首先是灵异传说,创造出一种语境氛围;其次是物质载体,即禹王台及其上的大量有关狐仙信仰的庙宇、冢墓及洞穴等;再次是仪式行为,即神圣与日常时段的祭拜崇祀。正是通过这三个层面的相互结合,从而塑造出一个狐仙信仰的神秘世界,表达出民众丰富多彩的思想世界与情感寄托。

杨杰宏对鄂西地区土家民歌文化的田野研究,以民歌传承的变异为主要的问题导向,通过田野调查,对土家族口头传统的传承问题做了相关思考。② 鄂西地区是土家文化的腹地,至今仍传承着诸多形态各异、丰富多彩的口头传统。民歌是恩施土家族口头传统的重要代表,在现代性情境中,土家民歌的传承内容、方式、结构等方面出现了诸多变异,对土家族口头传统的传承产生了深刻复杂的影响,作者对其存在的问题及深层原因进行了调查及思考。

除了对传统的民俗事象作深入的个案研究,对近些年新出现的民俗现象,也有学者给予了足够的关注。王尧对"新编的地方主流性传说"的研究可以说是这方面的代表。③ "新编的地方主流性传说"是指地方文化工作者出于某种动机将其自发编纂的传说纳入广泛通行的权威写本中,或是进入公众媒体的报道,使其成为地方上对外展示的代表性文本。它们生而即属地方上的话语主流,天然被赋予某种权威,而作为其对立面的旧有文本则不断被遮蔽、扭曲,乃至演述人也受到身心伤害。至于"一物两说""方志化"乃至"正史化"等极端现象也愈发常见。当口头与书面、民间与官方发生对接,口头传统就可能被主流的地方知识阶层选择、过滤和改造,甚或完全无视、重新书写,以书面形式藉由公众媒介获得传播。在此过程中,口头传统常受到压制,显示出弱势的一面。作者在田野调查研究的基础上提出:这一文本生产和传播机制以往是被忽视和遮蔽了的,绝非当代社会的独有现象。据此,作者认为,传统的观念以为正史的记载相对于野史、小说、笔记更为可靠,但事实也许并非如此,因此我们应该调整对史料的判断态度。

2. 理论视野下的个案研究

田野研究不仅是阐释之学,同时也是理论之学。田野个案研究与理论研究之

---

① 王加华:《赐福与降灾:民众生活中的狐仙传说与狐仙信仰——以山东省潍坊市禹王台为中心的探讨》,《民间文化论坛》2012年第1期。
② 杨杰宏:《现代性情境中口头传统的传承与变异——以恩施土家族民歌为研究个案》,《民间文化论坛》2012年第4期。
③ 王尧:《新编的地方主流性传说之研究——以湖南永州的尧舜传说为中心》,《民间文化论坛》2012年第6期。

间的张力自来为学界所关注,个案的田野研究如何在理论上有所创新和建树? 实践证明,民俗学的许多理论大都从田野个案研究中发展而来,但纵观国内民俗学的田野研究,多是对国外理论的应用和补充。个案研究基础上理论的创新与本土理论的发展似乎仍然是民俗学者孜孜以求的学术理想。

国家与地方理论视角下的中国田野研究,在很长一段时间内,成为民俗学考察地方性、地域性民俗文化的基本研究路径。赵丙祥以国家与地方社会理论视角为指导,对河南陈家沟、赵堡镇两个太极派别的谱系进行研究。① 围绕着太极拳流派传承谱系,河南陈家沟和赵堡镇在艺祖体认与崇拜等方面发生了长达一个世纪的"正宗"之争。作者在结合田野调查和文献资料基础上提出,当陈家沟通过宗族模式达成与国家权力的沟通时,赵堡人则走向"过去",通过"武当山"的神庙体系和宗教信仰来界定他们与皇权的关系模式。不过,若想更好地理解两地拳师对其传承谱系的绘制现象,尚需进一步考察这两个村镇的社会制度和宗教体系,结合对其中潜藏的国家政治与民间传统的不同观念予以深入分析。

有学者不再局限于个案研究对相关理论的有益补充,而是尝试在田野研究基础上参与国际学术界关于社会变迁、共同体、群体认同等理论的讨论。

王芳辉以中国南部沿海一个市镇的信仰—仪式为分析对象,来探讨神庙系统在地缘社会与业缘社会中的变迁。② 汕尾镇是中国南部沿海较晚近发展起来的一个市镇口岸。传统时期,该镇东、西两个相邻社区按照不同形式组织其人群:西社以地缘为主要原则,基本构成单位是福户;东社以业缘为主要原则,基本构成单位为馆头。无论福户还是馆头,均以神庙作为公共活动的中心。作者在深入的田野调查基础上提出:在商业经济发达的市镇,神庙系统的演变不仅同样反映着人群分化与凝聚的过程,而且是地方社会结构变迁重要的因素之一。

郭建勋对川西贵琼藏族地区"将军庙"的田野研究,同样尝试从民俗事象出发探讨地方社会变迁。③ 大渡河上游的四川省康定县和泸定县,分布着诸多将军庙宇,且多分布在不同时代的要塞或古渡口旁,这些庙中的将军相互之间有"亲缘"关系,并与历史上的四川省天全县的将军信仰发生联系。结合历史文献、相关的考察报告、以及近年来的田野调查,作者对这一区域的将军信仰源起、分布和意义进行分析,以期通过多义的将军信仰及其地方化过程的分析,窥知康区东部与大社会的历史关联性和互动过程,以及多义的将军信仰在康东纳入大社会的进程中所具有的作用。

---

① 赵丙祥:《祖业与隐修——关于河南两个太极拳流派之谱系的研究》,《民俗研究》2012 年第 2 期。
② 王芳辉:《神庙系统与社区结构变迁——基于广东汕尾的田野调查》,《文化遗产》2012 年第 2 期。
③ 郭建勋:《将军信仰与隐喻的康东社会进程——以川西贵琼藏族地区的宗教信仰为例》,《文化遗产》2012 年第 1 期。

宗教信仰与群体认同一直是民俗学界关注的问题,曹荣关于京西桑村天主教群体的考察,对外来宗教与中国乡土社会的文化逻辑之间的关系问题做了有益的探索。① 作者在田野调查资料基础上,分析认为,"灵验"是天主教切入乡土社会的重要方式,在天主教信仰与乡土社会的传统、乡民的心理之间搭起了一座桥梁。灵验勾连着两个具有不同象征符号及行为实践的信仰体系。灵验与奇迹的实际功效,契合了乡民的心理,也使得天主教在乡土社会中获得了一定的灵力资本。灵验事件的生产和讲述强化了教友的身份认同。此外通过对京西斋堂川地区一个天主教村落的田野考察,可以探究灵验之于乡村天主教信徒日常生活的意义,以及天主教嵌入乡土社会的文化逻辑。

关于乡村城镇化、乡村与城市关系问题是民俗学在现代化、都市化的社会现实中面临的重要研究方向。储冬爱对广州"城中村"的关注与研究,为这一研究方向提供了很好的范例。② 乡村原住民在失地转制后被动进入都市生活,他们对都市有着异质、消费、陌生的想象。在城乡文化观念的冲突下,在疏离与尴尬之中,乡村原住民陷入文化认同的困境。对个体身份认同、本己文化认同、异己文化认同的分析可以窥见乡村原住民文化认同的特点,同时培养文化自觉、实现文化互动将有助于促进现代都市人形成理性的文化认同。

随着民俗学研究对象的不断调整,日常生活、生活民俗成为民俗学研究的重要内容,这一重大转向同样在田野研究中得到体现。比如,许哲娜关于漳州市区四座妈祖庙的研究,③在对四座妈祖庙的日常庙务与节日庆典进行多次田野调查的基础上,对信众在神人关系以及宫庙空间等方面的情感体验进行剖析,同时对妈祖信俗所反映的日常生活规则进行解读。作者结合历史文献、民谣俗语等资料,发现漳州市区妈祖信俗具有与日常生活高度契合的文化特质,而这种特质正是妈祖信俗在漳州得以持续发展的最基本保障。作者在个案的基础上,提出"信仰民俗是日常生活与空间研究的重要文本"。

田野研究作为阐释之学和理论之学,在民俗学界得到不断的强调。田野研究不再满足于对民俗事象的描述,进而开始对"人"、对"关系"的研究。将研究对象从民俗事象转向民俗事件,将人和民俗事象结合起来做整体性研究,更重要的是对研究对象主体性的关注——民间社会、民众的主体性,关注民众的文化逻辑。"田野作业之于乡民艺术研究,不仅是在寻求某种真实,也意在寻求对于乡土社会

---

① 曹荣:《灵验与认同——对京西桑村天主教群体的考察》,《民俗研究》2012 年第 5 期。
② 储冬爱:《城市化进程中的都市民间信仰——以广州城中村为例》,《民族艺术》2012 年第 1 期;储冬爱:《乡村原住民的都市想象与文化认同——以广州"城中村"为例》,《文化遗产》2012 年第 3 期。
③ 许哲娜:《信俗、日常生活与社会空间——以漳州市区妈祖信俗的田野调查为例》,《民俗研究》2012 年第 5 期。

的文化脉络的建构。随后的民族志书写,乃是学者从田野资料中抽绎出来的具有鲜明序列感、内含价值判断的知识形式"①。李生柱从口头叙事和村落信仰的互构这一视角研究村落与村落之间的关系,为口头叙事和村落研究提供了鲜活的个案。② 民俗学界关于传说的研究逐步从文献资料的梳理和类型学的分析转向在田野语境中进行考察,关注传说与民众生活、地方历史的关联,呈现出一种"民俗文化整体观"的研究范式。作者将流传于冀南广宗县刘家庄、夏家庄的白猫黑狗传说,置放于两村相邻但老死不相往来的特殊村际关系中加以理解。这一传说是以两村庙宇的兴修改建及相关阐释为工具,以村民对现实功利的考量为依据而不断建构而成,最终成为比较稳定的村落传统。

此外,有学者尝试从地方性知识或本土意识出发,探寻乡土社会庙会的传统何以能够保持生命力。以问题为导向,以本土经验为主要理论生发点,以地方性知识和民间社会主体——普通村民意识为根基,寻求阐释之道和理论上的突破。华智亚在田野调查基础上,对中国本土的术语——"热闹"一词做了新的诠释,其将中国人爱热闹的心理与乡村庙会联系起来进行考察,认为对"热闹"的追求正是乡村庙会传统的重要生命力。③ 冀中南乡村有举办庙会的传统。新中国成立后,这一传统一度中断,但改革开放后得以复兴并有繁荣之势。庙会是乡村生活中的热闹事件,庙会的主办者也会尽力追求和营造热闹的效果,而热闹不仅是人们所欢迎的一种生活状态,还可以看做神灵灵验与否以及灵力大小的外在指标,因而举办庙会并营造热闹效果,不仅提供了一个让乡村居民体验热闹的机会,还可以确认、彰显甚至生产神灵的灵验。举办庙会所带来的神圣和世俗生活的双重回报可以部分地解释当地人对庙会的热情以及庙会传统的生命力。

蔡磊通过对传统的民间手工技艺——荆编的田野考察,尝试给予它们一个较为深入、较为贴近手艺拥有者和享用者视角的认识和理解。④ 沿村荆编业的兴起,依赖京南房山一带丰富的荆条资源和明清以来的矿业发展,临近集镇的区位优势为荆编销售提供了便利。荆编是沿村人共享的手艺传统,是村民交往的重要纽带。相同的荆编劳作模式,从身体经验上加强了村民共同的信仰、知识话语体系和地方感,并且在市场交换体系中成为村落共同体的符号。

无论是华智亚的"热闹"之说,还是蔡磊的"劳作模式"与"村落共同体"的提

---

① 张士闪:《乡民艺术民族志书写中主体意识的现代转变》,《思想战线》2011年第2期。
② 李生柱:《口头叙事与村落信仰的互构——基于冀南两村白猫黑狗传说的田野考察》,《西北民族研究》2012年第3期。
③ 华智亚:《热闹与乡村庙会传统的生命力——以冀中南地区为中心的考察》,《文化遗产》2012年第4期。
④ 蔡磊:《劳作模式与村落共同体——京南沿村荆编考察》,《民俗研究》2012年第6期。

法,都是在中国本土田野调查基础上,对传统文化逻辑予以发现与挖掘的有益尝试,也是中国主体的中国经验研究的重要实践成果之一。

3. 理论与方法之学

在深入扎实的田野调查研究基础上,对民俗学理论和方法做出较有成效的探索,一直是中国民俗学者努力和追求的方向。在这一方面,田野研究作为理论与方法之学,成为民俗学理论与方法的生成场所。杨利慧以三个社区的神话传统的田野研究为基础,对民俗学的主导性研究范式——语境研究进行了检讨与反思。① 作者提出,语境在形塑神话文本、规定神话讲述场合、确立讲述人和听众的构成及其规律、决定神话的功能和意义等方面具有重要作用;但同时,语境对神话传统的影响具有一定限度:神话的核心母题及其母题链的组合、类型和基本内容,往往呈现出强大的稳定性。也即语境视角未能深入触及口头艺术形式和内容的根本内核。作者在此基础上,提倡"综合研究法"。在一定意义上,可以说这是田野研究对民俗理论的检讨和反思的典范之作,也是中国民俗学田野研究的重要理论成果。

周建新以客家围龙屋保护田野个案为中心,叙述了这一集体行动的过程及其客家民众的态度和行为,并进一步探讨了这一集体行动中民众、民俗、学者的角色与影响。② 在此基础上,作者提出其关于民俗研究取向问题的新思考:仅从民俗事象的静态描述来达成民俗学研究的意义,将丰富复杂的民俗生活、民间文化概括为一些有限的材料,实际上既忽视了"俗"在生活文化整体中的被创造和重新发明,也忽略了作为民俗文化研究的理性人——学者及其学术活动的作用。因此,民俗中的民、俗与民俗学者,都应该成为民俗学研究的内容和对象,并进而指出,这应该是未来民俗学学科发展的重要趋势和学术动向。

专著方面,赵宗福主编的《西北民俗文化研究丛书·多元村落民俗文化研究》,以村落民俗文化为主要研究对象,在深入的田野调查基础上,以个案研究的形式对村落民俗文化的动态演变特征进行研究。其中,霍福以青海省西宁市湟中县苏木世村为研究对象,通过对这个自然村落中藏汉村民的物质生产、物质生活、人生仪礼、岁时节庆、口承民俗,以及在社会转型过程中村落民俗变迁等进行民俗志考察和实证研究。③ 闫爱萍《关公信仰与地方社会生活:以山西解州为中心的个

---

① 杨利慧:《语境的效度与限度——对三个社区的神话传统研究的总结与反思》,《民俗研究》2012年第3期。
② 周建新:《集体行动情境中的民、俗、学者与民俗学研究——以客家围龙屋保护为中心的讨论》,《民俗研究》2012年第3期。
③ 霍福:《西北民俗文化研究丛书·多元村落民俗文化研究:以青海苏木世村落为个案》,中国社会科学出版社2012年版。

案研究》对关帝故里的解州镇及常平村进行了详尽的个案考察。① 作者利用历史文献考证与田野调查访谈相结合的研究方法来考察关帝信仰传统的历史与现状、关帝故里人的生活方式和他们所拥有的其他信仰文化,也就是将关帝信仰文化现象置于当地社会生活整体历史变迁当中来给予具体的阐释。这类研究不仅为关公信仰研究领域提供一个个案的民俗志,而且是为研究中华文明历史上广泛流布的、具有文化统一认同意义的神灵信仰现象,提供一个可行的研究方法。

彭兆荣主编的《田野归去来·人类学实证研究丛书》以"事件之物"、某种实物或仪式为基本切入点,在深入细腻的田野调查基础上,对与之相关的社会、生活、文化进行理论上的探讨。《延伸的平行线:滇越铁路与边民社会》以"滇越铁路"为对象,通过对这一"事件之物"的民族志式研究,在揭示滇越铁路所具有的"物性"体系在不同历史时期对边民社会的不同层次的影响基础上,认为滇越铁路已经成为边民社会不同人群与个人自我的延伸。②《葡萄的实践:一个滇南坝子的葡萄酒文化缘起与结构再生产》以一棵葡萄树作为主角,通过追踪其历史脉络与旅行路线、研究其社会文化空间形态,试图呈现出葡萄背后地方人群的思想观念、实践方式、生计模式与社会组织等各个层面;同时,透过一棵葡萄树的视角,将坝子拉进一幅更为宽广的历史文化图景中。③《火的祭礼:阿细人密祭摩仪式的人类学研究》通过大量翔实的文字、录像资料以及连续三年的田野参与观察所得,从"客位"视角来分析阿细人的"祭火"仪式,旨在揭示仪式之于无文字民族的意义。④

(三)耕耘田野:作为实践之学与公共之学

伴随着民俗文化的抢救、非遗保护、民俗旅游、民俗文化产业的兴起与发展,民俗学的田野研究与民俗学者对社会现实的参与越来越迫切。与此同时,"民俗主义"现象及与之相关的民俗文化的利用问题,成为民俗学田野研究的重要话题。民俗文化的遗产化、主体性问题成为非物质文化遗产调查研究中不得不面对和思考的问题。如何更好地参与、完成非物质文化遗产的田野调查研究,成为民俗学者参与非遗保护运动的问题所在。

非物质文化遗产的主体性,即谁的非物质文化遗产问题,是非物质文化遗产保护过程中反思最集中的问题。王霄冰以浙江衢州"九华立春祭"为中心,对民俗

---

① 闫爱萍:《关公信仰与地方社会生活:以山西解州为中心的个案研究》,山西人民出版社2012年版。
② 吴兴帜:《田野归去来·人类学实证研究丛书·延伸的平行线:滇越铁路与边民社会》,北京大学出版社2012年版。
③ 郑向春:《田野归去来·人类学实证研究丛书·葡萄的实践:一个滇南坝子的葡萄酒文化缘起与结构再生产》,北京大学出版社2012年版。
④ 路芳:《田野归去来·人类学实证研究丛书·火的祭礼:阿细人密祭摩仪式的人类学研究》,北京大学出版社2012年版。

文化的遗产化、本真性和传承主体等问题进行了讨论。① 作者在田野实践中得出结论,只要有一个实实在在的传承主体存在,其中成员的文化主体意识并未丧失,非物质文化遗产的本真和活态传承就可以得到保证。

谢荔从端午节仪式活动的田野调查出发,通过对浙江嘉兴与日本相模原市节庆文化、节日民俗仪式活动主体的社会变化的对比,提出,在"我们的节日"民俗事象的保护传承时,应该更好地扶持地方民间团体自发组织和传承,单纯的自上而下的政府推动型传承机制存在诸多弊端和局限。② 作者认为,缺乏民众主体参与和地方特色的传统节日非物质文化保护是失败的。

王加华在扎实的田野调查资料基础上,对胡集书会民间说书艺人所面临的困境及其应对策略做了较详细的论述,提出民间说书艺人面临困境的主要原因是市场的萎缩。③ 非物质文化遗产保护运动的开展,在一定程度上缓解和推延了说书艺术的衰微,但如果不能真正解决市场萎缩的问题,非遗保护只能是权宜之计,而非长久之策。马知遥在田野调查基础上,对我国北方民间布老虎的现状做了较为详细的描述,同时,对这种现状做了反思,并尝试在田野调查资料的基础上寻求解决之法。④ 作者提出:非物质文化遗产调查的行动不仅仅是一场文化寻根,更重要的是试图通过对文化源头的记录,为民族文化的传承保护寻找一种有效的工作框架。

村落共同体民俗文化的共同性和文化遗产公共性之间的关系问题,是非物质文化遗产保护过程中存在和亟须解决的问题。二者之间存在张力,且作为村落共同体的民众和传承人对此采取了相应的对策和策略。陈爱国在对陕西华县的皮影戏进行多次田野调查基础上,分析和论证了民俗文化被遗产化和商业化前后的变化以及民众的反应,重点探讨了非遗传承人重塑共同性和建构公共性时采取的策略。⑤ 此文在个案研究的基础上,提出民俗文化成为非物质文化遗产意味着村落共同体的共同性向国家规模或者市场领域的公共性的转型,并指出在公共性的形成过程中谁来建构、为谁建构和怎样建构等问题的重要性。

乌仁其其格通过基于额尔敦敖包祭祀的田野研究,对民间信仰由国家和政府

---

① 王霄冰:《民俗文化的遗产化、本真性和传承主体问题——以浙江衢州"九华立春祭"为中心的考察》,《民俗研究》2012年第6期。
② 谢荔:《端午节仪式活动传承主体的社会变化——以中国嘉兴市端午民俗文化节与日本相模原市儿童节为例》,《文化遗产》2012第3期。
③ 王加华:《当下民间说书艺人的生存困境及其应对策略——以胡集书会参会艺人为中心的探讨》,《文化遗产》2012年第4期。
④ 马知遥:《文化遗产保护的田野思考——中国北方民间布老虎现状反思》,《民俗研究》2012年第4期。
⑤ 陈爱国:《共同性向公共性的转型——陕西省华县皮影戏的个案研究》,《文化遗产》2012年第4期。

主导现状提出了质疑。① 额尔敦敖包位于内蒙古锡林浩特市,至今已有二百余年的历史。在1957年祭祀中断之前,它一直是阿巴嘎哈纳尔旗(锡林浩特市前身)和贝子庙共祭的敖包。从2004年开始,额尔敦敖包祭祀变为由当地政府直接组织、参与的大型祭祀活动。在政府主导、国家在场的情境下,敖包祭祀这一蒙古族传统民间信仰仪式,由于祭祀主体地位的边缘化以及仪式操控者身份、目的的改变,被赋予了不同的意义,文化传统被碎片化地利用,原有功能弱化或被再造。作者进而提出,国家权力对传统文化空间的侵入与控制,会对这一民间文化的走向带来怎样的影响,值得人们深思。

民俗旅游以及民族旅游是民俗学在田野实践研究方面的重要内容,相关的研究非常丰富多元。刘志扬、更登磋依据2006年和2010年在藏彝走廊最东端——四川省平武县白马藏族乡、木座民族乡的厄里寨、详述家、木座寨三个村寨的田野调查资料,从微观的层面探讨了全球化背景下民族旅游麦当劳化产生的社会基础、现状和走向。② 在地方政府、旅游公司、当地人的共同推动下,白马山寨风情游形成了一套固定的模式,从游客的住宿、饮食、休息,到观赏民族歌舞表演等等都趋于简单化、标准化和流水线化。作者尝试用"麦当劳化"的视角理解和解释当下民族旅游中单一性和同质化的趋势,并认为这种趋势削弱了民族文化的自主能力、创新能力,同时也对民族旅游发展带来一定程度的负面影响。作者认为,民族旅游回归地方化、个性化和人性化是今后的必然走向。

专著方面,《田野图志:重庆彭水少数民族非物质文化遗产考察》一书在实地调查与研究的基础上,运用多学科理论与方法对彭水少数民族非物质文化遗产进行了系统研究。③ 其内容涉及民族民间文学、民间器乐、民间歌曲、民间舞蹈、民间戏剧、民间建筑与雕刻、民间手工技艺、民间传统医药、民风民俗、民间信仰与禁忌、文化空间等多方面,尤其是对这些非物质文化遗产的传承现状、存在的问题、保护与传承的基本原则与主要措施等进行了细致、深入的思考,对少数民族文化的开发与利用也提出了比较科学、有效的路径和方法。中央民族大学王建民主编的《人文田野丛书》,以田野研究为核心,对少数民族非物质文化遗产保护和传承进行研究。其中,《造像的法度与创造力:西藏昌都嘎玛乡唐卡画师的艺术实践》以中国少数民族非物质文化遗产保护与传承为主要研究目的,对唐卡画师文化艺

---

① 乌仁其其格:《政府主导下的民间信仰——基于额尔敦敖包祭祀的田野考察》,《西北民族研究》2012年第3期。
② 刘志扬、更登磋:《民族旅游及其麦当劳化——白马藏族村寨旅游的个案研究》,《文化遗产》2012年第4期。
③ 王希辉、安仕均、黄金等:《田野图志:重庆彭水少数民族非物质文化遗产考察》,西南交通大学出版社2012年版。

术实践进行了深入翔实的田野民族志研究。①

（四）反思田野研究：田野伦理

自20世纪80年代始，以《写文化》为代表的系列反思田野研究之作，已经将田野调查中所遭遇的现代主义之后的问题列上了讨论议程，并试图解决田野研究中的"后现代"困窘。从施爱东的"告别田野"到近段时间个别学者提出的"抵制田野"，田野调查和田野研究在中国民俗学界经历了从最初的走向田野到反思田野的过程。从盲目的、浪漫式的田野调查进入关注田野伦理、反思田野调查方法的田野研究阶段。田野研究本身，田野关系、田野伦理成为民俗学田野研究的重要内容。田野研究者从所谓的奇风异俗的"报道者"、信息的窃取者发展为调查对象的合作者。

民俗学为什么需要田野研究，我们需要怎样的田野研究？《在中国做田野调查》《如何做田野笔记》在一定程度上对此作出了回答。②

《在中国做田野调查》提出，为了发现访谈对象提供的信息的"意义"，我们不但要记下所见所闻，还要通过笔记"呈现场景"。③《如何做田野笔记》的作者指出了调查的关键在于"以敏锐的笔触将当地人眼中事物的含义记录下来，然后让那些对这一特定社会生活环境并无了解的广大读者知晓和理解当地人的意义世界"④

。如何研究日益变迁的中国？"现代性的发展观念，往往将农村或乡土社会变成发展的对立面，忽视了乡土中国在现代化面前的能动性以及在社会变迁过程中文化的连续性。这种状况让我们用田野调查，用民族志文本揭示当地人眼中的意义世界，也让我们更坚定地站在'被发展者'的一边，理解他们行为的意义，帮助他们成为现代性的主体"。⑤

杨毅、张会超等人提倡记录田野，⑥认为民族档案的重构需要有相应的路径和方法来突破。借助于田野的定位，通过新的视角确定民族档案重构的对象，产生

---

① 刘冬梅：《人文田野丛书·造像的法度与创造力：西藏昌都嘎玛乡唐卡画师的艺术实践》，民族出版社2012年版。
② 〔丹〕玛丽亚·海默、曹诗弟主编，于忠江、赵晗译：《在中国做田野调查》，重庆大学出版社2012年版。〔美〕罗伯特·埃默森、雷切尔·弗雷兹、琳达·肖著，符裕、何珉译：《如何做田野笔记》，上海译文出版社2012年版。
③ 〔丹〕玛丽亚·海默、曹诗弟主编，于忠江、赵晗译：《在中国做田野调查》，重庆大学出版社2012年版。
④ 〔美〕罗伯特·埃默森、雷切尔·弗雷兹、琳达·肖著，符裕、何珉译：《如何做田野笔记》，上海译文出版社2012年版。
⑤ 张经纬：《〈在中国做田野调查〉〈如何做田野笔记〉：我们该如何研究中国》，《南方都市报·南方阅读周刊》2012年9月13日。
⑥ 杨毅、张会超：《记录田野：民族档案重构的实现与突破》，《思想战线》2012年第6期。

新的田野档案,由此可以实现民族档案的当下塑造。田野实践的走向留给民族档案更多的视域和思考,记录田野则成为了重要的选择和路径。记录田野包括记录田野意涵、田野路径、田野对象、田野档案、田野感悟。诸如"从什么角度去记录田野?以什么样的方式记录田野?从什么层面上去记录田野?研究者如何自如地穿行在历史与当下来记录田野?"等一系列问题仍需要我们继续探索。黄龙光关于民俗志及其书写的研究[1]认为,民俗志基于民俗田野调查,是民俗研究的一把利器,属于民俗研究的重要环节和结果呈现。民俗志书写不应只是一种资料汇集式的民俗记录,它应具有一定的理论追求,允许民俗学者的个性化诗性与诗学书写。民俗志书写,更应贴近民俗主体的现实民俗生活,关注其民生与人性问题。具有人类学倾向的当代民俗志书写,田野在场、田野过程、文化转译以及民俗志诗学,是我们今天在田野调查及其民俗志书写中难以再逃避的问题。

美国学者露丝·贝哈的《动情的观察者:伤心人类学》[2]透过揭露自身的生命故事,深刻反思其在西班牙、古巴及美国的田野工作。作者认为,感性人类学书写不仅有治疗的效果,也可以挑战、对抗各种僵化与单一的意识形态,激发实践的动力。该书不仅是一本民族志,而且是一本充满学术反思的类自传体。同时,田野研究中关于田野伦理的反思还包括:我们是谁?我们来干什么?我们和他们、你们的关系如何?田野研究的主体性(伦理)等问题。[3]

此外,关于民俗学的田野研究,有学者在反思现有田野研究的基础上,提出民俗学田野的转向问题:"中国人类学当前应该有一个新的转向,即以整个世界为实地调查的田野,而不再局限于以本国为田野。我们学界应该从理论和个案两个方面推进这种转向,并借此促进中国社会科学以新的知识生产机制获得进一步发展,增强中国知识界在学术和文化上的主体意识,开始作为独立的学术主体开展以自己的价值和需要而划分的地区研究"[4]。高丙中及其研究生到海外(包括美国、澳大利亚、印度、德国、马来西亚等国家)进行田野调查,取得了一系列研究成果。这些成果具有一定的标志性意义:它标志着中国人类学民俗学研究者开始从本国的需要出发,运用一种世界性的眼光去对包括西方国家在内的海外世界进行实地性的考察。《公民与社会:法国地方社会的田野民族志》用田野民族志方法研究法国的地方社会,用民族志资料描述了它"结构"成为一个地方社会"整体"的"过程",呈现了其内部诸多社会要素"有机团结"的状态,理解与探讨其间所彰显

---

[1] 黄龙光:《民俗志及其书写》,《广西民族研究》2012年第1期。
[2] 〔美〕露丝·贝哈:《动情的观察者:伤心人类学》,韩成艳、向星译,北京大学出版社2012年版。
[3] 复旦大学文史研究院:《"民间"何在,谁之信仰?》,中华书局2009年版。
[4] 高丙中:《人类学国外民族志与中国社会科学的发展》,《中山大学学报》(社会科学版)2006年第2期。

的公民社会的观念与实践要素。①

三、民俗文化发展策略

虽然有诸多论者在2011年对民俗文化的发展提出了各种建议,但一些问题仍然在短期内无法解决,民俗文化发展的现状仍然不容乐观,尤其是在城镇化迅速发展的大背景下,民俗文化如何持续性发展依旧是一个值得社会各界讨论的重要话题。因此,2012年度关于民俗文化发展策略的探讨在一定程度上延续了以往的方向,如产业化发展、多媒体运用发展、教育传承发展等,但在具体实现路径的探讨方面更为细致,如产业化发展方面便有开展民俗文化旅游、举办民俗文化节、发展民俗文化产业园区等建议,表现出社会各界对民俗文化发展的持续性思考。以下将对具体的情况加以总结。

(一)民俗文化的产业化发展

民俗文化产业化发展是近年来经常被提起的一个重要问题,尤其是2011年党的十七届六中全会明确要推动文化产业成为国民经济支柱产业后,文化产业化作为民俗文化的一种发展策略在2012年得到了社会各界广泛的讨论和实践。

在宏观论述方面,了解现状是民俗文化产业化发展的基础,因此一些学者展开了对地方民俗文化产业化现状的调查,并在此基础上提出了一些发展建议。范春艳、宋丹对吉林省民俗资源及民俗文化产业现状进行了调查,提出:为了不让民俗文化渐渐式微甚至消失,政府应该在政策和资金上给予大力支持,鼓励专家学者致力于民俗文化的研究,使其成为文化产业中的重要力量;调查中发现群众对民俗产业化发展普遍感到信心不足,应该大力普及民俗文化知识,多开展民俗文化活动,正确引导民俗舆论导向,形成稳定的产业链。② 王伟萍对广西民族民俗文化产业化的现状进行了调查总结,认为目前存在的主要问题有两个:一是由于缺乏乡土教育、受到西方文化的冲击以及乡土环境消失,导致民族民俗文化传承出现严重断层。二是民俗文化旅游资源开发过程中伪民俗成分增加。为此,她提出应该激发民俗文化拥有者的自主选择意识,使他们对自己的文化态度由过去被动迎合他者向自主选择转变,具体说来要做好两点:一要培养一批了解并认同自己民俗文化的先锋;二要尝试使民族、民俗文化与主流、精英文化对接,拓展发展空间。③ 此外,许多学者以不同地区为例,对民俗文化产业化发展做了宏观上的讨论。刘云德以承德为例,认为发展民俗化产业关键是要把握自身的资源优势,挖

---

① 张金岭:《公民与社会:法国地方社会的田野民族志》,北京大学出版社2012年版。
② 范春艳、宋丹:《吉林省民俗文化产业现状调查分析》,《市场研究》2012年第6期。
③ 王伟萍:《论广西民族民俗文化产业化发展进程中的自主选择》,《广西财经学院学报》2012年第6期。

掘民族文化资源,建设特色文化品牌,其具体途径包括:强化宏观规划,创建整体效应;深度整合资源,凸显民族民俗文化价值;注重创新推广,放大民族民俗文化品牌效应。① 开健、占峰以桐城为例,指出民俗文化产业化需要充分认识当地的民俗文化产业开发的优势和劣势,坚持经济、文化发展统一协调、经济效益与社会效益统筹兼顾的基本原则,建设开放有序的民俗文化市场,通过提高认识、加强领导、打造品牌、培养人才、扶持民俗文化企业等策略,推动民俗文化持续、健康、和谐地发展。② 张勇以周口市为例,分析了其民俗文化产业发展的现状,指出其目前存在的一些问题,如民俗文化产业发展部分业态定位不准;缺乏民俗文化产业发展长远规划;民俗文化产业发展中有媚俗化倾向。为此,他提出了一些对策,包括强化政府职能;建立科学、高效的管理体制、规范从业人员队伍、提升民俗文化产品品牌意识等。③ 林琮琦以福州为例,对福州民俗文化产业发展的现状、意义进行了梳理,并对进一步促进民俗文化产业化发展提供了几点建议。④

除宏观讨论外,许多学者还就实现民俗文化产业化发展的不同路径进行了探讨,主要包括三个方面:

1. 开展民俗文化旅游

旅游作为产业化发展的具体方式带动民俗文化的发展早已受到社会各界的普遍关注,2012 年度也不乏关于这方面的讨论。谢新丽、吕群超等认为旅游节庆开发对濒危的民俗文化的保护和传承具有重要的意义。他们以宁德市上金贝村"三月三"赛歌会为例,较为详细地说明了在节庆旅游这一产业化运作过程中,畲族传统民俗文化如何实现现代化和传承,其关键主要在于既要避免过度商业化而导致文化真实性的丧失,又要不断创新其活动结构,使之在传统的基础上结合产业化得到持续性的发展。⑤ 刘婷婷、温丽玲也认为,民俗文化旅游不仅仅能满足游客的需求,更是一种文化的保护和传承手段。为此,民俗文化旅游要坚持保护生态环境、继承与创新、因地制宜、民众参与等原则,促进民俗文化的保护、传承和发展。⑥ 丁龙庆、雷若欣、叶晓童以徽州为例,指出民俗文化旅游存在民俗文化挖掘不深,"伪民俗"现象,"舞台化"倾向,因此,他们认为要合理开发徽州民俗文化资源,促进其可持续发展,必须要坚持独特性原则、保护性原则、文化性原则、社区参

---

① 刘云德:《民族民俗文化的资源优势与品牌建设——以承德为例》,《人民论坛》2012 年第 17 期。
② 开健、占峰:《关于桐城民俗文化产业开发的思考》,《合肥学院学报》2012 年第 6 期。
③ 张勇:《周口市民俗文化产业发展现状分析及对策研究》,《知识经济》2012 年第 8 期。
④ 林琮琦:《浅论福州民俗文化产业的开发》,《海峡科学》2012 年第 5 期。
⑤ 谢新丽、吕群超等:《基于旅游节庆开发的传统民俗文化现代化研究——以宁德市上金贝村"三月三"赛歌会为例》,《福建农林大学学报》(哲学社会科学版)2012 年第 2 期。
⑥ 刘婷婷、温丽玲:《民族自治县旅游景区发展中的民俗文化体验建设》,《市场论坛》2012 年第 9 期。

与性原则,以促进民俗文化在旅游开发过程中得到保护、传承和发展。① 赵会莉通过研究河南农村民俗文化的创意旅游模式,认为民俗文化与旅游相结合,不但满足了现代人传统的认识和审美需要,同时对当地的经济繁荣和民俗文化的传承也有着重要的意义。② 马桂芳以藏区为例,讨论了旅游对民俗文化的影响,认为发展民俗旅游既是传承发展优秀传统文化的良好依托和方式,也是群众享有健康丰富文化生活的举措,对于实现区域节日民俗文化的传承、保护和可持续发展具有重要意义。③ 除以上讨论外,还有一些相似的讨论,限于篇幅,在此不能一一展开论述。④

当然,在强调旅游这一产业化途径对民俗文化发展的积极影响的同时,也有学者注意到其对民俗文化发展的消极、不利的影响。曹银庭对重庆土家族民俗文化旅游的意义、存在的问题进行分析,认为民俗文化旅游增加了人们对当地民俗文化的需求,使得许多濒临失传的民俗得到复苏和新生,同时也增强了人们保护传统文化的自觉意识,因此民俗文化旅游对民俗文化的传承与发展具有积极的影响。同时,他也注意到民俗文化旅游的一些消极影响,如民俗文化的商品化、民族文化的同化等,需要我们进一步地探讨对策。同样,程希平、宋子芳指出旅游开发唤起了民俗文化主体人群的自信心和自豪感,促使其重新看待自己的文化,并激励他们将民俗文化传承、发展下去。尽管如此,论者也提醒我们应该注意到旅游开发对民俗文化的若干负面影响。⑤ 此外,李丽则认为民俗文化旅游的"是"与"非"体现的是民俗文化旅游开发所产生的"显性价值"和"隐性价值"的矛盾。民俗文化旅游的开发模式的选择、开发与管理的方式是导致其产生积极或消极影响的重要因素。⑥ 总之,民俗旅游等产业化的路径是一把双刃剑,运用合适则能促进民俗文化的发展,反之则会带来不利的影响。

2. 举办民俗文化节

除以长期的民俗文化旅游来推动民俗文化发展外,举办民俗文化节则是一种通过短期集中效应促进民俗文化传播、发展的办法。这一举措往往依托地方旅游

---

① 丁龙庆、雷若欣、叶晓童:《徽州民俗文化旅游资源开发初探》,《宜春学院学报》2012年第7期。
② 赵会莉:《河南农村民俗文化的创意旅游开发模式研究》,《重庆科技学院学报(社会科学版)》2012年第20期。
③ 马桂芳:《文化传承视野下的藏区节日民俗文化旅游发展》,《攀登》2012年第5期。
④ 相关讨论可参见:陈晓蕾、张真、周梧:《鄂西南地区民俗文化与旅游开发》,《湖北经济学院学报》2012年第3期;姜克银:《新农村旅游开发建设中宁夏回族村落民俗文化变迁与保护研究》,《宁夏党校学报》2012年第3期;黄永龙:《体验经济背景下的民俗文化遗产特征及旅游开发策略》,《中国集体经济》2012年第1期;谈晓:《泰顺民俗文化旅游资源开发研究》,《经济论坛》2012年第12期;石丽璠、刘晓华:《浅谈广东"吴川三绝"民俗文化的旅游开发对策》,《湖北函授大学学报》2012年第12期。
⑤ 程希平、宋子芳:《探析旅游开发对民俗文化的影响》,《旅游纵览》(行业版)2012年第6期。
⑥ 李丽:《民俗文化旅游开发的"是"与"非"及其启示》,《经济研究导刊》2012年第31期。

的若干基础设施来进行,因此也属于文化产业化发展的一种途径,并且因其时间短、投入小、见效快等特点而得到广泛的实践。2012 年就有很多地区举办了民俗文化节,这些活动促进了当地民俗文化和经济的发展。

2012 年元旦至 2 月 17 日(正月二十六),"2012 年新春岭南民俗文化节"在南海举行,一批具有岭南特色的民俗表演轮番上场,如南狮贺岁、可爱调皮的大头佛、武术舞蹈等等,这次民俗文化节更加注重挖掘当地保存比较完好的民俗文化,并把其带给游客,加以传承。同时,政府也希望借助这一平台传承传统文化,打造节庆品牌。① 3 月 22 日至 25 日,广西阳朔·高田"三月三"民俗文化节隆重举行,壮族歌圩(民歌)、根雕、竹雕、绣球制作、大象拔河、踩高跷、滚铁环等活动受到人们的热烈欢迎。② 4 月 8 日,"首届上海民俗文化节"在上海浦东三林老街举办。文化节期间,主办方推出了民间工艺展示、民俗文化演出、民俗互动体验等活动,受到群众喜爱,对推动民俗文化的发展起到了积极作用。③ 5 月 10 日至 16 日,"2012 年金堂清江民俗文化节"在四川金堂县清江镇举办。这次活动旨在展示金堂民俗文化的独特神韵,充分挖掘地方人文内涵,传承发展民间文化艺术,弘扬优秀传统,加快文化产业发展。节日期间,蜀派书画、川剧、川菜等一批富有地方特色的民俗活动得到了展现。④ 6 月 19 日,为期八天的 2012 年北方水城·中国沁州端午民俗文化节拉开帷幕。此次文化节以"文化使水城更精彩"为主题,进一步突出传统文化传承和展示的主基调,开展"莱茵湖郡杯"七十二行民俗展演、沁州书会、龙舟赛、棋源竞技、传统庙会等活动。⑤ 8 月 8 日,湖南张家界举办了"六月六"民俗文化节,开展了多项具有土家族特色的阳戏、毛古斯、花灯、摆手舞、民歌等活动。主办方表示,这次活动主要是为了促进民俗文化的传承、创新和发展,做好民间艺术的保护、开发和利用。⑥ 9 月 1 日,吉林东辽县举办首届民俗文化艺术节。这次文化节的目的就是要搞好文化产业化,使民俗文化得以传承、发展,丰富群众的经济、文化生活。在艺术节期间,一批具有地方特色的民俗,如二人转、满族剪纸、葫芦画、鱼骨画、根雕等等将轮番上演。⑦ 9 月 7 日,新疆伊宁市举办了首届民俗文化节,活动为期 5 天,集中展现了当地优秀的民族、民俗文化,如伊利赛乃姆演唱会、回族花儿、伊利牧歌文艺演出、少数民族特色餐饮、民俗文化街区等,并且成功签约了一系列的民俗文化项目,对于推动当地民俗的保护、发展起到了较好

---

① 查查吧旅游网 http://www.chachaba.com/news/travel/zixun/20120117_62559.html
② 阳朔经济信息网 http://www.gl.cei.gov.cn/yangshuo/news/information/2012/03/2801.htm
③ 中国政府网 http://www.gov.cn/jrzg/2012-04/08/content_2108868.htm
④ 金堂县公众信息网 http://www.jintang.gov.cn/news/detail.jsp?ID=45886
⑤ 中国网山西频道 http://jjsx.china.com.cn/c12/0620/141545188306.htm
⑥ 张家界新闻网 http://www.zjjnews.cn/2012zt/nongbohui/zhanhui/2012-08-08/38171.html
⑦ 陈兴权:《东辽县首届民俗文化艺术节暨全民运动隆重开幕》,《辽源日报》2012 年 9 月 3 日。

的效果。① 9月29日至10月6日，"2012首届张家港凤凰民俗文化节"在张家港凤凰镇隆重举行。节日期间，豆腐花担、吹糖人、弹棉花、磨剪刀等三百六十行民间技艺得到展演，这些活动再次唤起了老人们的记忆，也吸引了很多年轻人的注意。② 11月1日至16日，"2012中国杭州（河上）民俗文化节"成功举办，包括人文河上学术研讨会、开幕式、排舞大赛、生态美食周、民俗风情摄影大赛、民俗文化电影周、文化艺术展演、风情文化周八大活动，既展现了当地的民俗文化，又丰富了民众的生活，同时拉动了地方经济的发展。③ 此外，还有很多地区也都纷纷举行了具有地方特色的民俗文化节，如2012郑州春节民俗文化节、2012中原迎春民俗文化节、2012海信·中国合肥首届民俗文化节、2012中国·嘉兴端午民俗文化节、2012定远县藕塘首届民俗文化节、2012第四届中国鹤壁民俗文化节等等。

从以上活动可以看出，2012年全国各地几乎每个月都有民俗文化节的举办，这一以产业化推动民俗文化传承和拉动经济发展的方式，得到了广泛的实践。

3. 发展民俗文化产业园

除开展民俗旅游、举办民俗文化节外，建设民俗文化产业园，使民俗成为专门的文化产业也是一条发展民俗文化的路径。2012年，全国就有多家民俗文化产业园正在积极筹建或者建成。

2012年2月3日，陕西陇县的陇州民俗文化产业园开园。陇县历史文化底蕴深厚，民俗文化丰富多彩，当地政府因势利导，采取政府组织、社会参与、市场运作的方式，积极鼓励和支持社会各界大力发展民俗文化，因此兴建了陇州民俗文化产业园。该园涵盖了社火脸谱、布艺、皮影、剪纸、刺绣、木雕、泥塑等为主的文化产品，将对地方经济和民俗文化发展产生重大推动作用。④ 4月9日，中国北方民俗文化产业园在山西长治县开工奠基。该园区总投资20亿，规划建设艺术家创作区、民俗文化展示交易区、传统曲艺演艺区、配套服务区、公共文化区五大功能区。项目建成后将以弘扬中国北方民俗文化为核心，通过产业园这一平台把传统文化艺术推向全国乃至世界。⑤ 12月，山西大道尚品（国际）文化传播股份公司策划的"中华民俗文化产业基地"项目与美国地平线文化集团正式签署合作协议。该公司CEO.谭文华说开展这一项目的目的，是不想眼睁睁看到在现代文明急速发展过程中，许多传统手工技艺后继无人，面临消失，因此守护古老中华文明、再现

---

① 李新安：《2012新疆·伊宁首届民俗文化节开幕》，《伊利日报》2012年9月7日。
② 张家港凤凰镇人民政府网 http://www.zjgfh.gov.cn/fhz/infodetail/? infoid = aa0c2f77-6246-4554-b225-520cc95fdb9b&categoryNum = 002002
③ 杭州旅游网 http://www.gotohz.com/sy/xwzx/xwdt/201211/t20121106_81371.shtml
④ 梁会平、孙海：《陇县：民俗文化产业园开园》，《宝鸡日报》2012年2月7日。
⑤ 王鹏、孔颖超：《中国北方民俗文化产业园开工奠基》，《长治日报》2012年4月10日。

老的工艺,刻不容缓。该项目总体分网络体系建设和产业园区建设。其中的产业园区将把国内优秀的民俗文化产品生产企业、民间艺人聚集在一起,通过交流,共同进行民俗文化产品的创新,以推进民俗产品的规模化、品牌化生产。①

(二)民俗文化的多媒体应用发展

保护、传承手段的更新是促进民俗文化发展的一个重要条件,这点已被越来越多的人所认同。随着20世纪以来多媒体技术(网络、电影、电视、照相等)的日益发展,其应用已经深入到普通民众的日常生产生活之中,成为现代社会发展的重要特征。因此,也不乏论者从多媒体应用的技术层面来探讨民俗文化发展的策略问题。

在网络技术对民俗文化发展影响方面,刘爱华指出,网络媒介的广泛应用加速了民俗文化传播和呈现方式的转变。通过网络,民俗文化的体验不再局限于现场参与,人们可以在不同的地点和时间来阅读、欣赏民俗文化,其在时空上的限制性得以突破。由此,民俗文化由区域性的文化转变为被更广大的人群所共享的文化。这一转变使得民俗文化具有了更为广阔的发展空间和传播效率。② 此外,刘爱华、艾亚玮进一步指出,民俗文化在网络技术的影响下衍生出一种"他"俗文化,直接或间接地推动了对传统文化的保护。尽管这一过程以民俗文化为主体,迎合商业文化和消费主义的需求,但它并不等于商业化,而是在认同并尊重民俗文化内价值的基础上,以民众需求为出发点,来发展民俗文化的现实服务功能,从而推动民俗文化适应社会的发展。③ 薛聪锐、侯志刚、郑丹以河北为例对民俗文化网络传播的问题进行了探讨。他们指出,河北民俗文化内容丰富、形式多样,但存在分布分散、传播途径落后的问题,不利于民俗文化的传播和发展。而互联网便捷、超时空、投资小、见效快、互动性强、整合性强等特性对于民俗文化的传播及发展能起到很好的推动作用。因此,他们提出应通过网络来促进河北民俗文化的发展:一是要建立相关人才、传承人及各类专家的数据库;二是要创建网站广泛宣传河北民俗文化,为其发展营造氛围;三是通过网络资讯与视频形式对传统节日等进行立体性的传播。④

在影视技术对民俗文化发展促进方面,刘烨将民俗影视作品分为民俗纪录片、着重民俗描绘的电影、整合民俗元素的电影三大类,认为民俗纪录片取材于民俗事象,不同于一般的影视作品,它更具有"抢救"文化遗产的功能,有助于传统民

---

① 王媛:《山西民俗文化"挺进"美国市场》,《山西经济日报》2012年12月25日。
② 刘爱华:《从遗产到资源:民俗文化观的转变》,《中国社会科学报》2012年12月7日。
③ 刘爱华、艾亚玮:《走出"围城":网络媒介下民俗文化资源观的形成》,《青海民族研究》2012年第4期。
④ 薛聪锐、侯志刚、郑丹:《河北民俗文化网络传播的整合构建研究》,《大舞台》2012年第5期。

俗在现代传播环境中保持活力;着重民俗描绘的电影亦使民俗本身的"典型"得到价值发掘和光大。影视技术与民俗相结合是一种必然,这种结合往往能对民俗文化自身发展起到保护与推动作用。① 高杰进一步指出影视媒体对民俗文化发展的影响,认为任何文化的发展都离不开传播,而影视媒体能够推动民俗文化的传播,一方面表述民众生活是大众传媒的媒介特性,有利于促进民俗的发展传承;另一方面,它能引起社会公众和政府职能部门对民俗传统的关注和重视。由此,影视媒体对民俗的传承提供了革命性的技术手段,对推动民俗文化的发展具有重大的影响。同时,他还指出大众传媒对民俗文化发展的影响也是有局限性和负面性的,例如大众传媒由于资金、政策等原因,可能会片面或者歪曲报道民俗事象;大众传媒对民俗文化传播具有选择性,可能加速弱势民俗的消亡,等等。因此,影视媒体如何积极地促进民俗文化的发展是一个需要深入探讨的课题。② 此外,陈晓芳从技术性层面就电视传承民俗文化的问题进行了讨论,认为用电视制作技术保护和传承民俗文化需要注意四点:第一,民俗美感与民俗动静质感密不可分,要注意从民俗环境和主人公两个因素处理好美感和质感的关系。第二,要注重展现民俗事象的真实、质朴等特点,不要过分夸饰。第三,拍摄民俗事象要注意把握其节奏感,要有整体上的把控。第四,在拍摄民俗工艺流程时要注意细节。③

在具体实践方面,孙莉以池州傩戏为例,就电视、网络、手机三种媒介对这一民俗活动的传播及其影响做了分析。④ 黄婉明以岭南童谣为例,阐述通过数码电脑技术设计童谣意象的意义,认为这一方法可以唤起人们对童谣的重视,是对广东民俗文化的继承、保护和发扬。⑤

(三)民俗文化的教育发展之路

民俗文化的发展归根到底离不开人,人是民俗文化传承、发展的核心因素。目前我国许多地区的民俗文化面临逐渐衰落或者消失的窘境,在很大程度上是因为青睐它们的人越来越少,既缺少传承人加以传承,又缺乏群众的普遍关注,由此才造成民俗文化发展的尴尬局面。所以,要复兴并促进民俗文化的发展,人是关键。为了让其传承下去,有论者强调通过教育来引起人们对民俗文化的关注并培养出一批民俗文化传承人,从而使传承断裂导致无法继续发展的问题得到缓解。

在民俗文化传承人层面,符蓉认为民间民俗文化技艺需要传承人,而受过系统理论与技能教育的艺术职校的学生作为传承人,相对于一般的民间艺人无疑更

---

① 刘烨:《略谈我国民俗文化与影视创作的结合》,《湖南大众传媒职业技术学院学报》2012年第4期。
② 高杰:《纪录·民俗·传播——关于民俗文化影像化传播的研究述评》,《今传媒》2012年第5期。
③ 陈晓芳:《以电视为载体传承民俗文化》,《新闻窗》2012年第1期。
④ 孙莉:《皖南民俗文化的媒介传播方式——以池州傩戏为例》,《东南传播》2012年第12期。
⑤ 黄婉明:《岭南民俗文化研究——童谣意象》,《现代装饰》(理论)2012年第1期。

有优势。因此,在民俗文化不断消失,许多传统技艺濒临消亡的背景下,通过职业院校加强民俗文化的教育,培养具有一定技艺又具有一定素养的传承人是十分必要的。为此,她提出将职业教育与民俗文化传承人培养相结合,走特色发展之路,主要从以下三个方面展开:第一,以文化课为基础,加大有关本土优秀民俗文化教学的内容。第二,要注重具有民族特色的校本教材的编写,以促进传承人的培养和民俗文化的传承发展。第三,利用校园文化为载体,通过校园广播、校报、板报等多种方式加以宣传,努力营造民俗文化保护和传承的浓厚氛围。[①]

在民俗文化发展的大众层面,许多论者都提出要通过教育的形式,为其发展创造良好的氛围,让其有更好的发展土壤,从客观上保障其有可持续发展的基础。罗杨认为,长期以来民间文化的教育功能被忽视,没有被纳入到学校教学中,导致很多人缺乏中华民族传统文化的熏陶,也缺乏对中华民族民间风俗文化的了解,这些是他们民俗观念缺失或者淡漠的重要原因。因此,他指出民俗应纳入学校教育,使学生了解我国的传统民俗文化,是一件不容忽视的大事。[②] 龙梦晴指出,学校教育是民俗文化发展不可或缺的重要环节和手段。通过学校教育,人们在长期实践过程中创造的民俗文化得以内化为个体的能力,引导其进行新的文化实践和创造,从而使得民俗文化得以不断发展。因此,学校教育可以培养出懂得欣赏和深入理解民俗文化的继承者,使抽象的文化内涵演变为具体的个体实践,从而奠定民俗文化在整个社会中存在和发展的坚实基础。在此基础上,她进一步提出三点推动民俗文化教育发展的策略:首先,要在学校教育中根据不同教育层次来设置相关课程。其次,要重视建设合格、优秀的师资队伍。最后,要重视综合实践的作用。[③] 与以上两位观点相似,余翰卿认为在全球化的影响下,要保住自己的传统文化,除了宣传这一手段外,最好的办法就是让对民族文化具有概括性包罗性的民俗走进课堂,让广大的青少年接受相关的普及教育,认识民俗、了解民俗,使其装进脑子、扎根心田。为此,他结合我国目前教育体制的现实,主张除了高中外,各级学校的课堂(含幼儿园)都应该进行民俗文化教育。[④] 此外,部分论者对不同层次的民俗文化教育问题进行了探讨。杨树喆认为,在高校开展民俗文化教育主要有四条途径:第一是开设相关课程;第二是举办专题性的讲座、学术报告等;第三是组织学生开展田野作业,撰写田野报告;第四是开展各中相关主题活

---

① 符蓉:《浅谈广西民族民俗文化的保护、传承与艺术职业教育的有机结合与良性互动》,《广西教育学院学报》2012 年第 5 期。
② 罗杨:《将民俗文化纳入学校教育》,《光明日报》2012 年 4 月 5 日。
③ 龙梦晴:《民俗文化教育发展论》,《湖南师范大学教育科学学报》2012 年第 6 期。
④ 余翰卿:《让民俗走进课堂》,《学理论》2012 年第 18 期。

动。① 陈雯雯则认为民俗文化教育应该从娃娃抓起,选择合适的节日民俗教育让幼儿感受民俗节日的独特性,了解家乡民俗节日文化,对传承和发展民族民间节日文化能起到积极的作用。她还提醒我们在对幼儿进行民俗文化教育时,要注意挖掘节日民俗文化的内涵,注意其本土性、趣味性,并可通过游戏体验、情境体验、劳作体验等方式加以进行,以益于幼儿了解和接受。②

在民俗学家的呼吁下,个别地区还切实开展了民俗文化教育发展的实践。例如,兰州市以民俗文化进中学为主线,从课堂教学、校本课程和校园文化建设活动三个主要方面,推动民俗文化进校园、进课堂、进教材,培养学生人文素养和民族精神,弘扬和传承我国优秀民俗文化,取得了一定的成绩。③

总的来说,2012 年民俗学研究的情况比较平稳。学者们既有理论方面的探讨,也有具体的个案研究,同时也积极参与到对国家和地方"非遗"工作的讨论中。应该说,本年度的研究没有太多热点,对民俗学研究水平的总体推进上略显薄弱。我们期望在来年可以有令人眼前一亮的力作可供评述甚至热烈的争论,当然,这要建立在学者们经过若干年潜心研究、不懈工作的基础上。

---

① 杨树喆:《浅谈多民族民俗文化与大学生文化素质教育》,《高教论坛》2012 年第 11 期。
② 陈雯雯:《试析幼儿园节日民俗教育活动内容选择的四种思路》,《当代学前教育》2012 年第 3 期。
③ 石莉萍、王毓高:《论新课改革背景下民俗文化进中学校园——以兰州市为例》,《佳木斯教育学院学报》2012 年第 10 期。

2012年度国家非物质文化遗产保护制度与民俗文化发展报告

刘铁梁 赵艳喜 金 晶 张 帅*

本篇报告主要是从非遗制度与民俗文化发展两个方面,来总结我国民俗文化在2012年所发生变化的情况和有关经验与认识问题。

非物质文化遗产保护工作已经成为国家文化发展战略的重要组成部分,是政府层面在社会主义文化建设中贯彻实施文化战略的一种调动广大人民群众积极参与其中的重要途径。非物质文化遗产,作为一个从政治层面上提出的从属于民族民间文化的概念,自其发端就承担了抢救和保护濒危民间文化的严肃政治使命,因此非遗保护工作需要不断加强法律上的规范和政策上的完善。在20世纪的最初几年,中国正式加入联合国教科文组织《保护非物质文化遗产公约》之后,党的十六大又提出了"扶持对重要文化遗产和优秀民间艺术的保护工作"的重要决定;国务院办公厅于2005年出台《关于加强我国非物质文化遗产保护工作的意见》,敦促各省、自治区、直辖市人民政府以及国务院各直属机构积极开展非物质文化遗产保护工作;2011年6月1日《中华人民共和国非物质文化遗产法》正式实施,为我国的非遗保护工作提供了法律基础。2012年国家在进一步完善非遗各项制度的同时,也举办了各种非遗保护成果展示的活动,取得了积极的社会反响和实际效果,涌现出诸多典型案例,也暴露出一些不足。因此本篇报告的第一部分将从2012年度国家出台的非物质文化遗产保护政策法规、非物质文化遗产保护活动、典型案例以及文化遗产保护的问题与建议等四个方面展开陈述。

在国家非遗制度的健全与实施方面,2012年呈现出如下特点:政府继续在非遗保护工作中发挥着主导作用;社会和个人的积极参与,使国家、社会和基层民众之间形成了一股强大的合力,在有法可依的基础上,使非遗保护工作较前取得了重大成效。更为重要的是,国家主导的非遗保护工作不仅超出了保护、传承和发

---

* 刘铁梁,山东大学文化遗产研究院教授,博士生导师;赵艳喜,山东大学儒学高等研究院民俗学研究所博士后;金晶,山东大学儒学高等研究院民俗学研究所博士生;张帅,山东大学儒学高等研究院民俗学研究所博士生。

扬非物质文化遗产的范畴,即通过典型案例倡导了保留传统文化的精髓,保护我国民间文化的多样性,促进社会主义新时期文化的大发展,还超出了一般文化事业的范畴,在社会变迁的大潮中维系了中华民族传统价值观的传承与发展,增强了中国人的身份认同、群体认同、民族认同与国家认同,凝聚了民族自信心,为构建社会主义和谐社会贡献了力量。

值得注意的是,非物质文化遗产作为由官方话语培育出来的特定文化概念,具有一定的指向性与针对性,它指向传承久远的濒于灭绝的优秀民俗文化,指向那些在一定程度上能够代表国家或者民族特色的部分。因此非物质文化遗产的概念具有个别案例的性质和保护工作的示范意义,有明显的限定性,并不能指称和涵盖所有的民俗文化。对于那些没有被非物质文化遗产工作所触及,但却与人民的日常生活息息相关因而普遍存在、具有顽强生命力的各种"在地化"的民俗文化,我们绝不能忽视。非物质文化遗产名录以外的民俗文化,是活态的文化,有着更为广袤的传承和发展空间,它们在形式上不受束缚,没有约束,可以随着生活生产方式的改变而随时发生变化。

特别应该指出,民俗文化的各种表达形式,都是结合民众自身的生活方式和身体经验而形成与传承,其保护与发展也完全依赖于民众在长期历史和社会变革中的生活实践和身体记忆。也正是因为体现着民众的整体生活经验和感受能力,饱含了民众刻骨铭心的集体记忆与真挚而深沉的情感,民俗文化才能真正满足民众对于自身和社会的文化认同需求,凝聚了民众对幸福生活的美好期望,呈现出常在常新的发展活力。非遗以外的民俗文化发展,当然也会受到政府与其他社会组织的干预,但与成为"非遗"的民俗文化有所不同,它们并不特别依赖政府的引导、扶持和控制。非遗以外的民俗文化,往往拥有政府可以引导却不能主导、可以参与却无从控制的特点。

本篇的第二部分,即是关注非遗工作以外的民俗文化自主发展的概况。由于这种自主的发展依然离不开政府部门或社会团体的参与或组织,因此,本节分别从有外力介入的民俗文化发展和民众自发的民俗文化发展两个方面来展开叙述。本节中所叙述的案例,或许是某个村落里才有的活动,或者只有三五人参与的仪式,然而这并不意味着这些活动就没有普遍性意义。正如格尔兹所说的"再细小的行为之处也会有一片文化的土壤",更何况这些行为由于掺杂了太多的集体记忆与个人情感,因此亦可以举一反三地带给人们以深刻的文化感动。

2012年,我国民俗文化的发展过程,也是各地方政府、相关文化产业和媒体等深刻介入民俗生活的过程。毋庸讳言,地方政府和相关产业更多地是在实现经济利益的目的上来利用和宣传民俗,思路上仍然是所谓"文化搭台,经贸经济唱戏",然而政府介入的方式正在发生一定转变,主要是在宏观上予以引导,将活动的主体内容更多地交给民众,并提供相应的服务工作。另外,民俗文化产业化的趋势也呈现出上升的姿态,许多民俗文化在社会转型的冲击下都走向了产业化的道路,其中多以民俗博物馆、民俗旅游、民间工艺品展卖等为主要方式。与此同时,在民间,民众参与当地民俗文化活动的热情持续高涨。尤其是当社会环境的变迁使其日常生活发生重大变化之后,民众只能通过参与民俗活动来寻找乡土社会的归属感与认同感。

总之,2012年我国的"非遗"工作与民俗文化自身都呈现出良好的发展态势,这与我国社会主义文化大发展大繁荣的大背景密不可分。作为国家文化发展战略的重要环节,政府与社会对于民俗文化传承、发展的重视与积极参与,为我国社会主义文化建设,特别是城镇化过程中的地方和社区文化建设做出了一定贡献。下面,将按非遗制度实施和民间文化自身发展两个大的方面,叙述2012年所发生的显著事件与主要经验。

一、2012年我国非物质文化遗产保护工作的发展与对策建议

(一) 2012年度我国出台的非物质文化遗产保护政策法

从2011年《中华人民共和国非物质文化遗产法》颁布实施以来,我国的非物质文化遗产保护进入了有法可依的阶段。但这一法律属于基本法的范畴,许多条文只是较为原则的规定,仍需配套必要的细则性和地方性法规文件。基于此,2012年,中央和地方围绕非物质文化遗产保护工作出台了多种法规条例和部门规章,进一步完善了非物质文化遗产保护的法律体系。

1. 中央部委规章

国务院文化主管部门承担着全国非物质文化遗产保护和管理工作。2012年,文化部相继出台了相关规章,重点对非物质文化遗产生产性保护、保护专项资金管理等方面进行指导和规范。2月2日,文化部印发《文化部关于加强非物质文化遗产生产性保护的指导意见》,对非物质文化遗产生产性保护的概念、意义、原则、措施、工作机制等提出明确要求,为科学开展生产性保护工作提供指导。

5月4日,财政部和文化部联合下发《国家非物质文化遗产保护专项资金管理办法》,同时废止财政部、文化部2006年7月13日印发的《国家非物质文化遗产保护专项资金管理暂行办法》(财教[2006]71号)。新的《管理办法》吸收了近几年非物质文化遗产保护工作的经验,对国家非物质文化遗产保护专项资金的使用和管理进行了进一步规范,进一步明确了专项资金的使用范围,有利于提高资金的使用效益。

6月28日,文化部发布《文化部关于鼓励和引导民间资本进入文化领域的实施意见》,鼓励民间资本积极投入非物质文化遗产基础设施建设;鼓励和引导民间

资本利用现有优惠政策,参与非物质文化遗产生产性保护;鼓励民间资本建立信息平台和社会中介组织,为非物质文化遗产生产性保护搭建桥梁和纽带。此《意见》对于拓宽非物质文化遗产保护资金来源渠道、推动全社会共同参与非物质文化遗产保护工作有积极意义。

2. 地方法规政策

2012年,贵州、湖北、山西、重庆四省(直辖市)级非物质文化遗产条例颁布并实施。《河南省非物质文化遗产条例(草案征求意见稿)》制定完成,并公开征求意见。江苏、云南省非物质文化遗产条例则进行了修订。作为《中华人民共和国非物质文化遗产法》的地方性配套法规,这些省级非物质文化遗产条例都对非遗工作原则、非遗项目和传承人的专家评审和管理考评、非遗保护措施、相关法律责任等方面进行了强化和细化规定。如贵州、山西、湖北省的非物质文化遗产条例中明确将文化生态保护区概念引入法律,对非物质文化遗产实行区域性整体保护。《湖北省非物质文化遗产条例》提出确立非遗调查制度、代表性项目和传承人的评审制度等,并明确了未履行法定职责造成严重后果应该承担的法律责任。[①]《江苏省非物质文化遗产保护条例(修订草案)》规定县级以上地方人民政府应当建立本级非物质文化遗产代表性名录,同时根据实际情况建立濒临消失的非物质文化遗产代表性项目名录;建立非遗名录项目退出机制,规定非物质文化遗产代表性项目不能活态存续的,将被退出名录;明确了相关的处罚标准。

除《非物质文化遗产条例》外,各地还出台了一些有针对性的地方性非物质文化遗产政策文件,为非物质文化遗产保护工作提供政策指导。2月23日,浙江省文化厅下发《关于加强浙江省非物质文化遗产保护综合试点县建设的指导意见》。6月9日,上海市财政局、文广影视局共同出台《上海市市级非物质文化遗产项目保护专项资金管理办法》;6月12日,北京市文化局印发《关于加强非物质文化遗产保护传承的扶持办法》;8月16日,江苏省财政厅、文化厅印发的《江苏省非物质文化遗产保护专项资金使用管理办法》开始实施。11月21日,重庆市人民政府第138次常务会议审核通过《重庆市非物质文化遗产专家评审办法》,并定于2013年1月5日实施。这些意见办法作为各地非物质文化遗产条例的进一步细化和补充,对地方非物质文化遗产保护工作中的保护专项资金使用、专家评审、政府扶持和区域性整体保护都提出了有针对性的要求和意见,其中不乏一些值得注意的亮点所在。如浙江省文化厅《关于加强浙江省非物质文化遗产保护综合试点县建设的指导意见》提出加强县级区域非物质文化遗产保护工作,提升县域非遗事业整体实力和竞争力。特别提出要注重服务民生,各试点县要坚持保护利用、普及弘

---

① 杜建国:《〈湖北省非物质文化遗产条例〉12月1日正式实施》,《湖北日报》2012年11月28日。

扬并举,把非遗保护工作纳入当地社会经济发展的大局,注重民生优先、项目为先,维护文化生态,促进非遗生产性保护,深入挖掘民族传统节日文化内涵,强化非遗与旅游的结合,选好突破口,逐步提升非遗规模化、集约化、专业化水平,力争取得明显的效益。[1] 北京市《关于加强非物质文化遗产保护传承的扶持办法》包含工作原则、资金来源、扶持政策和资金使用等内容,重点提出对传承人和项目单位的扶持、促进非物质文化遗产产学研一体化、创建非物质文化遗产集聚区、非物质文化遗产与科技和旅游的结合、开展交流合作、社团组织建设、人才培训、加强部门协调和宣传等方面的支持内容。[2]《重庆市非物质文化遗产专家评审办法》作为第一个专门的专家评审办法,详细规定了重庆市非物质文化遗产专家评审委员会、专家库的组建方法和专家评审的议事程序等内容,对于完善非物质文化遗产代表性项目名录、代表性传承人和保护单位的评审认定制度无疑具有积极作用。

(二) 2012年度我国的非物质文化遗产保护活动

在我国非物质文化遗产保护的法规政策不断出台的同时,2012年度我国的非物质文化遗产保护活动也进行得如火如荼。从中央到地方,从政府到社会,围绕非物质文化遗产的保存、保护、传承、传播等各方面,以抢救性保护、生产性保护和整体性保护为主要保护方式,进行了多方面工作。

1. 文化部开展的非物质文化遗产工作

(1) 首次对国家级非物质文化遗产代表作项目进行"体检",开始实施国家级名录项目"有进有出"的动态管理

2012年上半年,文化部开展了国家级非物质文化遗产代表性项目保护督查工作,通过全国各地自查与督察组抽查相结合的方式,对国家级非遗代表性项目保护规划实施情况、保护单位履行职责情况、代表性传承人义务履行情况、中央补助专项资金使用情况等方面进行了督查。9月4日,文化部发布《关于对天津市红桥区回族大刀队等105个国家级非物质文化遗产代表性项目保护单位进行调整、撤销的决定》,对天津市红桥区回族大刀队等97个国家级非遗代表性项目保护单位进行调整;对湖南省凤凰县龙玉年苗医药诊所等2个履责不力的国家级非遗代表性项目保护单位提出批评与限期整改(整改期6个月);撤销内蒙古自治区群众艺术馆等6个履责不力的国家级非遗代表性项目保护单位资格。对105个国家级非遗代表性项目保护单位的调整、整改和资格撤销,标志着文化部在对国家级非遗

---

[1]《关于加强浙江省非物质文化遗产保护综合试点县建设的指导意见》(浙文非遗〔2012〕11号),浙江省非物质文化遗产网 http://www.zjfeiyi.cn/xiazai/detail/1-122.html。

[2]《关于加强非物质文化遗产保护传承的扶持办法》,首都之窗北京市政府信息公开专栏北京市文化局 http://zfxxgk.beijing.gov.cn/columns/80/2/308536.html。

代表性项目的动态化管理上有了实质性开端。①

(2) 组织评审第四批国家级非物质文化遗产代表性传承人

2012年12月20日,文化部公布了第四批国家级非物质文化遗产项目代表性传承人共498名,加上前三批已公布的1488人,我国的国家级非物质文化遗产代表性传承人共计1986人。据国家非物质文化遗产保护专家委员会副主任乌丙安介绍,此次评选的代表性传承人与之前相比有明显年轻化的趋势。前三批评选的传承人大多是老一辈大师,他们技艺超群、德高望重,但年龄偏大。而此次各省推荐的传承人很多为五六十岁,年富力强,为该行业的"当家人"。这说明我国的非遗传承已经进入了实体阶段,非遗保护工作从单纯的申报、审批转为了踏踏实实地传承。②

在评选新的代表性传承人的同时,文化部也继续加大对传承人的扶持。一方面继续对国家级非物质文化遗产代表性传承人给予每年1万元的资金,用于资助其开展传承工作;一方面积极探索对传承人进行资助和扶持的新途径,提高传承人科学传承的自觉性。如,6月6日,由中国非物质文化遗产保护中心主办的首届"中华非物质文化遗产传承人薪传奖"颁奖仪式在京举行。梅葆玖、文乾刚、朱乐耕等京剧、雕漆技艺、制瓷技艺门类的60位传承人获奖。对中华非物质文化遗产杰出传承人进行表彰,对逐步建立非物质文化遗产传承保护的社会激励机制,探索符合非物质文化遗产自身规律的保护方式,激发非物质文化遗产薪火相传的内在动力具有重要意义。③ 12月17日,文化部非物质文化遗产司主办的中国非物质文化遗产传统医药类项目传承人培训在湖南省湘西土家族苗族自治州凤凰县开班,来自全国各地的80余名传统医药类项目传承人参加了培训。

(3) 非物质文化遗产的生产性保护和整体性保护工作

生产性保护和整体性保护是我国两种主要的非物质文化遗产保护方式。随着我国非物质文化遗产保护工作的逐渐深入,这两种保护方式的必要性和重要性已日益突出。2012年,我国在积极进行非物质文化遗产的抢救性保护时,也大力推动非物质文化遗产的生产性保护和整体性保护工作。

生产性保护可以说是2012年文化部非物质文化遗产保护工作的一个重点。1月31日,文化部授予北京市珐琅厂等41家企业和单位第一批国家级非物质文化遗产生产性保护示范基地称号,树立了一批非物质文化遗产生产性保护的成功典

---

① 屈菡:《105个国家级非遗保护单位调整撤销》,《中国文化报》2012年10月23日。
② 屈菡:《第四批498名国家级非遗传承人公布十余位"70后"入选,呈现年轻化趋势》,《中国文化报》2012年12月24日。
③ 黄维:《中华非物质文化遗产传承人薪传奖颁奖仪式在京举行》,人民网 http://culture.people.com.cn/GB/87423/18096814.html。

型。2月,文化部联合13个部委共同举办了"非物质文化遗产生产性保护成果大展"。期间,文化部非物质文化遗产司在京召开座谈会,与会专家学者就非物质文化遗产生产性保护与合理利用的关系等话题展开了讨论。3月,全国政协十一届五次会议上,文化部副部长、全国政协委员王文章提交对非物质文化遗产生产性保护实行税收优惠的提案。紧接着,文化部非物质文化遗产司召开非物质文化遗产生产性保护税收优惠专题座谈会,为制定非物质文化遗产生产性保护的金融支持、税收减免、出口优惠等政策进行准备。此后,文化部联合地方共同主办的中国第二届非物质文化遗产博览会等非物质文化遗产展览活动,也都有促进生产性保护的初衷和导向。

作为我国非物质文化遗产区域性整体保护工作的主要方式,文化生态保护区建设是近年来文化部着力推动的一项工作。2012年5月25日,文化部向陕西省授牌国家级"陕北文化生态保护实验区",这是我国批准建立的第12个国家级文化生态保护实验区。11月初,文化部组织的专家论证会论证通过了黔东南民族文化生态保护实验区、铜鼓文化(河池)生态保护实验区和客家文化(赣南)生态保护实验区的规划纲要,意味着文化部还将设立3个国家级文化生态保护实验区。同期,《迪庆民族文化生态保护实验区总体规划》《海洋渔文化(象山)生态保护实验区总体规划》也通过了文化部组织的专家论证会论证,等待文化部的正式批复,届时两个文化生态保护区的建设工作将要全面开始。

(4)非物质文化遗产展览展演活动

2012年,由文化部、文化部非物质文化遗产司、中国非物质文化遗产保护中心联合地方政府共同主办的非物质文化遗产展览展演活动丰富多彩,遍及我国的东、中、西部。展览展演已经成为文化部传承、传播非物质文化遗产的一种重要手段。

2月5—15日,由文化部等13个非物质文化遗产保护工作部际联席会议成员单位以及全国政协文史和学习委员会、北京市人民政府共同举办的"中国非物质文化遗产生产性保护成果大展"在北京全国农业展览馆新馆举行。

2月24日,由文化部非物质文化遗产司、河南省文化厅、周口市政府共同主办的2012年"中原古韵——中国·淮阳非物质文化遗产展演"活动在河南淮阳拉开序幕。

4月6日,由文化部和陕西省人民政府主办的第三届"西部非物质文化遗产展演暨文化产业洽谈会"在西安大唐西市举行。

4月29日至5月2日,由中国非物质文化遗产保护中心、浙江省文化厅、浙江省义乌市人民政府主办的2012中国(浙江)非物质文化遗产博览会在浙江省义乌市举行。

6月9日—7月8日,由文化部主办,国家图书馆、中国非物质文化遗产保护中心承办的"中国非物质文化遗产典籍记忆系列展"在国家图书馆举行,包括"中国传统技艺展""中国传统建筑营造技艺展"两个专题展览。

6月9—21日,由文化部与香港特别行政区政府民政事务局联合主办,四川省文化厅与香港康乐及文化事务署承办,香港联艺机构有限公司协办的"根与魂——四川非物质文化遗产展演"在香港举行。活动分为"蜀风——四川非物质文化遗产汇演""西蜀天工——四川非物质文化(技艺)展示"和非物质文化遗产讲座三部分。

6月9日—7月22日,在文化部和澳门特区政府社会文化司大力支持下,由内蒙古自治区文化厅和澳门特区政府文化局共同主办的"根与魂——内蒙古非物质文化遗产展演"在澳门开幕。活动分为"薪火——内蒙古非物质文化遗产专题演出""草原记忆——内蒙古非物质文化遗产展览展示"和非物质文化遗产讲座三部分。

6月21—24日,文化部与浙江省人民政府在浙江省嘉兴市共同举办"2012年端午民俗文化节"。

6月10—25日,文化部与湖北省人民政府在湖北省宜昌市共同举办"2012年屈原故里端午文化节"活动。

6月29日—7月7日,文化部与江苏省政府联合主办第五届中国昆剧艺术节。

9月6—10日,由国家文化部和山东省人民政府主办,文化部非物质文化遗产司、中国非物质文化遗产保护中心、山东省文化厅、枣庄市人民政府承办的第二届中国非物质文化遗产博览会在枣庄市台儿庄古城举行。

9月19日,由文化部非物质文化遗产司、山西省委宣传部、山西省文化厅共同主办的中国·山西非物质文化遗产保护成果展在平遥古城开幕。

9月28日—10月2日,由文化部非物质文化遗产司、中共天津市委宣传部、天津市文化广播影视局、天津日报社主办的第二届全国非物质文化遗产展示会在天津美术馆举行。

11月7—11日,由国家文化部、安徽省人民政府主办,中国非物质文化遗产保护中心、安徽省文化厅和黄山市人民政府承办的首届中国(黄山)非物质文化遗产传统技艺大展在黄山举行。

(5)非物质文化遗产学术研讨活动

6月30日—7月2日,由文化部和江苏省人民政府主办,文化部非物质文化遗产司、中国非物质文化遗产保护中心、江苏省委宣传部、江苏省文化厅、苏州市人民政府共同承办了第四届中国非物质文化遗产保护·苏州论坛。论坛围绕"非物质文化遗产传承人保护及传承机制建设"主题,共同探讨非物质文化遗产传承机制建设、非物质文化遗产代表性传承人的责任与义务、非物质文化遗产传承人资料的收录、整理与建档、传承人的认定、保护与退出机制的规范化探析、传承人在非物质文化遗产生产性保护中的作用、非物质文化遗产代表性项目保护单位在传承机制建设中的职责等议题，争取为进一步推动代表性传承人保护和传承机制建设、促进我国非物质文化遗产的活态传承发挥积极作用。①

9月7日，由文化部和山东省人民政府联合主办，中国非物质文化遗产保护中心、山东省文化厅、枣庄市人民政府共同承办的第二届中国非物质文化遗产博览会高层论坛在山东枣庄台儿庄古城兰祺国际会议中心举行。论坛围绕非物质文化遗产生产性保护主题展开，参会专家就主题内容做了精彩发言。

11月8日，由文化部、安徽省人民政府共同主办，中国非物质文化遗产保护中心、省文化厅和黄山市人民政府共同承办的首届中国（黄山）非物质文化遗产传统技艺大展黄山论坛举行。论坛以"非物质文化遗产与当代生活"为主题，乌丙安、刘魁立、苑利等人分别作主题演讲。

除此之外，12月4日，由国家教育部和贵州省人民政府主办，贵州大学承办的中国—东盟少数民族非物质文化遗产保护与传承研讨会在贵阳举行。这也看出非物质文化遗产作为当下的社会热点和学术热点，受到中国和东盟国家的共同重视。

（6）非物质文化遗产管理人才队伍建设工作

非物质文化遗产的保护和管理人才队伍是非物质文化遗产保护工作顺利、科学进行的基本保证。非物质文化遗产保护工作开展以来，人才短缺一直是困扰文化部门的一个问题。为此，文化部频繁举办各种培训班，加大对文化行政部门、非物质文化遗产保护机构、非物质文化遗产项目责任保护单位负责人等直接从事非物质文化遗产保护和管理的工作人员进行培训，以此不断提高相关人员的业务能力。

7月22日，由文化部人事司、文化部非物质文化遗产司、广西壮族自治区文化厅主办的文化部全国文化干部培训广西非物质文化遗产保护高级研修班在南宁开班。

8月31日，由文化部非物质文化遗产司主办，山西省文化厅承办的全国非物质文化遗产传统技艺类项目生产性保护培训班在山西太原开班。来自全国各省区市文化行政部门、非遗保护机构的相关负责人和第一批国家级非物质文化遗产生产性保护示范基地负责人共100余人参加了培训。

---

① 马思伟：《第四届中国非物质文化遗产保护·苏州论坛将举办》，文化部网站 http://www.ccnt.gov.cn/xxfbnew2011/xwzx/lmsj/201206/t20120619_254823.html。

9月18日,由文化部非物质文化遗产司与四川省文化厅主办,绵阳市文化局、四川音乐学院绵阳艺术学院承办的"全国非物质文化遗产防灾救灾及灾后保护培训班"在四川音乐学院绵阳艺术学院开班,培训时间为一周。主要培训内容包括北川在灾前、灾中及灾后非物质文化遗产的保护状况,震中非物质文化遗产保护采取的方式、方法,以及震后非物质文化遗产保护遵循的原则、实施步骤,填补我国非物质文化遗产在防灾救灾和灾后保护工作上的空白,为我国非物质文化遗产保护事业在防灾救灾和灾后保护方面提供实践依据和理论支持。①

11月26—29日,文化部非物质文化遗产司在广州举办我国入选联合国教科文组织"急需保护的非物质文化遗产名录"项目保护培训班。

12月21—26日,由文化部主办、海南省文化广电出版体育厅承办的东部省份国家级非物质文化遗产代表性项目申报及保护培训班在海口举行。

(7)积极参与国际交流合作

与国际积极交流合作是我国非物质文化遗产保护体系的一个重要方面。2012年,我国申报的"福建木偶戏后继人才培养计划"入选联合国教科文组织非物质文化遗产优秀实践名册,标志着我国自开展非物质文化遗产保护工作以来,特别是在加入联合国教科文组织《保护非物质文化遗产公约》后,对非物质文化遗产价值的认识和相关保护实践的总结提升到一个新的高度。②

此外,2012年非物质文化遗产国际交流合作中最值得关注的当属联合国教科文组织亚太地区非物质文化遗产国际培训中心在北京正式成立。中心成立后,在2012年下半年先后举办了两次非物质文化遗产的国际学术会议,一场培训班,为我国同国际社会在非物质文化遗产保护领域的交流、促进国际社会非物质文化遗产保护工作作出积极贡献。

8月29日,由中国—东盟中心、中国非物质文化遗产保护中心和联合国教科文组织亚太地区非物质文化遗产国际培训中心联合举办的"中国—东盟非物质文化遗产保护研讨会"在北京召开。与会代表围绕中国—东盟非物质文化遗产研究和保护工作在国家层面上的进展情况以及《保护非物质文化遗产公约》相关问题两大主题展开探讨和交流。会议期间还举办了中国—东盟"人类非物质文化遗产代表作项目公益性图片展"和蒙古族长调、昆曲、古琴等人类非物质文化遗产代表作项目的小型演出。③

11月7—10日,由联合国教科文组织亚太地区非物质文化遗产国际培训中心

---

① 薛海燕、邹俊川:《全国非物质文化遗产防灾救灾及灾后保护培训班开班》,《四川日报》2012年9月24日。

② 杨治:《福建木偶戏人才培养计划入选联合国教科文组织名册》,《中国文化报》2012年12月6日。

③ 翟群:《中国—东盟非物质文化遗产保护研讨会在京召开》,《中国文化报》2012年8月30日。

承办的"联合国教科文组织保护非物质文化遗产全球能力建设战略评估会议"在北京召开,核心议题是"我们是否在沿着正确的路径前行?"来自亚太、非洲、阿拉伯及拉丁美洲地区的专家、学者,中国主管非物质文化遗产保护工作部门的官员、相关领域专家和联合国教科文组织官员共计40余位,对联合国教科文组织保护非物质文化遗产全球能力建设战略的实施工作予以评估,并就该战略今后发展方向展开探讨并形成建议。①

12月14—19日,联合国教科文组织亚太地区非物质文化遗产国际培训中心在北京举办《保护非物质文化遗产公约》履约工作国际培训班,邀请联合国教科文组织认证的非物质文化遗产领域两位国际培训专家,为来自帕劳、汤加、斐济和法属新喀里多尼亚岛的文化部、教育部及相关研究机构负责人进行相关内容的讲解。

2. 各地开展的非物质文化遗产保护工作

(1) 非物质文化遗产代表性项目名录建设

从非物质文化遗产保护工作开始之初,我国就将建立四级非物质文化遗产代表性项目名录体系作为一项重要工作。2012年,全国多个省份相继公布了新一批省(自治区)级非物质文化遗产代表性项目名录。其中,新疆、宁夏、湖南公布第三批省(自治区)级名录,广东、福建、广西、河北、海南、浙江公布第四批省(自治区)级名录,我国省(自治区)级非物质文化遗产代表性项目又新增653项。除此之外,一些市、县也陆续公布了新一批市级、县级非物质文化遗产代表性项目名录。我国的四级非物质文化遗产代表性项目名录体系队伍更趋庞大。

除了评选公布新的非物质文化遗产代表性项目名录,2012年1—4月间,各地为迎接文化部对国家级非物质文化遗产代表性项目的督查,对本地区的各级非物质文化遗产代表性项目保护规划实施情况、保护单位履职情况、专项资金使用情况、传承人传承情况等方面进行了全面的自查和检查。这无疑有助于及时总结非物质文化遗产代表性项目保护过程中的经验、发现和整改相关问题,从而进一步促进非物质文化遗产代表性项目的保护工作。

(2) 非物质文化遗产传承制度建设

非物质文化遗产是活态文化,依赖于一个个具体的人进行传承。传承人的保护是非物质文化遗产保护的核心所在。为此,我国在建立四级非物质文化遗产代表性项目名录体系的同时,也确立了非物质文化遗产项目代表性传承人认定制度。2012年,在国家评选、公布第四批国家级非物质文化遗产项目代表性传承人

---

① 穆谦:《联合国教科文组织保护非物质文化遗产全球能力建设战略评估会议在京召开》,《中国日报》2012年11月12日。

的同时，多个省份相继公布了新的一批省级非物质文化遗产项目代表性传承人。第七个文化遗产日前后，河北省公布第三批省级非物质文化遗产项目代表性传承人（共83人）；四川省公布第五批省级非物质文化遗产项目代表性传承人（共108人）；陕西省公布第三批省级非物质文化遗产项目代表性传承人（共71人）；上海市公布第三批市级非物质文化遗产项目代表性传承人（共113人）；9月，湖北省文化厅公布第三批省级非物质文化遗产项目代表性传承人（共153人）；12月，贵州省公布第三批省级非物质文化遗产名录项目代表性传承人（共105人），广东省公示了第三批省级非物质文化遗产项目代表性传承人名单（共26人），重庆市公示了第三批市级非物质文化遗产项目代表性传承人（共116人）。

在认定新的代表性传承人的同时，各地也不断加大对代表性传承人的保护和扶持，探索有效的传承人保护和管理制度。如，河北在建立全省非物质文化遗产代表性传承人档案资料库基础上，决定从2012年开始实行传承人有效期限认证制度，每两年一认证，过期不认证，证书和代表性传承人资格自动作废。① 山东、陕西、河南等省对省级非物质文化遗产项目代表性传承人进行培训。7月底8月初，山东省先后在济南、日照举办省级非物质文化遗产项目代表性传承人培训班，将全省262名省级传承人全部轮训一遍。同时还组织实施了扶持1000名非遗传承人、民间艺人收徒传艺活动。这种培训工作对于提高传承人对自身肩负的责任和义务的认识，提高传承积极性，促进非物质文化遗产的科学保护和传承都有一定作用。

优秀的代表性传承人对于非物质文化遗产的有效传承至关重要，但仅仅依靠代表性传承人也是远远不够的。为了鼓励和支持非物质文化遗产相关单位和代表性传承人开展传习活动，探索科学有效的保护传承方式，各地在保护好代表性传承人的同时，也加强了对传承基地和传承单位的扶持，加强对传承基础设施的建设。1月13日，广东省公布了首批51个省级非物质文化遗产传承基地；3月，西藏自治区文化厅公布了首批30个非物质文化遗产项目传习基地；6月，陕西省公布了27个非物质文化遗产项目传承单位，对需要由集体来完成的综合技艺类项目如秦腔等，通过明确保护传承单位的方式，促进相关项目的传承与弘扬。

（3）非物质文化遗产的抢救性保护工作

这方面主要体现在对非物质文化遗产资料的抢救性收集、整理、出版和保存等工作中。作为大部分面临传承困境的非物质文化遗产项目来说，及时进行抢救性整理和保存是进行有效保护的最基础性工作。

2012年，各地出版了多部非物质文化遗产图典，对评选出的非物质文化遗产

---

① 齐晓艳：《河北实行非遗传承人有效期限认证制度》，《中国文化报》2012年6月14日。

名录项目进行图文并茂的展示。3月,《吉林省非物质文化遗产名录图典》出版发行;广西第一部以图典形式编撰的非物质文化遗产名录典籍《南宁市非物质文化遗产名录图典(2006—2010)》出版。6月,新疆启动网上"新疆非物质文化遗产数字博物馆",举行《新疆非物质文化遗产图典》首发式。8月,《黑龙江省非物质文化遗产名录图典》和《黑龙江省非物质文化遗产系列丛书》由黑龙江省人民出版社出版发行。11月,《青海省非物质文化遗产名录图典》出版发行。

2012年,云南、重庆等四个省(市)还启动了《中国非物质文化遗产普查报告》(分省卷)编撰工作,拟对自2006年至2009年进行的非物质文化遗产普查成果进行整理出版。

除了由文化主管部门主导的图书编撰出版外,各个保护单位针对非物质文化遗产项目的抢救性保护工作也在不断进行,主要集中在对珍贵史料的收集、整理、出版和项目、传承人的影像记录等方面。这些基础性的工作对于非物质文化遗产的保存和保护无疑具有更为积极的意义。

(4) 非物质文化遗产的生产性保护工作

受文化部命名的第一批国家级非物质文化遗产生产性保护示范基地的影响,2012年,多个省(市)也开展了本地区的生产性保护示范基地建设工作,大力推动非物质文化遗产生产性保护工作。2月9日,陕西省命名了首批25家省级非物质文化遗产生产性保护示范基地和单位。6月9日,山西省为第一批16个省级非物质文化遗产生产性保护示范基地授牌;贵州省为第一批14个省级非物质文化遗产生产性保护示范基地授牌;山东省为第一批13个省级非物质文化遗产生产性保护示范基地授牌。中国北京同仁堂(集团)有限责任公司等5个单位被命名为北京市非物质文化遗产生产性保护示范基地。12月,四川省公布第一批7个省级非物质文化遗产生产性保护示范基地名单;湖北、江西省分别公示了第一批省级非物质文化遗产生产性保护示范基地评审结果名单。

除了设立示范基地以外,各地也积极推动非物质文化遗产项目生产标准规范化、交易市场化,寻找非物质文化遗产产品进入市场流通的新模式。7月22日,由上海市非物质文化遗产保护中心和朵云轩合作推出的首届上海市非物质文化遗产精品拍卖会开槌。拍卖会上共有16项国家级、市级非物质文化遗产代表性项目亮相,意在推动一批非物质文化遗产代表性精品走进文化市场。9月12日,由南方文化产权交易所举办的"第二届岭南文化艺术精品交易会暨岭南非物质文化遗产精品展及精品竞买会"在广州开幕,活动引入南方文交所竞买会机制,试探非物质文化遗产运作的市场新模式。2012年,贵州省还颁布了《黔东南苗族银饰》《黔东南苗族刺绣》地方标准文本,无疑将为贵州黔东南苗族的银饰和刺绣两项国家级非物质文化遗产项目进一步形成良性市场竞争提供保证。

(5) 非物质文化遗产的整体性保护工作

2012年,各地围绕文化生态保护区的建设工作,积极开展非物质文化遗产的整体性保护工作。国家已经命名的12个国家级文化生态保护实验区中,《徽州文化生态保护实验区总体规划》最早被批准,2012年已着手建设。其余11个保护区主要以调研和制定《总体规划》为重心。12月,新疆维吾尔自治区文化厅公布第一批自治区级文化生态保护实验区。

除了文化生态保护区之外,各地也在努力践行把非物质文化遗产保护与物质文化遗产保护、与相关环境一同保护的整体性保护思路。2012年新年伊始,福建省文化厅在福州市历史文化名街区三坊七巷举办"2012福建非遗进三坊七巷活动",将非物质文化遗产保护同丰富历史文化名街区内涵有效结合起来,以期实现互相促进的良好效果。3月,广西启动"构建中越边境非物质文化遗产保护惠民富民示范带"工作,以广西中越沿边公路为纽带,以国家级非物质文化遗产项目为核心,以自治区级非物质文化遗产项目为重点,以市、县级非物质文化遗产项目为基础,以村级公共文化服务中心建设为载体进行建设。示范带建设将要求做到"六个结合",即与边民求知、求乐、求富相结合,让边民充分享受到非物质文化遗产普查成果;与中央兴边富民行动相结合,推进非物质文化遗产"生产性"保护示范基地建设;与边境特色民族文化旅游相结合,推进非物质文化遗产传承工作;与基层组织建设和基层政权建设相结合,有效传承各民族文脉;与巩固边防军警民共建相结合,开展军警民共建非物质文化遗产保护工作;与村级公共文化服务中心建设相结合,进行文化生态保护区建设。①

(6) 非物质文化遗产的展览展演工作

展览展演是非物质文化遗产保护工作开展以来,从中央到地方都极为热衷的一种非物质文化遗产保护手段。2012年,各地在同文化部联合主办全国性的非物质文化遗产展览展演时,也自行举办了多种非物质文化遗产展览展演。1月,"昆明官渡第二届全国非物质文化遗产联展"在昆明市官渡古镇举办。3月,第三届北京非物质文化遗产博览会举办。来自全国的几十项非物质文化遗产项目在地坛公园集中亮相。4月,重庆市国家级"非遗"代表性传承人学徒技艺大赛及市"非遗"保护成果系列巴南区专题展举行。第七个文化遗产日前后,首届西藏非物质文化遗产保护成果大展、新疆非物质文化遗产生产性保护成果大展、"京味儿"北京非物质文化遗产展、四川首届"文殊坊杯"非遗手工技艺精品邀请展等活动举办。8月,云南省"非遗画忆——非物质文化遗产艺术作品展"在云南美术馆举办;第四届北京非物质文化遗产博览会暨北京市社区大舞台表演周在地坛公园举

---

① 黎国荣、谢中国:《广西构建中越边境非遗保护惠民富民示范带》,《中国文化报》2012年4月5日。

办。9月,华北五省市博物馆非物质文化遗产展示活动举办。10月,"闽台非物质文化遗产主题展"在厦门国际会展中心举办;吉林省首届非物质文化遗产生产性保护传承才艺展示博览会在吉林长春拉开帷幕。

除了上述这些展览展演外,各省大大小小的展览展演还有很多。展览展演模式大都采取文字、图片、实物展示加传承人现场展示技艺等形式,以求尽可能直观生动地呈现非物质文化遗产魅力,有效促进非物质文化遗产项目的生产和销售,展现非物质文化遗产保护成果,丰富群众文化生活。这已成了近些年广大民众近距离直接接触非物质文化遗产的一种主要渠道。应该说展览展演对非物质文化遗产保护和传承所发挥的作用有目共睹,但随着频次的增加,展览展演的同质化等问题也开始凸显。展览展演对民众的吸引力也有所下降。如何有效解决这些问题,进一步发挥展览展演的作用,是今后各地需要认真思考的问题。

(7) 非物质文化遗产的学术研讨工作

理论研究是非物质文化遗产保护工作的重要内容。2012年,各地通过建立研究基地、召开学术研讨会等方式进一步促进非物质文化遗产的理论研究。

1月10日,浙江省文化厅与浙江省海洋学院、温州大学分别共建浙江省非物质文化遗产研究基地。研究基地主要任务是为浙江省非物质文化遗产的保护、传承、利用、发展提供科学研究、人才培养、学术交流、咨询服务、资料信息等多方面服务。院校负责非遗研究基地的日常科研工作,配备必要的专(兼)职科研人员和管理人员,提供办公场所、设备和日常行政事业经费,确定科研项目并多出成果。浙江省文化厅负责对基地建设给予必要的指导、评估,委托重点项目或课题,提供必要的研究经费。① 6月,北京市文化局命名清华大学美术学院等3所高校院系为北京市非物质文化遗产研究基地。10月29日,浙江省文化厅还召开浙江省高校非物质文化遗产学科建设研讨会,就高等院校和现行教育体制如何在非遗保护传承和非物质文化遗产资源的合理开发利用上发挥关键的、重要的教育功能作用,加强高校非物质文化遗产学科建设,促进优秀传统文化传承体系的建立等问题做了深入研讨。②

6月,由江西省文化厅、江西师范大学共同主办,婺源县人民政府、江西师范大学历史文化与旅游学院承办的江西非物质文化遗产保护高层论坛在江西师范大学举行。由江苏省徐州市委、徐州市人民政府主办,徐州市委宣传部等单位联合承办的"中国非物质文化遗产·淮海论坛"在徐州工程学院举行。由中国民协、新

---

① 《浙江省文化厅关于与浙江省海洋学院、温州大学分别共建浙江省非物质文化遗产研究基地的通知》(浙文非遗〔2012〕6号),浙江省非物质文化遗产网 http://www.zjfeiyi.cn/news/detail/31-1417.html。

② 浙江省文化厅非遗处:《省文化厅召开全省高校非遗学科建设研讨会》,浙江省文化厅网站 http://www.zjwh.gov.cn/dtxx/zjwh/2012-11-08/135801.htm。

疆民协与阿克陶县人民政府共同主办"史诗之光　辉映中国"中国三大史诗传承与保护研讨会在新疆阿克陶县举行。10月，由全国《格萨尔》工作领导小组办公室、四川省文化厅、甘孜州委州政府主办的"2012格萨尔故里——全国格萨尔学术论坛"在四川康定举行。这些研讨会邀请了来自全国各地的非物质文化遗产专家就非物质文化遗产的保护与传承的方法与经验、面临的问题与困境等进行了多角度、多侧面的广泛交流，对于促进非物质文化遗产保护工作无疑具有积极作用。

（8）非物质文化遗产的人才队伍建设

2012年，在人才队伍建设上，各地一方面尽量增加非物质文化遗产保护机构人员编制，不断补充新生力量，以解决当前非物质文化遗产保护与管理工作人员不足的问题；一方面积极开展相关业务培训，提高现有工作人员业务能力。各地开展的省级培训活动有：4月12日，广东全省非物质文化遗产保护工作培训班在东莞市举行。5月29日至31日，贵州省文化厅举办《贵州省非物质文化遗产保护条例》暨保护工作培训班。8月23日，河南省非物质文化遗产管理干部培训班在郑州举办，培训对象为省辖市文广新（文化）局主管局长、科长、市非物质文化遗产保护中心主任，各省直管试点县（市）文广新（文化）局局长，河南省省级文化生态保护试验区所在地人民政府主管领导等。

除了上述这些工作以外，各地开展的非物质文化遗产保护工作还有很多，比如建设博物馆、陈列馆、传习所、档案馆等非物质文化遗产基础设施；举办各种非物质文化遗产传承传习活动；举办各种非物质文化遗产进校园、进社区等传播普及活动；举办各种非物质文化遗产讲座活动；联合媒体进行非物质文化遗产报道宣传活动；开展非物质文化遗产为主题的各种创意活动；推动非物质文化遗产对外交流活动等等。

从整体上看，2012年度，我国的非物质文化遗产保护工作在法律制度建设、保护机制建设、保护方式探索等方面都有诸多进展，内容涉及非物质文化遗产的保存、保护、传承、传播等多个方面，抢救性保护、生产性保护和整体性保护等方式多措并举，政府主导之外更加强调社会参与，非物质文化遗产保护思路更加明晰和成熟，非物质文化遗产生存环境日趋改善，具有中国特色非物质文化遗产保护体系已初步形成。

（三）2012年度非物质文化遗产保护的典型案例

案例1：文化部关于加强非物质文化遗产生产性保护的指导意见

非物质文化遗产生产性保护是指在具有生产性质的实践过程中，以保持非物质文化遗产的真实性、整体性和传承性为核心，以有效传承非物质文化遗产技艺为前提，借助生产、流通、销售等手段，将非物质文化遗产及其资源转化为文化产品的保护方式。目前，这一保护方式主要是在传统技艺、传统美术和传统医药药物炮制类非物质文化遗产领域实施。"生产性保护"理念在2006年王文章主编的《非物质文化遗产概论》中被首次提出。

2012年2月，为了进一步加强对非物质文化遗产生产性保护的规范和指导，文化部制定印发了《关于加强非物质文化遗产生产性保护的指导意见》（以下简称《意见》）。《意见》共分四个部分：

一、充分认识开展非物质文化遗产生产性保护的重要意义。

二、正确把握非物质文化遗产生产性保护的方针和原则。

三、科学推进非物质文化遗产生产性保护工作深入开展。包括坚持正确导向、合理规划布局、健全传承机制、落实扶持措施、加强引导规范、建设基础设施、发挥协会作用、营造良好氛围八个方面。

四、建立完善非物质文化遗产生产性保护的工作机制。包括坚持政府引导、鼓励社会参与、发挥专家作用、加强指导检查四个方面。

《意见》在明确生产性保护的定义、意义、方针、原则基础上，指出了生产性保护工作的主要措施和工作机制。值得注意的是其中多次强调生产性保护中要坚持保护传统工艺流程的整体性和核心技艺的真实性，不能为追逐经济利益而忽视非物质文化遗产的保护和传承。这种强调为当前非物质文化遗产生产性保护规定了基本的准则，对于有效规范非物质文化遗产生产性保护无疑具有积极作用。不过，《意见》之外，文化部门没有制定相关的奖惩措施，无法对实际中借生产性保护之名行破坏遗产之实等行为形成约束。这无疑是让我们极为忧虑的。

案例2：中国非物质文化遗产生产性保护成果大展

2012年2月5—15日，由文化部等13个非物质文化遗产保护工作部际联席会议成员单位以及全国政协文史和学习委员会、北京市人民政府共同举办的"中国非物质文化遗产生产性保护成果大展"在北京全国农业展览馆新馆举行，展示了近年来非物质文化遗产生产性保护实践取得的丰硕成果。

这次大展以41个第一批国家级非物质文化遗产生产性保护示范基地为主，从全国精心选取了188项在非物质文化遗产生产性保护方面取得显著成效的传统技艺、传统美术、传统医药类项目参加展览，邀请了近170名国家级非物质文化遗产项目代表性传承人和中国工艺美术大师现场展示精湛技艺，展出的珍贵实物近2000件，分为绘饰生活、文明天下、抟泥成器、点石化金、锻造辉煌、品味醇美、经纬天地、锦绣人间、悬壶济世和春色满园10个展示部分。这是迄今为止文化部等部门组织的规模最大、展示门类最为齐全、技艺最为精湛、作品最为丰富的一次非物质文化遗产大型展览展示活动。①

案例3：联合国教科文组织亚太地区非物质文化遗产国际培训中心

联合国教科文组织亚太地区非物质文化遗产国际培训中心是联合国教科文组织提供支持的、以中国政府作为东道国的国际机构，是联合国教科文组织在亚太地区的三大国际非物质文化遗产中心之一，是我国在非物质文化遗产领域积极开展地区和国际性合作的重要平台。

2007年，我国文化部致函联合国教科文组织，表达了在中国建立由联合国教科文组织支持的亚太地区非物质文化遗产中心的愿望。此后，日本和韩国也先后提出在本国建立亚太中心的意愿。2008年中、日、韩三方达成共识并签署谅解备忘录，中国亚太中心以培训为主，韩国亚太中心以信息和网络建设为主，日本亚太中心以研究为主。2009年10月，联合国教科文组织第35届大会审议通过在中国建立亚太地区非物质文化遗产国际培训中心的申请报告。2010年5月18日，中国政府与联合国教科文组织签署了《中华人民共和国政府与联合国教科文组织关于在中华人民共和国北京建立由联合国教科文组织支持的亚太地区非物质文化遗产国际培训中心协议》。2012年2月22日，联合国教科文组织亚太地区非物质文化遗产国际培训中心在北京正式成立。

中心由管理委员会、执行委员会、咨询委员会、秘书处等机构组成，致力于宣传和推广《保护非物质文化遗产公约》，组织地区性和国际性非物质文化遗产保护培训活动，提高教科文组织亚太地区会员国在非物质文化遗产保护方面的能力，推动亚太地区乃至全球的非物质文化遗产保护事业。

联合国教科文组织亚太地区非物质文化遗产国际培训中心在我国成立并运行，是国际社会联合起来共同应对全球性文化危机的集中体现，传达了我国为人类非物质文化遗产保护事业和亚太地区可持续发展做出贡献的良好意愿。

案例4：胡集书会："政府买单"后的传承与发展

胡集书会，又称"胡集灯节书会"，是兴起并扎根于山东省惠民县胡集镇的一种曲艺集市盛会，是中国两大传统书会之一。传统的胡集书会由"前节""正节""偏节"组成。正月十二胡集大集以前，距离较远的艺人们为了不误会期，提前几天来到胡集，在周围的村中演唱，行称"前节"。自正月十二到十六

---

① 屈菡、王连文：《非遗生产性保护成果大展在京开幕》，《中国文化报》2012年2月8日。

为"正节",这五天是书会的高峰盛期,书价最高。正月十七至二十一是书会的"偏节",书价略低。正月十二胡集大集上,艺人摆摊亮艺,各村并派出内行人到书会上挑选中意的节目,选定艺人及节目后,拿走艺人的乐器以表示成交。从正月十二晚起到十六,艺人就到约定的村里演唱,一唱数天,由村里人付给报酬。

胡集书会在清末民初时期兴盛,抗日战争时衰落,建国前后再度兴盛,"文革"时基本停顿,1980 年代时期再度繁荣。1990 年代又陷入萧条。胡集书会最兴盛时期前来说书的艺人至少有三百余档,最少时仅有几档。2006 年,胡集书会被评为首批国家级非物质文化遗产。这是当时滨州市唯一一项国家级非物质文化遗产项目。由此当地政府高度重视,开始加大对胡集书会的保护力度。此后,胡集镇政府改变书会原来由各村自主买书听书的方式,采取"政府买单,送书下乡"方式,统一支付说书艺人的报酬。从 2007 年至 2013 年,胡集书会一直保持几十到上百档的艺人参会,重现兴盛之态。

当地政府在保护胡集书会的过程中,政策和方式有一个不断调整的过程。2007、2008 年,当地政府举办开幕式,邀请曲艺明星前来演出,重新吸引了四面八方的观众来到会场看表演,听说唱。但邀请名人在有效提高书会知名度的同时,并没有调动起原有的民间说书艺人的积极性,甚至一定程度上导致了观众对他们的抛弃。因此,2009 年以后,胡集镇政府开始以还原书会本色为主线,取消开幕式演出,不再邀请曲艺名家,而是广邀民间艺人,让他们来胡集赶会亮艺,说书卖唱。传统的胡集书会中满街鼓弦齐鸣、万众赶会听书的形态又再次呈现。

从胡集书会再度兴盛的过程中,我们可以看出政府在非物质文化遗产保护中所发挥的重要作用,也看出政府在不断探索如何更加科学地保护好非物质文化遗产。不过,政府的这种主动介入对于非物质文化遗产的传承本身也产生了一些变化。胡集镇政府不仅在资金上给予有力支持,还几乎一手包办整个书会,成为实际的"主办方"和"承办方",政府逐渐替代村民发挥了主导作用。然而广大民众始终是非物质文化遗产代际传承的主导者和参与者。离开广大民众,政府根本无法实现非物质文化遗产的传承工作。认清这一点,在运用行政权力介入非物质文化遗产时,政府对于所做的工作和所起的作用才能有更为清晰的目标和指向。

(四)2012 年度我国非物质文化遗产保护工作的问题与建议

2012 年,我国非物质文化遗产保护在法律制度建设、保护机制建立、保护方式探索等方面都取得了诸多进展,非物质文化遗产保护工作继续开展得如火如荼。但繁荣的背后仍然存在一些问题,如现有的非物质文化遗产法律法规仍不够完善,从中央到地方出台的多项政策法规中仍以行政法规为主,相关的执行细则并不清晰;非物质文化遗产"重申报、轻保护"现象仍不同程度存在;非物质文化遗产保护工作不够细致深入,重数量不重质量、重政绩不重长效的现象突出;专项保护资金不足,使用不规范,使用效率缺乏有效考核;相对更强调非物质文化遗产的表演性和经济效益,重视遗产项目生产链条最末端的保护,忽视对遗产生产链条上端的基础性保护工作;重视对单个传承人的保护,相对忽视对传承集体和学艺者的保护,等等。可以说,我国的非物质文化遗产保护工作成绩与问题并存,需要进一步完善和规范的地方还有很多。

因此,我们认为,今后非物质文化遗产保护工作仍需在不断深化,对非物质文化遗产保护和文化发展的认识的基础上,重点加强以下几个方面:

1. 进一步加强非物质文化遗产保护的政策法规建设

作为一种政府主导的日常工作事务,非物质文化遗产保护自然需要有法可依才能顺利推进,完善的法律法规是非物质文化遗产依法保护的根本前提。我国已经出台了《中华人民共和国非物质文化遗产法》,各地相继出台了一些"非物质文化遗产条例",各级文化行政管理部门制定了一部分非物质文化遗产保护的办法和意见。但现有这些政策法规仍远远不能满足非物质文化遗产保护的实际需要,况且部分政策法规仍存在不够详细、互相龃龉及诸多可推敲之处。因此,今后亟需制定出台更完善的配套法规,比如相关的调查制度法规、评审制度法规、督导制度法规、奖惩制度法规等;相关非物质文化遗产保护的税收、融资、土地使用等优惠政策;相关非物质文化遗产传承奖励扶助办法等,从而使非物质文化遗产保护工作更有针对性和时效性。

2. 应由重视保护体系的构建,转向扎实细致科学的非物质文化遗产保存、保护、传承、传播等实际工作阶段,注重保护效果和质量

在我国的非物质文化遗产保护体系初步建立之后,非物质文化遗产保护工作的重心应该有所转换,即由保护体系的构建转入深化完善的深度保护阶段。前几年,非物质文化遗产保护工作的一个重心是申报和评选四级非物质文化遗产代表性项目名录和代表性传承人。如今,应该进一步考虑如何更科学地保护好这些四级名录项目和代表性传承人。如何更好地进行分类保护?如何将专项保护资金规范和高效地使用?如何真正促进非物质文化遗产的有效传承?文化部门命名设立的生产性保护示范基地、研究示范基地、教育传承基地和文化生态保护区实验区等,如何从命名进入到更科学的建设阶段?如何对其进行扶持和监管?等等。如果我们能将这些工作做扎实了,不仅目前不同程度存在的"重申报、轻保护""重开发、轻保护"等现象将得到有效解决,而且也将有效抑制目前工作中出现的敷衍了事、好大喜功等不良倾向。

3. 进一步完善保护联动机制，有效利用共建共享推动非物质文化遗产保护工作

非物质文化遗产保护牵涉广泛，基于此，我国在大力开展非物质文化遗产保护工作的初期，就建立了由文化部门牵头，联合建设、文物、财政、国土资源、宗教等部门共同建立的中国非物质文化遗产保护工作部际联席会议制度，统一协调非物质文化遗产保护工作。这一联席会议制度对于非物质文化遗产保护工作的确发挥了一定作用，但并没有达到理想效果。各个部门各司其职、各管一支的现象仍然普遍存在。在当前部门管辖范围基本固定的前提下，充分利用好共建共享可能是有效推动非物质文化遗产保护工作的一个思路和办法。比如，推动非物质文化遗产保护同公共文化服务体系的共建共享；推动传统体育类非物质文化遗产保护同公共体育服务的共建共享；推动非物质文化遗产保护同艺术生产、民俗旅游等的共建共享，等等。运用共建共享思路不仅能有效避免资源浪费，还有可能为非物质文化遗产保护提供新的途径、资金和人才支撑。当前非物质文化遗产保护领域中的共建共享在实践工作中已有部分探索，但并没有形成完善和成熟的机制和经验，仍需各方尤其是政府对此予以重视和关注。

4. 强化民俗节会等文化空间保护，进一步推动非物质文化遗产的整体性保护

民俗是广大民众亲身创造、践行的文化实践，是与广大民众最息息相关的文化。它具有群体性、综合性、普及性等特性，尤其一些节会活动，往往由民众自发组织，参与人数众多，活动内容丰富，在特定地点举办，具有巨大的文化影响力。"在特定的节日时间和节日空间中，过节的群体集中地创造、展示、传承和发展着其区域性文化，既包括人们精神文化层面所遵循和践行的世界观、人生观、价值观，也包括人们行为文化层面的礼仪、表演、技艺、艺术，还包括在物质文化层面所表现出的有形文化。"[①]除了春节、元宵节、清明节、端午节、中元节、中秋节等中华民族传统的重大节日外，各地还有二月二龙抬头、六月六晒衣节、四月八浴佛节等岁时节令，有开海节、庙会、歌会、祭祀大典等节会活动。强化对这些民俗节会活动的保护，不仅能借此为传统戏曲、曲艺、传统舞蹈、传统美术等多种非物质文化遗产项目创造良好的展示机会和生存空间，有效促进它们在不同年龄人群中的广泛传播，还能探索对人与文化、文化形式之间、文化与环境等文化生态的保护，以此实现非物质文化遗产的整体性保护目标。

非物质文化遗产的性质和特点决定了相关保护工作必须由单个的项目性保护发展到整体性保护，将非物质文化遗产同人、环境一同进行保护。整体性保护

---

① 王学文、李生柱：《重新发现传统节日：2011年度中国传统节日发展报告》，《2012中国民俗文化发展报告》，北京大学出版社2013年版。

是我国非物质文化遗产实现有效保护的科学方式和思路。不过由于整体性保护中牵涉内容众多,实际保护工作中遭遇了诸多困难。而如果能充分利用民俗节会等文化空间保护的有益经验和方法,也许将为有效推进非物质文化遗产整体性保护提供一个方便法门。

二、2012年中国民俗文化发展概况

(一)政府部门、社会团体参与或组织的民俗文化发展

1. 2012年度中国公益文化建设中的民俗文化

2012年中国公益文化建设中的民俗文化主要可分为四个方面,它们分别是民俗艺术文化节、社区文化建设中的民俗文化、"文化遗产日"与"非遗"保护工作、古村落的保护与民俗博物馆建设。

(1)民俗艺术文化节

本报告所述民俗文化活动与传统节日皆为依托关系,即在传统节日的基础上衍生的民俗文化活动,而并非传统节日本身。

① 传统节日中的民俗文化活动

通过对2012年传统节日中的民俗文化活动资料的搜集与统计,以下主要选择春节与元宵节、端午节以及少数民族的节日等几个方面进行梳理。

春节与元宵节

2012年春节期间,山东省继续推行已经有两年举办历史的"好客山东贺年会"活动。本次活动的主题是"我们的节日",各地区积极响应,在春节期间开展了丰富多样、年味十足的民俗文化活动。

2012年1月1日,在梁山景区一关广场、梁山县抗日纪念馆举办"好客山东贺年会"梁山启动仪式暨梁山古会民风民俗大展演活动。同时,在孟庙孟府景区邹城市举办2012"好客山东贺年会"启动仪式。期间,围绕中国传统"福"文化,在孟庙孟府景区举办了一场别开生面的新春抢福活动。[①]

2012年1月7日,2012全国年货精品展销会暨第六届中国(临沂)新春年货购物节在临沂商城国际会展中心开幕。本届购物节在融入"好客山东亲情沂蒙贺年会"理念的同时,充分发挥临沂的商贸物流优势,并借鉴了旅游营销推介的方式方法,是商贸与旅游有机结合的一次探索和尝试。购物节主要汇聚了国内各地区众多特色年货。热闹喜庆的各种演出,让前来旅游观光的顾客在浓浓的年味里畅

---

① 张令伟、杨芳芳:《济宁贺年会 百姓真实惠》,《齐鲁晚报》2012年2月9日。

享快乐、抢购年货。活动将一直持续至 1 月 15 日结束。①

2012 年 1 月 23 日（大年初一），第六届千佛山迎春庙会隆重登场。本届庙会共分为八大板块 60 余项内容。景区首次与济南市民俗旅游文化产业协会联手，在迎春庙会期间推出民俗专场展演，内容包括民俗老游戏、民俗风情综艺节目演出、民俗非遗手工艺及民俗旅游商品展、民俗地方特色小吃展等。本届迎春庙会时间为 1 月 23—28 日（农历正月初一至初六），为期六天。②

2012 年 1 月 23—28 日，山东省济南市大明湖景区举办"济南市第十七届明湖春节文化庙会"。本届庙会活动内容丰富多彩，主要以五大板块为主，即民俗艺术展演及手工艺现场制作、风味美食小吃城、游戏娱乐、文艺演出、文化书市。③

2012 年 1 月 24 日（正月初二），"2012 大唐西市春节文化庙会暨榆林民俗文化展演"在隋唐丝绸之路的起点——西安大唐西市隆重开幕。本届庙会不仅涵盖了民俗绝活、风味小吃、书画展、摄影展、古玩字画展、赌石文化节、铜雕展览、免费尝元宵等丰富多彩的文化活动，还特邀榆林作为主宾城市，将独具陕北风情特色的文化艺术带到西安，连续 6 天为古城人民上演"民俗文化秀"。④

2012 年 1 月 28 日—2 月 6 日（正月初六至正月十五），"绵绵草原情 悠悠大盛魁"呼和浩特市 2012 年春节、元宵节文化庙会在玉泉区举办，以"感受民俗文化、共度新春佳节"为主题，在玉泉区大召广场、席力图召广场、塞上老街、大召前街、九久街、财神庙、宝尔罕佛塔广场、塞北影乐宫组织开展一系列创意新颖、内容丰富的民俗文化、文体娱乐、科普宣传及商业活动。⑤

2012 年 2 月 6 日，广西壮族自治区百色市举办 2012 年元宵节大型民俗文化游艺展演活动，来自全市 12 个县（区）的 30 支展演方队 2800 多位民间艺术演员欢歌喜舞，喜庆元宵佳节，展示老区人民良好的精神风貌，共祝百色经济社会各项事业蒸蒸日上。⑥

端午节

2012 年 6 月 21 日，2012 屈原故里端午文化节正式开幕。当晚，文化节开幕式暨纪念晚会在湖北省秭归县凤凰山下的屈原祠广场举行，一场大型文化实景秀在

---

① 张译文、王伟、王晓橙：《中国临沂年货精品展销会开幕 丰富节日市场》，新华网山东频道，2012 年 1 月 9 日。
② 薛良诚：《千佛山迎春庙会正月初一登场》，《生活日报》2012 年 1 月 16 日。
③ 盖幸福：《明湖春节文化庙会精彩亮相》，《济南日报》2012 年 1 月 24 日。
④ 王丹、宋炜：《2012 大唐西市春节文化庙会暨榆林民俗文化展演在西安开幕》，《榆林日报》2012 年 1 月 24 日。
⑤ 辛一：《2012 年春节元宵节文化庙会精彩纷呈》，《内蒙古日报》2012 年 1 月 16 日。
⑥ 韦克家、周信实、卢飞、岑平和：《龙腾狮舞耀盛世 欢歌笑语庆元宵》，《右江日报》2012 年 2 月 7 日。

三峡大坝前上演。活动主题是"屈子心·爱国情",由开幕式晚会、爱国歌曲大家唱、屈原精神与宜昌文化发展论坛、端午诗会等活动组成。①

2012年6月21日,2012中国·嘉兴端午民俗文化节开幕式暨端午民俗原生态乐舞展演在"大歌舞《兴》"的乐曲中隆重开幕。开幕式演出以"家"为主线,通过不同的歌舞连接了"家和万事兴""欢情端午""史话端午""天下端午"的篇题要义。整台晚会集观赏性、艺术性和民俗性为一体,嘉兴的国际友好城市韩国江陵市也专程献上了精彩的端午民俗乐舞表演。

2012年6月23日,由延吉市政府、州旅游局主办的2012年中国延边朝鲜族端午民俗旅游节在延边国贸农业科技文化园开幕。丰富多彩的民俗活动、紧张刺激的竞技运动、节奏明快奔放的歌舞及特色美味佳肴,为市民和游客打造了一场朝鲜族民俗节庆的盛宴。

其他民俗文化节日

2012年1月21日—2月6日(农历十二月二十八至正月十五),为期17天的广州白云区2012年民俗文化及立体花坛展示会在金沙洲滨江公园隆重开幕。本次展会以"春临南粤,花开白云"为主题,充分体现了白云乡土民俗文化与生态园林相结合的特色,在农历年初一到初七还将安排白云区各地具有代表性的民俗文化表演共7场,分别有曲艺表演和醒狮表演等节目。②

2012年1月23—28日(正月初一至初五),由济南市文化广电新闻出版局主办的"2012中国·济南第二届民俗文化艺术节"在泉城广场拉开帷幕,省内300多位著名民间艺术家齐聚泉城广场。本届艺术节共划分为四个展示区:A区民间手工艺展示区,B区特色旅游商品展示区,C区旅游商品展示区,D区特色小吃展示区。

2012年2月4日,2012年福州海峡两岸民俗文化节中心台展演活动在闽江公园北园盛大开幕,通过这场异彩纷呈的两岸民俗大聚会,更加增添了榕城龙年元宵节的喜庆气氛。据福州市委宣传部介绍,本次活动分为海峡两岸民俗(非遗)手工技艺展示及展板宣传、海峡两岸民俗文艺队伍巡游活动、海峡两岸民俗精品节目汇演等三大板块,涵盖了数十个小项的活动。文化节三大板块的活动,汇聚了福州市各地的非遗项目、民间特色民俗活动、民间绝活绝技、美食小吃。③

2012年2月4日(农历正月十三),第四届中国鹤壁民俗文化节拉开帷幕。开幕式表演《鹤风春韵》在新落成的市艺术中心歌剧院举行,演出分"鹤之雅""鹤之

---

① 李仁玺、李娅、赵妹、冯汉斌、柯黎:《2012屈原故里端午文化节开幕》,《三峡晚报》2012年6月22日。
② 文远竹:《白云民俗展示会》,《广州日报》2012年1月22日。
③ 林芹:《海峡两岸民俗文化节4日开幕》,《海峡导报》2012年2月4日。

风""鹤之颂"三部分,演出荟萃了音乐、美术、戏曲、武术、民俗等内容。①

2012年2月5日,由广东省文明办、省文联、省民协、东莞市委宣传部主办,东莞市洪梅镇委、镇政府承办的"广东省首届花灯文化节暨2012第三届洪梅花灯节"在东莞市洪梅镇文化体育广场举行。这是广东省首次组织全省范围的民间传统花灯展示的一次盛会。本次花灯节共收到分别来自广州、番禺沙湾、洪梅、南海等16个代表队的2万多盏形态各异,造型独特的花灯作品。②

2012年2月24日,深圳少年儿童图书馆联合中国唱片深圳公司、深圳市非常童年文化传播有限公司共同举办的"深圳童谣节"正式启动。童谣节由五个部分构成:一、唱童谣;二、讲童谣;三、学童谣;四、看展览;五、游戏童谣。③

2012年3月1日,首届岭南民俗文化节、第八届广州民俗文化节暨黄埔"波罗诞"千年庙会在广州市黄埔区南海神庙盛大开幕。广州台办于2月29日—3月3日举办了"相约在千年庙会"两岸媒体广州岭南民俗文化采风活动,邀请7家台湾媒体11名记者以及广州日报社、广州电视台、广州电台、中新社、羊城晚报社等广州地区部分媒体记者对民俗文化节进行采访。④

2012年3月1—7日,首届西安楼观·中国老子文化节暨西安楼观道文化区落成仪式将在西安市周至县楼观古镇盛大举行。西安楼观·中国老子文化节是以每年农历二月十五老子诞辰为契机,以老子著书立说之道教胜地古楼观说经台为会址,以老子哲学思想中符合时代意义的普世价值为文化内核,以公祭仪式、文化论坛、经贸合作、民俗活动为组织形式,集海内外各界名流、社会公众广泛参与的大型文化活动。⑤

2012年3月24日,芦山县第六届"油菜花开·七里夺标"民俗节开幕,并在为期1月之后,在龙门乡古城村的红色之旅、双石镇围塔村的漏斗人家游、宝盛乡品茶活动中落下帷幕。自2006年,芦山恢复"油菜花开·七里夺标"传统民俗活动后,发展为一年一度的芦山民俗节,吸引了众多的游客、摄影家及省内外媒体记者聚焦芦山。

3月24日是农历三月三,沿袭饮宴踏青的传统,国内数十位墨客骚人齐聚江苏东海县,迎来了一年一度的"三月三诗会"。当天,李笠、杨键、肖水三位诗人获得"三月三诗会奖"。"三月三诗会"由几位江南诗人首创于2005年,迄今共有

---

① 李霄楠:《民俗盛宴丰盛 传统文化醉人》,《鹤壁日报》2012年2月6日。
② 范琛、卢真伟:《广东省首届花灯艺术节开幕》,《羊城晚报》2012年2月5日。
③ 钟润生:《深圳首届童谣节昨开幕》,《深圳特区报》2012年3月25日。
④ 胡良光:《首届岭南民俗文化节开幕》,《南方日报》2012年3月2日。
⑤ 张晨俊、陈钢:《"中国老子文化节"在周至举行》,《中国民族报》2012年3月6日。

200余位诗人参与。"三月三诗会"近年亦与华裔汉诗作者、国外诗人多有交流。①

2012年4月2日，2012泰山东岳庙会暨海峡两岸民俗文化交流周启动仪式隆重举行。4日，由中国民俗学会、泰安市人民政府、泰山景区管委会联合主办的2012泰山东岳庙会国际论坛在东尊华美达大酒店隆重开幕。来自中国民俗学会及马来西亚、中国香港、中国台湾等国家、地区的四十多位专家学者齐聚一堂，围绕"泰山文化与文化建设"这一主题进行深入研讨。②

2012年4月6日，2012上海桃花节开幕暨赏花仪式在浦东大团桃园举行。当天，除大团桃园外，新场古镇桃苑、滨海世外桃源、南汇桃花村和合庆有机桃园等主要赏花景点也于当天同步举行了开幕暨赏花仪式。

2012年4月8日，2012首届上海民俗文化节在上海浦东三林老街开幕。作为本次民俗文化节的主活动，"三月半"圣堂庙会也同时拉开帷幕。开幕式以老街、古桥和流水为舞台，进行了民俗风情表演和花船巡游。民俗文化节期间，主办方将推出民间工艺展示、民俗文化演出、民俗互动体验等活动。

2012年4月12—16日，作为第30届中国洛阳牡丹文化节的重要文化活动项目之一，由洛阳市文物管理局承办的第22届河洛文化民俗庙会在洛阳民俗博物馆开幕，民间艺人带来的绝活表演，赢得了满堂喝彩。

2012年9月1日，东辽县首届民俗文化艺术节暨全民运动会在东辽县体育场隆重举行。东辽县首届民俗文化艺术节暨全民运动会以建设富裕、幸福、和谐东辽为目标，以丰富群众文化生活、展示文化发展成果为重点，以发挥东辽地域文化特色优势、繁荣文体事业、打造文化品牌、发展文化产业、扩大域内外知名度为宗旨，通过提士气、鼓干劲，全面营造东辽良好的发展氛围。

2012年10月13日，为期3天的第二届关中民俗文化艺术研讨会在西安隆重举行。本次研讨会以"推动民俗文化传承、促进民俗文化发展、加大民俗文化研究、提升民俗文化影响"为宗旨，并就如何保护、传承这些民俗文化遗产进行研究和探讨。③

2012年10月17日，第五届中国南京美食文化节开幕式在南京古南都饭店举行。商务部、中国饭店协会、江苏省商务厅、南京市及各区县政府和部门、南京市重点餐饮企业负责人和专家学者等百余人，出席了当天的开幕式。④

2012年10月19日，2012"两岸城市艺术节——广东城市文化周"在台北市中

---

① 孟迷：《仲春"三月三" 诗人聚江南》，《深圳特区报》2012年3月25日。
② 周倩倩：《泰山东岳庙会4月2日开锣 台湾文化和泰山文化"比翼齐飞"》，《齐鲁晚报》2012年3月28日。
③ 孙欢：《第二节关中民俗文化艺术研讨会举行》，《西安晚报》2012年10月15日。
④ 柳杨、周西宁：《经典民国菜揭幕南京美食文化节》，《扬子晚报》2012年10月17日。

山堂启动。来自广东的250多名文化工作者组成的艺术展演团以粤剧、交响音乐演出、美术书法展、图片展、非物质文化遗产展演等多种艺术形式在台北开展文化交流活动,堪称广东在台北举行的规模最大、档次最高的一次文化展示。①

2012年11月3日,三江丹洲景区第十届风情柚子节盛大开幕,吸引了来自区内外的近万名游客。四面环水的丹洲景区以种植柚子出名,每年11月的第一个周末都会举办柚子节,今年已经是第十届。

2012年11月5日,第六届中国(安庆)黄梅戏艺术节在市黄梅戏艺术中心隆重开幕。本届黄梅戏艺术节由文化部、安徽省人民政府主办,文化部文化司、中国戏剧家协会、安徽省文化厅、安徽省文联和安庆市人民政府承办。艺术节以"传承、创新、繁荣、和谐"为主旨。整个艺术节期间,共有开幕式及主题晚会、黄梅戏新剧目展演、广场文艺天天演、折子戏、票友演唱会、戏曲音乐会、黄梅戏广场电影等共计12大类70余项活动。

2012年11月6日,2012中国·杭州(河上)民俗文化节盛大开幕。河上的龙灯胜会、余杭滚灯等省内非物质文化遗产一一亮相。文化节期间,人文河上学术研讨会、开幕式、第二届排舞大赛、生态美食周、民俗风情摄影大赛、民俗文化电影周、文化艺术展演、风情文化周等八大系列活动,在河上镇精彩上演。②

2012年12月8日,中国·保定首届民俗体育艺术节在河北大学体育馆开幕。此次体育艺术节旨在学习贯彻落实党的十八大精神,弘扬"崇信、重义、尚和、争先"的保定精神,大力宣传推广保定民俗传统体育运动,加快建设"京畿强市、善美保定"步伐。开幕式上,五百余参演人员带来了具有保定地域特色的民俗体育项目展演。

(2)社区文化建设中的民俗文化

2012年4月,京韵津味民俗文化节暨锦绣香江骑马踏青游园会在景色秀丽、春意盎然的北京京津锦绣香江水城盛大举行。为期一个月的香江骑马踏青游园会就此拉开序幕。秉承"居住与世界同步"理念的锦绣香江,在为客户着力打造第一休闲居所的同时,将潮白河湾的原生态景致呈现给京津两地人群。③

2012年5月11日,以"治国齐家,女德为要"为主题的中国国学文化公益论坛暨河南省第三届传统文化论坛在郑州市二七区隆重举行。

2012年10月,上海昆剧团在三山会馆为广大昆曲戏迷与兰韵雅集俱乐部会员推出了"金秋昆剧演出季"——《传统·中国》民俗节庆系列演出之中秋专场。

---

① 邓勃:《广东艺术台北展演》,《羊城晚报》2012年10月20日。
② 洪玲娣:《河上民俗文化节隆重开幕》,萧山镇街网 http://town.xsnet.cn/heshang/zhxw/1713456.shtml。
③ 潘秀玲:《锦绣香江京津民俗文化节开幕》,《京华时报》2012年4月13日。

(3)"文化遗产日"与"非遗"保护工作

2012年4月23日,由山东省省委宣传部、省文化厅、省文联主办,省戏剧家协会、省艺术研究所、山东演艺集团承办的首届山东地方戏新创作小戏展演在济南山东剧院举行。展演分为专业组、业余组,共举办了4场比赛。①

2012年5月11日,青海省民俗学会宣告成立。该学会的成立旨在立足青海地区丰富的民族民俗文化资源,形成学术合力,推进具有青海特色的地方民俗学学科建设,促进青海民俗学的发展及相关知识的普及推广。中国民俗学会副会长、青海省社会科学院院长赵宗福教授当选青海省民俗学会首任会长。②

2012年6月9—30日,第二届"中华龙民俗文化节"暨"2012年中国文化遗产日"广东会场活动在广东东莞石龙镇举办。来自粤港澳三地的文化遗产保护工作者及非物质文化遗产传承人齐聚东莞石龙镇,集中展现白沙茅龙笔、石龙新昌鼓、"李全和"麦芽糖、石湾米酒等多项非遗技艺,宣传文化遗产传承保护理念。③

2012年9月8日上午,以"文化强村,旅游惠民"为主题的第十二届全国"村长"论坛在湖北省十堰市武当山武当国际武术交流中心隆重开幕。9月9日,在武当山特区八仙观村召开2012中国绿色村庄年会。将举行"村村和合、和合天下"纪念碑揭幕仪式,纪念碑上面雕刻有108个全国特色村、55个少数民族村村名。同时还将举行"文旅农"发展模式研究成果发布仪式,并为55个少数民族村官代表赠送《文旅农》一书。

(4)民俗文化博物馆、展览馆等的建设

2012年1月6日至10日,由内蒙古自治区阿拉善盟委、行署主办,盟委宣传部承办,盟文化广播电影电视局、盟文联、阿拉善广播电视台、阿拉善日报社协办的"苍天般的阿拉善——呼和浩特阿拉善文化艺术周"在呼和浩特举行。本次文化艺术周活动共分两大类,一是阿拉善艺术作品展,二是文艺演出。艺术作品展于1月6日至10日在内蒙古美术馆举办;文艺演出于1月6日至10日分别在内蒙古人民会堂、内蒙古饭店音乐厅等地精彩上演。

2012年10月,山东省荣成市宁津街道东楮岛村占地1000多平方米的海文化展览馆开馆,集中展示渔家风俗、海草民居、民间技艺等厚重悠久的民俗文化。东楮岛村是荣成海草房保留最完整的村庄,曾被评为"中国历史文化名村"。④

2012年10月16日,"庆国庆首届畲族刺绣展"在浙江省丽水市景宁县畲族博物馆开展。畲族民间刺绣具有鲜明的民族风格和浓厚的地方特色,此次共展出

---

① 于国鹏:《传承齐风鲁韵 促进戏曲发展》,《大众日报》2012年4月20日。
② 朱羿:《青海民俗学会成立》,《中国社会科学报》2012年5月14日。
③ 王海荣:《中国文化遗产日 广东主会场设石龙》,《深圳商报》2012年5月30日。
④ 彭辉:《荣成65个沿海村庄变身"民俗博物馆"》,《大众日报》2012年10月12日。

100 余块畲族民间手工绣品,内容丰富,图案花纹具有独特的畲族风格和浓郁的生活气息,展览时间为两个月。①

2012 年 10 月 30 日,山东省济宁市汶上县中都民俗馆开馆,该馆通过实物展示、场景再现、多媒体演示等形式,直观地再现汶上当地的民俗风情。展馆分喜庆民俗、民间文化艺术、生产生活三大展区,共八个展厅,收集展示实物展品 5000 余件。②

2012 年 12 月 18—23 日,由中国摄影家协会、湖南省湘西州人民政府举办的首届中国凤凰国际摄影双年展在湖南凤凰举行。双年展以"民俗·回家"为主题,展览历时 5 天,由摄影展览、高峰论坛、摄影讲座、采风交流等活动内容组成。近 200 幅国内外优秀摄影作品以丰富多彩的影像形式,展示出美丽中国不同地域的民俗风情和文化。③

2. 2012 年度中国文化产业发展中的民俗文化

在我国文化产业不断发展的今天,民俗一直扮演着推动其向前、不可缺少的因素之一。民俗文化不仅仅在现代旅游产业中发挥着重要的作用,更是影响着文化产业的各个方面,创意文化产业与民俗文化的结合也日益成为文化产业发展的一种趋势。

(1) 民俗文化旅游产业

2012 年 1 月 23 日,"金龙呈祥"天津市古文化街 2012 年民俗旅游文化节热闹非凡。年味浓郁的古文化街人气旺盛,戏楼广场锣鼓喧天,精彩的舞龙表演吸引了众多游客驻足观赏、拍照,街内各店铺和糖画、面人、龙嘴大铜壶及旅游纪念品摊位前围满了游客。同时,第九届杨柳青民俗文化旅游节也拉开了帷幕。赏民俗游古镇、画年画听堂会、放焰火品小吃、逛花灯赛花会、购年货过大年,集中北方民俗年俗和古镇特色的文化活动相继登场亮相,成为天津颇具特色的文化旅游项目。④

2012 年 3 月 17 日,四川省绵阳市首届乡村旅游文化节开幕式暨"中国春社·睢水踩桥"摄影大赛、民俗表演在安县睢水镇盛装启幕。以"踏青赏花,享受自然,传承文化,祈福平安"为主题的节庆活动持续到五月中旬,在各县(市)区设分会场,开展了一系列精彩活动。

---

① 胡伟鸿:《"庆国庆首届畲族刺绣展"在畲族博物馆开展》,中国景宁新闻网 http://jnnews.zjol.com.cn/jnnews/system/2012/10/08/015569636.shtml。
② 汪泷、曾现金:《济宁最大民俗馆开馆 5000 实物展品再现汶上中都民俗风情》,《齐鲁晚报》2012 年 10 月 31 日。
③ 方妍:《首届中国凤凰国际摄影双年展 12 月相约湘西古城》,《中国摄影报》2012 年 6 月 19 日。
④ 郑东红:《假期两天超 85 万人次逛津城》,《天津网数字报纸》2012 年 1 月 23 日。

2012年4月12日,"2012广州南沙妈祖文化旅游节"在广州南沙天后宫拉开序幕,来自粤港澳台等地的6万信众参加了盛典,共同拜祭妈祖。13日是妈祖诞辰日,南海神庙的洪圣大王、佛山祖庙的北方真武玄天上帝、德庆悦成龙母水府元君三大海神被安排到南沙天后宫助兴并参加巡游活动。整个旅游节持续5天,至16日落幕。①

2012年4月29日,以"走进罗布淖尔、体验罗布文化、品尝罗布美食、畅游厚重尉犁"为主题的新疆·尉犁罗布淖尔旅游文化艺术节暨尉犁罗布羊及特色美食文化周新闻发布会,在神秘的罗布人村寨盛大开幕。本次旅游文化节内容包括:尉犁特色美食节、旅游纪念品展、罗布人歌舞表演、罗布羊评选、罗布羊颁奖、游览罗布泊雅丹大峡谷、参观博物馆、啤酒广场、安达广场电影展播等。②

2012年4月29日,2012年中国·隆安"那"文化旅游节暨"四月八"农具节在广西壮族自治区南宁市隆安县开幕。"那"文化论坛、山水旅游节、文艺晚会、千人农具表演等丰富多彩的活动,尽显"那"文化的丰富内涵,以此促进当地旅游等相关产业发展,扩大对外交流与合作。

2012年7月27日,为期一个月的石柱第三届土家民俗文化暨2012中国·重庆黄水林海消夏旅游节,在石柱土家族自治县黄水拉开帷幕。在为期一个月的旅游节中,市民参与了篝火晚会、"黄水林海"摄影展、土家民俗才艺比拼、土家风情露天舞会等一系列丰富多彩的活动。③

2012年8月11日至12日,2012年甘肃·渭源文化旅游节隆重开幕。此次文化旅游节是"敦煌行·丝绸之路国际旅游节"的重要组成部分,以"探源渭水八百里,寻根文明五千年"为主题,重点推出游园民俗展演,生态文化旅游演唱会,书画、民俗艺术展及摄影艺术大奖赛作品展,文化旅游发展论坛,景区游览五项活动。④

2012年8月24日,北京市农委、市农村经济研究中心在密云举办农民专业合作社推动休闲农业与乡村旅游发展现场会。通过合作联社将民俗户组织起来,抱起团来闯市场,通过统一标准规范。昔日单打独斗、散漫杂乱发展的民俗旅游,正向标准化、规范化、组织化、网络化迈进。⑤

2012年9月6日,新疆伊宁市2012年民俗文化节在伊宁市农四师文化活动中心开幕。伊宁市围绕首届"伊宁市民俗文化节"的活动主题,开展伊宁市美食天

---

① 李立志:《南沙天后宫十万信众祭妈祖》,《广州日报》2012年4月13日。
② 吕荣:《"尉犁旅游文化节"月底迎客》,《新疆都市报》2012年4月6日。
③ 蔡鎏:《石柱黄水消夏旅游节开幕》,《重庆晚报》2012年7月30日。
④ 杜斌:《甘肃·渭源生态文化旅游节开幕》,《兰州晨报》2012年8月13日。
⑤ 建国:《合作社推动北京休闲农业与乡村旅游》,《农民日报》2012年9月1日。

堂·旅游名都"阜新杯"特色餐饮、旅游商品大赛活动。伊宁首届民俗文化节由中共伊宁市委、伊宁市人民政府主办,于2012年9月6日开幕,至9月10日结束。

2012年9月9日,中国(房县)第二届诗经文化旅游节在中华诗祖尹吉甫故里湖北房县诗经尹吉甫文化广场隆重开幕。中国(房县)第二届诗经文化旅游节由中共湖北省委宣传部、中国诗经学会、湖北省文化厅、湖北省旅游局、湖北省文联、十堰市人民政府、十堰市委宣传部、房县人民政府等单位承办。开幕式后,以"诗祖故里·风雅房县"为主题的大型音诗画展演在《请到房县来》的歌声中拉开帷幕。①

2012年9月28日,中国·湖州国际生态(乡村)旅游节在浙江省湖州市安吉县盛大开幕。今年的第四届中国·湖州国际生态(乡村)旅游节更是与中国湖州·国际湖笔文化节、全国极限运动大赛"三节"合开,共有"四大系列"共19项活动,展示了湖州旅游、文化、时尚、运动等独特魅力。

2012年10月8日,2012中国·台江摄影旅游节暨亚洲影艺联盟第23届大会在贵州省台江县开幕。来自美国、泰国、新加坡、马来西亚、中国香港、中国澳门、中国台湾等国家和地区以及国内各地的270多名摄影家参加了此次交流盛会。活动历时3天,期间将举行独具台江特色的反排木鼓舞、苗族芦笙舞、板凳舞、苗族情歌对唱、舞龙嘘花等活动。②

2012年10月11日,第三届广西彩调艺术节暨第七届桂林永福养生旅游福寿节在中国长寿之乡永福县开幕。艺术节云集广西各路彩调艺术精英,来自全区5个市近1000名演员参加,共有19个专业戏、29个业余戏、48个剧目参加彩调艺术节演出。10月12日,以"彩调的传承与发展,还戏于民"为主题的彩调论坛举办。③

2012年10月13日,由浙江省宁波市北仑区旅游局主办、民丰村承办的北仑区春晓镇休闲旅游月启动仪式暨春晓镇第三届民俗风情节开幕仪式启动,其颇具特色的民俗风情吸引了许多外地游客。

2012年12月21日,2012年萝岗香雪文化旅游节暨第三届跨国企业文化节(广州)在广州市萝岗香雪公园开幕。文化节为期2周,持续至2013年1月6日。

(2)创意产业中的民俗文化

2012年4月27日,由中国邮政发行的《福禄寿喜》特种邮票1套4枚在唐山市首发。此次发行的《福禄寿喜》特种邮票全套共4枚,分别以中国书法"福、禄、

---

① 《诗祖尹吉甫故里隆重举办中国(房县)第二届诗经文化旅游节》,民俗文化网 http://www.mswhw.cn/news/20120914590.shtml。
② 罗茜:《亚洲影艺联盟第23届大会台江开幕》,《贵州都市报》2012年10月9日。
③ 杨志德、李崇烨:《永福:魅力长寿乡 醉美休闲地》,《广西日报》2012年10月13日。

寿、喜"四个汉字为主体，配以相关的传统吉祥元素，形成了丰富的吉祥寄语，整体风格充分体现了和谐盛世的喜庆特点，蕴涵人们追求幸福生活、祈望吉祥平安的美好寓意。

2012年7月31日，安徽首台、国内一流的大型山水实景文化剧目《宏村·阿菊》在安徽宏村奇墅湖国际度假村首演，吸引众多海内外游客前往观赏。

2012年11月7日，"张桥羊肉节"在上海市金山区金山卫镇张桥村开幕。羊肉节从立冬日开始，要持续到2013年1月6日，历时两个月。羊肉节期间，除了"田山歌"公演活动外，还有金山卫镇农产品展示、金山卫镇文化展示、车友汇、博友汇寻访张桥羊肉街等系列活动。

2012年12月16日，在山东周村古商城景区举行了大型电影风格摄影创作《旱码头·风华绝代》开机仪式。周村区委宣传部和旅游局聘请摄影家，模仿电影风格的视觉效果拍摄了一系列以民国为历史背景，展示旱码头人物风情、历史文化和辉煌成就的系列摄影作品。①

（3）其他文化产业中的民俗文化

2012年2月3日，投资近4000万元的陇州民俗文化产业园开园。由甘肃省陇县东南镇东兴村投资3970万元新建的陇州民俗文化产业园，包括以社火脸谱、布艺、皮影、剪纸、刺绣、木雕、泥塑等为主的文化旅游产品生产加工作坊共13个。

2012年9月2日，中国（延边）朝鲜族民俗园举行开园典礼。中国朝鲜族民俗园项目是延边州建州60周年的重点献礼工程。项目位于吉林省延边市小营镇理化村的东侧。项目分两期建设。一期占地70公顷，具体建设内容包括民俗村、民俗广场、民俗商业街、海兰江花园（一期），项目于2012年9月初建成。二期占地320公顷，主要建设以休闲、养生、度假、健身、居住等为一体的民俗旅游度假区，计划2013年开始建设。②

2012年9月26日，安图·石门茶条村原生态朝鲜族民俗风情园开园。安图·石门茶条村原生态朝鲜族民俗风情园是安图县倾力打造的民俗旅游观光项目。该项目总投资1930万元，面积1.4万平方米，分为A、B区，A区为民俗特色饮食、风情展览体验区，集饮食、参观、体验、购物为一体；B区供游客休闲、住宿，有农家乐、生态森林、果园、水库、田野观光等旅游项目。③

2012年10月16日，哈尔滨市"萨满文化园"正式建成迎客。游客可在文化园内通过体验式参观游览，充分了解、感受金源萨满文化的神秘与博大精深。

---

① 张红霞：《〈旱码头·风华绝代〉在周村古商城景区开机》，《山东商报》2012年12月20日。
② 王新丽：《延边朝鲜族民俗园9月2日开放》，《长春日报》2012年8月16日。
③ 王新丽：《安图原生态朝鲜族民俗风情园开园》，《长春日报》2012年10月11日。

2012年11月4日,经过12年精心打造,重庆市云阳县人和木古民俗文化园正式对游客开放。木古民俗文化园坐落在云阳县人和街道人和社区,占地35亩,总投资超过1000万元,由祈福园、诗词园、花神园、民俗用具园、书画长廊等组成。这里有世界上最大的摩崖石刻"佛"字,同时也是世界上拥有最多白描线条碑刻的民俗文化园。[①]

2012年12月23日,四川首届私家珍藏名酒拍卖会在成都锦江宾馆举行。拍卖会吸引了众多热爱藏酒的市民、专业藏家及企业老板参加,主办方推出的90多组拍品,有一半顺利拍出。

3. 2012年度国际文化交流中的民俗文化

为了促进我国民俗文化走向世界,2012年,各地纷纷探索开展民俗文化国际交流活动的方式与方法,并不断进行实践。在走出去的基础上,也积极邀请国外专家学者走进中国,体验中国丰富多彩的民俗文化。

2012年1月11日,由文化部等多部门组织开展的2012年第三届海外"欢乐春节"活动在全球82个国家和地区的144个城市正式启动。今年的"欢乐春节"活动举办了300多项各类文化交流活动,内容包括剧场演出、综艺表演、广场巡游、文博展览、民俗展演、图片展示、图书展销等。除国内派出的项目外,各驻外使(领)馆、海外中国文化中心、孔子学院等也将在当地组织开展各种形式的春节文化活动。[②]

2012年1月16—17日,由北京民俗博物馆主办,中国民俗学会、中国人民大学国学院和北京市文物研究所协办的2012"礼仪中国"东岳论坛在北京隆重举行。本次论坛以礼仪为切入点,围绕"礼仪文明的历史源流及人文内涵""礼仪文明在中国社会的地位与作用"等论题展开。来自法国、韩国、中国台湾等国家和地区及国内知名专家学者等40余人汇聚一堂,就议题展开了热烈讨论。[③]

2012年3月27日,由雅安市人民政府主办、名山县人民政府承办的2012年中国四川第八届蒙顶山国际茶文化旅游节开幕式在蒙顶山隆重举行。来自中国、日本、韩国和中国台湾地区茶叶界知名人士等一千余位嘉宾和群众,向茶祖吴理真三鞠躬,行祭拜之礼。开幕式上除了举行蒙顶山皇茶采制大典和茶文化歌舞节目、茶技茶艺表演外,还举行了中央电视台《走进中国地理标志——蒙顶山茶》纪录片开机仪式、蒙顶山国际茶文化研讨会、首届蒙顶山茶机具展销会、蒙顶山茶业商会成立仪式等,成为这一届国际茶文化旅游节的亮点。[④]

---

① 杨玥:《木古民俗园开园了》,《重庆商报》2012年11月2日。
② 李舫:《2012"欢乐春节"在全球八十二个国家和地区启动》,《人民日报》2012年1月16日。
③ 宫苏艺:《2012年"礼仪中国"东岳论坛开幕》,《光明日报》2012年1月16日。
④ 佚名:《春茶上市 去蒙顶山采茶去》,《成都日报》2012年3月28日。

2012年10月30日,由国际音理会亚洲大洋洲地区音乐学会、亚太民族音乐学会、山东省教育厅等主办,山东艺术学院承办的国际音乐学术研讨会在济南开幕。来自德国、荷兰、澳大利亚、新西兰等国家以及国内音乐界的专家、学者,在为期三天的会议期间,围绕各国、民族音乐之间的传播与交流、传承展开研讨。①

2012年11月,由中国国际贸易促进委员会指导,辽宁省政府主办,辽宁省贸促会、辽宁省对外友好协会和丹东市政府承办的2012年中朝经贸文化旅游博览会在丹东市举行。博览会为期4天,主要由商品展示交易、经贸合作洽谈、文化交流、旅游合作等板块构成。朝鲜代表团总人数约为500人,集中展出朝鲜服装、民俗文化、食品、农业物资、五矿化工等十大类产品。同时,丹东市旅游局还在博览会期间举办了"中朝旅游活动周"活动。②

2012年11月12日,由中国华文教育基金会主办,广东省侨办和中山市外事侨务局(港澳事务局)共同承办的"2012海外华裔青少年中山民俗文化行——完美冬令营"开营仪式在中山举行,正式拉开了马来西亚33位华裔青少年的中山之旅序幕。营员在两周时间里,开展形式多样的学习认知、参观体验活动,深入了解中山的民俗文化,例如学习中山醉龙、咸水歌,参与舞龙、手绘衬衫活动等。③

(二)民众自发的民俗文化发展

民俗文化作为"生活层面的文化",在民间拥有着更加广泛的群众基础和更加顽强的生命力,也拥有着更加丰富的内涵和艺术感召力。民间自发的民俗活动,既是国家民俗文化中最重要的组成部分,又是体现人民群众文化主体地位的关键之所在,因此也是我们必须要予以高度关注的重要内容。2012年,中国城镇化进程进一步加快,依附于传统村落的生活方式和劳作模式的民俗文化在新的形势下展现出了新的内容,民众自发的民间活动在社会变迁的大背景之下,非但没有被城镇化和现代化所湮灭,反而在不断地自我调适中常在常新,仍然显示出强劲的生命姿态。具体来说,民间自发的民俗文化依照其性质可以归为三类,即民间艺术、传统节庆庙会、村落劳作模式。每一类又可以进一步细化为更小的单元,下面将在每一类中略举数例予以观测。

1. 民间艺术

民间艺术是劳动者为满足自己的生活和审美需求而创造的艺术,包括民间舞蹈、民间音乐曲艺、民间工艺美术以及民间绝技等等。民间艺术是广大人民群众勤劳和智慧的象征,也是民俗文化中最光鲜最美好的一面,相对来说也是最容易

---

① 霍晓惠:《山艺承办国际音乐学术研讨会》,《齐鲁晚报》2012年10月31日。
② 吴井东、刘海宏:《2012年中朝经贸文化旅游博览会在丹东举行》,《中国贸易报》2012年11月13日。
③ 高薇:《600海外华裔青少年将走进清远联谊》,《南方日报》2012年12月7日。

实现转型和改造的内容之一。

（1）民间舞蹈

2012年1月31日（农历正月初九），位于甘肃省天水市秦州区城北的东方红村又一次热闹了起来，村中的男性成员穿戴一新聚集到一起，按照事先安排分别组成仪仗队、乐队和夹板舞表演队，向位于天靖山麓的玉泉观进发。队伍中16人组成的夹板舞表演队格外引人注目，他们双手持夹板，迈着被当地人称为"行香步"的小八字步追随着仪仗队缓缓前行，"他们在行进中拍舞，……舞夹板的动作简洁，举手投足间透漏出一种秦风古韵。在噼噼啪啪的击打声中伴随着乐队民族器乐的吹打，显得庄严肃穆"①。

流传于河南省西平县的"武驴"是一种风格独特的民间舞蹈小戏，武驴的表演形式不同于中国广泛流传的赶毛驴的表演，而是如同舞狮一般，表演者通过穿戴特制的驴形架子做出人们想象中的毛驴所特有的撒欢、鸣叫、踢咬和打滚等各种动作来完成表演，因而具有诙谐、幽默的表演风格。尽管在各方的努力之下，西平县的"武驴"早在2009年即成为省级非物质文化遗产，但时至今日，"武驴"活动依旧是由村民们自发地完成。2012年元宵节前后，"武驴"的发源地西平县杨庄乡史渡口村的村民们表演起了武驴来自娱自乐。武驴的表演共分三个部分：首先上场的是赶驴人和驴。驴在翻滚嘶鸣、撒欢不止，赶驴人即开始训驴，驴便装死躺下，赶驴人无计可施，称驴为"驴爷""驴祖宗"时，驴又欢快如常。接着上场的是骑驴人大妮。过路的大妮走累了，要雇驴骑，赶驴人借着讲价钱把驴夸赞一番，并加以打情骂俏的情节。最后上场的是私访的县官，县官要雇驴骑，赶驴人又以数板的形式对清官和糊涂官给以褒贬②。

2012年元宵节期间，位于淮河流域北部的安徽蚌埠地区民众自发地开展了一项当地传统的"花鼓灯"表演活动，乡民们聚集在空地上，"用竹竿挑起红灯笼，在铿锵的锣鼓伴奏声中歌咏、舞蹈，通过欢快的动作和民间小调抒发丰收之后的喜悦之情"③。

（2）民间音乐

2012年3月，安徽阜阳某酒水营销公司举办开业典礼，特别聘请了当地在整个皖北有一定名望的唢呐班子前来表演助兴，该班子代表了社会转型期"新一代的皖北唢呐班社潮流和现状"④。他们开始以"××唢呐婚庆公司"称呼自己，备下了全套的电子音响设备，表演的过程中除了《凡字调》《开门子》《朝阳沟》等传

---

① 程云燕：《甘肃夹板舞的遗存与文化内涵》，西北师范大学硕士学位论文，2012年。
② 栗小阳：《民间舞蹈小戏武驴的现状调查与保护对策》，《四川戏剧》2012年第3期。
③ 张婧：《安徽蚌埠花鼓灯存在形态与传承方式》，中央民族大学硕士学位论文，2012年。
④ 王超：《皖北乡村唢呐班社的传承与演变》，中南民族大学硕士学位论文，2012年。

统曲目外，还会演奏一些时下流行的乐曲来迎合大众口味，更有班子招收了一批专业舞蹈演员、歌手以更好地满足顾客的要求，从而赚取一定的收益。在城镇化过程中失去了土地的演奏者们，充分利用他们手中的传统技艺，完成了他们从依附于土地的传统劳作模式向市场经济主导下新型的劳作模式的转变，在继承传统与顺应潮流的复杂矛盾心理中反复权衡一再调试，最终形成了颇具现代特色的民间传统器乐表演团体。

2012年8月21日，安徽省池州市石台县丁香镇华桥村十番锣鼓队正式成立，队员全部是该村村民。当晚虽然天降细雨，但在村头广场，十番锣鼓队的表演仍然吸引了众多村民冒雨观看。按照锣鼓队带头人的说法，恢复十番锣鼓队，主要就是为了让这一优秀的民间文化得到更好的传承与发展，丰富村民的业余文化生活，等锣鼓队发展到一定阶段，他们还将"走出去"开拓市场，让更多的人领略这门民间艺术的独特魅力。据了解，十番锣鼓为民间吹打乐，主要流传于江南一带。其内容丰富，形式多样，名目有"一枝香""水莲花""十样景""望不断""昭君""大开门""小开门"等种类。丁香镇流传的十番锣鼓，还融入了说书内容，更具艺术传承价值。①

（3）民间工艺美术

2012年1月30日，上海市长宁区新泾镇的一个社区活动室中，66岁的华兴富老人将一张废弃的广告纸，只撕了五六下，就变成了一只漂亮的灯笼。在他面前的桌子上还摆放着"划龙船""双龙戏珠"等作品，这是华兴富为龙年春节专门创作的"百龙图"系列撕纸画中的一部分。撕纸画顾名思义，它是"以各种纸张为主要材料，运用撕、剪、拼、叠、刻、镂等手法进行创作"②。除去被评为"上海长宁区非物质文化遗产——撕纸画技艺唯一代表"的华兴富老人之外，在全国各地还有很多热爱撕纸画的民间艺人在进行着精妙绝伦的创造，同样是在2012年，陕西西安的市民李运正历时五年的手撕画创作——"中国历代帝王绣像"终于完成，长12米的巨作成为继《关中食俗的传说》之后他的又一副超大型画作。2012年9月11日，辽宁省铁岭市柴河街平安社区举办了一次大型书画展。此次画展共展出100多幅书画作品，重点展出了铁岭的民间艺术家吴润龄的撕纸画，吴润龄首创一毫米微型撕纸作品，引起了巨大反响。

2012年2月16日，山东省菏泽市牡丹区面塑艺人穆绪建在牡丹广场进行了一场精彩的面塑现场表演，只见他"一根竹签捏在手里，红、黄、蓝、绿、黑、白、紫等

---

① 舒建安：《铿锵锣鼓传山乡——石台县丁香镇成立十番锣鼓队传承民俗文化》，《池州日报》2012年08月23日。

② 张犇、张磊：《江苏淮安撕纸画的艺术特质——以华禹谟撕纸画为例》，《民族艺术研究》2012年第2期。

各色面团在十指间揉、搓、拈、压、拍,连续的动作之下,很快就变成了娇艳欲滴的玫瑰、雍容华贵的牡丹、笑态可掬的寿星、矫健腾飞的中国龙等栩栩如生的艺术品"[①]。除了现场表演之外,他还亲自教有兴趣的观众们制作面塑,力图更好地宣扬这项濒临失传的民间艺术。

2012年10月,山西省临汾市浮山县2012年阳光工程洪峨剪纸培训班在天坛镇会议室举办为期10天的民间剪纸培训活动,山西省民间工艺美术大师郑洪峨先生亲自授课,参加培训班的学员两期共250人,旨在传承和发展民间艺术技艺。[②]

(4) 民间绝技

2012年12月13日,河南省信阳市罗山县民间皮影艺人李世宏自筹资金创办的罗山县李世宏皮影文化传播有限公司正式揭牌成立。李世宏从小就喜爱罗山皮影艺术,他15岁拜师学皮影雕刻及皮影戏演唱,至今20余载,始终坚守在保护和传承传统皮影戏文化的阵地上。为了更好更快地保护和传承民间艺术皮影戏,从2012年8月起,他便开始谋划成立皮影文化传播公司的事情。他立志要通过自己的努力,把罗山皮影戏这一民间艺术的瑰宝传承下去并发扬光大。[③]

2. 传统节庆庙会

传统节庆与非节庆庙会中的民俗活动所指向的主要是指节日或庙会中的信仰仪式,以及与节日相关的民间艺术。民间信仰与仪式研究向来是民俗学以及其他相关学科持续关注的重要内容。它在民俗文化中占据着举足轻重的地位,却因为其自身的特点常常陷入一种尴尬的局面。近年来,主流意识形态已经意识到传统文化对于一个民族的意义,同时政府受到国际非物质文化保护行动的影响,开始意识到作为传统文化和礼仪重要承载体的民间信仰和仪式的重要性。与此同时,由于现代经济的发展,人民生活水平的提高,民众开始有了新的文化需求,随之而来的是,民众信仰的观念开始更新,其中一个表现就是民间信仰的文化娱乐功能变得越来越突出,现代社会的民间信仰并非是完全对鬼神的崇尚,很多方面则表现为人神共娱的文化现象。

随着政府对民间文化的重视以及文化产业化趋势的不断深化,地方政府部门和社会组织机构参与或组织传统节庆和非节庆庙会中的民俗活动成为一种日渐普遍的行为。然而,传统节庆与庙会作为一种内容丰富、体系完整的系统贯穿乡土社会日常生活的全部,如一条文化链将民众从岁首到岁末的精神和物质文化生

[①] 国际在线、城市频道 http://city.cri.cn/29484/2012/02/16/4306s2630095_2.html
[②] 临汾新闻网 http://www.lfxww.com/plus/view.php?aid=139102
[③] 人民网河南分网 http://henan.people.com.cn/news/2011/12/15/585247.html

活连缀起来,一年一年的循环往复便构成了民众一生的生活叙事,因此,传统节庆和庙会中的民俗活动具有着丰富而又烦琐的内容,并且依据不同的社会和生活环境而呈现出不同的文化元素和符号象征体系。可以说,传统节庆和庙会中的民俗活动依旧以民众自发组织和参与为主,与政府参与或组织的活动相比有着更加复杂的礼仪和仪式,也更能体现中华文化的丰富性和多样性。

(1) 传统节庆中的民俗活动

春节

春节带有强烈的人文因素和浓厚的文化色彩,在不同的自然环境、人际关系、文化理念下孕育出不同的文化内涵,衍生出丰富的文化符号。而随着社会的变革以及人们的价值观念、生活水平的转变,又呈现出一种历时性的动态感。春节期间各地的民俗活动虽然在意义上基本一致,都是以辞旧迎新、趋吉避祸、祭拜祖先鬼神为主要目的,但在具体内容和形式上却呈现出不同的特色。

2012年春节期间,位于长江支流"青弋江—漳河"中下游流域的皖南圩区及其周边地区的民间艺人为当地人献上了一场极其精彩的兴灯仪式,他们创造的一整套春节兴灯仪式是一个相对统一和较为完整的仪式体系,分为"掺佐""圆场""开关""出灯""圆灯"先后五个程序,从某种意义上可概括为请神—游神—送神三个环节,以驱疫祈年为主旨,实现了人与神、人与人之间的沟通,形成了独具特色的民俗形式。[①]

2012年1月26日(农历正月初四)是梅州客家人"迎神"的日子。年前腊月二十四日是"送神"日,下界诸神都在这一天升天向玉皇大帝朝贺述职,报告一年来下界人间行为的善恶。正月初四这天,再回到下界来继续监督人们,于是家家户户便在初四日迎接神的光临。迎神时,富裕人家供上了鸡、鱼、猪头三牲,如果经济不允许,也可免去,但是一盘米、一盘红糖却少不了。因为奉上白米一盘,意谓新年五谷丰登;红糖一盘,暗含生活甜蜜。焚香上礼毕,便燃放爆竹,这时神灵便全部各就各位了。

位于鲁中地区的淄博市淄川区洼子村在过年期间有着诸多活动。2012年1月23日(农历正月初一)天还没亮,洼子村刚搬进村里规划的住宅楼的村民们就集中在小区里的空地上开始了"敬天爷爷"的信仰仪式活动。只见大家把从家中带来的具有吉祥寓意的祭品摆放在提前安置好的供桌上,在神婆的带领下依次进行着请神、求神、跪神、为神唱赞歌等一系列程序,以祈求神保佑信众家庭和睦、五谷丰登。2012年2月3日(农历正月初九),村里的艺术表演队在村委大院举办春

---

① 崔龙健:《皖南圩区春节兴灯仪式与社会变迁》,《安庆师范学院学报》(社会科学版)2013年第2期。

节联欢会,他们自带音响,自备服装,为村里人表演了吕剧、五音戏、山东快书等曲艺节目,并推出了自编自导的小品和现代舞,获得了村里人的高度赞扬。2012年2月4日,是传统节气中立春的日子,刚送走祖先神仙的洼子村人又马不停歇地举办了"打路斋"的仪式,以迎接"春季老母"的到来。大家将自带的供品摆到村主街的最东头——洼子村与其他村落联系的最主要通道上,并特意凑钱为春节老母备下了崭新的绿色的衣服和绣花鞋,希望春节老母保佑村里人庄稼快快生长,丰收在望。

端午节

在潼南县龙形镇有一偏僻的小山村——高楼村,住着70多户村民,除4户村民外,其余都姓屈,他们自称是屈原的后裔,被人称为"屈家村"。在这里端午节受重视的程度绝不亚于春节。2012年6月23日,是中国传统的端午节,屈家村的村民们除了吃粽子、喝雄黄酒、祭拜祖先的仪式之外还有许多复杂的仪式和禁忌。天还没亮就起床擦拭神龛,以让祖先"清清爽爽"过节;挂菖蒲,以保佑家人平安不生病;屈家院子的人在过端午节时,会掐一点艾叶尖,掰一截菖蒲梗和取一瓣蒜,制成一个小小的端午项圈,给儿孙们戴在脖子上辟邪,希望子孙平安;在端午节当天,屈家院子的孩子们有不能坐门槛的禁忌,否则孩童的屁股上会长脓包,因此阻止孩子坐门槛也是屈家村的长辈们尤其要注意的事情;除此之外,还要给儿孙们"点雄黄",就是将雄黄分别涂抹在孙子们的额头、下巴、两颊等部位上,嘴里还要念叨"涂了雄黄酒,顶上不长包,蚊子不咬人"。总之,以屈原后人自许的屈家村村民,始终小心翼翼地恪守着端午节的禁忌与礼仪,因此端午节的习俗在这里一直保留得比较完整。①

2012年6月23日,昆明市汉文化社团的成员们自发来到滇池之旁的昆明大观楼南苑,举行端午节传统祭祀活动。下午两点祭祀活动正式开始,众位参祭者盥洗就位。接下来在司仪的示意下进行了主祭官上香,祭酒宣读祭文,焚化祭文,初献、亚献、终献,从祭官献诗,众参祭者行礼等一系列祭祀礼仪后,又进行了点朱砂兰汤被禊等驱邪除晦避瘟疫的仪式。大家分食祭品后,开始进行射五毒、斗彩蛋、制作香药包等端午节传统民俗活动。②

中秋节

2012年10月30日(农历中秋节),闽南地区开始了祭祀土地之神的活动,与之前二月份的一次祭拜形成前后呼应的春祈秋报模式。人们用刚收获的番薯、芋头、柚子等祭祀神灵和祖先,特别是土地公,以秋报圆福。有的地方还有放孔明灯

---

① 肖祥丹、王杨、付迪西:《"屈家村"迎端午　血脉里散发传统味》,《重庆商报》2012年6月22日。
② 百度汉服吧 http://tieba.baidu.com/p/1681708838

与皓月争辉的习俗,当地的年轻人在中秋之前,就会以竹篾为骨,绵纸为面,糊一个圆筒状或长柱体状、底下镂空、有篾条十字架的孔明灯。到了中秋之夜,在孔明灯底部的十字架上,当地人放上一团沾有火油或煤油的棉团,点燃后放飞孔明灯,以祈求上天赐福。在厦门和金门、晋江的安海等地,中秋节当日还要"搏状元"(搏状元饼)。所谓"状元饼",是糕饼店在中秋期间制作的一种特色月饼,俗称"会饼",它按照科举制度制成63个大小不等的一套月饼,其中最大的一个叫状元(饼),其余按饼的大小依次为"对堂""会元""进士""举人""秀才"等。这一套饼就称"一会状元饼"或"一会饼"。几个人合买一会饼,用六个骰子在大瓷碗中轮流投放,以骰子所呈现的点数决定谁赢得哪一种名称的月饼。2012年,我们注意到在厦门等地,"搏状元"的习俗已逐渐成为一道风景线,不仅吸引了新老厦门人的参与,也吸引了游客的参与。①

(2)庙会中的民俗活动

庙会一般依托于庙中所祀主神的生日或其他有纪念性的日子而公开举办集体祭神仪式。庙会除了祭拜神灵之外还伴随有娱乐消遣、商品交易等活动,因此深受民众喜爱,民众之于庙会之所以乐此不疲,正是因为庙会在满足了民众信仰生活的需要、提供了表达宗教情感的场所的同时,还提供了商品交易和娱乐消遣的机会,而且随着社会的发展,后两者大有"喧宾夺主"的姿态,有成为庙会的主要内容和社会功能的趋势。我国尤其是北方地区庙会数量巨大,规模大小不一,难于一一列举,下面将遴选比较有特色或代表性的庙会予以概述。

太昊陵庙会

2012年2月23日至3月23日,河南省淮阳县太昊陵庙会开幕,与往年不同,太昊陵第一次举办了公祭中华人文始祖伏羲氏大典,因此吸引了万千来自全国各地的羲皇子孙前来祭拜。除此之外,对于当地人来讲,他们参加庙会另一个重要的目的在于找"宣传功"问事,"宣传功"是一批自称被神附体能够即兴歌唱的人,他们通过歌唱来宣传神的旨意,并给人答疑解惑,解除人们心中的苦恼,在一定程度上担负了"巫医"的角色。② 除太昊陵庙会之外,河南2012年规模比较大的庙会还有濮阳县舜帝故里庙会、商都民俗庙会、开封翰园碑林庙会、洛阳关林庙会与河洛文化庙会、中原大佛祈福庙会、安阳桥庙会等等。

蒲县东岳庙会

位于山西省西南部、吕梁山南端的蒲县东岳庙是全国范围内最出名的三十所

---

① 石奕龙:《闽南人的中秋节》,《中国社会科学报》2012年10月24日。
② 屠金梅:《"宣传功"及其附体歌唱的研究——豫东淮阳县太昊陵庙会的考察》,《歌海》2012年第6版。

东岳庙之一,而蒲县东岳庙会则因其特有的"四醮朝山"活动成为最具特色的东岳庙会。2012年4月18日(农历三月二十八),相传为东岳大帝诞辰,全国各地的东岳庙都开始举办祭祀活动,蒲县东岳庙自然也不例外,庙会除了安排有圣诞庆典、上香、还愿、布施、送小鞋等活动之外,还有"四醮朝山"活动。"四醮"指的是以东岳庙为中心四方的信众按方位所组成的朝山队伍,各醮都供有东王爷(东岳大帝),并轮流主持朝山事务,每年农历三月二十八这天,各醮都要将自己的东王爷送还行宫,让其归位,以享大祭。朝醮仪式甚是隆重,在庙会之前就已经做好充分准备工作,农历三月二十五起会,并准备献面。三月二十六日,组织训练乐队。这天早上,在村上抬着神楼转一圈,要放炮,敲锣打鼓,每转到一家门口时,各家都要献菜祭拜、磕头。次日早上,这种活动再重演一遍。三月二十八日,早上八点起醮,每支队伍仪仗限定108人,各有分工,队伍的追随者则不限定人数。朝醮队伍绕联系点的村庄转一圈后,才上山。上山后先照醮再朝醮,朝醮的程序是:各醮进入庙内先围绕回廊的台阶转一圈,把神楼做三次前后摆正动作,然后敲打锣鼓、铜乐,敲完之后祭祀,祭祀后把神楼放到大殿里,然后再进行表演。表演的内容有:各醮的威风锣鼓、耍狮子、漂旱船等,内容丰富,形式多样。表演完后退场。由下一醮接着朝山。闹醮完成之后就是接醮仪式,当年的主醮纠首向下一年主醮纠首交接,移交神楼,整个过程至少需持续五六个小时。①

以上所列举的两者都是大型庙会活动,实际上越是大型的庙会活动,政府部门的参与和干预就越多,尽管政府参与或是政府组织并不能改变民众参与庙会的自发性与自主性,但毕竟大型庙会比较脱离群众的现实生活。中国种类最多的也是最贴近民众生活,最能融入到民众日常生活中去的是乡镇甚至是乡村小庙所举办的小型庙会。与数十里开外、一年仅有几次、动辄几十万人参加的大型庙会相比,位于村头或镇上的小型庙会可算作是比较常见的"非常态"生活。而恰恰是这样的生活才更真地体现着民众的精神信仰和最根本的需求。

莲花庵庙会

莲花庵坐落于山东省淄博市淄川区罗村镇镇中心位置,大致修建于元朝年间,起初只是碧霞元君的行宫,后逐渐加入观音菩萨、地藏王菩萨、炉神姑、文昌老爷等诸多神祇,成为一座复合型庙宇。乾隆年间重修之后开始建立庙会,时间为每年的农历二月二十九即观音菩萨的得道日,以及农历四月二十八碧霞元君诞辰,其中以农历二月二十九的庙会为主。莲花庵庙会在重新恢复之后原本的商品贸易、特色美食以及消遣娱乐等单元并没有随之重建起来,但这并不妨碍十里八乡的信众聚集于此。莲花庵庙会最重要的活动便是"献轿",是各村的善男信女们

---

① 山西蒲县网 http://www.puxian.gov.cn/govShowArticle.asp?wMcms_ArticleID=4097

在观音菩萨得道升天之日,为其献上新的衣服鞋袜、食物、金银元宝和轿子以助其顺利抵达天庭。献轿仪式以村为单位,由村里自己组织。隶属于罗村镇的洼子村于2012年农历二月十九举办过献轿仪式,出动全村善男信女120人按照旧时皇帝出游的规格作为仪仗队,前面锣鼓开道,之后旗灯伞扇依次排列,衬托着高大威风的八抬大轿,之后是献给观音菩萨的衣物、食物、鲜花、金银锡箔,再之后则是手捧鲜花、肩挑"金山银山"的侍从。整个队伍都是盛装出行,黄色头巾、绿色上衣、粉色裤子、白袜黑鞋、加大红色腰带,所有人都按照鼓点迈着秧歌步前行,远远望去很是壮观。献轿仪式是一项特别劳民伤财的行为,因此并不是每个村都要参与,对于某个村来说也不是年年必须参加。村里没有献轿仪式的时候,村民们也会进庙烧香许愿还愿,因此莲花庵从不冷清。可以说,莲花庵与散落在广大农村的成千上万座小庙一样,尽管如此渺小甚至有些衰败,但仍然在承担着一方水土的神圣信仰中心的职能。

当然,随着社会的变革,庙会也出现了新的形式和功能,甚至完全抛弃了传统庙会最核心的内容——信仰仪式以及最理所应当的地点——庙宇,比如"台湾特色庙会"。

台湾特色庙会

2012年,第二届台湾特色庙会再次登陆厦门,1.2公里长的厦门中山路步行街两侧成为庙会的会址,240多家摊位均以红瓦石墙烘托闽南古厝风格。弥漫于空中的台味小吃香气,满街操着闽南话的吆喝声,琳琅满目的台湾文化创意产品,让人仿佛置身于台湾夜市之中。尽管天公不作美,时不时有大雨倾盆而下,却没有浇灭人们寻找美食的热情,不少市民和游客冒雨热捧"舌尖上的台湾"。第二届台湾特色庙会主打台湾特色小吃美食,并设立台湾文创特产展、台湾特色商品展、台湾夜市一条街三个展区,吸引了大批市民前来品尝台湾美食,品味台湾文化。在2012年的厦门·台湾特色庙会上,不仅有尝不完的美食特产,还有闽台歌舞戏曲文化表演,以促进两岸共同加强对闽南文化的传承,合力推广"艺阵"民俗传统,同时持续深化两岸在宗教、亲缘、文化、教育等方面的交流与合作。[①]

3. 村落劳作模式

如果说传统节庆与庙会中的民俗文化代表的是广大人民群众非常态的民俗文化,那么村落劳作模式则属于常态民俗文化。正因为它是一种常态的文化,才容易被遗忘或忽视。然而经济的发展和社会的变革使得传统的乡土社会开始发生急剧的变化,原本与传统社会紧密融为一体的内敛的传统的劳作模式在现代生产生活方式的猛烈冲击下逐渐开始变得"不合时宜",原本融洽的默契关系被打

---

① 孙金诚:《台湾特色庙会热捧"舌尖上的台湾"》,《人民政协报》2012年6月30日。

破,原本不被人所察觉的劳作模式开始以一种矛盾的亟待调适的形象浮出水面。社会转型期,面对社会背景的巨大变革和城镇化水平的不断提高,村落劳作模式的调适和创新成为一种普遍现象,现摘取几例作简要说明。

(1) 洼子村

山东省淄博市淄川区罗村镇洼子村是一个处在丘陵包围中的小村落,历史上的洼子村人以采集山果山货和狩猎为生。随着人口的逐渐增多,山区资源已难以满足民众的基本需求,洼子村又转向以种植业为主。然而毕竟丘陵地区山地众多,可耕地少,土壤贫瘠,几十年来洼子村的村民始终在紧张的人地关系中艰苦度日。尽管生活贫困如此,但长久以来由于现代化和工业化并未冲击到这个村落,依附于耕地的传统劳作模式与传统的乡土社会的关系是和谐的、融洽的、密切的。然而,随着社会转型期的到来,现代化和高科技开始冲击这个自给自足的村落,原本紧张的人地关系愈发抵挡不住村民们日渐增长的物质文化需求。村民们强烈地渴望改善生活条件,依附于耕地的传统劳作模式已然不能满足他们的要求。

2010年,村委通过招商引资引来一位外地投资者在村里建了一座规模不小的陶瓷厂。村里的男女劳力开始放弃土地去陶瓷厂打工,陶瓷厂按时发放不菲的薪水,为村里人带来了经济上的相对满足。与此同时,村委会通过政府拨款和自行筹款的方式开始在村里规划楼房,2012年年初所建的四栋小高层住宅全部交付完毕,至2012年5月已基本全部入住,全村将近140户村民脱离了原村址上比较拥挤逼仄的宅院,入住楼房。新的劳作模式已经建立,传统的劳作模式却还未消亡。进入工厂、入住小区的村民们很快就面临新的问题,村民在上班的同时还需要忙里偷闲地照顾庄稼,没有了院落却还要面对农具和收割后的庄稼无处存放等诸多苦恼。

2012年年底,村委响应国家号召,鼓励有能力的村民发展农业合作社,村委亲自出面统筹和规划耕地。那些不想种地却又不得不种地的村民便可以把耕地转租出去,而想继续种地的村民,手中的地多了,开展多种种植和特色种植也就不再担心种地赚不到钱了,他们雇佣没有去工厂工作的村民为自己打理土地,同时也吸纳了村里的一部分闲散劳动力,种地所得直接供给附近的市区,促进了城乡关系的发展。不过,事情并未完结,村落劳作模式调适与创新的过程,还需要村落成员在选举、入党、修路等方面的权利和义务的重新调配。

(2) 陈村

隶属于广西省南宁市西乡塘区中尧街道的陈村,位于南宁市西北部、邕江北岸,江北大道与清川大道交会处。是一个距离城市中心不远的城中村。据当地百姓口述,村落是由外迁而来的十位陈姓兄弟建成,以村中缓坡的分水岭为界,分为东西两部分,故名为陈村。建村年代已不可考,但村落至今仍保留了大批晚清建筑。原本陈村人靠着耕种土地和在南宁市区打工生活,生活条件虽然艰苦,但毕竟尚能自给自足,倒也安居乐业。然而随着国家城市化进程的不断加快,陈村的耕地不断地被迅速发展和扩张的南宁城区所蚕食。至2012年年初,陈村的农业用地几乎被占尽,只剩下村民自家的几处菜地和水塘,村民们除了在城市打工之外几乎无所得,尤其是中老年人,在市区中很难找到合适工作,又没有了耕地,原本自给自足的生活状态被打破,村里人的生活似乎正逐渐走入困境。

失去了土地的村落显然已经不具备继续维持传统劳作模式的条件。在南宁市规划管理局的支持和指导下,陈村也随着社会的大变革开始了自己村落的转型。村落利用保留完好的晚清建筑群落以及知青下乡插队时期遗留下来的特色公社建筑,发展旅游业。以晚清建筑群和公社建筑群为核心物质景观,以村民自演的地方特色剧种——师公戏、当地特有的宗族文化以及其他民风民俗为人文景观,吸引了大批游客前来参观。村落本身具备了良好的旅游资源,又处在城市中心,区位优势十分明显,再加上政府的规划指导与大力宣传,作为旅游景点的陈村一经推出就十分火爆。目前,旅游业已经成为陈村的主导产业,而旅游也早已渗透到陈村人的日常生活之中,成为陈村的常态文化,不知不觉之间,村里人完成了由依附土地的传统劳作模式到旅游业主导的新型劳作模式的转变。

据悉,陈村的旅游业展现出了良好的发展态势与发展前景,陈村所在的西塘乡政府与南宁市规划管理局对陈村进一步的规划改造将于2013年全面展开,陈村人必将迎来更大的发展机遇。

可见,受到冲击后而不得不做出调适的村落劳作模式,非但没有使村落走向终结,反倒使村落共同体更加牢固,与此同时,新的劳作模式带动了城乡的互动,使原本疏离或者农村处在劣势的城乡关系展现出新的相互依存的态势,促进了城乡一体化的进程。

2012年度中国城乡廊道与民俗传统的变迁

耿 波[*]

非物质文化遗产作为传统,包含了从文化"生态性"经价值规束而向"传统性"升华的内在张力,民俗传统作为非遗文化的主体内容,自身同样包含通过双层约定而实现价值规束的张力。中国民俗传统实现价值规束的主动因是日常生活化了的神圣传统,而以集镇体系经济流动为基础的城乡廊道则为此神圣传统的持存提供了空间前提,因此,完善的城乡廊道生态系统是民俗传统实现良好传承的前提条件,以此关系为内在契机,近现代以来中国城乡廊道的变迁与民俗传统的嬗变形成了应动关系。以20世纪80年代初中期为界,在此之前,中国传统城乡廊道由稳定趋向崩塌,民俗传统也由稳定传承趋向传承危机;从20世纪80年代中后期开始,当代中国城乡廊道崩塌加剧,这促成了文化发展的地方主义,同时为民俗传统走出传承危机、凸显文化自觉提供了良好契机。从民俗传承"危机"到"杂合"民俗,再到民俗传承"自觉",构成了当代中国城乡廊道变迁引动民俗传统嬗变的完整历程。

一、非物质文化遗产传统的双重属性与民俗文化的双层约定

根据国际通行定义,非物质文化遗产(intangible cultural heritage)指被各群体、团体、有时为个人视为其文化遗产的各种实践、表演、表现形式、知识体系和技能及其有关的工具、实物、工艺品和文化场所。各个群体和团体随着其所处环境、与自然界的相互关系和历史条件的变化,不断使这种代代相传的非物质文化遗产得到创新,同时使他们自己具有一种认同感和历史感,从而促进了文化多样性和激发人类的创造力。对照这一通行定义,可以分析出一个结论,一个问题。

一个结论:照此定义,非物质文化遗产(简称"非遗")的显著特征是其文化生态特征,非遗的产生与发展被认为是与周围自然、社会环境变化密切相关,非遗在根本上乃是环境的产物,这是对非遗文化生态性特征的确认。这一结论在世界范围内的非遗保护观念与实践中获得了认同、实施。承认非遗文化的生态性,将其

---

[*] 耿波,中国传媒大学文学院副教授,审美文化研究所副所长。

视为一"活态"的传统,比之将其视为"死物"而湮没于专权意志、产业霸权的非遗观念具有先进性。

但从此定义也产生出一个问题:在将非遗视为生态性造物的前提下,其"传统"性从何而来?从文化学来看,文化的生态性是将文化视为在具体环境中按照生物体的应激原则与环境相往还而产生的文化型态;文化的生态性因为局限于具体环境,因此创生与变动是其显著型态特征,但文化传统的核心特征则具有稳定性与连续性,唯有如此才能将人们的文化认同赋予形式,预设价值,形成跨越时空的传统。这样就产生了一个深化的思路:从环境应激产生的文化生态到唤起人们认同的文化传统,是一个顺向发生的过程,但却是一个需要获得价值赋予和形式呈现的升华过程。

费孝通对文化"生态性"与价值"规束性"之间的关系具有颇具启发性的论述。以原始人的"生火"为例,他将"生火"的知识分为了两个层次,一个层次是生火的"自然知识",即用什么东西,怎样磨擦,磨擦多久才能得到火等;另一个层次则是生火的"规范知识",他说:"在人类生火中,我们并不是为生火而生火的。生火是为了要达到另外的目的:煮饭、取暖、照明、敬神——于是发生了另外一套问题:为了某种用处应当在什么时候、地点、场合、由谁去生怎么样的火?生火在这里已不是一件孤立的活动,而是整个社会制度中的一部分。在和生活的联系上,生火的活动有了价值规范,有着应当不应当的问题。……决定'应当这样不是那样'的是……规范知识,和技术所根据的自然知识性质上是不同的。"①费先生所说的"自然知识"就是人们对现实应激而产生的生态文化,但这种"自然知识"必须要在"规范知识"中才能得到正名,获得其引发普遍认同的合法性,其实就是指生态文化只有在价值规束中才能得以升华。

前述"非物质文化遗产"定义的问题正在于,它将非遗文化的"生态性"与"传统性"混为一体,却并没有对非遗文化从"生态性"向"传统性"升华的契机给予指明。由此造成了这样的结果,遵此定义所进行的非遗保护常常是按需取舍,或者是强调非遗保护的生态属性与文化自觉,或者是强调非遗传统的稳固属性与象征内涵,导致了当前非遗保护观念与实践的自相矛盾。

非遗传统,应是在具体环境中应激产生的生态文化,在特定价值框架中获得正当性确认,由此而获得稳固的群体认同的一种文化传统,文化应激与价值约束的相互激荡、动态共存是非遗传统的典型形态。

非遗传统的主体内容是民俗传统。在世界范围内,非物质文化遗产保护运动的正式展开以2003年第32届联合国教科文组织大会通过《保护非物质文化遗

---

① 费孝通、吴晗等:《皇权与绅权》,岳麓书社2012年版,第12—13页。

公约》为标志,因此,所谓"非遗"好像是新生事物,但"非遗"其实是对文化传统的再命名。作为文化传统的非遗,包含了多个层次的传统内容,民俗传统尤为核心。在联合国教科文组织发布的非遗五大类内容中,其中"社会风俗、礼仪与节庆"即是对民俗之非遗属性的直接确认,在其他四大类的非遗指认中,民俗传统则分有了大部分内容。

故此,非遗传统的双重属性落实在民俗传统,就产生了民俗传统的"双层约定"。民俗形成于约定俗成,约定俗成的起因无疑是来自于环境变动提出的现实问题,因此,约定俗成的第一层含义是约其同心、共成事业,这是其文化生态层次;但在具体环境中所形成的这种约定俗成,要成为承载不同个体之共同认同的传统,"约定俗成"却需要第二层的约定,那就是对民俗本身之传统性的再约定,这一层次的"约定"与前一层次"约定"有所不同,不再是针对具体现实,而是要在所属群体中追绎价值认同,以此实现民俗文化从"生态性"向"传统性"的升华。民俗文化如果仅仅强调其第一层约定,那么,民俗行为将只是人们随机缘发、无始无终的偶发行为,无法承载稳定的文化认同,也形成不了真正的传统。

民俗传统,正是特定群体在文化应激与价值约束下相互激荡的产物。在中国社会发展历史上,民俗传统中的价值规束通常集中于神圣价值层面,这是首先需要阐明的。每论及中国文化传统的发生与传承,人们通常强调其注重实用性与功能性的现实品格,认为其缺乏超验品格,这种观念以20世纪梁启超的"中国土产里既没有宗教"[1]为开端,后来响应者不绝如缕。胡适认为"中国是个没有宗教的国家,中国人是个不迷信宗教的民族。——这是近年来几个学者的结论"[2]。否定中国文化传统的宗教性与超验品格,成为中国近现代启蒙文化的主体论调,这其实是以西方宗教传统来观照中国的结果。

中国社会传统中其实是有着自己的本土宗教与神圣价值体系的,杨庆堃在《中国社会中的宗教》中说:"低估宗教在中国社会中的地位,实际上是有悖于历史常识的。在中国广袤的土地上,几乎每个角落都有寺院、祠堂、神坛和拜神的地方。寺院、神坛散落于各处,比比皆是,表明宗教在中国社会强大的、无所不在的影响力,它们是一个社会现实的象征。"[3]在这本书中,杨庆堃将西方宗教视为制度性宗教,即宗教本身形成了一种社会制度,而将中国本土宗教视为弥散性宗教,认为宗教行为是呈弥散状态镶嵌在整体社会制度中[4]。在中国传统社会中,弥散

---

[1] 梁启超:《中国历史研究法》,上海古籍出版社1998年版,第283页。
[2] Hu Shih, *The Chinese Renaissance*, Chicago, 1934, p.78,转引自杨庆堃:《中国社会中的宗教·导言》,上海人民出版社2007年版,第23页。
[3] 杨庆堃:《中国社会中的宗教·导言》,上海人民出版社2007年版,第24页。
[4] 同上书,第35页。

性宗教与日常生活混同,宗教的神圣性体验与日常生活的世俗体验水乳交融,融涵互动。正是这种神圣体验与世俗体验的互动传统,使中国民俗文化由生态应激不断地向价值规约转化,双层约定不断深化,民俗传统得以生成。

弥散性宗教在中国传统中的存在,在根本上又是与中国儒家文化传统的根深蒂固相关。自孔儒以来,儒家思想中间虽经历几变,但其强调在日常现实中实现道德之超验性领悟的主旨却一直未变,正是在这样的"即现实即超越"的伦理观念的推动下,中国本土宗教的超验体验才趋向于在日常生活中以弥散状态存在。以此而言,在民俗文化实现从"生态性"向"传统性"升华、完成双层约定的过程中,中国传统社会中的伦理观同样起到了价值约束、提携升华的意义。

在宗教体验、伦理认同以外,在中国社会传统中,实现价值约束的神圣性资源还包括政治传统所提供的权威人格(卡理斯玛人格),以及艺术传统所提供的审美境界。前者通过与宗教、伦理神圣价值体系建立合法援引关系(君君臣臣父父子子)而获得神圣资格,后者则通过艺术活动唤起超越体验。宗教、伦理、政治、艺术,四个不同领域的活动在根本上又都是通过宗教的弥散性而实现了神圣性的贯通,融嵌在现实生活中。四位一体,为人们日常生活提供现实升华与规约,同时也为民俗传统提供了从"生态"向"传统"升华、双层深化的契机。

二、中国区域传统中城乡廊道的公共意义与六要素

然而,这其中仍然存在一个问题:因为中国传统社会中的神圣性传统本身呈弥散型态,不像西方制度性宗教那样,其神圣性传统强烈集中,因此,其对民俗文化生态性的价值规束必然是松散的,约束失范、规而不束的情形必然会经常出现。那么,在中国传统社会中,防范神圣性传统因其弥散而涣散的内在机制是什么呢?宗教社会学的研究指出,神圣性传统得以维持其神圣性的关键社会要素,在于社会公共性传统的存在,人与人共在乃是人与神共在的前提;人与人共在的社会场域,虽然并不是神圣性传统发生的全部条件,但社会公共性的缺失却必将导致神圣价值的"去魅"。如马克斯·韦伯在考察西方社会现代性发生历程时所指出的,基督教神圣传统的"去魅",正是与伴随资产阶级兴起而剧烈涌现的私人领域密切相关的。

在中国传统社会中,弥散在日常生活中的神圣传统得以传承,同样有赖于社会公共领域的存在。中国传统社会中,与神圣传统之维系相关的公共领域丰富多彩,可称之为神圣公共领域,中国大部分公共祭祀场合,如寺庙、神坛、社祀等等都是典型的神圣公共领域,而在此之外,更有难以数计的非典型神圣公共领域存在。在区域社会中,以典型的神圣公共领域为影响力的中心,非典型神圣公共领域以网状形态承受其神圣性内涵辐射,两者共同组成了覆被全区域、表现出不同层次

的神圣网络。正是在这一覆被广阔的神圣之网上,民俗传统的文化生态性得以实现价值规约。

若对此神圣网络的空间特征进一步深化,还可发现:在中国传统社会中,神圣公共领域的网络型构,其从影响力中心向周围的辐射,其动力并非全部来自神圣价值的内在驱动,而是与区域内经济驱动相叠合而进行。在中国传统社会中,区域内神圣公共领域体系与集镇体系有着高度重合关系。集镇体系作为传统中国小农经济的资源配置方式,在中国传统区域社会中广泛分布。根据施坚雅对中国区域社会的研究,中国区域传统的集镇体系大部分位于区域内中心城市向次级城市与乡村的辐射通道上,通过发达的集镇资源分配,中国城乡维持了畅通的交流廊道[①]。在城乡间由集镇体系所形成的经济通道上,文化交流搭载经济驱动而进行。从神圣传统在区域空间中的型构来看,富有影响力的中心性神圣公共领域一般都与发达的集市存在着叠合关系;同时,在城乡间集市体系所造成的城乡廊道中,神圣公共领域得以延伸、拓布,在城乡廊道中拓展。

神圣价值的传承需要神圣公共领域的存在与活跃,而在中国区域传统中,神圣公共领域的型构又建立在由城乡间集镇体系而形成的城乡廊道中,因此,城乡廊道的存在其实是神圣价值实现社会传承的空间前提。在由集镇经济体系与神圣领域体系叠合形成的复杂城乡网络中,文化行为上的生态性借助经济行为上的功利性得以发生,而神圣传统的归属性则使其自我抑制,最终形成了文化的传统性。对于民俗文化而言,因其缺乏确定的物质形态,本身即是活态的,其在城乡廊道的互动中实现传统生成的特征就更加典型。

因集镇体系的经济流动而产生的公共性场域,即城乡廊道,为民俗文化提供了从"生态性"向"传统性"升华的可能,进而在双层深化中形成了民俗传统得以存在与传承的完整系统。析而言之,城乡廊道生态系统可包括如下六个要素:

一是城乡间集市体系。集市体系作为城乡间经济结构的节点,为民俗文化生态系统提供了基本驱动力,使民俗文化本身的生态性得以释放。

二是城乡间神圣公共领域。神圣公共领域是神圣价值得以传承的关键,在中国区域传统中,区域内神圣公共领域的空间分布和层级体系与集市体系相叠合并高度关联,两种体系的产生当然各有其传统,但其在空间上的高度关联却使后者从前者获得部分驱动力;而神圣公共领域的存在,又将援托集市经济行为而存在的文化生态导向价值传统。

上述两个要素,是中国城乡廊道的核心要素,两者成为产生于不同传统却在相同空间存身的双核,双核之间的张力与互动构成了城乡廊道的主体动力。集市

---

① 参见施坚雅:《中华帝国晚期的城市》,叶光庭等译,中华书局2000年版。

体系与神圣公共领域体系重合所形成的特殊空间,散布于以城乡为两端的绵延地带之上,或在城市(比如庙会空间),或在村落(比如社祀空间),更多的则是集中于城乡之间与村际之间。两种体系的空间叠合,实质上是相互抑制且相互借重,任何一方的缺席都将造成城乡廊道的涣散。集市体系与神圣公共领域体系的叠合形成了城乡廊道系统的双核,但并非全部,在双核带动之下产生了城乡廊道的其他社会性要素。

三是城乡间流动人群。人群是集市体系中的经济行为主体,也是神圣公共领域体系中的神圣体验主体,两种体系的空间叠合造成了在城乡廊道中往返的人群必然是双重身份的。在中国传统社会中,往返于城乡间的人群丰富多样,最常见的四类人群分别是乡绅(或乡村知识分子)、商人、村巫(其中包括游方郎中、为人禳灾驱邪的僧道尼等)与游艺群体。

乡绅是村落礼仪的维护者,同时也是致力于在村际之间和城乡之间实现沟通的实施者。因为在村落中的富裕地位与礼仪身份,乡绅群体对国家集权有着充分认同,其人生设计基本上都包括壮年时出"村"入"城"的入仕,但在人到晚年或仕途不得志的前提下又会很自然地选择回到村落,在这一"去"一"来"的回还中,乡绅群体实际上连接了"村"与"城"的文化,为城乡廊道的形成提供了一种契机。乡绅阶层的城乡往返为城乡廊道提供的发生契机,独立于集市体系所产生的经济驱动力之外,本身即包含着来自于政治集权的驱动力;从对政治中心的认同和疏离出发,乡绅阶层往返于城乡,当其作为政治集权的象征人物参与到各种神圣仪式之中时,实际上成为政治集权象征与神圣价值象征共有的"政治—神圣象征人物",以此而对民俗文化的"功利性"给予价值归束。也正因为乡绅群体在城乡廊道中给予民俗功利性的规束是独特的,因此,在中国城市化进程中,随着集市体系的逐渐崩溃,乡绅群体所起的价值规束作用反倒越来越大。

商人群体直接派生于集市体系,他们或者是大宗贸易的持有者,或者是走街串巷的小商小贩,甚或是村落中农民在集市上出卖自己的土产,这都可视为城乡廊道中的商人群体。中国传统的商人群体很明显地不同于西方经济传统的"经济人",在商业行会或道德伦理的制约下,他们的经济行为本身即是利益占有与自我约束双重冲动的合一。商人群体行走于城乡之间,他们在集市体系与神圣公共领域体系的叠合空间中显身,作为这一叠合空间中的活跃群体,他们的存在使得这一叠合空间的社会性得以充分显示。

村巫群体则派生于村落祭祀传统。中国村落的村巫传统可上溯至先秦时代,随着中华文明体系中"国家"的凸显,"城市"与"国家"日益同构,而"村落"则保留了更多的神秘祭祀传统,村巫即是村落神秘祭祀传统的守护者。村巫的人群成分非常复杂,而且其在村落社会中的社会身份并不稳固;他们走街串巷,在村际之间、城乡之间游走,通过祭祀仪式为人们禳灾驱邪,似乎是一个个流动的祭坛,将神秘性体验散播到城乡之间,这种神秘体验同样会成为约束文化"功利性"以使其成为"传统"的资源。村巫群体离不开城乡之间的集市体系,因为禳灾驱邪于他们而言其实是一门得以谋生的"手艺",而唯有发达的集市体系才能为这些村巫的存在提供合适土壤。

还有游艺群体,即是所谓"草台班子",他们通过表演杂耍、演艺等等,实现了人群的聚集。于他们而言,游艺是一种谋生手段,但他们的游艺活动又往往与神圣祭祀高度关联,因此,游艺群体的城乡流动同样提供了一种神圣价值的规束意义。

四是城乡间道路空间。在城乡廊道系统中,城乡间道路并非单纯过往的通道,而是人们实现社交的重要空间。在中国区域传统中,"鸡犬相闻,老死不相往来"的保守心理,使人们不可能专为修路而修路,道路空间的出现往往是因缘发生,即其总是与某些社会聚集中心相关联,这些地方大部分就是区域中的集市中心或神圣公共领域。不仅如此,这些社会聚集中心作为外来者的"目的地"和本地人的"居住地"之间,往往存在着文化悬差,这使得道路不再是单纯的物理空间,而是人们体验文化差异、产生诸多感喟的体验空间。此外,传统社会中交通工具比较落后,步行是最普遍的交通方式,人们在其中盘桓徜徉,遭逢陌路之人时,也不似在村落中一样遵循"熟人交往"的原则,而是充满渴望交流的热情,这使得道路变成了人与人进行社交的空间,道路旁的茶馆、饭肆,甚至烈日中的一袭凉荫都成了人与人之间社交欲望释放的所在。在与陌生人的社交中,文化自身的功利性应激而出,而此文化功利性又在社交的公共形态中得以屈抑,从文化生态升化为价值传统。

五是在城乡间同步调谐的传统节日。在城乡廊道系统中,空间型构的整体性需要时间上的调谐。城乡廊道的生态系统作为集市体系与神圣领域体系的空间叠合,虽曰叠合,但因其产生自不同的传统,必将随着日常生活的推动而出现空间脱离,即集市体系成为纯粹的经济体系,而神圣领域体系则变成纯粹的仪式空间,而能使这一空间脱离被防止的重要文化形式即是传统节日。中国传统节日作为一时序结构,是因农事活动而产生的天时崇拜与祖先崇祀杂合而成,自身有着浓厚的神圣内涵,但在大部分中国传统节日中,敬天、祀神以外,节日还是重要的娱人时刻,在神圣体验的大背景下人、神同乐是节日的核心内涵。因此,传统节日作为一时间节点,是神、人各得其畅的时刻,这与城乡廊道系统中集市空间与神圣公共领域的空间叠合具有价值指向的相类趋向,这就使得传统节日的发生成为一种特殊的调谐机制,通过节日在特定时刻的调谐,使人们对集市体系与神圣公共领域体系的叠合空间产生再认同。

六是民俗传统的符号载体。在城乡廊道系统中,民俗传统在其应激性的文化生态与神圣价值的规束之间激荡,而使此文化激荡得以显现的是民俗文化的载体形式,即符号与仪式。民俗文化不一定有确定的物质载体,但一定会有彰显其形式的符号与仪式。民俗传统的文化符号与仪式,之于文化本身并非简单的"形式"与"内容",其本身即是双向互动的媒介。在城乡廊道系统中,民俗传统的产生本身是公共性的产物;在神圣公共领域中,人们之间的互动使民俗文化的功利性与价值规束倾向同时发生,产生了人际互动,并反过来成为了人际互动的文化中介。民俗文化的显见"形式"即其符号仪式,其意义并不全在于对民俗文化内涵的传达,而在于成为引导人们共同参与、相互交流,以现实在场的方式获得空间意义上的公共性体认。唯有在此公共性体认中,神圣价值的传承才是可行的,而民俗自身的功利性才能得以实现其向传统性的跃升。

三、20 世纪 80 年代以来中国城乡廊道的变迁与民俗传承状况

完善的城乡廊道生态系统是民俗传统实现存在与传承的前提条件,因此,城乡廊道的变迁也直接造成了中国民俗传统的变化。在城乡廊道系统中,村落社会相对稳定,城市聚落的变化则是永恒的,其总体趋向呈现为不断加速的城市空间扩张与区域内资源向城市的聚集,这导致中国区域传统中城乡廊道一直处于变动之中,而此变动乃是造成中国民俗传统变迁的根本原因。

城乡廊道变动与中国民俗传统变迁的应动关系,大体可以 20 世纪 80 年代为界可分为两个阶段:在此之前,中国城乡廊道传统由稳定趋向崩塌,民俗传统也由稳定传承趋向传承危机,至 20 世纪 80 年代初中期,民俗传承危机大幅呈现;从 20 世纪 80 年代中后期开始,当代中国城乡廊道发展的崩塌日益加剧,最终沦为城乡间纯粹经济通道,城乡间的神圣传统完全被削平,但传统城乡廊道的崩塌为文化发展之地方主义的崛起提供了良好契机,这促成了民俗传统在传承危机中突围,最终走向了传承的文化自觉。

(一)近代中国的城乡廊道总体稳定,民俗传统稳定传承

自 1840 年以来,伴随列强侵华,中国近代化进程展开。列强侵华造成了半封建半殖民地的中国社会形态,不正常的政治架构造成了畸形的区域经济形态,农村经济日益凋敝,而为数不多的几个大城市如上海、北京、武汉、广州等成为区域经济结构中生产高度聚集的节点,与传统中国典型的城乡关系相比,近代中国已逐渐出现了城乡疏离,但并未产生严重后果。原因在于,近代中国城市化进程的突出动因来自殖民势力的外在催动,因此,其城市化新变主要体现在若干较大城市,而在中国区域传统中作为传统关系承载者的中小城镇,则相对稳定,并未遭受太大破坏,因此集市经济体系仍然相对健康。在集市体系相对稳固的大前提下,

传统城乡廊道中与集市体系相叠合的神圣公共领域体系,在近代城市化进程中同样保持了稳定的传承,祭祀与礼仪场所的数量并没有急剧减少,其社区认同度仍然保持了较强的向心力;不仅如此,解放前随着时局动乱的加深,宗教祭祀呈现出上升水平。

因为集市体系与神圣公共领域空间叠合的总体结构未变,因此传统城乡廊道的多种要素,如城乡间流动人群、道路社交空间、节日调谐体系与符号仪式等基本上维持了传统状态,但在某些方面仍有值得关注的改变。在近代中国的城乡互动中,城乡间流动人群的社会成分并无太大变化,但在乡绅群体(乡村知识分子)这一阶层的流动轨迹上有了较大变化:在传统社会中,乡绅群体的"去村"与"回村"是自然而然的事情,而在近代,因为"城市"与"国家"的同构日益强化,加之因外来经济殖民所造成的村落社会的落后动乱,越来越多的乡绅在去村"进城"后,或者是一去不返,凭着村落的租佃收入在城里做起了寓公,或者是飘洋过海,从"城市"到了"国外",而从"城里"直接"回村"的人越来越少[①]。这对中国民俗传统的传承有着深刻的影响。在传统村落中,乡绅是村落传统的真正维护者,也是大部分神圣公共领域的实际支持者,他们在村落社会中的缺席,直接造成了村落传统开始走向衰落。这种衰落并不直接表现为村落传统的消失,而呈现为村落传统因为缺乏乡绅阶层在世俗公共价值方面的引领,村落社会的价值引领较多落到了村巫群体身上,村落日益变成了一个"神秘"聚落,并在与城市"文明"的对比中变成了"落后"的代名词。换言之,在传统城乡关系中,村落与城市如两个相互对照的灯塔,但在近现代时期村落的灯塔逐渐变暗而城市灯塔空前加亮,村落在城市的光照中逐渐湮没在神秘、落后的蛮荒中。在中国现代文学的乡土作家那里,村落的"神秘"与"落后"成为其作品所凸显的相互交织的主体意象,比如鲁迅的《社戏》《故乡》就是典型例子。乡绅群体从"村落"向"城市"的一去不返,对传统城乡关系造成了轻微却意味丰富的倾斜,由此改变了传统城乡廊道的生态特征,并因此也造成了中国民俗传统的改变。

在城乡廊道中,村落传统的日益蛮荒化,对中国民俗传统造成的影响体现在两个方面:一是村落中民俗传统在近现代主流进程中开始走向"失名"。于村落主体而言,因为缺乏乡绅群体在道德理性上的规束,村巫群体的神秘价值成为村落价值的主体,所以其在民俗文化中所包含的功利性冲动就更多地与神秘崇祀联系在一起,这种被神秘传统规束的民俗传统,在越来越显亮的大的城市化文明背景下不可避免地成为了落后、蛮荒文化的显著象征,这直接导致了民俗传统在近现

[①] 费孝通对20世纪30年代中国知识分子城乡去向变化有较为深入的观察和评论。参见费孝通:《论"知识阶级"》;费孝通、吴晗等:《皇权与绅权·序论》,岳麓书社2012年版,第19页。

代历程中的"失名",即虽有实体仍在,却因其缺乏文明性特征而无法命名。二是村落中的民俗传统在现代启蒙视野中重新被"命名"。伴随村落民俗传统在近现代主流进程中的"失名",同时发生的还有重新被"命名"。对于现代知识分子而言,他们大部分是从农村来到城市,但他们既无法在现代城市中真正落脚又无法再回到自己故乡。他们生活在城市中,经济状况、身份归属、精神认同都面临空前危机,这种危机感与国家民族的危亡体验叠加在一切,促使他们要去寻找国家救亡同时也是自我救赎的出路,其中他们找寻到的路径之一,就是从其"来处"即村落传统中去找寻,村落民俗传统因此在知识分子的启蒙视野中被"发现";但村落民俗传统的再次被"发现"并非民俗主体从其生活世界中进行的自我发现,而是来自启蒙传统中的知识性发现,因此,再次被发现的民俗传统已完全是知识传统意义上的民俗了,它们因知识之名而重新出场,这就是20世纪二三十年代学界研究中"民俗热"出现的根本原因,也可由此去理解此"民俗热"的文化实质。

(二)建国后至20世纪80年代初,城乡廊道全面解体,民俗传统出现危机

建国后至20世纪80年代初,这一时期中国的发展充满跌宕与悬念,但总体而言是国家确立其社会主导地位,政治意识形态渐成主流价值观的演进历程。在此时期,于国家建设而言,强化政治集权与加快生产建设是同时并行的两大中心任务。在此国家意志的催动下,中国区域发展呈现如下特点:一方面,城市成为区域内的政治与经济中心,政治上的权力话语中心与经济上的资源聚集地,使得城市对农村保持了绝对的高位势态,前者对后者的区域影响力集中体现为政治与经济上的单向辐射;另一方面,于农村而言,在政府所推行的轰轰烈烈的"土改""破四旧""移风易俗"等运动的荡涤之下,此时期的中国农村日益变成了国家政治与经济体系中的单元,而其在价值认同上延续千年的神秘崇祀传统,及同样延续久远的小农经济被基本割除。如果说,村落在解放前既已丧失其道德理性传统,那么在此阶段又逐渐丧失其神秘传统,城乡廊道空前扁平化。与此同时,小农经济的被割除,使得传统的集市体系遭受重创。传统城乡廊道的集市体系与神圣公共领域体系,在国家意志的冲击下全面走向解体。

"体之不存,毛将焉附",随着集市体系与神圣公共领域体系的全面解体,导致了城乡廊道其他要素的空前恶化。在城乡间流动人群方面,因为城市本身在政治与经济上的绝对高位优势,使得出身农村的知识分子如同解放前的乡绅一样,从农村去城市后同样是一去不返;但与旧乡绅不同的是,解放后出身农村的知识分子入城后大部分进入"单位",成为了国家公务人员,因此,他们较少有可能去省思并尝试救赎村落传统。城乡间流动的其他人群如商人、村巫与游艺团体更是被全面禁止;这一时期城乡间的人群流动空前荒落。在节日传承方面,传统节日的时间序列虽然没有变化,但却在国家强势意志中被改写,节日的神圣内涵被全面涂

抹,而代之以国家意识形态,节日被纳入国家盛典的时间序列;同样,在全民生产作为国家意志重要象征的意涵中,节日又被纳入全民生产的时间序列,这最终使得节日成为"国家盛典"与"生产贺典"时刻,其在传统意义上所具有的民俗功利性与传统性的调谐意义丧失殆尽。道路社交空间也消失在城市与村落的绝对隔离中。

城乡廊道的全面解体,可作为这一时期民俗传承考察的大前提,因此决定了这一时期民俗传承的特点。在城乡廊道全面解体的大背景中,村落在国家意志所推动的"民族性""人民性"的价值框架中被空前抬举起来,一改解放前对村落社会的"蛮荒"界定,村落成为民族传统的根系所在。但这种抬举很明显是连根拔起式的"抬举",等同于一种文化"漂白";旨在遏制村落主体的冲动意志,使其在高度的国家与集体认同中放弃了自身的生态诉求。而民俗传统的形成在根本上是文化功利性与价值规束性的相互激荡,因此,在国家意志成功地"漂白"村落主体意志后,价值规束的真实含义就变成了极权认同,民俗传统的传承在这一时期全面陷落。

但判定这一时期"民俗传统的传承全面陷落"又是不确切的,真实情形应是,这一时期民俗传统其实是以潜存的方式持续存在。城乡廊道的全面解体,使得村落社会的民俗传统沉落在国家意识所造成的层层积压之下,这种"积压"造成了两方面的文化传承效应:一方面,这些被积压的村落民俗传统于村民主体而言,成为一种在与国家、集体相直面的情形下不能公开讨论的村落隐秘知识,并通过残留在村落中的各类村巫而得以流传;另一方面,在村落传统被国家话语指认为民族传统根系所在的意义上,村落民俗也被确认为是体现了民族传统的知识传承体系,并由国家组织对之进行了大规模的搜集整理工作。于是,在城乡廊道全面解体的大背景下,民俗传统在体现国家意志的权力话语中呈现为两种知识形态,即在村落中的"隐秘知识"与在国家体系中的"民族知识"。这种在国家意志积压下所造成的民俗"知识化",正与解放前由乡绅知识分子对民俗的确认相一致。就这样,在建国前后的将近半个世纪里,中国民俗发展完成了它的"知识化"转向。作为知识的民俗传统,与作为在文化功利性与价值规束的激荡中形成的民俗传统相对,后者将民俗传统视为文化个体在具体情境中的生动应对与自我约束的合一,前者则将民俗视为一种抽象的符号体系,两种民俗传统观念的分歧与冲突构成了新时期以来中国民俗传承的主调。

时至20世纪80年代初中期,伴随中国传统城乡廊道崩塌的加剧,民俗传承危机不断深化。但进入80年代中后期,中国城乡关系空前活跃起来,呈现出廊道复兴的表象,民俗传统则在各地纷起的旅游产业中大显身手,给人一种"民俗中兴"的印象。然而就其实质而言,20世纪80年代中后期以来中国城乡廊道变迁与民俗传承之间的应动关系,其实是城乡廊道崩塌加剧深化与民俗传统在传承危机中发生形态转化、从民俗"杂合"到"自觉"的并行过程。

(三) 20世纪80年代中后期至新世纪初,城乡廊道极度扁平化,民俗传承呈现"杂合"特征

1978年十一届三中全会将"以经济建设为中心"确立为基本国策,中国经济发展从计划经济转向市场经济,但新时期中国市场的"特色"是其在国家意志指导下的市场经济,因此,十一届三中全会后中国社会的"以经济建设为中心"其实是国家意志的另一种体现,但其进步在于,国家意志退到了幕后,经济自由推到了前台。在经济建设的号角全面吹响之后,新时期中国的城乡关系呈现新的面貌。在农村,土地包产到户极大地释放了农民的生产力,在村落社会中几乎所有的传统价值都在"解决温饱、发家致富"这一官民共同认同的观念下得到转化;在城市,其作为区域社会中实现政治集权与资源配置的角色进一步凸显。于是,渴望致富的农村需要城市的市场,而作为经济桥头堡的城市正需要农村的低廉劳动力,在这一时期,城乡关系在实现区域内经济合作的意义上空前和谐。

然而,这种"和谐"却是极度扁平化的。与传统的城乡廊道的典型模式相比,神圣公共领域体系在经历了建国后持之以恒的摧残后,已是风流云散、不成体系;而到了这一时期,残余的神圣公共领域体系遭受的却是另一种摧残,即通过将其转化为地方产业资源而彻底改变了它的神圣性身份。经此两番巨变,中国城乡之间的神圣公共领域体系彻底沦于虚无。失去了神圣体系叠加的城乡廊道,只剩下纯粹的经济产业关系横亘在城乡之间,城乡廊道成为典型的产业化扁平模式;在产业化的城乡廊道中,所有的城乡互动都成为了产业资源的交换。

在城乡间流动人群而言,出身乡村的知识分子仍然大量出"村"入"城",一去不返。不仅如此,这一时期在新建高考制度的催动下,这种知识分子入"城"的速度明显加快了;还出现了数量日益庞大的民工群体,在经济利益的促动下,他们离开了自己的村落家园前往城市谋生。特别值得关注的是,在这些数量庞大的民工群体中,包括了相当数量的乡村"能人",他们的离"村"去"城",对中国村落传统造成了重要打击。这一时期,在城乡间流动人群中,除去出身农民的知识分子与民工群体外,还产生了城乡间新的流动人群,即观光客。中国旅游产业产生于20世纪80年代初,增长极其迅速;中国旅游观光的目的地基本包括两个方面,一个是名胜地旅游,另一个则是乡村旅游,而对此时期城乡廊道生态造成显著影响的是后者。道路社交空间方面,20世纪80年代以来,随着全国乡村三级公路体系的建设,传统城乡间道路社交空间被快速剥离,道路成为往返城乡的人们无法停下来的流动风景。在传统节日方面,一方面是老百姓按照传统的惯性在日用不知的"过节",另一方面则是由当地政府推动的节日产业化与典礼化,"过节"成了"看节"。

总而言之，这一时期城乡廊道是典型的经济廊道，在经济廊道中，民俗传统的大幅产业化成了必然，这就是当前学界对这一时期所谓"文化搭台，经济唱戏"的判定。然而，这一时期民俗传统的发展，却在表面上的全面产业化之下有着更深刻的表现。

民俗活动的全面产业化，意味着民俗传承本身成为了一种人们以之为谋取更好的现实生存方式的手段，所凸显的是民俗传承的文化生态特征，其实是对民俗传统之文化生态与价值规束之激荡结构的拆分与去价值化。值得关注的是，这种对民俗传统二元层次结构的拆分与去价值化是如何发生的？当然，其显见的原因是政府对自身区域利益的极端追求，但是考察这一时期的民俗产业化便可发现，民俗产业化的发生并非全部是地方政府外在推动的结果，民俗传承主体的主动产业化与知识分子群体对民俗产业化的肯定，其实是这一时期民俗产业化的显著内因。因此，这一时期民俗传统主体（即村落主体）与知识分子群体民俗传承观念中与民俗产业化相契合的倾向，特别值得关注。正如前边所指出的，在中国民俗传统的近现代发展中，民俗传统在村落主体与知识分子群体两个层面的"知识化"是一以贯之的整体走向；民俗传统的"知识化"，其实质表面上是对民俗传承文化功利性特征的祛除，但其更深刻的剥离在于，它在祛除民俗传承的文化生态特征时，也使得民俗传统中的价值归属无处落脚，最终造成的是民俗传统只是作为知识"碎片"而存在。正是首先出现了在民俗传统传承中的"碎片"化，然后地方政府对其全面产业化才得以实现。因此，这一时期民俗全面产业化是当时现实催逼，也是发展之必然。以此"碎片"化的、无所信仰的民俗传承为契机，官方成功地引导民俗传承主体追求其现实利益，造成了民俗传承主体与知识分子群体在民俗产业化中的主动表现。

失去了价值规束的民俗传承，使得民俗传承主体的现实利益诉求得以凸显。更值得关注的是：民俗传承主体通过产业化表达出的现实利益诉求主要发生在村落空间，但通过人群在城乡间的流动，民俗传承主体的功利性诉求与城市社会中的大众意欲相交织，形成了特殊的民俗传承样态，我们可将之称为"杂合民俗"。这一时期，城乡间流动人群存在着一来一往相互交织的两个人群，即从城市来乡村参观民俗的"观光客"以及从村落去城市打工谋生的"民工"。前者的社会身份是城市人，他们参观民俗所表现出的猎奇欲望，就其根本而言是城市化本身的产物，是城市社会作为一个缺乏传统的乌合之众而呈现的欲望形态。猎奇欲望对民俗的观赏产生了人们所认为的不伦不类的"假民俗"，但所谓"假民俗"的产生，一方面是适应城市人猎奇欲望而进行的创制，另一方面这种创制又是民俗传承主体自身，关键并非全是外在的力量，是从其民俗产业化意欲出发，通过改制传统而完成的。民俗主体对传统的"改制",是对城市人观光欲望的迎合,也是其自身产业欲望的表达,两种欲望叠合在一起而产生的"假民俗",是在当下社会中具有一定的社会基础的,只是缺乏一种价值规束而已。这种"假民俗"其实是一种"杂合民俗",是民俗传承人从其自身传统出发而制造却并没有产生文化价值规束的传统,停留在了一种以欲望为核心的"半死不活"状态。

与民俗观光相反,当民工涌向城里,因此而产生的民俗传承形态同样是一种"杂合民俗"。新时期以来,在中国城市化进程的初期,进城民工主要所从事的是重体力劳动,但随着城市化进程的发展,涌往城里的民工的数量日益增大,成分日益复杂,到了 90 年代后期,新生代民工群体已进入城市各个行业,在城市中的社会影响越来越大,在城市中形成了无数潜在的"隐形村落"。为应对新的城市环境,援引自身的民俗传统成为这些新兴"城里人"必然的选择,村落民俗传统由此进入城市。但进入城市的村落民俗传统,产生于对环境的应激,缺乏价值规束的契机,因此只是作为这些"新城市人"的一种文化生态行为。这种生态行为同样是从民俗传统出发,承载的却是城市欲望,因此其"杂合民俗"的特征是同样明显的。

(四)新世纪以来,城乡廊道消失于地方主义的竞争中,民俗传承日益强调文化主体的自觉,"还俗于民"成为全新城乡廊道语境中民俗传统的总体趋向

进入新世纪,中国城乡廊道全面陷落。新世纪以来,中国城市化进程的推进与全球化高度同步。十一届三中全会后,中国经济的高速发展造成了地方性经济的繁荣,地方之间的利益争夺成为中国政治经济结构的核心矛盾。城市化进程与地方利益扩展的叠合,造成了新世纪以来中国城市化的独特形态。如果说建国以来,中国社会的城市二元结构一直是不断凸显的,那么自新世纪以来,地方利益的冲突使得超越于"城市"与"乡村"之上的"区域"格局凸显出来,除去北京、上海、广州等一线城市尚具有跨区域的中心意义外,大部分的二三线城市在其区域社会中其实已逐渐失去其中心性。在地方主义的竞争格局中,城乡关系逐渐被淡化。

城乡关系的淡化,使得传统的城乡廊道趋向彻底消失。传统城乡间集市体系让位于跨区域的经济关系,在传统城乡间经济格局中起中介作用的小城镇与集市体系大面积消失。原先的神圣公共领域体系,已在地方主义的经济强势中转化为了产业资源。这种地方神圣空间体系的资源化转向,在 20 世纪 80 年代初刚刚开始时,于民俗传承主体的认同而言尚是浅层的触动,但从 80 年代到新世纪初,经过了 30 余年持之以恒的资源化重置,历经一代人的洗礼,神圣空间体系的社会认同也已彻底消失。其他城乡廊道的要素也发生了巨大变化:城乡间流动人群中,出身农门的知识分子、农民工群体与数量越来越庞大的旅游观光客,其显著的变化是已逐渐失去了文化认同上的城乡冲突感;城乡间道路已被繁密的铁路公路网所覆盖,道路社交已根本不可能;传统节日被日益纳入社会生产秩序,节日本身的神圣性传统消失在娱乐性、休闲性中；民俗传统的符号与仪式的视觉化日益凸显，而其吸引人们亲身参与的可能性越来越小。

这一时期，传统城乡廊道在地方利益的竞争中整体陷落，与此同时，在地方利益所圈定的区域格局中同时产生了疏离于城乡关系之外的特殊空间，即旅游观光区。旅游观光区从传统的"景点"发展而来，但与"景点"有区别：旅游观光区的设立，本身是通过旅游资源集约化而实现产业聚集的形式；在空间位置上，旅游观光区非城非乡，前去旅游观光区的群体不再是单纯的"城里人"或"乡下人"，而是统称"游客"，人们在旅游观光区所获得的既不是村落的神圣体验，也有别于城市的欲望体验，而是以一种激情和诗性为引导的脱离现实的乌托邦经验。新世纪以来，旅游观光区大量兴起，空间急剧扩张，通过大量景观符号的设置，中国大部分区域朝向全景化发展，由此所产生的乌托邦经验漫漶开来，将民俗传统得以形成的文化生态与价值规束相激荡的双重体验皆给予虚无化，造成了民俗传承在新世纪以来的真正危机。

然而，这一时期因城乡廊道的整体陷落所导致的民俗传承危机，也孕育了另一种意义上的契机。新世纪以来地方利益的争夺，促使民俗传承的资源化日益深化，民俗传统成为不同地方之间及地方内部不同利益群体之间竞相争夺的产业资源。这种竞争首先产生的是民俗传统的被荼毒，但竞争的深化却必然地产生了博弈与协商。伴随民俗资源竞争的深化，民俗传承的现实实践逐渐演化为不同社会全体之间的文化政治。这种因地方利益冲突与妥协而产生的民俗文化政治，同时与其他两个因素合流而成为新世纪民俗传承的主流：一是新世纪以来，国内的民俗保护通过国际非物质文化遗产保护运动理念的进入中国而"正名"，中国民俗保护获得"世界舞台"；二是自20世纪80年代以来在中国城乡交织中而产生的"杂合民俗"，在日益普泛化和多元化的城市化进程中，同样演化为不同城市人群之间实现博弈与妥协的文化政治。民俗传统的政治化趋向，在某种意义上是民俗传统传承的生机，因为这意味着在神圣价值规束隐遁之后，民俗传承中的文化生态可通过政治性而获得公共性价值的规束。

新世纪以来，民俗传承的文化政治倾向日益明显，由此产生了民俗传承中极具先进性的保护理念，即"还俗于民"。"还俗于民"主张民俗传承保护应充分发挥民俗传承主体的文化自觉性，使民众成为民俗传承保护的决定性力量。

民俗传承"还俗于民"的先进理念，实际上涵纳于更为广泛的非遗保护的"文化自觉"观念中。对于非遗保护"文化自觉"的倡导，较明确的起点是2007年。2007年，文化部开展了国家级非物质文化遗产项目代表性传承人的认定与命名工作，分别于本年度6月和2008年2月，公布了两批共777名国家级非物质文化遗产项目代表性传承人，并在人民大会堂举行了颁证仪式。中国文联、民协于2007

年6月6日"文化遗产日"举行首次"中国民间文化杰出传承人命名大会",全国156个非物质文化遗产项目的166个民间艺术家获得称号。各省市区也陆续开展了地方非物质文化遗产项目代表性传承人认定命名工作。"非遗传承人"国家计划的推动,首次在国家层面上将非遗保护与利益获得联系起来,这使得非遗传统的归属问题空前凸显。随后的一篇报道颇能说明问题:"'成了国家级的传承人,感觉有压力。'北京天桥中幡的传承人傅文刚如是说。他的压力来自两个方面:一是成为首批国家级非物质文化遗产项目代表性传承人,不仅是光荣,而且责任更重了;二是不知道国家会对传承人采取什么样的保护措施,心里不是很有底。跟傅文刚一样,'聚元号'弓箭制作技艺传承人杨福喜也不无担忧:'保护文化遗产,我们手艺人努力是一方面,政府也得动真格的。如今,好徒弟难找,可也怕教好了徒弟,饿死师傅……。'"①"非遗传承人"制度的推出,在社会层面上的确造成了这样的推想,即政府用对非遗传承人的"经济补助"将非遗变成了"国家"的。

  正是针对这种非遗"国家"化的趋势,在学界应激性地凸显了非遗民本主义的"文化自觉"倡导,仅举具代表性的三位学者。2007年,刘铁梁在《节日的地方性》中认为"节日文化的地方性"应是节日非遗保护的关键②。2008年,他在谈到节日遗产的定位时说:"节日通过全社会参与性的交往实践使每一个成员都一再地进行或者是不断地重温对于自身文化的感受,这种感受是刻骨铭心的。"③将节日明确地定位为社会民众通过参与而形成的自觉文化形式。高丙中是较早明确提出非遗保护"文化自觉"的学者,早在2006年的《对节日复兴的文化自觉与社会再生产》一文中,他根据费孝通先生提出的"文化自觉"概念,认为"传统节日以习俗的力量让民众自动在同一个时间经历相同的活动,在相同的仪式中体验相同的价值,一个共同的社会就这么让人们高兴地延续下来"④。在2008年的《作为公共文化的非物质文化遗产》中,他提出了非遗保护的"公共文化"性,认为:"非物质文化成为遗产,或者简单地说,被命名为遗产的程序就是一种公共文化的产生机制。"⑤其所谓非遗的"公共文化"性包括两个层次:"一个是在观念上被大众公认,并且得到公众的自愿参与;一个是在体制上被政府部门正式承认,并且以一定的公共资源加以支持。"⑥可见,高丙中所谓非遗的"文化公共性"其实是"文化自觉"观念的发展。与刘铁梁、高丙中等学者相比,高小康对非遗保护"文化自觉"观念

---

① 周玮:《应让"非遗"更多地"回归"生活》,《新华每日电讯》2007年6月19日,第7版。
② 刘铁梁:《节日文化的地方性》,《贵州民族报》2007年8月2日,第A05版。
③ 刘铁梁:《重温对于自身文化的感受》,《人民论坛》总第224期,第53页。
④ 高丙中:《对节日民俗复兴的文化自觉与社会再生产》,《江西社会科学》2006年第2期,第9页。
⑤ 高丙中:《作为公共文化的非物质文化遗产》,《文艺研究》2008年第2期,第79页。
⑥ 同上书,第82页。

的提倡更加丰富、深入。高小康对临终关怀式的非遗保护观念有自己明确的批判立场,他揭示了世界《保护非物质文化遗产公约》中关于"保护"概念的复杂含义:"从'公约'给出的定义来看,这种'保护'的内容实际上包括了从狭义的消极保护到传承发展等一整系列的文化复兴工程。可以说,原汁原味地保存不是目的;通过保护工作促进传统文化的复兴才是非物质文化遗产保护的本意。"①在其更加深入的探讨中,非遗保护的"文化自觉"被确认为非遗文化多样性与整体性的复兴,非常可贵地将这一观念推向了深化。除以上述三位学者为代表的知识分子群体外,在各类非遗公共事件中,民众的呼声越来越具影响力,这为知识分子群体的非遗"文化自觉"提倡提供了舆论支持,时至今日,非遗保护的民本主义与文化自觉观念其实已成主流。

与不加反思的认同政府——产业利益共同体对非遗的权益专享所有相比,非遗保护的"文化自觉"观念关注非遗权益归属问题,这已是中国非遗保护的巨大进步。然而,从非遗保护的最终目的,即实现民众对非遗传统的真正认同而言,非遗保护"文化自觉"观念的提出是否已实现了问题的最终解决?事情似乎并没有这么简单。

非遗保护的"文化自觉"观念的产生,是知识分子群体对非遗"国家化"而产生的博弈,因为缺乏对民众非遗传承之"文化自觉"的深入考察,因此,这种知识分子代民众而引发的博弈就容易陷入理想化。于民众主体而言,真正意义上的非遗传承的"文化自觉"应包含两个递进的层次,一个层次是以非遗作为应对具体环境之工具、满足自我意欲的生态自觉,另一层次则是对此生态自觉进行的自觉价值规束,生态上升为价值规束,这才能真正构成非遗传统的自觉。事实情况是,自20世纪80年代以来,因为城乡廊道的全面经济化,非遗传统的资源化已深入人心,不仅是地方官员以此来"自觉"地界定地方非遗,老百姓更是如此;于民众主体而言,他们所肩负的非遗传承首先应当成为可转化为可提高生活质量的"有用"之物,在全面经济化的城乡廊道中,根本缺乏有使民众主体由此非遗"有用"观上升为"价值"观的契机。因此,新时期以来,民众的非遗"文化自觉"在根本上是生态自觉,是将非遗传统资源化的自觉,从此"自觉"观念出发,民众非遗传承保护的最终结果只能是完全将之破坏殆尽。

总而言之,近现代以来,伴随城市化进程的推进,中国城乡廊道逐渐被剥离其集市体系与神圣公共领域体系空间叠加的特征,最终在完全成为纯经济通道的意义上陷落。城乡通道是中国非遗传统传承的先决要素,城乡通道生态结构的变迁导致了近现代以来中国非遗传统传承的多种样态,城乡廊道结构中神圣公共领域

---

① 高小康:《非物质文化遗产的保护与公共文化服务》,《文化遗产》2009年第1期,第3页。

体系的失去,使得非遗文化逐渐凸显其文化功利性,而缺乏使之上升为传统的价值规束,非遗传承的整体资源化、产业化是这一过程的必然结局;但非遗传承的资源化也引发了新的价值规束契机,即文化公共性。总体而言,是从非遗"知识化"到"资源化"再到"公共化"三个大的阶段。新世纪以来,非遗传承与保护的"政治化"是日渐明确的总体发展趋向。

四、2012:城市化进程中中国民俗发展的九个面相

城乡廊道生态系统作为非遗传承的先决要素,近现代以来,其变迁造成了中国非遗传承的多种样态。2012年,中国城市化发展趋向"地方主义"的势头依然强劲,城乡关系在地方利益之争的整体格局中日益丧失其实质意义,在地方利益格局空间扩张的引带下,城市扩张全面释放。然而,因为城市扩张的动力并非来自城市内部,不是渐进的结果,在地方利益格局的外在引动之下,地方主义对城市扩张强行扯开并使之与地方利益空间等同,"城市"与"地方"出现了高度的空间叠合,城市社会与地方社会两种社会样态相互杂糅。这突出表现在:地方传统,其中就包括地方非遗传统,被纳入到城市社会的公共逻辑,"地方传统"日渐成为当代中国重要的公共话题;反之,城市社会的建设也更多地融入了地方主义的影响,呈现出多元冲突的格局样态。2012年,在城市化进程日益多元、各利益群体日益集中到城市中来、社会公共性意识日益成熟的大背景下,非遗传承的"文化政治"达到了一个新的高度。作为非物质文化遗产重要内容的民俗文化,在本年度的发展,尤其能体现"文化政治"的非遗传承趋向。

2012年,城市化进程中,中国民俗传承的"文化政治"体现为九个面相:

面相之一:民俗作为产业资源属性仍然凸显,民俗资源的跨区域竞争持续高涨,但从产业发展总体而言,民俗产业的"空转"是基本事实。

民俗产业化开始于20世纪80年代初,历经30余年而形成了中国民俗传承发展的当代"传统"。2012年,中国民俗发展的产业化趋势依然明显,其作为产业资源的属性仍然相当突出。2012年,民俗产业的主要形态是民俗旅游产业,其他形态包括民俗节事消费、民俗创意设计等。民俗旅游是民俗产业中发展最早、最成熟的产业形态,最早的民俗旅游可上溯到20世纪80年代初的"潍坊千里民俗旅游线"。20世纪90年代以来,民俗旅游随着现代旅游产业的蓬勃而兴,在新世纪初则出现了各地方利益团体为发展本地民俗旅游而争夺民俗资源的现象,这种争夺随着民俗旅游的产业升级而趋于白热化。作为这种竞争的不良后果,从20世纪90年代初以来,在各地出现了大量为适应"城里人"猎奇心理而制作的"伪民俗"。

2012年,民俗旅游资源的地方竞争依旧激烈,但随着旅游产业的整体升级,人

们对民俗旅游的产业属性有了深化。在传统民俗旅游产业中,民俗旅游的产业属性是唯一的,其产业属性主要体现在满足人们的猎奇心理,赢利点主要集中在景点门票、小商品等方面,其盈利模式相当原始。从2008年开始,中国民俗旅游出现了向深度体验旅游的转型,民俗的旅游魅力不仅仅在于让人觉得新鲜,更重要的是让人们通过参与而产生对民俗传统的认同,而这种认同的产业意义,不在于民俗商品本身的盈利,而在于为区域整体产业的发展营造了一个良好的氛围。2012年,地方民俗旅游产业出现了一些典型个案,如山东"贺年会",就体现了这样的民俗旅游经营思路,取得了相当好的产业效果。

但从大面来看,民俗产业化仍然维持在低效益阶段的"空转"阶段,除了在民俗旅游领域民俗资源被放在大的区域产业格局中进行经营的个案之外,大部分的民俗产业依然局限在资源产业化、产业唯一化的原始格局中。

面相之二:民俗作为公共文化资源的意义日益凸显,在公民素质培养、青少年教育与社区传统建设方面发挥重要作用。

2012年,民俗作为社会公共资源的意义受到各方重视。在中国传统社会中,民俗是典型的社会公共资源,它作为村落社区中协调人与人之间利益冲突、构建良好社会秩序与引导共同价值认同的重要载体而延续了几千年;在近现代城市化进程中,伴随村落传统在城市扩张中的被遮蔽,民俗传统先是成为村落中的"隐秘"知识,然后又成为区域发展中的产业资源,民俗传统之于社区的公共意义丧失殆尽。

新世纪以来,中国城市化进程推进所带来的多元利益群体竞争,使民俗传统的资源属性发生深化,从单纯的产业资源向社会资源转向,民俗在社区建设中的公共意义出现恢复的迹象。2012年,在中国大多数城市的社会与文化建设方略中,地方民俗越来越受到重视。对施政主体而言,通过民俗传统引导政策落地,借助民俗传统打造地方形象,已渐成施政共识;对民众而言,地方民俗传统的认知与接受成为自我形象构建的重要内容,民俗传统在公民素质培养、青少年教育与社区传统建设的重要资源。

但从大体来看,与民俗传统的产业资源化相比,民俗作为公共资源的地方实践仍然是相对薄弱的,突出、成功、有影响力的个案相对少见。虽然如此,民俗作为产业资源竞争的深化,必然将导致其社会公共资源属性的日益凸显;民俗传统完全从产业资源的竞争格局中脱身出来固然不可能,但其公共资源属性的强化却是必然的趋势。

面相之三:网络"类民俗"日益多样,但其民俗属性并未充分发育,在较大程度上停留于文化生态行为层面,价值规束在新媒体逻辑中较难稳固。

当代城市社会崛起的重要标志,是新媒体成为构建人际关系的重要载体。在当代中国城市化进程中,网络新媒体的出现可上溯至20世纪90年代末,自新世纪以来,中国社会的网络化迹象日渐明显,从网站"论坛""博客"到即时聊天软件,个人行为的网络化加速前进。2011年,网络即时社交平台"微博"在各地主流网站开通,"微博"以其高度即时性、全信息的特征将个人行为网络化的进程拉近了一大步,本年度被称为"微博元年"。

个人行为的高度网络化催生了多种多样的网络"类民俗",2012年,微博的社会影响力进一步增大,网络"类民俗"层出不穷。所谓网络"类民俗",是指在网络交往中产生的类似于民俗的社会现象,比如网络节庆、网络流行语、网络时尚等等。网络"类民俗"的产生,与传统民俗的产生有着相同的文化生态机制:传统民俗的产生,在根本上来自于人们对环境变化应对而产生的社会契约;网络"类民俗",同样来自于人们对现代社会,尤其是网络社会的急剧变化而产生的应对。现代社会的动荡体验,已成为现代人的典型体验,人们在被卷入网络无穷无尽的绵延中,面对着海量信息所勾画出的世界,"随大流"是自然而然的反应;人们在网络行为中通过对富有影响力的网络行为或符号进行模仿,通过模仿而融入,在融入中构建新的社会契约形式。网络"类民俗"不同于一般的流行文化,其民俗性在于它体现着较为明确的身份重构意识,即在其进行"模仿"时往往是在"表演"一种自我身份,这种身份重构是其应激性功利意识的表达,但同时也是其社会价值观倾向的表达。

但网络"类民俗"又并非是真正意义上的传统民俗,下面以网络流行语为例予以说明。2012年,网络流行语大行其道,虽然本年度不是网络流行语的发轫之年,但流行语的频次、数量与影响力却是历年之冠。2012年,出现了"元芳,你怎么看?""甄嬛体""切糕体""学长帮忙体""咆哮体"等多种网络流行语。首先,这些流行语明确地体现了人们的"身份表演"意识,人们在其身份的暂时置换中谋求与他人的共在,作为一个庞大的、不断拓展的群体中的一员实现了自我与现实的联系;其次,这些网络流行语的虚拟性与不断变换又显示出,其中的身份价值观在实质上缺乏价值规束意义。网络流行语中的"身份表演",在这种"表演"获得社会认可并可实现现实印证的前提下,"身份表演"中的身份价值观是可以有其价值规束性的,但问题正在于,网络的活力在于其不断变换,因此网络流行语中的身份价值注定仅仅是一种"扮演"而不可能实现价值规束,也就注定形不成民俗传统。

面相之四:社会亲密关系逐渐成为当前社会关系的主要形态,在亲密关系语境中传统民俗产生异变,民俗关系的私密性超过公共性,由此产生了一系列问题。

城市化进程对传统社会所造成的重要影响之一,是社会关系中亲密关系的主流化。所谓亲密关系,是指人与人之间的交际认同偏向于祛除公共价值,而以私性价值为认同前提,亲密关系的典型特征呈现为私密性与感性化。城市化进程必然会催生社会关系的亲密化,其原因在于,城市化所造成的人与人之间关系的不确定性,使人们只能凭借感性认同而构建与他人之关系;社会网络化进一步瓦解了传统的人际关系,而使亲密关系日益膨胀。

在中国,因城市化进程所造成的社会关系亲密化日益明显,在此语境中,传统民俗产生了异变。在传统民俗中,民俗作为一种社会契约关系,是私人关系与公共关系的融合体;在传统语境中,民俗产生于人与人之间为应对共同的现实困境而结成的社会关系,它在体现出私性关系的同时,还通过民俗传统中的价值规束而上升为一种"有理有据"的公共关系,私性关系与公共关系的融合使得传统民俗成为一种富有弹性的传统。但在当代亲密关系的总体语境中,传统民俗发生了变化:伴随社会关系的日益亲密化,传统民俗中的公共关系首先失去其合理性,民俗关系蜕变为全部的私性关系,人与人之间的民俗关系成为对社会或他人持共同不信任的人群表达个人体验、寻求体验认同的部落"密语"。民俗关系的"密语"化使其阻挡了社会危境,同时也将其封闭在私相授受的蜗牛壳中,由此导致了负面社会效应。

2012 年是谣言"大年",与前几年相比,本年度各种谣言在数量与影响力上都是有增无减,而谣言的流行与其负面影响的增大,从根本上来说正来自于因亲密关系而产生的异变。谣言自古有之,但在传统社会中,谣言传播者首先自己认为"这是真的",谣言之所以为"谣"在根本上来自于主流价值的指认。但当代传谣心理已经有所不同。梳理 2012 年以来的几大谣言个案,传谣者在进行谣言传播时对"这是否是真的"并无理性确认,其确认是从感性出发而作出的,他将之传给别人,并不是因为"这是真的"而传,而首先是因为"我"和"他人"之间的亲密关系,其主体心理是"不管真假,我和他关系好,告诉他也无妨"。显然,催动谣言传播开来的,正是人与人之间在去除了是非之后纯为追求感性认同的亲密关系。因此,谣言的当代流行,在本质上正是人与人之间亲密关系主流化的印证,也是民俗传统在当代亲密性关系中走向异化的例证。

面相之五:生产秩序形成了自己的节点时刻,这与传统节日的时间节点杂合在一起,形成了当代节日文化的杂合形态。

节日是传统民俗的重要内容,当代城市化对节日传统的影响尤其显著。传统节日的形成本身即是两种秩序互调的产物,一是自然天时,另一是农事生产。节日本身即是人们"以地配天",将自身生产活动与大自然运行相调和的文化形式。当代生产结构开始了从农业生产向现代大工业生产的逐步转型,自然天时对于人们生产的影响力日趋弱化,传统节日的时间秩序逐渐失去其现实意义。与此同时,现代大工业生产也创造了自己的时间节奏与仪式时刻,这种从新的生产秩序中出现的节点时刻,与传统节日作为"传统"而存在的节点时刻相互争夺,形成了当代人时间体验上的张力、冲突与纠结。

这样两种时间秩序的相互争夺，因为植根于两种生产结构，因此在根本上难以调和，最终会以杂合的形式呈现出来。自新世纪以来，传统节日危机的话题日益激烈，在对传统节日现代命运的争论中，不可避免地出现了两种极端意见：守护原汁原味的传统节日、全部放弃传统节日。这种"守护"与"放弃"的焦灼形成了精英文化群体的焦虑，但在民众的节日实践中，却发展出了杂合两种节点时刻的节日形态。

以春节为例。2012年，"春运""春晚"与"燃放烟花爆竹"依然是大众舆论的焦点，但争论归争论，民众的节日实践却秩序井然。传统春节从"小年"开始，现代春节从"春运"开始，但不管是从"小年"开始，还是从"春运"开始，大年三十的核心仪式并未改变。"春晚"替代了"守夜"，但年初一到初五的"拜年"依然得到了良好传承。初五到十五，传统春节是所谓"闲闲日子"，现代春节则是开工上班，但并没有出现一种在"闲闲日子"和"开工上班"之间的第三种状态。因此，基于上述观察可以断定：现代生产的节点时刻的确是对传统节日秩序造成了冲击，但这种冲击的作用却是各保留其核心内涵的夹心、杂合样态，而并没有出现嬗变。

面相之六：大众娱乐影响下的民俗传承，日渐剥落其文明样态，呈现其原始的文化应激样态。

现代城市化进程的重要内容之一，是现代娱乐的崛起。现代娱乐的本质是大众娱乐，是现代消费社会为实现其消费意识形态而进行的创设，大众娱乐让作为剩余劳动力的个体在娱乐中得到休闲，同时营造商品幻境，激发消费激情。通过激情消费，现代消费的生产体系得以运行。在当代中国，伴随城市化进程的推进，大众娱乐对民俗传统产生了深刻的影响。

最初的影响，可追溯到20世纪90年代民俗旅游业的兴起。在民俗旅游中，民俗传统作为被"展览"的对象，根本目的在于使游客"娱乐"，为了迎合这种以猎奇、尝新为核心的"娱乐"，民俗传统在被展示的意义上，必然要突出其易于唤起人们猎奇心理的特质。不仅如此，在现代文明的大背景下，特别易于唤起人们猎奇心理的往往就是"不文明"的野蛮样态，这使得在民俗旅游语境中被展示出来的民俗"传统"趋向于野蛮风格。

这种"野蛮"恰恰成了都市娱乐的重要激情资源。2012年，一首《最炫民族风》红遍大街小巷。这首歌民族风十足，但这并不是其获得众口传唱的根本原因。《最炫民族风》在曲式上的最大特点是简单而高调：这首歌没有复杂的节奏，几乎是过耳即可成唱，而且其调子起得往往特别高，两种要素叠加在一起就形成了一种类似"喊唱"的风格。这种"喊唱"在高度文明化的城市社会具有极大魅力，它以其简单与激情使人们回到单纯、无思无虑的野蛮状态，形成了一种人格宣泄。这种"喊"式表达,同样体现在其他民俗传统与现代大众娱乐的交织中,比如郭德纲的相声就是典型例子。民俗传统的"喊"式表达,是在现代大众娱乐的引导下,脱却自身文明形态,恢复其纯粹自然人文生态的文化"返祖"样态。

面相之七:现代生活观念的变化,凸显了民俗传统就其作为一种生活方式的巨大危机,民俗传统的生活化转向势在必行。

民俗是传统,但民俗传统首先是一种合情合理的生活观念与方式。民俗产生于人与人之间为应对环境变迁而产生的社会契约关系,这种契约关系在获得价值规束的意义上成为传统,而传统的意义正在于使人们当下的生活获得意义。然而,民俗文化中"文化传统"与"当下生活"的矛盾是永恒的,人们的生活观念与方式总在变化中,而民俗传统则要维持其稳定性与可传承性,在此张力之下,民俗传统的传承危机其实一直存在。

在对民俗传统的通常理解中,人们通常在将民俗传统视为一个"宏大命题"的意义上检讨其时代命运,却忽略了民俗传统在"微观生活"上的落实问题。2012年,在对春节燃放烟花爆竹的问题上出现了一种新的舆论现象。在此之前,是官方禁放,知识分子群体代表广大民众要求解禁;但在2012年,在一些城市,其中比较突出的是北京与上海,却出现了民众本身对烟花爆竹燃放的禁放呼声,这些呼声直指烟花爆竹燃放造成的空气、噪音污染,并在这一年在民众中出现了自觉禁放,北京在本年度烟花爆竹的燃放比往年少了三分之一。作为节俗传承主体的群众为什么会反对节俗?因为这些节俗对其当下生活造成了不便。不能否认,民众并不缺乏对传统的认同,但当下生活对他们来说更为重要。因此,民俗传统的当代传承,必须揭示其作为一种适应现代社会的合理生活的层面,使大众在接受其所提供的生活模式的前提下实现对其价值传统的认同。

面相之八:民间文化的守护者从"长者"向"学者"转向,民间传承主体的过度官方化带来了消极效应。

在传统社会中,民间民俗文化的精英往往是乡里的"长者",就是村落社会中年长有德的人,他们的村落威信来自于其道德人格。村落"长者"对民间文化的守护,带有浓厚的生命本体意识,其职责意识产生于本人对民俗传统的认同与信仰,因此,他们的守护本身构成了一种强大的社会感召力,并非仅仅只是民俗传统的知识传承。

在当代社会,随着国家体制的推行,"长者"在村落经济生活与道德传统的双重失落中,失去了自身的威信;相反,另一批被现代国家体系赋予某种知识威信的人,即"学者",取代"长者"成为了民俗传统的守护者。"学者"的民俗守护,较多倾向于民俗的知识化解读,在国家需要时,这种知识化解读通过合理偏向而为某一利益集团服务,由此造成了民俗传承的当代误区。

在当代非物质文化遗产保护中，非遗传承人被给予国家资助，而获得官方身份，这种身份"公职化"的转变，其实不利于非遗传承人的民俗守护。原因在于，传承人"公职化"将使传承人在对民俗守护上过于凸显其功利化要素，而淡化其信仰层次；非遗传承人的国家扶持，应更多地恢复其社区荣誉身份，而非简单的资金扶助。

面相之九：2012年国家"建设新型城镇化"政策虽未正式出台，但其对未来中国城市化进程的深刻影响是明显可见的，因此而产生的新型城乡关系对民俗传承所产生的巨大影响令人充满猜想，但从近现代中国城市化发展与非遗传承的互动关系来看，国家"建设新型城镇化"的深度推进，必然带来的影响之一，是从新世纪以来已渐成非遗传承主流的"非遗公共性"与"野蛮化"将进一步强化。

正如前边指出的，在传统社会中，城乡廊道生态是非遗传统形成的先决要素。国家"建设新型城镇化"政策的推行，在彻底改变中国城乡传统的意义上，将对非遗传承产生巨大影响。"建设新型城镇化"作为国家决策，其目的在于继续释放中国农村的改革红利，其核心内容包括推行农村土地的产业化升级、农民市民化与国家保障体系的城乡一体化。土地的产业化升级，将土地的产业资源属性给予明确强化，这对村落传统而言无异于"连根拔起"。中国村落的土地不仅仅是生产资料，更是村落传统得以实现价值规束的信仰资源，土地的产业属性强化，将使村落传统的消失或变异提速。农民市民化，鼓励农民向现代市民转变，这种转变表面看是城乡身份的转变，实质是自我身份认同的扭转。但问题更在于：当代中国城市的发展，其实并没有做好为大量农民提供市民身份自我认同的契机，这包括农民的市民素养根本就是空白，大量农民在被市民化后将产生巨大的身份冲突。国家保障体系的城乡一体化，表明国家要在基本生活与福利保障上给予支持，但农民失地与市民化所产生的危机是价值认同，而不仅仅是温饱问题，因而并不可能真正解决问题。

在此大前提下，大量农民"在地市民化"或"异地市民化"之后，因为失去了与土地的价值依附关系，信仰缺乏依托，传统的城乡廊道将彻底沦陷，为非遗传统提供价值规束的契机荡然无存。可以想见：失去了价值规束的非遗传统最可能的一个趋向，就是完全剥落其"文明"形态，恢复其文化应激性的功利性诉求，而成为向城市消费娱乐提供激情的"野蛮"景观；另一个趋向，则是在城市复杂多元的群体竞争中，非遗传承将成为不同群体之间实现文化博弈的政治载体。因此，非遗传统的"野蛮化"与"政治化"，将是"建设新型城镇化"政策推行后可以预见的两个趋向。

五、非遗的功利性诉求与城市化进程中非遗保护的典型空间分析：文化生态保护（馆）区

新世纪以来，中国城市化进程的发展推动非遗传承保护走向了"公共性"。在城市化进程催生的多元利益群体格局中，非遗传统作为一种"资源"而引起的竞争日趋激烈，由此必然地产生了围绕非遗传统的博弈、协商。2012年，作为非遗传统重要内容的民俗文化，已在各个方面显示出"公共性"趋向。

然而在中国，非遗传承的"公共性"从作为一种趋向到成为众所认同的通行观念，却注定要经历诸多曲折。非遗传承的"公共性"发生于因多元利益群体对非遗传统的资源竞争中，本身属于文化政治，可视为公众政治意识的非遗文化表达。但公众政治素养的长期缺乏，却使非遗的"公共性"在现实中无法充分伸展其全幅含义，最终是以被弱化了的"公共性"形态，即非遗"生态性"呈现出来。

非遗传统的"公共性"，就其真正含义而言，应是社区整体的公共性，是多种利益群体之间相互冲突、博弈而形成的社会契约关系。对这些利益群体做基本的二元区分，就是政府与民众。政府与民众之间是知识分子群体与资本群体，这些群体围绕非遗传统形成了不同的利益诉求与相互纠葛的复杂协作关系。简而言之，官方对非遗传统的诉求在于通过"传统"表达其实现社会思想规束的主流价值观，民众的诉求在于以非遗"传统"为手段而对当下变化做出功利性适应，知识分子群体是非遗传统的"合法"阐释者，资本群体则是要最大程度地挖掘非遗"传统"的资源潜力。在此多样冲突中，知识分子群体作为非遗传统的合法阐释者，真正角色应是作为"官"与"民"之间冲突的调和者而出现，通过调和政府对非遗传统的价值诉求与民众对非遗传统的生态诉求，为生态诉求找到合适的价值规束，推动非遗传承的"传统化"，同时使非遗成为政府与民众之间实现相互认同的契约化纽带，实现良好政治。在此理想化的协调中，资本群体并不构成冲突的关键方面。

然而，在现代性语境中，这种理想的非遗公共性格局较难实现。知识分子群体所推动的民众自治看似与官方政治相左，其实高度一致，因为两者都张扬了民众本身"着眼当下，应激而动"的功利属性，而剥除其实现价值规束的可能。在某种意义上来说，知识分子群体与现代民族国家形成了一种政治合谋。

就非遗传统而言，这种张扬民众自身功利应激性造成了对非遗传承"功利性"的鼓吹。非遗保护，从政治观念上的民本主义出发，应确认非遗传承主体的文化自觉是非遗传统的核心问题。对于非遗传承的这种"功利性"保护，与应有的"生态性保护"是背道而驰的。在中国，非遗"生态性保护"的呼吁自2007年开始，其最初的发生是受国际非遗运动的影响，然后是知识分子群体的认同和提倡，最后促成了"国家级文化生态保护区试点工程"的尝试。正如前面已指出的，在现代性

语境中,完全着眼于民众自主的民本政治其实是削弱了民众的价值诉求,是一种"公共性"被弱化的政治形式。对于非遗的"功利性"强调,表面上看是让非遗主体得到了经济实惠,其实是以少数人的"经济"诉求抑制了社区整体的"政治"冲动,阻止了非遗传承公共性的发生。

从城市化进程来看,中国城市化所产生的多元利益群体竞争为非遗"公共性"提出了现实要求,而城市化所催生的另一种空间形式,即文化生态保护(馆)区,则为非遗传统的"生态性"提供了容身之地。

文化生态保护(馆)区,可分为文化生态博物馆与文化生态保护区两种类型。两种空间类型存在着空间尺度、组织形式等诸多方面的差异,但就其空间组织原则而言,却是相同的,即都是在一个特定的区域中,通过采取有效的保护措施,修复一个非物质文化遗产和与之相关的物质文化遗产(不可移动文物、可移动文物、历史文化街区和村镇等)互相依存,与人们的生活生产紧密相关,并与自然环境、经济环境、社会环境和谐共处的生态环境。

在中国,第一座生态博物馆于1997年在贵州省梭嘎乡正式成立。从1997年到2007年,中国已建成16座生态博物馆,主要分布在贵州、广西、云南及内蒙古等地。2007年,《国家"十一五"时期文化发展规划纲要·民族文化保护》中提出了"确定10个国家级民族民间文化生态保护区"这一目标。

2012年6月9日,中国第二个"文化遗产日"的前一天,文化部正式批准设立闽南文化生态保护实验区,以保护泉州、漳州、厦门的文化遗产以及与文化遗产相关的自然环境、文化生态环境。这是中国首批10个国家级文化生态保护区之一。根据《闽南文化生态保护区规划纲要》,所提出的具体保护方法包括:1. 恢复原生态的民俗活动。在一些重要的传统节庆,由民众自发或组织盛大节庆活动,可以让传统戏曲、曲艺、民间舞蹈、民间美术、杂技与竞技、传统饮食等在浓厚的节日氛围中得到原生态的保护。2. 建立文化传承机制,在中小学进行普及性教育。高校设立闽南学文化学科,培养本科生、硕士生、博士生等高层次人才。图书馆、艺术馆(文化馆)、博物馆、美术馆、科技馆等公共文化机构要加大参与保护文化遗产的力度,新闻出版、广播电视、互联网等媒体努力在全社会营造保护文化遗产的良好氛围。3. 推进海峡两岸文化交流,与台湾同胞共同举办各种寻根谒祖、进香祭典、旅游观光等文化节活动,进一步营造两岸一家亲的民俗氛围,提升闽台文化交流合作的规格与品质。4. 扩大国际文化交流。闽南是著名侨乡,2000多万闽南人遍布世界各地。利用华侨优势,举办各种国际性的文化活动,让闽南文化走向世界。创办《闽南生活报》,建立"闽南文化网站"。5. 加强闽南文化研究,成立省级闽南文化研究中心,出版《闽南文化研究》杂志。各设区市成立闽南文化研究所。6. 在文化遗产所在地,继续完善、建设一些有利于文化遗产保护的基础设施。

7. 建设一批展示区、基地、多元文化展示中心等文化生态保护试点。①

闽南文化生态保护区所提出的保护办法，在其他文化生态保护（馆）区也大体类似，其基本主旨是对非遗传统的完整性与自发性给以保护，期望通过文化生态保护（馆）区的设立，能使非遗传承主体自觉自愿地进行文化传承，但其实践效果却并不尽如人意。

"贵州六盘市六枝梭戛生态博物馆"项目为此提供了极佳的观察个案。1998 年，中国与挪威合作建设贵州六盘市六枝梭戛生态博物馆，这是中国第一座生态博物馆。此馆建设的指导思想，即是在充分尊重地方文化持有者的文化自觉前提下的介入保护。为更高保证这一观念的落实，中国贵州六枝和挪威方面双方讨论制定了《六枝原则》，一共九条，其中第一条就是对村民文化所有权的确认："村民是其文化的主人，他们有权认同与解释其文化。"《六枝原则》可说是非遗文化保护自觉性观念的正面体现，但实践结果却出人意料。根据观察，梭戛生态博物馆建成后，"生态博物馆社区"（即社区村民）和"生态博物馆资料信息中心"（即博物馆）成了"两张皮"，生态博物馆资料信息中心所在中心寨的村民并不认为他们是生态博物馆的一员，而认为他们仍然是梭戛乡的一个村民。为解决"两张皮"的问题，组织方作出了不懈的努力，比如在 2001 年成立了 12 个村民组代表参加的"梭戛生态博物馆管理委员会"，并制定了一个管理委员会章程，该章程明确了由中心寨即陇戛寨的村主任为生态博物馆的副馆长，这样的结果似乎在即刻间解决了"两张皮"的问题，村民和博物馆融为了一体，但这仅是生态博物馆的一厢情愿。生态博物馆管委会的委员在开了一次会之后再也没有开第二次会，原因是他们来开会是无偿的，是博物馆组织他们来开的，会议讨论的文化保护和传承问题他们并不感兴趣，他们关心的是生态博物馆给他们带来的好处是什么，如粮食、住房、孩子上学书学费等基本生计问题②。在给予村民充分文化自觉空间以后，为何仍然没有引起他们真正的认同？③

这正是当前文化生态保护（馆）区的问题所在。对于知识分子群体和政府而言，文化生态保护（馆）区设定的初衷是民众非遗传统的文化自觉，但于民众而言，真正觉醒的却是其物质欲望与产业开发意识，这种产业意识不宜完全视为资本主

---

① 何光锐:《闽南文化生态保护区咋保护》,《福建日报》2007 年 6 月 26 日。
② 胡朝相:《六枝梭戛生态博物馆建馆十周年回眸》,民族民间文化资源信息网 http://www.gzfefax.com/news/news/laigao/laigao_20090222001.html。
③ 贵州市花溪区镇山生态博物馆的保护提供了相类似的观察。花溪区文物管理所李梅所长告诉记者:"'建设生态博物馆的宗旨是让村民自己管理自己的文化资源,做文化的主人,并作出诠释与创新',按照这一宗旨,村民们要求发展的做法似乎无可厚非,可是,由于没有强烈的文化保护意识和专业知识,村民们对于挖掘更深的民族文化特色是感到力不从心的,他们只知道用毫无遮掩而又自然纯朴的生活、生产模式诠释这一切。"参见成堃宜、李裕民:《"生态博物馆"的生存尴尬》,《法制生活报》2005 年 7 月 20 日。

体的外在诱导,确切地说,应是先有民众自身的物质欲望,才能使资本主体的非遗资源大肆开发成为可能。事实上,非遗"生态性"保护在实践中所遭遇的反弹越来越大,比如2007年全国鞭炮燃放解禁,这被很多非遗保护自觉观念的支持者视为非遗文化自觉的胜利,但几乎就在解禁的同时,反对的声音却同时出现在民众之中,而且这种来自民众的反对声音越来越强大,已直接体现到节日鞭炮燃放现状上。① 再比如,2007年四大传统节日入"国家法定节假日",在国家法定节假日体系中有了让大众专门过传统节日的时间,这同样被认为是"还节于民"的创举,但实施数年后,人们发现传统节日之于民众并不是一"还"了事,大众在被给予了过节的权利后,却仍然是民意汹涌,很难说已实现了当初还节于民、使民认同的初衷。

问题出在什么地方?为什么设立文化生态保护(馆)区,释放出的却是民众的物质欲望?

这其实是由文化生态保护(馆)区自身的属性特征所决定的。首先,文化生态保护(馆)区缺乏确定的空间实体组织,这使其在城市化的空间竞争中缺乏赋予文化主体以独特身份的能力。文化生态保护(馆)区以"(馆)区"命名,其空间边界却是模糊的。考察已建构的各类文化生态保护(馆)区便可发现,这些(馆)区在城乡空间格局中基本是悬空而立,也就是说没有一块独立的空间被划定为生态保护(馆)区。它们不像行政区划、经济区划一样有自己明确的实体空间形态,生态保护空间区划只是一种"形式化空间",它没有赋予空间中个体以独特身份的空间实体,也不具备使此空间与其他空间组织体形成张力的实体界线。而在城市化进程中,个体身份的形成往往与其所在空间的独特性相联系;文化生态保护(馆)区悬空而立,非城非乡,仅有的空间实体形态只是一些常设或非常设的办公机构,这使得被划入生态保护(馆)区的个体其实缺乏实现这一空间身份认同的载体。他们有这样的疑惑是理所当然的:我这儿被划成了文化生态保护(馆)区,但这个"(馆)区"却看不见、摸不着,它在哪儿呢?

其次,文化生态保护(馆)区缺乏确定的法律保障体系,这使其无法给予(馆)区内个体以相应的权益保障。文化生态保护(馆)区悬空而立,缺乏实体组织,固然签订了政府推动的跨区域部门之间的协作条例,但协作条例不同于法律体系;法律体系能够给予(馆)区内个体以明确的权益,在权利与义务的框架中使其产生认同感,但协作条例却只是执政部门之间的工作协议,无法让民众产生认同。不仅如此,因为缺乏明确的法律保障体系,使得(馆)区中的非遗保护与传承行为遭

---

① 侯文学:《鞭炮燃放回归理性值得叫好》,新华网 http://news.xinhuanet.com/comments/2013-02/16/c_114683289.htm。

遇权益矛盾时，无法可依，无据可查，最终使（馆）区保护变成了一张空头支票。

再次，文化生态保护（馆）区缺乏相适合的产业开发模式，这使其在应对现代产业化浪潮冲击时容易失陷。在资本全球化的大背景下，文化生态保护（馆）区的产业化不可避免，非遗传统的"资源化"不仅是资本主体的目标，同时也是（馆）区内大众的自然意愿；然而，关键在于，文化生态保护（馆）区的产业发展应有自己的模式，这种产业模式应实现产业开发与传统传承之间的平衡。当前文化生态保护（馆）区的产业开发，基本上是沿循现代产业开发模式，这必然造成了（馆）区内个体产业行为的高度物质化，最终导致产业发展对传统传承的破坏。因此，在缺乏空间实体组织、法律保障体系与相应产业发展模式的前提下，文化生态保护（馆）区实际上是设立了一个文化"乌托邦"。在缺乏身份认同、体制保障的前提下，这个"乌托邦"存在于精英群体与政府的良好愿景中，他们希望能借此使民众的"文化自觉"焕发，却忽视了没有无缘无故的"文化自觉"。在中国文化生态保护（馆）区的民众那里，"乌托邦"变成了其生态欲望的合法释放，这种欲望又在资本主体的外诱之下彻底表达出来，造成了现在（馆）区中民众文化自觉缺乏、物质欲望蓬勃的现状。

文化生态保护（馆）区的真正出路，应该在于抛弃一厢情愿的文化"乌托邦"愿景，推行"整体保护"，推动（馆）区的"生态性"保护向"公共性"保护提升。文化生态保护（馆）区"整体性保护"的核心，在于它应是具有空间实体、法律保障与相应产业模式的完整组织体。吕品田针对文化生态保护（馆）区有这样的倡议："作为文化特区的文化生态保护区，是在国家特别划定范围，实行特殊政策措施，保障中华文化得到活态保护以至全面繁荣的特定区域。它应具有受到国家法律确认与保护的特别权利，应通过在区域内进行有利于文化建设和相关实践充分展开的体制和机制创新，制定和施行有别于一般的建设目标、方针政策和工作措施及相应的评价体系来体现其法权，为其不辱使命创造条件。"[①] 这是完全正确的，唯有赋予文化生态保护（馆）区以独立的权益保障体制，才能使其具备独立的行为能力，在现代性的各种冲击中才能具有应激而动、自我调适，实现非遗传承的当代创新。更重要的是，被赋予了权益保障体制的（馆）区，将对（馆）区内个体的功利诉求产生有力的价值引导与规束，产生新的身份认同与责任意识，由此产生植根于非遗文化自觉的公共意识。

文化生态保护（馆）区的发展，非遗保护的"公共性"应是其最终目标。1978年，世界范围内生态博物馆运动的发起人戴瓦兰，曾对生态博物馆的社会角色做

[①] 吕品田：《立文化生态保护区为"文化特区"》，《光明日报》2010年11月29日。

过这样的界定:"生态博物馆是居民参加社区发展和区域发展计划的一种工具。"①文化生态保护(馆)区的意义并不在于它作为文化仓储,而在于它是该文化持有群体的一种"工具",以此"工具",他们构建自己超出于文化之上的公共性身份,全面参与社会建设,推动社会进步,表达自己的政治诉求。在菲律宾的普利兰,当地生态博物馆为社区承担了很多社会公众活动,参与解决社会问题,如营救台风遇难者,开展公正公平的选举,举办艺术展,植树和清洁街道,通过广播电台节目宣传遗产文化事业,还长期对居民进行发展技能培训和价值观教育等等。

正是通过非遗的"公共性"展开,人们才可能在超出于文化之外的一个更大框架中反观自己的非遗传统,明确其真正地位和价值,产生珍惜与维护的责任与伦理意识,实现从文化"生态性"向"传统性"的升华。从城乡关系角度看,真正实现了非遗"公共性"的文化生态保护(馆)区,就像是置放在城乡间的一面镜子,人们通过这面镜子相互映照,得以看清自己所承载的非遗传统的真正价值所在。

---

① 转引自〔法〕阿兰·茹贝尔著,张晋平译:《法国的生态博物馆》,见中国博物馆学编:《贵州生态博物馆群建成暨生态博物馆国际论坛专辑》,紫禁城出版社2006年版,第52页。

专题报告

2013

2012年度中国"汉服运动"研究报告

周　星[*]

自从2001年以上海APEC会议为契机促成了"新唐装"的流行之时起，笔者一直较为关注并致力于中国社会有关"民族服装"之文化实践或建构活动的学术研究。所以，自从2003年"汉服运动"兴起以来，也一直努力坚持对其发展和演变的具体进程做持续的观察，并试图对其基本理念、社会背景、亚文化社团群体的构成及其诉求，以及汉服运动内在的逻辑和悖论等予以系统的梳理，希望能够从文化人类学、民俗学和社会学（文化研究）等学术的立场出发去理解和说明汉服运动的内在机制，进而通过对此课题的深入研究，揭示现当代中国社会一个特定侧面的真实状况及其未来的可能性。

除了直接从互联网的相关主题性（涉及中山装、旗袍、唐装和新唐装、汉服和汉服运动、民族服装、中华民族、汉族和汉文化、少数民族服饰等为数众多的关键词）网站或论坛社区获得各种信息资源和研究资料之外，2011—2013年期间，笔者从事日本学术振兴会资助的一项"有关中华世界之唐装、汉服、汉服运动的人类学研究"课题，通过人类学的参与观察方法，实地参与调查了若干不同城市的汉服社团举办的汉服活动，进行了近距离的观察；同时也采用深度访谈方法，多次对复数的汉服运动理论家，汉服社团领袖，户外汉服活动的组织者（召集人）、参与者和周边的围观者等进行了访问和请教，偶尔采用召开座谈会的方式进行调查。本文以这些调查获得的资料为依据，拟对汉服运动的历程和现状做一必要的归纳，也想就其面临的焦点问题及其前景展开一些思考。

一、"汉服"：追求文化纯粹性的寻根

就在2002—2004年间，唐装或曰"新唐装"的流行热潮方兴未艾之际，当代中国社会便以新兴的"网络虚拟社区"（网站）为基本活动空间，以都市青年"网友"（早期称"汉友"，现在称"同袍"）为主体，迅速兴起了又一轮与国民服饰生活具有重大关系的新话题，亦即汉服和汉服运动。

---

[*] 周星，日本爱知大学教授。

什么是"汉服"？汉服又被称为"衣裳""汉衣服"(《汉书·西域传·渠犁传》)、汉衣冠、"汉装"(《清史稿·宋华嵩传》)、"华服"①"唐服"(《新唐书·吐蕃传》《旧唐书·回纥传》)等。换言之，"汉服"一词在历史上并不常用，它并非一个固定用语，而是有很多其他类似的称谓，可以相互取代。甚至这一概念在辛亥革命前后的"易服"运动中亦不多见，所以，我们应该把它视为21世纪初叶的一个新词。它所指称的对象实体，亦即"汉民族传统服饰"。目前，"汉服"一词可被理解为是对汉民族传统服饰的概约性简称，但对这一概念，从相关网站的讨论、表述及网友们的言论来看，其实是有很多歧义的。应该说，对"汉服"的理解及分歧，实际上和以前有关"唐装"一词曾经有过的困扰颇为相似。事实上，唐装或新唐装以及旗袍等，常被人理解为"中式服装"，但在汉服运动看来，它只是"满装"而已，不应该与历史上的"唐服"相混淆，将满装称为唐装乃是无知者不恰当的称谓。目前，中国大陆媒体和一般公众所容易理解并倾向于接受的"汉服"定义，是指它为华夏—汉族的传统服装或民族服装，它具有独特的汉文化风格特点，可以明显地区别于其他民族的传统服装或民族服装。

把汉服理解为是汉族的民族服装，确实通俗而易懂②，但在这个定义中，通常并不包含汉人曾经穿过或现在仍在穿戴却被认为不能够代表汉文化特性的服装，例如，清朝的长袍马褂和旗袍，近代以来的西服和中山装，现当代的牛仔裤、夹克衫等。换言之，在这个定义里，潜含着对于汉族服饰文化之"纯粹性"的追求，它和汉民族人民实际的"服装生活"并不完全重合。"汉服"是汉民族服装生活里那些被认为能够代表汉文化特征，并且是具备了得以和其他民族相互区分之特征的服饰。显然，必须把"汉民族传统服饰"和"汉民族服饰生活"这样两个既相互关联、又彼此不同的范畴加以区分，才能够理解汉服和汉服运动。于是，汉服的"起源"问题就变得非常重要，起源的古老性和此种服饰文化传统的悠久性，在汉服运动的理论体系中具有举足轻重的价值。与此相关的要点，当然还有连续性和纯粹性。以连续性而言，汉服是指从上古的夏商周直至明末清初，大约绵延几千年的时间，它是由华夏族人以及后来的汉族所发明、穿用，并自然演化而形成了独具本民族文化特点，进而能够和其他民族的传统服装形成鲜明区别的服饰文化或其体系。甚至还有把汉服上溯至史前时期的"文化英雄"黄帝的意见，虽然中国古史上

---

① 《尚书正义》："冕服华章曰华，大国曰夏。"《左传·定公十年》疏："中国有礼仪之大，故称夏；有章服之美，谓之华。"这是最多为汉服网友引证的两条古文献。
② 张梦玥："汉服略考"，《语文建设通讯（香港）》2005年第3期。横艾吹笙："汉服明义"，《汉服时代》2011年总002期，第6—9页。

确实是有黄帝制定"华夏衣裳"的典故①,但这在学理上尚有若干值得商榷之处,因为华夏族群和汉民族的形成过程,事实上要更为复杂得多。至于纯粹性,如有不少网友倾向于认为,汉服乃是一套在汉文化的基础之上得以形成的基本上固定不变的服装款式或形制,在强调其独一无二之独特性和纯粹性的同时,他们对于在中国历史上服饰文化的族际交流曾经反复进行和大量存在的复杂性史实,多持熟视无睹或不予重视的态度。不言而喻,在纯粹性追求的背后也或明或暗地潜在着汉文化的优越意识。在鼓吹汉服运动的网站上,汉服成为汉文化之优越性的最重要依据或载体。总之,汉服所指称的汉民族传统服饰,被认为是超越了王朝、地域以及汉文化内部的众多方言集团和不同"民系"而共享并稳定存续的服饰文化体系,一般而言,并不是只指某一类具体的款式或形制。汉服的上述定义可以说自成逻辑,但其面临的困难,部分地来自于在多民族的中国历史上,华夏族—汉族和其他民族的境界线并不总是绝对地泾渭分明,汉和非汉民族之间的文化采借、同化、异化等现象及过程,更是非常地频繁和复杂。因此,尽管定义颇为单纯,但汉服运动在追溯汉服的历史时,却几乎很难回避它的暧昧性、混血性以及汉民族服饰生活的复杂多样性。

汉服运动中的汉服定义,其另一个重要特点是涉及国内多民族社会及文化之族际关系的场景性。这意味着关于汉服的言说,其基本前提之一,便是相对于少数民族服饰文化而言,是相对于蒙古袍、藏袍和满装以及苗族和维吾尔族等各少数民族的民族服装而言的。在国内多民族相互比较的文脉、语境或场景下,汉族的民族服装被认为处于"缺失"状态,而导致此种缺失状态的罪魁祸首,就在于清朝初年满族统治者的高压强制同化政策,当时,服装成为汉人是否接受清朝统治的最为重要的标志。正因为如此,汉服运动对汉服之正当性的论证,部分地借助于历史悲情意识②。此种历史悲情意识,和在当前现实的中国多民族场景下(例如,中国政府的官方网站上对汉族的图像介绍,曾经以"肚兜"为装束)的"失落感"相互刺激,遂成为汉服运动的动力机制之一。在国内多民族的语境或场景下,汉服的正当性很容易被论证,也不难被接受;但是很不幸,如果是在族际的对峙、冲突以及网络匿名骂战的氛围之下,汉服运动同时也就很有可能被批评为是一种激进的"大汉族主义"。汉服运动在笔者看来,只是一种汉文化民族主义,它在当前中国的民族研究领域过度强调"族别"而忽视"族际"的"话语"或"言说"体系中③,乃是一种典型的"刺激反应"。过去谈论各个少数民族之"族别"的历史、文

---

① 《史记·五帝本纪》:"黄帝之前,未有衣裳屋宇。及黄帝造屋宇,制衣服,营殡葬,万民故免存亡之难。"《易经·系辞下》:"黄帝垂衣裳而天下治。"
② 周星:《汉服之"美"的建构实践与再生产》,《江南大学学报》2012年第2期。
③ 周星:《中国民族学的文化研究面临的基本问题》,《开放时代》2005年第5期。

化或服饰、舞蹈等等时,"剩"下来那些暧昧的部分便是"汉族"的,现在出现了虽然是极少数,却愿意积极地去正面表述、归纳和宣扬"汉"文化的都市汉族青年。

当代中国现实的多民族场景,确实是经常会凸显出汉族之民族服装缺失的尴尬。例如,在2004年的"56个民族金花联欢活动"中,汉族"金花"吕晶晶因为不知道汉族的民族服装是什么,结果是身着西式黑色晚礼服出场,这可以说是一个颇具象征性的情景①。但在2009年8月16日,"汉族之花"杨娜身穿汉服,与55个少数民族的"民族之花"一起,出席在内蒙古鄂尔多斯举行的第十一届亚洲艺术节开幕式及"民族之花"专场演出时,被认为是汉服第一次与少数民族服装同台亮相②。由于"2009民族之花选拔大赛"是经文化部批准、由艺术节组委会主办的,它牵动了汉服吧等许多汉服网站和全国各地汉服社团的积极响应和支持,因此,汉服借助"汉族之花"杨娜的出场这一事件,既凸显了那个经典的尴尬局面,又证明了汉服运动的合理性、正当性以及它在很多人的努力下取得成功的可能性。

在历史上,汉服也是在不同的族际场景,才会被突显出来。《新唐书·南诏传》:"汉裳蛮,本汉人部种,在铁桥。惟以朝霞缠头,余尚同汉服。"《新唐书·吐蕃传》:"结赞以羌、浑众屯潘口……诡汉服,号邢君牙兵。"这些都是在和异民族的对比之中,或被异民族所认知的汉服。但在此,汉服与其说是某种款式,不如说是汉人的服饰,似乎要更为贴切。辽朝实行二元政治,《辽史·仪卫志》:"辽国自太宗入晋之后,皇帝与南班汉官用汉服;太后与北班契丹臣僚用国服,其汉服即五代晋之遗制也。"清朝初年,满族统治者强制汉人"剃发易服",甚至连"典礼之宗"的孔府以"定礼之大莫于冠服"为由,称臣并希望保留孔家三千年未变之衣冠,亦遭到拒绝。这确实是汉人难以接受的基本史实。不过,若把所谓汉服的消亡理解为完全是由于清朝统治者的强制同化所导致的表述,则未必全都符合事实,例如,清朝时的汉族妇女服饰事实上曾以多种路径一直延续到民国时期③,它在不久的后来被人们彻底放弃,应该是基于其他的原因,例如,富于时代感的新服装的取代等。旨在复兴汉服的汉服运动在理论上更为重视男装,故对男装的历史断裂尤为耿耿于怀,尽管其在公共空间里的汉服穿着实践常常是以女装更为突出,也更容易获得正面评价和被公众所接受。分布在如此广阔的地域之内、人口规模巨大的汉族

---

① 徐志英:《杭州西子湖畔五十六朵金花争奇斗艳》,《沈阳今报》2003年9月30日。
② 杨娜(兰芷芳兮)主编:《中国梦 汉服梦:汉服运动大事记(2003年至2013年)》,2013年10月14日,电子版。
③ 崔荣荣、牛犁:《清代汉族服饰变革与社会变迁(1616—1840)》,《2013年中国艺术人类学国际学术研讨会论文集》,第709—714页。

在各地域的民俗服装更是复杂多样①,仅以现当代一些汉族支系的服装而言,诸如贵州屯堡人的所谓"凤阳汉装"②、惠安女的独特服装和广西高山汉的服装③等等,均意味着汉服的地域复杂性,其在某种意义上仍是至今犹存。如果把女装也纳入进来,则汉服"消亡"的历史则要更加漫长、曲折和原因复杂。当今重新复兴汉服的运动,固然有其针对清初强制同化之结果的逆反或清算,但更应该将其置于当代情景之下去探讨它的意义,毕竟当下和辛亥革命前后以"易服"来体现改朝换代的需求已有很大的不同,主要是基于在全球化背景下寻找"失落"的传统文化,亦即"寻根"的需求。考虑到为时更近、也更为彻底的"文革"对于传统文化("四旧")的扫荡,则对眼下的汉服运动实不宜孤立地去理解它,而应将其视为是21世纪初中国一个更大的文化复兴运动的支脉。

从已有的描述、辨析和穿着实践来看,汉服主要是历史上汉人社会之中上层阶级的人士更多穿用的款式(士绅、士大夫、贵族、皇室),虽然它不能涵盖有更多人口的劳动阶级的服饰,却被认为是具有代表中国文化传统之资格的服饰种类。以服饰文化中的"华丽传统"而非劳作阶层的简朴服饰作为民族服装,其实这也是世界上很多民族的惯例。汉服所体现出来的优雅、悠闲、自然、飘逸,被认为适宜于清静、安详和豁达的生活,更被认为很好地表现出了汉民族特有的文化气质以及仪容等。尽管历史上的汉族曾经穿过很多样式繁多、风格多样的衣装,很难用某一种或某一类服装样式予以完全概括,但汉服的造型或款式的特点,仍被简略化地归纳为:交领、右衽、宽衣、大袖、博带,不用扣而以纽带系结。具体地则有"上衣下裳""深衣"(上下身一体的袍服,其内有裤)"上衣下裤""襦裙"(短上衣和下裙组合)等若干种基本的款式,其中以深衣在汉服运动中最受青睐,甚至有人尤其是钟情于儒学的人主张用它去统一当代汉服,视其为汉服的统一或基本式样。有的同袍认为,汉服深衣最能体现传统文化的精神,例如,说它象征天人合一、恢弘大度、公平正直,具有包容万物的东方美德。穿着它行动进退便合乎权衡规矩,生活起居便顺应四时之序。其袖口宽大,象征天道圆融;其领口相交,象征地道方正;背有一条直缝贯通上下,象征人道正直;腰系大带象征权衡;分上衣、下裳,象征两仪;上衣用布四幅象征一年四季;下裳用布十二幅象征一年十二月④。此类解说和民国年间人们为中山装建构合法性时所附丽很多意义的手法,如出一辙。

---

① 关于"民俗服装"和"民族服装"的概念,请参阅周星:《中山装·旗袍·新唐装——近一个世纪以来中国人有关"民族服装"的社会文化实践》,杨源、何星亮主编:《民族服饰与文化遗产研究——中国民族学学会2004年年会论文集》,云南大学出版社2005年8月版,第23—51页。
② 据咸丰朝《安顺府志》记载:"妇女以银索绾髻,分三绺,长簪大环,皆凤阳妆也"。
③ 牛犁、崔荣荣:《广西高山汉女性服饰艺术与传承现状研究》,《2013年中国艺术人类学国际学术研讨会论文集》,第459—463页。
④ 赵宗来执笔:《北京奥运会的服饰礼仪倡议书》,天涯社区——国学论道,2007年4月5日。

此外，又说汉服有礼服和常服之分，也有人说一套完整的汉服有小衣、中衣、大衣三层，总之，各种表述很多，尚不能趋于统一。历史上帝王贵族的章服、冕服，通常是在举行隆重的仪式时穿用的礼服，其实它们往往就是上衣下裳制的豪华版，近代以降主要是由于封建礼制的解体而走向湮灭。汉文化对于服饰曾经赋予了很多象征性意义，但归根到底，这些意义大都指向于古代礼制，尤其是等级身份制。当今复兴汉服之际，困扰之一便是如何理解汉服和它曾经承载的那些意义之间的关系。历史上的衣冠之治或衣冠服制，对内主要是强调等级和身份，对外自然是以其作为族际区分的标志，用服饰来体现"华夷之辨"，将"束发右衽"和"披发左衽"相对比，从而以服饰装束作为"我族"认同之最为醒目的符号。但由于在多民族的中国历史上，各民族之间的互动，包括混血、交流、采借、同化（强制同化和自然涵化）等，并不仅是在血缘上"你中有我，我中有你"①，包括服饰在内的文化更是如此。战国时有"胡服骑射"，北魏时有异民族的主动汉化；唐朝时，华胡同风，反映在服饰文化上，既有胡化现象，又有华化现象。因此，除了承认汉服之独特性，将其视为汉民族文化认同的符号之一（并非唯一）的同时，也应该承认汉人服饰生活的多样性、复杂性。在一定意义上可以说，汉族传统服饰是几千年族际文化交流互动的产物。

以复兴汉服为目标的汉服运动，其理论基本上是本质主义的，它追溯历史至上古，既重视汉服的起源正统性及历史悠久性，又重视其作为华夏—汉族之文化的纯粹性、原生态和本真性，同时还坚持认为在汉服和汉民族的文化属性之间具有一种本质上的关联性，相信华夏—汉族的复兴，必须要以汉服为先导，表现出一种唯服装至上的思想倾向。这种思想，其实是来源于中国几千年的历史，曾经在服饰上承载繁多象征意义的文化传统。本质主义的汉服理论认为，在汉服或其款式、形制之中内含着根本性甚至至上的民族精神，认为汉服反映了优秀、优越的文化品格。有鉴于此，在文化多元主义理应成为国家文化政策之基本要义的当今，在多民族的构成日益显得重要的中国现当代社会，对于汉服运动所倡导的理念及其承载的情感和诉求，均必须予以具体和冷静的分析。

汉服运动具有多重属性，若是从不同的角度去看，它就会各有不尽相同的意义。从中国传统文化在21世纪全面复兴的趋势来看，汉服运动不过是国学复兴、民间信仰复兴、传统礼仪复兴等大潮中的一支流脉。在国内多民族格局的背景下，汉服运动又似乎是在争取民族服装的平等权利（相对于五彩缤纷的少数民族服装）；但正如"大汉""天汉""皇汉""汉心"等网站名称及汉服论坛的常用词汇所已经显示的那样，过于强调族缘的"血脉"意识和追寻文化纯粹性的汉服运动，也

---

① 费孝通：《中华民族的多元一体格局》，《北京大学学报》1989年第4期。

有可能促使汉文化中心及优越意识的强化,故很容易被认定为"族裔民族主义"①。若是从国际社会和全球化的背景下,汉服运动又具有"全球在地化"实践之属性,它力图建构并突显中国符号,以强化符号认同(相对于和服、韩服、西服等而言),追溯并试图保持中华文化之根。无论是上述哪一种理解,由于场景不同,其论述或表象的原理也就有所不同,但归根结底,有一点则是在任何场景下汉服运动均具备的突出特点,亦即特别强调、甚或夸大汉服这一符号的重要性,把汉服能否复兴视为华夏—汉族复兴,进而中华复兴和中国复兴的关键和先决条件。

二、旨在建构"汉服"的汉服活动

2002年年初,以"华夏血脉"为网名的网友在新浪军事论坛发表了题为"失落的文明——汉族民族服饰"的文章;同年7月,网友"大周"在网络上创建了"大汉民族论坛",后成为"网络汉民族主义"的起源地和重要据点②。2003年1—3月,网友"步云""大汉之风"等相继参与创建了"汉知会"(汉文化知己联谊会,系汉网的前身)和"汉网"(www.haanen.com,2005年以后更名为www.hanminzu.com),汉服运动由此开始了网络探索和激烈论战的时期。

在这期间,网名为"水滨少炎""万壑听松""赵丰年""蒹葭从风"等的一些年轻人相继在网络论坛上发表了各自颇有影响力的文章,其格调以有关"汉服"的历史悲情意识为特点,逻辑也大都是本质主义的,这些才思横溢的文章,可以说对后来的汉服运动产生了重要而又深远的影响,并在相当一段时期内左右了汉服运动的方向③。这些年轻的网络写手后来大都成为汉服运动中颇为著名的理论家、骨干或积极的实践者。几乎从一开始,就出现了涉及汉服等相关问题的网络论战,虽然在外部大千世界看来,就像是茶杯里的风暴一样,但它却导致了汉网的裂变,于是,相继分化出"天汉网""新汉网""汉未央网""华夏汉网"和"百度贴吧"等多

---

① 王军:《网络民族主义与中国外交》,中国社会科学出版社2011年6月版,第80—89页。
② 同上书,第90—91页。
③ 本文关于汉服运动之发展历程,尤其是有关早期网络讨论阶段的信息和资料等,着重参考了杨娜(兰芷芳兮)主编:《中国梦 汉服梦:汉服运动大事记(2003年至2013年)》,2013年10月14日,电子版。特此鸣谢。伴随着汉服运动的进展,汉服运动史似乎也已经出现了"正史"和"野史"之分。在汉服运动获得初步成果之际,"网络江湖"上也出现了推崇某人或某特定群体之"地位"的汉服运动史建构。经多方考索和对比,笔者认为杨娜的汉服运动史陈述较为公允和客观。

家新的网站①。这一方面扩大了汉服运动的声势,养成了一批批汉服运动的精英骨干;另一方面也促使汉服运动的理念趋于多样化。基本上可以说,汉服运动是互联网之子,如果没有互联网,汉服运动也就不会如此迅速地崛起②,这也正是当前汉服运动之所以能够比辛亥革命前后更成气候的重要原因。

以网络上的汉服虚拟社区为基地、为论坛、为阵地而反复展开的汉服论战,总是以本质主义为导向、为特点、为归宿。这多少与此种复兴汉服的思潮最先是在海内外一些网络论坛(例如,天涯论坛)中的极端民族主义氛围中得以滋生有关,开始时它只是作为对其他某些异族群匿名网友的极端民族主义言论的"刺激反应"而出现的③。与之形成鲜明对照的是,汉服运动在"离线"状态,亦即在现实的社会公共空间中,在"汉友"或"同袍"们的穿着实践当中,却始终具有明显的建构性、变通性和通融性,并没有那么极端,也鲜有激进行为。由于汉服运动试图在当代中国复兴在某种意义上已经是古装的服装,因此,它所面临的诸多挑战、问题和困扰,大都是和当代中国社会的实际现状有关。汉服运动几乎是在和现实社会的对话、博弈和抗争之中,在不被理解,甚或被误解、曲解的大环境中④,既坚持一些基础性的在他们看来不能让步的理念,也不断地作出了变通和调适,采用了多种多样的路径和几乎是一切可能的方式,并由此取得了很大的进展。

2003年年初,澳大利亚华裔青年"青松白雪"和网友"信而好古"在汉网讨论自制汉服事宜,同年7月21日,"青松白雪"在网络上传自制汉服照,这可以说是汉服在21世纪初的一次"再发现",据说它当初几乎就是凭借猜想制作的。9月1日,"信而好古"上传了自己的"束发深衣"演奏古琴照,并在网络迅速走红,据说这是依据江永《乡党图考》里的"深衣图"为样本而自制的。后来还曾创建"华夏复兴论坛"的"信而好古"认为,只有深衣才可以作为"统一式样"的汉服。紧接着,

---

① 根据对多位汉服运动的精英人士所做访谈以及搜寻有关网络资料得知,汉服运动前后经历了数次分裂,导致分裂的原因很多,主要包括汉网管理层的理念分歧(如激进派和温和派,是否走商业化之路等)、涉及汉服商家的认证权、服务器所有权、以及人事纠葛等。除了汉网裂变,各地汉服社群也经常出现分裂,像北京、上海、广州、成都、无锡等城市,往往都是有好几家汉服社群,它们或是从同一家母体分裂而来,或是后来者不接受、不进入前面的社群而另起炉灶。总之,目前呈现出汉服社群林立,彼此竞争的类"江湖"局面。同一汉服社群难以团结的根源除了理念、方法不尽相同外,汉服运动的小群体活动模式也有一定影响,也不排除社群主导者的领袖欲问题。但另一方面,跨省区、跨城市的汉服活动参加者也大量存在,说明不同汉服社群之间也有很多合作与协力的关系。

② 周星:《汉服运动:中国互联网时代的亚文化》,爱知大学国际中国学研究センター:『ICCS 现代中国学ジャーナル/ICCS Journal of Modern Chinese Studies(ISSN:1882—6571)』第 4 卷,第 2 号,第 61—67 页,2012 年 3 月 31 日(http://iccs.aichi-u.ac.jp/journal.html)。

③ 匿名且极端的民族主义言论由于明显违反了宪法确定的民族平等和民族团结原则,因此,有可能成为汉网偶尔被迫关闭的原因之一。

④ 例如,成都网友过"女儿节"(上巳节),因所穿"汉服"的式样跟《大长今》中的差不多,很多市民遂误认为是韩国服装。李洹莹:《共度女儿节 网友穿汉装》,《四川在线—天府早报》2006 年 4 月 2 日。

在这一年的10—11月,由第一户"汉服商家"、武汉的"采薇作坊"上传推出了第一套汉服男女装的商品照。由"采薇作坊"的"阿秋"参照《大汉天子》的剧照制作的一套汉服(深衣曲裾)于2003年11月22日被洛阳的王乐天(网名"壮志凌云")穿着走上了郑州市的大街,汉服因此而第一次引起公众和媒体的关注及报道,从此,汉服这一概念开始成为媒体公共话语中的关键词之一[①]。值得一提的是,率先关注汉服运动的户外穿着行动的是境外的新加坡媒体,而非国内媒体,然后经海外媒体"内销",才引起了连锁性的反响。基于以上诸多动向,杨娜将2003年视为"汉服运动元年"[②],这的确是非常恰当而又极有见地的观点。

值得一提的还有,就在2003年12月18—21日于北京举行的国贸房展会上,"云加房地产公司"组织了一场"汉装秀",身着各类"汉装"的模特儿出现在房展会现场,吸引了媒体和观众的眼球。企业以"汉装"作为倡导"中国文化复兴"的旗帜和标语,颇为引人注目。鉴于简约、围合、人性化、亲近自然等中国传统建筑的美学原则,可以体现为特定房地产项目的"汉风",所以,该公司选择"汉装"作为其在双井地区的新楼盘亦即所谓汉装社区"石韵浩庭"[③]的形象代言。在这次房展会上,公司还免费赠送1000件"汉装"睡衣,据说这种汉装睡衣集中反映了中国人的人生观,亦即追求悠闲、自然、清静的安详生活。虽无法确认其与汉服运动的关系,但商家此时打出"汉装"的招牌,也可谓"英雄所见略同"。

从2004年至2010年,在中国各主要城市里,个人或汉服爱好者(后改称"同袍")的群体,身着汉服参与聚会、雅集等社会活动,尤其是在公共场所展示汉服,或在特别设定的场景(例如,祭祀民族英雄、祭孔等)以汉服作为礼服的行动日益频繁,汉服运动的积极分子们不断地探索着各种新的汉服展示和宣传形式,并逐渐形成了汉服运动户外活动的一些基本模式[④]。在杨娜的归纳中,这便是"网上—网下—网上"的宣传方式,亦即网络征集人员—社会实践礼仪—回归网络展示成果[⑤]。

刘斌("轩辕慕雪")在2004年8月22日穿汉服参加了黑龙江省第二届武术传统项目比赛并取得好成绩,这被认为是他证明了汉服作为武术服的可行性以及为汉服和其他传统文化的链接拓展了新的空间。"天涯在小楼"等人组织天津、北

---

① 张从兴:"汉服重现街头",《联合早报》2003年11月29日。
② 杨娜(兰芷芳兮)主编:《中国梦 汉服梦:汉服运动大事记(2003年至2013年)》,2013年10月14日,电子版。
③ 陈雪根:《石韵浩庭复兴中式建筑,"汉装"代言中国风格》,《中华工商时报》2003年12月18日。
④ 周星:《新唐装、汉服与汉服运动——二十一世纪初叶中国有关"民族服装"的新动态》,《开放时代》2008年第3期。
⑤ 杨娜(兰芷芳兮)主编:《中国梦 汉服梦:汉服运动大事记(2003年至2013年)》,2013年10月14日,电子版。

京、上海等地30多位网友于2004年10月5日,齐聚北京袁崇焕墓前,这次穿汉服祭祀先烈英雄的活动引起了海内外媒体的高度关注①,该活动开辟了此后以祭仪礼服形式展示汉服之策略的先河。与此同时,此次祭祀活动初具全国性规模这一特点也颇为醒目。同年年底,"大宋遗民"("赵丰年")制作了主题为"再现华章"的Flash视频作品,可以说由此开创了汉服运动的文艺化走向。此后,历经"万壑听松"、孙异等人的参与和努力,最终形成了《重回汉唐》这一汉服运动的主题曲。从这首歌曲的歌词不难发现,汉服运动的价值取向确实是有一些"复古"的趣味。

根据杨娜等人仔细梳理而形成的珍贵资料,我们不妨将汉服运动先后开创并逐渐积累起来的各种方式、倾向以及路径等,简要地归纳如下:

1. 制造、促成或借助各种公共事件,将汉服及汉服运动的理念和实践,置于大众舆论的聚焦之下。例如,2004年12月因汉服新闻报道被篡改为"寿衣"诉讼案(官司最终获胜)②;2007年10月底,百度汉服吧、天汉网、汉网等联合悼念"溪山琴况"英年早逝的活动,据说他是"华夏复兴,衣冠先行"这一口号的首倡者,网络上有收录其汉服复兴计划等在内的《溪山文集》流传;2008年4月27日,在北京奥运会于韩国首尔的圣火传递仪式上,有网友穿着汉服守护圣火;2008年10月5日,黄海清(网名"大汉之风")因历史观之分歧在无锡掌掴阎崇年并被拘留事件(民间草根和学术精英的历史观歧异得以突显,但使部分公众对汉服运动形成负面印象);2010年10月16日,成都反日游行的大学生误认汉服(曲裾)为和服,并强迫穿着者脱下,将其在公共场合烧毁的事件等等。通过这些公共事件,汉服为何的话题,自然就成为公众关心的焦点,这在汉服运动的宣传策略上确实行之有效。穿着汉服在天安门、王府井大街、万里长城等全国各地公共热点出现,目的就是要引起人们的围观,这也曾经是汉服运动在早期最常见的一种举动。2010年3月,"云南汉服"向干旱灾区大量捐水,积极参与慈善活动;2010年五一劳动节,"浙江汉服群体"集体游览上海世博会,上海"汉未央"于2010年7月9—11日应邀在世博会公众展示馆组织汉文化及汉服展示活动等等,这些都是既非常吸引眼球,又能博得公众好感的汉服活动。

2. 将汉服作为各种传统节日的礼服盛装,大部分是在户外以集体过节的方式进行展示,也有使汉服进入家庭(例如,在春节团圆时穿用)的尝试。如果说后者尚属凤毛麟角,那么,前者则已经发展成为最具有普遍性的一种汉服活动的模式。例如,2006年4月7日,北京、上海、杭州各地的汉服网友,穿着汉服欢度上巳节,举办了曲水流觞、水畔祓禊、游春踏青等早已失传殆尽的节日活动。基于2005年

---

① 张从兴:《青年着汉服祭民族英雄》,《联合早报》2004年10月6日。
② 徐春柳:《谁把"汉服"篡改为"寿衣"?》,http://www.sina.com.cn,2004年12月29日。

曾在天汉网和汉服吧中引发热烈讨论的"民族传统礼仪节日复兴计划",汉服运动的参与者们确实是积极地将其付诸实施,以此次活动为契机,后来在每年的春节、清明、端午、七夕、中秋、重阳、冬至等传统节日来临之际,全国各地的汉服社团均会酌情组织形式多种、花样翻新地身着汉服参加传统节日的户外活动,这样把汉服和传统节日的活动相结合,慢慢地就发展成为汉服运动之户外宣传活动的主打策略。例如,2005年七夕和冬至,汉服爱好者们在上海繁华街道相继举行的汉服宣传活动;2006年立夏和2007年立夏,在北京紫竹院,由北京大学的学生们举行的汉服游艺活动;2009年中秋,在福州八旗会馆举行的穿汉服祭月的活动等等,所有这类活动的规模大小不一,通常是汉服社团或同袍小圈子的自娱自乐,但也有一些经营有方而使规模逐年扩大的情形,像2009年5月由四川传统文化交流会举办的端午活动,据说约有400多人以不同方式参加,节日活动的内容包括学习汉家基本礼仪、端午祭龙、斗蛋比赛等,规模之盛令人印象深刻。

3. 设计并举办、参与或借助各种仪式场合,穿汉服参加其中,既能突出汉服作为礼服(有时候,是作为"祭服")的功能,又可借机宣传汉服和增加汉服在各种媒体上的曝光率。这方面较早的实践,例如,2005年3月13日,吴飞等人在济南文昌阁遗址举办的"释菜礼"(古代儒生入学时祭祀先师孔子的典礼);2005年4月17日,多位网友在曲阜穿汉服举办的明朝形制的"释奠礼"等。值得一提的是,这些汉服网友自认的另一个身份,乃是民间的"儒家学子",由此可知,汉服运动和所谓"儒学""国学"的结合,则是其另一条可供选择的路径。当然,更多的情形是特意设计举行的冠礼、笄礼、婚礼、祭礼等。在所有这些建构性的尝试中,既有将汉服引入个人的人生通过礼仪之中的情形,例如,举行仅限于在亲友小圈子内的冠礼(2005年5月6日,石家庄市明德学堂举办古风成人仪式,吴飞为周天晗行加冠礼)、笄礼(2006年1月3日,严姬在武汉举行笄礼)、婚礼等,事实上,很多汉服运动的早期精英均身体力行地分别举办了个人的汉服婚礼(有周式、汉式、唐式、明式等选项,2006年11月12日,"共工滔天"和"摽有梅"在上海举办周制士婚礼),虽然他或她们遵循的"古礼"规矩并不统一;或者以集体穿用汉服的形式来体现成人(如2006年5月16日,由武汉市官方主导、有500多名学生穿汉服参加的成人仪式)、成婚(如在西安多次举办的汉服集体婚礼);也有一些对儒家礼制的重温与重构性实践,如乡射礼(2006年4月9日,在中国人民大学"诸子百家园"举行了一次汉服射礼)、开笔礼和祭孔典礼。在一些新兴的民间私塾或蒙学馆、童学馆,穿汉服祭祀孔子更是必修课之一[①]。事实上,把少年儿童也卷进汉服活动当中来,亦是一个聪明的策略。再有就是对历史上汉民族的民族英雄进行隆重祭祀的祭礼,

---

① 《童学馆学生着汉服练武术习国粹(组图)》,http://www.sina.com.cn,2006年12月4日。

例如,2006年1月8日在上海松江以汉服、"汉礼"祭祀夏完淳;2006年元旦,在河南汤阴岳庙,由岳飞后裔首次穿着汉服祭拜岳飞;同年2月11日,在江阴文庙穿汉服祭祀"江阴三公";从2008年3月28日起,在北京每年都举行祭祀文天祥的仪式;从2008年4月6日起,在福建每年要祭祀戚继光等等。汉服在各种祭礼上反复出场,显然可以强化其庄重感,但却使其在"礼服"还是"祭服"的属性之间形成了暧昧的局面。问题还在于上述所有这些仪式或典礼,常常依主办者的趣味和认知,既有周制,又有汉制、唐制和明制,呈现出繁杂、混乱和不相统一的现状。

4. 积极参与国家层面或地方政府主导的多种话语及相关活动,努力使汉服不断地介入社会公众的政治生活,从而突显了汉服运动的政治性。汉服运动的口号之一乃是"华夏复兴"或"兴汉",这和官方所谓"中华民族的伟大复兴"以及"中国梦"等表述,虽有微妙不同,却也颇多契合之处。参与国家政治生活的典型例子,如有私塾先生上书苏州市领导,建议申报汉服为世界非物质文化遗产,呼吁苏州市政府举办活动时把汉服作为第一选择等(2006年4月);网友推动中央人民政府官方网站和新华网在介绍56个民族时将汉族的"兜肚"形象改换为汉服照(2006年7月);在2007年3月"两会"期间,推动政协委员提议将汉服确立为"国服";推动人大代表提出将汉服作为"中国学位服"的建议;与此同时或在此之前,发祥于天汉网的"中国式学位服"[①],曾引起了热烈反响,各大相关网站也均有对汉服能否作为"国服"和"学位服"的讨论。2007年4月,天涯社区、汉网等20多家知名网站联合发起了建议2008年北京奥运会采用深衣汉服为礼仪服饰的倡议书,希望中国代表团能够穿汉服参加开幕式。2009年5月27日,浙江理工大学学生自制"汉服学士服",其"周制太学生"款式的汉服毕业照,在网络媒体中引起了广泛关注。和中国大多数自下而上的自发的社会文化运动一样,汉服运动非常渴望得到国家的支持和承认。部分汉服社团开始致力于合法化登记,如2007年5月,"福建汉服天下"经福州市民政局核准登记,成为全国第一家合法的汉服社团组织。2007年9月,中国传媒大学成立学生社团"子衿汉服社",并在校内组织汉服文化讲座。此后,高校的汉服社团如雨后春笋般迅速发展起来。

5. 以网络上虚拟的"汉服社区"为基地,汉服运动动用了几乎所有的形式和手段,致力于宣传、展示和推广汉服。一是出现了民间学人,主要就汉服和"兴汉"等主题从事讲学活动,或者由汉服活动家积极发表各自的研究成果。如2005年4月以来,郑州宋豫人主持的"汉家讲座";2005年8月,重庆大学的学生张梦玥从事汉服概念的探讨,在网上发表了《汉服略考》一文;董进(网名为"撷芳主人")于2007年11月在天涯论坛推出《Q版〈大明衣冠〉——漫画图解明代服饰》,后正式

---

① 《网友向教育部倡议启用中国式学位服(图)》,大洋网http://www.sina.com.cn,2006年4月20日。

出版《Q版 大明衣冠图志》,影响很大。2008年1月,关注汉服运动的《汉服》一书正式出版;同年6月,《华夏衣冠》电子杂志创刊;此后,相继又有《汉未央》电子杂志、《汉家》电子杂志、《汉服时代》电子杂志等陆续创刊。二是以条幅、传单等方式,组织户外的汉服展示与宣传活动,如网友"苑夫人"在合肥明教寺门口打出"华夏汉族,汉服归来"的横幅,并表演"汉服秀",向过往行人介绍汉服知识。三是走进电视节目,以直观方式宣传汉服,如2008年1月26日,珠江电视台的"春晚"播出了由广州汉民族传统文化研究会负责的"汉服汉礼"节目。其他穿汉服参加涉及国学、传统文化及相关知识竞赛等电视节目的努力,更是不胜枚举。此外,还有汉服的网络贴文贴图、汉服运动歌曲、汉服舞台剧、汉服广播剧、汉服电视剧、汉服电影、网络汉服微电影、汉服同袍自制新春拜年视频、汉服yy频道、汉服动漫等等,此种"八仙过海,各显其能"的局面固然是一片形势大好,但也出现了明显的文艺化及娱乐化的趋势。

6. 涌现出了许多致力于汉服礼服制作和经营相关礼仪活动的商家。较为有影响的如北京的"如梦霓裳""汉衣坊"(北京汉疆文化发展有限公司)、武汉的"采薇作坊"、成都"重回汉唐"、杭州"寒音馆"、上海"汉未央"、广州"双玉瓯"、西安的"黼秀长安"、杭州的"净莲满塘"等等,都是较为著名的汉服实体店。广州明华堂提出并致力于实践的汉服礼服构想,走的是高端汉服市场,他们制作的新款袄、马面裙、披风套装等,做工精良,价格不菲(4000元左右一套),可依然很受欢迎。目前,通过在网店定制汉服或团购汉服,是初入门的汉服爱好者们获得汉服的主要途径,尤其是团购的方式,可以满足大规模、集体性汉服活动的需求。

7. 海外华侨华人的呼应,也非常重要。海外汉服活动的大环境一般要更为宽松,虽然西方世界对于"中式服装"的认知,主要是指旗袍、唐装或中山装等,但汉服的出现也很容易被理解为是一种中国符号,汉服的穿着实践固然也会引起人们的好奇,但一般没有质疑、冷眼、侧目等不良反应,这和国内汉服实践者早期的遭遇相比,情形有很大的不同。事实上,最早以"汉服"来对应一些极端民族主义网络言论的恰恰是几位具有海外背景的华裔青年,他们不能够接受因为新唐装问世而有某些网友贬低或嘲笑汉族没有民族服装的网络匿名言论。伴随着汉服运动的深入,马来西亚、新加坡、英国、美国、法国、澳大利亚、加拿大等许多国家的华人、华侨和留学生,也纷纷成立汉服社团,以穿汉服上街、举办汉服秀等各种展示及宣传活动的方式,和国内的汉服运动遥相呼应。其中较有影响的,如马来西亚华人举办的"华夏文化生活营",从2008年起至2013年,已连续举办了六届,活动内容主要有穿汉服、学习华夏礼仪等;2008年,杨娜等人在英国成立了汉服社团"英伦汉风",并于2009年3月7日,组织留学生和华人举行了穿汉服巡游伦敦活动;同年5月30日,"英伦汉风"的一群网友又在泰晤士河畔举行了端午凭吊屈原仪式；多伦多汉服复兴会通过中国驻加拿大使馆、国务院侨办、文化部转交给国家民委的信函，提出对民委官方网站有关内容的意见等。对于国家民族政策的制定者而言，由于汉服运动的发生多少是有一些针对族际关系之特定语境的"刺激反应"，因此，它意味着在某种程度上，汉族似乎已不再是那个永远沉默的"多数"了。

综上所述，汉服运动在具体的实践中，实际上是有很多的变通和妥协，大部分活动都具有文化建构的属性。不仅汉服，包括所谓的"汉舞""汉餐"①"汉礼"以及旨在为汉服的出场提供机会的各种仪式和典礼的场景设置，无一例外均是经过了人为建构的过程。关于汉服，在汉服运动中固然有对古代服装形制的执著追求，甚至有如"中国妆束复原小组"致力于汉、唐、东晋、宋、明等历代汉人之服装的"复原"工作，或有对某些款式形制格外青睐的倾向，但它依然是在21世纪初，由当代中国城市里的一些知识精英，基于他们的文化信仰和历史观念等，同时在征引和参考古籍文献资料、考古及出土文物资料、历史图像资料以及一些传统戏曲服装和现代影视作品之相关资料的基础之上予以"发明"的。由于这样的"发明""再发现"或人为建构，是依托于如此丰厚和复杂的中国服饰文化的历史传统，也由于汉服运动的草根性使得它从一开始就缺乏"权威"的指导，所以，新"发明"的汉服自然也就有了非常之多的款式和形态，与此同时，它们在同袍们的穿着实践中也自然地会发生"改良"，将汉服穿进日常生活的努力和"汉元素时装"概念的出现，均意味着汉服今后仍将会不断地发生演变。

再以"汉舞"为例，2005年10月1—7日，在汉网组织的"首届汉服知识竞赛"于北京举行时，有一位北京网友"小狐仙"穿汉服跳着后来被称之为"汉舞"的舞蹈，其视频随后在网络广为流传，接下来在全国各地汉服雅集活动的文艺表演当中，也就常常会有穿汉服跳汉舞的节目。但关于此种汉舞的起源和命名，与其说它是固有或传统的，不如说它是当代网友的文化创造，则要更加符合实际。

至于汉服运动所依托的各种仪式或典礼，一方面确实是存在着"复古"的倾向，但在网络汉服社区里设计各种方案（如天汉网和汉服吧曾经联合推出的"民族传统礼仪节日复兴计划"等），对古代相关记载予以删减变通，结合当代中国社会的审美意识及生活方式，最终推出的仪式或典礼显然也是当代汉服同袍们的最新"发明"。事实上，如果亲临汉服户外活动的现场去观察，更不难发现仪式或典礼往往是在相关人士持续不断的"商量"之中进行的，几乎可以说每一个仪式或典礼的细节都是"试行"摸索的过程。

---

① 2011年8月23日，笔者在郑州对民间学者宋豫人进行了长时间的访谈，话题涉及汉服、汉礼、汉餐、兴汉、文化的"辛亥革命"等，除参与体验由他主持的汉服祭礼，也承蒙他以汉餐款待。

三、收获:2011—2013 年汉服运动的最新动态

近年来,汉服运动不仅引起了社会公众和大众媒体的广泛关注,也引起了学术界包括人类学、社会学、民俗学以及历史学、尤其是服饰史等学术领域研究者们的关注。笔者在《开放时代》2008 年第 3 期发表了题为"新唐装、汉服与汉服运动——21 世纪初叶中国有关'民族服装'的新动态"的学术论文,试图从文化人类学的立场去理解汉服运动。此后,对汉服和汉服运动的研究逐渐成为一个热点,特别是自 2010 年以来,山东大学、西南大学、陕西师范大学、西安美术学院、天津工业大学、浙江大学、西北大学等高等院校先后涌现出一批以汉服和汉服运动为主题的硕士和博士学位论文。至于散见于各类学术期刊和网络杂志上的相关讨论更是精彩纷呈,但同时也充满歧异。相关学术研究的进展,正在促使汉服运动的理论家和实践者们开始做一些必要的反思。

起源于 2003 年的汉服运动,只经过短短 10 年左右的努力,便已取得了很多重要的收获。依据笔者 2011—2013 年间的持续观察和搜集的资料来分析,可以说汉服运动目前已经进入了收获期。若举例说明,2004 年 11 月 12 日,方哲萱("天涯在小楼")曾经孤身一人穿着汉服去参加由天津市政府在文庙举办的官方祭孔活动(当时的祭服、礼服均为"清装"),突显了孔教礼制和汉服之间相背离的局面,她以"一个人的祭礼"所渲染的历史悲情曾感染到很多汉服网友,但到 2011 年,据说曾有"短打"装扮的佚名男子多次和天津祭孔活动的主办方进行交涉,最终在"汉服祭孔"的呼吁声中,主办方终于在 2012 年 9 月祭孔时将服装改成了汉服。2012 年 9 月 28 日,是孔子诞辰 2563 周年纪念日,天津市第二届国学文化节开幕式暨祭孔典礼在天津文庙举行,仪式中首次采用"汉服祭孔"[①]。到 2013 年 9 月 28 日的秋季祭孔大典,便不再使用清代服饰,祭孔舞生均着新制汉服,主祭官、陪祭官、执事等也身着汉服致祭[②]。类似的例子还可以举出很多,若归纳起来,汉服运动已经获得的重大收获,主要表现为以下几个方面:

1. "汉服"一词的知名度空前提高,汉服作为现代中国社会文化动态中的关键词之一,反复被各类媒体提及的频次呈现持续增加的趋势。中学生对人民教育出版社出版的七年级《中国历史(上册)》(2006 年 6 月第 2 版)教科书上屈原"左衽"形象的纠错[③],便是"汉服"知识有所普及的一个象征性的小事件。以各种形

---

① 晁丹:《天津文庙举行祭孔活动 首次采用"汉服祭孔"》,天津北方网 http://www.enorth.com.cn,2012 年 9 月 29 日。
② 吴宏:《文庙十一假期举办国学游 祭孔大典首次着汉服》,天津北方网 http://www.enorth.com.cn,2013 年 9 月 24 日。
③ 黄洁莹:《初一教科书屈原插图衣襟穿反 官方承认出版失误》,《长江日报》2012 年 10 月 20 日。

式参与汉服运动的同袍们热切期待的中国社会大众对于汉服的认知,虽然尚远远不如人意,但也有了非常明确的进展。这与全国各大中城市的汉服社团频繁地举行各种汉服活动的实践性努力,以及网络、电视和报纸等多种媒体对汉服运动的持续性关注密不可分。

2. 汉服运动在全国的发展呈现出了由"点"到"面",由大城市向中小城市不断扩散、蔓延的迹象,这个运动的规模正在不断扩大。截至2013年8月,百度汉服吧的会员人数超过了20万人;于2011年8月正式上线的"汉服地图"收录了大约300多家汉服社团、汉服商家以及汉服QQ群,这个数字目前仍呈现出较快增加的态势。

汉服运动扩大化的表现,一是汉服社团或准社团正在越来越多的大中小城市里得以成立。有的汉服社团的规模还一直在不断地扩大,如"福建汉服天下"截至2013年年初,据说已有会员500多人。虽然某些城市里的汉服社团由于理念分歧和人事等原因,常会出现内部的分裂,但总体而言,汉服运动的参与者与社团数一直是在增长着。值得一提的是,有不少汉服社团已经完成了合法的登记手续,如洛阳传统文化研究会、温州市汉服协会、宁波市汉文化传播协会(宁波汉服)、成都市传统文化保护协会汉文化研究专业委员会等等。汉服社团在全国高校中也有迅速蔓延之趋势,甚至还波及一些中学,北京城市学院、北京大学、清华大学、中国人民大学、北京科技大学、北京工业大学、北京师范大学、国际关系学院、华南师范大学、同济大学、西南科技大学、中山大学、陕西师范大学、北京中医药大学、中国地质大学、中国农业大学、中国政法大学、中央民族大学、北京对外经贸大学、北京语言大学、华北电力大学等等,据不完全统计,全国已有100多所高等院校相继成立了以"汉服社""汉服文化协会"等为名目的汉服社团。在西安,几乎所有的高校均成立了汉服社团,于是,协调各高校汉服活动的"西安高校汉服联盟"也就应运而生。一般来说,高校内的这些社团并不需要登记注册以获得合法地位。

二是各地举办的户外汉服雅集活动,包括穿汉服过传统节日、穿汉服祭祀先贤等,不仅频次在不断增加,参加者的规模也逐年扩大,而且,还有一些汉服活动已经实现了惯例化、恒常化①。例如,从2013年起,由江阴汉服协会组织的公祭"江阴三公"的活动,定于每年农历8月21日和清明进行;2012年端午节期间,在深圳举办的锦绣中华汉服深圳活动,虽然严格限制人数,报名参加者依然超过了200多人;2013年由"广州汉服"举办的南海神庙"波罗诞"汉服展演活动,据说前来观礼者累计达数万人次;近几年在成都举办的端午汉服活动,参加人数也是每

---

① 吴宏:《天津文庙举行春季祭孔活动 开笔礼将常态化》,天津北方网 http://www.enorth.com.cn,2012年4月30日。

年都在增加。

三是中国内地的汉服活动和海外积极互动,不仅在海外"中华圈"产生了影响,还慢慢引起了各个国家一些主流媒体的关注。如 2011 年美国堪萨斯大学汉服展,2012 年加拿大温哥华举办的汉服文化艺术展览(由温哥华汉服学社组织)等等。

但在这里有必要指出的是,目前在一些西部多民族省区,如新疆、云南、贵州、宁夏等地,高校汉服运动也有一定进展。如果说,东南沿海一些城市里汉服活动的参加者经常是在"想象"多民族场景中的汉服,那么西部多民族省区的汉服活动,则有可能面临现实的多民族场景,因此,如何在各民族文化多元平等和相互尊重的前提下组织和展开汉服活动,以免引起负面情绪的连锁性"刺激反应",乃是今后需要注意的问题。

3. 原本在汉服运动中旨在为汉服提供登场或露面机会的各种被新近"发明"出来的传统仪式或文艺形式,也逐渐程度不等地进入官方或半官方的"仪式政治"及文化艺术体制之内。例如,有些地方的汉服社群同袍,积极参与了各级政府文化部门主导的非物质文化遗产展示活动,一方面以汉服服饰、礼仪及汉舞等的展示为整个活动增添光彩,另一方面也为汉服附加了些许文化遗产的意味。汉服运动虽然具有草根性,但其政治性导向使其很在意政府的态度,举凡官方或半官方的首肯,立刻就会被同袍们视为是一种进展。例如,武汉市把每年 5 月 16 日确定为"武汉市 18 岁成人节",新成人穿汉服举行仪式时,先由市领导为他们"加衣冠",然后再是"成人宣誓""敬师长""敬父母"等仪式环节。此种集体汉服成人仪式,与另一类穿西服在国旗前宣誓的成人仪式形成了鲜明对照。此外,还有江苏师范大学研究生的毕业典礼,学校当局采用汉服作为礼服等,这些进展都会引起同袍们的欢呼。

4. 汉服运动的公共关系策略日趋成熟,不仅其操作和运营方式形成了稳定的模式,其组织机制也渐趋完善。举凡能够操作较大规模活动的汉服社团,往往设置有"外联部"或"宣传组"等,以处理外联、公关和媒体相关事务。他们常用的公关策略,除如前所述的借助社会公共事件,积极发出汉服运动的声音之外,近年来还特别注意利用社会名流的影响力,例如,端午时穿汉服扮成屈原和嫦娥,去给航天英雄刘洋的父母送粽子和鲜花;建议莫言穿汉服出席诺贝尔文学奖仪式[①];利用媒体人士杨澜为汉服活动"背书"[②]。汉服运动一直以来积极利用大众媒体尤其是互联网的努力,更是自不待言,从 2011 年起,新浪微博和腾讯微信也都涌现出一

---

① 《莫言瑞典领奖欲穿燕尾服　网友反对:建议穿汉服(图)》,中国新闻网,2012 年 11 月 15 日。
② 《杨澜团扇穿汉服主持节目　只为"做一天古代女子"》,中国新闻网,2012 年 4 月 12 日。

批致力于汉服宣传的团队,还有"汉服地图"的出现等,这些都是汉服运动与时俱进的新尝试。

5. 汉服的商业化和产业化也有不少进展。汉服户外活动的拓展,同袍和爱好者队伍的扩大,为汉服商家和实体店的发展提供了需求与机遇。目前,大约有70%的汉服爱好者是通过"淘宝网"里的"汉服网店"获得自己的第一件汉服的。网店和团购经营方式、高端汉服市场、"汉元素时装"的流行等,都会促使汉服制作逐渐走向专业化,并由此带动了周边一些配套行业的适度发展,诸如面料、刺绣、印染、配饰、化妆等市场的成长。部分汉服商家(或有自称"汉商"者)同时经营汉服婚礼、汉服成人礼等礼仪的策划和咨询服务。西安"女友网"从2011年起,在古城墙举办汉服集体婚礼,经常邀请百对新人同时参加,这被认为是汉服婚礼之商业运作的成功范例。不过,汉服的品牌化尚未成形,曾经的"工业化"大批量生产汉服的冒进计划多已遭受挫折。

以上对汉服运动已经取得的收获稍做盘点,下面仅就2011—2013年间汉服运动的最新动态再做一些介绍:

2011年2月3日(大年初一)23点,首届汉服春晚在优酷网站发布,有23个节目分别涉及汉舞、国画、诗词、刀剑等表演。同时在YouTube和优酷网站还配发了有字幕的英文、日文和俄文版。此次活动被中央电视台、《人民日报》《京华时报》等多家媒体报道。中国传媒大学子衿汉服社表演了《越人歌》。截至目前,汉服春晚已举办了三届,节目也不再局限于从各汉服社团中征集。汉服春晚意味着汉服运动在争取主流话语权方面的持续努力,但其文艺化倾向也进一步强化。

2011年2月6日,西安小雁塔举办上元灯会,以传统仪式还原大唐盛况,迎接元宵节。参与者皆穿汉服,并祭祀上元神。活动的目的乃是以复兴汉服为载体,提倡回归传统,重视传统民俗[1]。

2011年3月12日,汉服同袍在福州乌山风景区举行了辛卯年花朝节祭祀仪式。由12位身着汉服的少女吟诵12首花诗,歌颂1年12个月的花朵,并将五色彩带系在花枝上,表达对百花生日的祝福。

2011年3月27日,来自海内外近300名孔子后裔,参加了在上海嘉定孔庙举行的"辛卯年上海孔子后裔清明祭祖大典",此次较高规格的孔氏家祭活动持续约一个半小时,参与祭祀的孔氏后裔皆身着汉服,通过整理衣冠、上香、鞠躬、献牲、颂赞等一系列礼节仪规,纪念先祖。

2011年4月3日,重庆首届清明文化节暨九龙陵园2011辛卯公祭大型文

---

[1] 康保成主编:《中国非物质文化遗产保护发展报告(2012)》,社会科学文献出版社2012年11月版,第443页。

活动在山城举行。重庆首次汉式公祭大典也在这次清明文化节上亮相,身着汉服的祭祀者向市民演示了汉式公祭。这场汉式公祭有9个步骤:先是肃礼(盥洗双手、焚香、宣读祭文),接着便是迎灵礼、初献礼、亚献礼、终献礼、撤馔礼、送灵礼、望燎礼、宣训礼等,9个步骤依次有序[①]。

2011年6月5日,由南京金陵汉服文化协会主办的大型祭典在玄武湖公园环湖路进行,南京及周边地区近百名汉服爱好者身着汉服,双手作揖,一起祭奠屈原[②]。据活动负责人介绍,这场40分钟的祭祀表演,主要是依据《礼记》复原的。祭祀仪式上穿的以黑红为主色调的汉服,是按周制礼仪的要求制作,男式的叫玄端,女式的叫直裾,都属于礼服。这天的端午活动还有很多传统节目,如兰汤被禊、缝佩香袋、射五毒等,现场的孩子们还参与了斗草、斗蛋等传统游戏活动。在端午节这天,西北大学的志愿者们在西安世博园广运门组织了一场汉服展示及汉礼表演。

2011年7月17日,由2位镇江籍的海外留学生倡议发起的公祭宗泽仪式,在江苏省镇江城东京岘山麓大宋忠简公宗泽陵墓前举行。一群"90后"大学生穿汉服参加仪式,敬酒、焚香、行汉礼,吸引很多镇江市民冒雨到现场观看。获悉公祭消息的宗氏后人,也从浙江等地赶至现场焚香祭拜。此次祭祀,据说是参照明代释奠礼制度考订,再根据实际情况有所损益,确定祭祀分为预备、迎神、献礼、饮福受胙、撤馔、送神、望瘗、礼成等环节[③]。

2011年7月24日,天津文庙举行"开笔礼",快乐教育国学采风七日夏令营活动开始。开笔礼是孩子启智开学的标志,俗称"破蒙"。近500名孩子身着汉服参加仪式,程序主要有正衣冠、沐手净面、入泮、过棂星门、击鼓鸣志、祭孔行礼、开笔大礼、颁证、发智慧果、全体师生合影等10项。

2011年7月,北京师范大学附属实验中学老师何志攀,邀请"汉服北京"团队在学校开设汉服选修课,由李晓璇(网名"月光里的银匠")、钟莹(网名"犹影浅依")、李萌(网名"墨青")等人共同编写了《走近汉服》中学辅助教材。2011年9月15日,李晓璇、李竹音(网名"箫晓雪")等人,在北京师范大学附属实验中学初二年级开设《走近汉服》选修课,课程内容包括:讲解汉服、礼仪、传统节日和民俗、给古装剧纠错等,并结合制作发簪、荷包、中国结等手工制品。这是汉服第一次进入中学教学课程。自2012年2月起,该团队还在中国人民大学第二附属中学开设《走近汉服》选修课。

---

① 《重庆首次汉式公祭大典亮相清明文化节(组图)》,华龙网 http://www.sina.com.cn,2011年4月3日。
② 刘浏:《百名网友湖畔玩"穿越" 行周礼穿汉服祭祀屈原》,《扬子晚报》2011年6月6日。
③ 《海外留学生网上倡议公祭宗泽 引发"90后"响应》,《扬子晚报》2011年7月18日。

2011年8月6日,"汉服北京"在元大都城垣遗址公园和奥林匹克公园举行了"辛卯七夕活动",活动内容包括七夕简介、穿针乞巧比赛、七巧喜蛛拼图比赛、合唱《汉家衣裳》与《重回汉唐》、器乐演奏《鹊桥仙》、礼拜织女、合照留念等。活动的召集者"汉服北京吧务组"提醒参与的同汉服袍注意举止形象,要求女生绾头发,不要披发(短发除外),男生戴冠或戴巾,言谈举止以文雅、稳重为上。上海在8月7日也举办了"汉未央辛卯七夕节活动",在乞巧比赛中获胜者被授予"巧娘"称号。

2011年8月8日,"汉服地图——全球汉服信息查询系统"正式推出,网址为http://www.hanfumap.com/,这是汉服运动的一个公益程序;由王军(网名"黄玉")开发,基于Ajax系统制作。系统采用用户自主提交信息方式,将公益汉服社、商业汉服社、高校汉服社、汉服实体店、汉服网店、汉服配饰商店、汉风商店、文化机构、传统工艺机构、汉服QQ群等,按经纬度定位于全球地图。汉服地图也是一个汉服信息数据库。汉服地图在2013年4月5日还推出了活动地图和汉服百科,前者收录汉服社团活动,方便用户及时关注和参加,后者则旨在建立由汉服倡导者自主编写的汉服百科全书。

2011年9月11日,"汉服北京"在朝阳公园组织了一场"辛卯中秋活动"。这次活动分设若干专题兴趣小组。如"汉有游女"(手工艺小组),活动内容是制作小橘灯、荷花灯等,参加者要自备橘子、剪刀、针线、胶棒、色手工用纸、小蜡烛等;"汉乐小组",活动内容为琴箫合奏《寒山僧踪》《重回汉唐》等;"控弦司",活动内容为射艺;"演武堂",活动内容为武艺表演或训练;"帝都食货志"小组,活动内容为体验制作月饼、风味小吃,参与者可根据自己喜好选择月饼的图案;"衣冠小组",活动内容为汉服纸样制作、童衣教学;"映世阁(摄影DV小组)",主要是录制祝福、告白等视频或音频。参加者在签到(缴费会员5元,"外挂"10元[①])之后,就可参加任意一个小组的活动。各小组的活动结束之后,大家聚在一起举行了祭月仪式。

2012年2月19日,唐迪(网名"唐迪也"或"deetarn")穿汉服参加江苏卫视《非诚勿扰》英国专场节目,据说这是截至目前涉及汉服话题的最有影响力的一期电视节目,当时约有三四千万电视观众了解到何为汉服。唐迪向主持人、女嘉宾介绍了汉服的历史、特点以及他组织的汉服复兴宣传活动。唐迪是2012年汉服春晚主持人之一,据说还是完成了穿汉服环球旅行的第一人。2012年6月9日,中央电视台《开心学国学》栏目播出了一集汉服专场,大约100多位参赛选手,全

---

① "外挂"是指由会员带来的亲友熟人,他们或者对汉服活动感兴趣,前来参观,或者是有意以后也想参加,成为会员。笔者当天以"外挂"身份,对此次活动的全程做了参与观察。

部身穿汉服参加。

2012年3月6日,留英学生"璇玑"身着汉服在英国街头表演笛子,照片流传并走红各大网络社区。在街头表演时,她特意制作了英文的汉服介绍展板。

2012年3月14日,中央电视台纪录片频道播出纪录片《我为汉服狂》,这是第一部汉服题材的纪录片。节目介绍了杜峻(网名"寒音馆馆主")在认识汉服后,根据史料记载,制作了第一套自己的汉服并穿着上街;她在人们不解的眼光中,放弃了按部就班的上班生活,经营起自己的汉服公司"寒音馆",并参与汉服推广活动。

2012年3月17日,在河北省正定县文庙,为春祭至圣先师孔子举办了一场"释奠礼",孔氏宗亲及正定弘文中学的一百多位师生穿汉服参加了这次传统的祭孔活动。同年9月28日,正定文庙再次举办了"河北省壬辰年纪念至圣先师孔子圣诞2563周年释奠礼",这次活动也相当于文庙的秋祭。

2012年3月31日,2012秋冬中国国际时装周举办了"诗礼春秋"服饰2012品牌发布会,展示了以汉服为设计蓝本的中国特色礼服。发布会的主题为"传统与创新",作品的设计灵感据说源于华夏民族的传统服饰。"诗礼春秋"是由上海诗礼文化传播有限公司推出的服装品牌,发布会以"人文服装"为理念,系列展示了法服、婚服、礼服、休闲、常服等,作品风格内涵有近年来汉服运动的影响,同时也具有时装界所追捧的"中国风"色彩。这意味着汉服在时装界已成为"新元素"。此外,2013年恒源祥品牌发布会推出了中西合璧的"汉元素时装"——内搭交领上衣,外披西服外套,整体采用水墨设计,既有华夏韵味,又有时尚感。问题是"诗礼春秋"若把汉服礼服定义为"读书人"的服装,似乎就和汉服运动的初衷有一点偏差。如果汉服只是中国读书人的服装,那它仍将是一种亚文化。

2012年5月2日,由"女友网"组织的有130对新人穿汉服参加的盛大汉式集体婚典在古城西安举行。婚典现场的布置、新人婚服、婚典环节均合乎古法,典礼所用几案、铜盆、汉盘、葫芦杯等道具也是专门定制,完全按汉族传统,取"周礼汉婚"的精华浓缩而成。

2012年6月21日,江苏师范大学研究生毕业典礼暨学位授予仪式,采用汉服、汉礼。800多名2012届硕士研究生和30多名校领导、校学位委员会成员、导师代表,均着汉服参加。在赞礼主持下,全体毕业生行三拜礼。一拜父母,劬劳育我,忠孝事亲;二拜师长,传道授业,恩重如山;三拜母校,感恩母校,报效国家。据说该校以后每年均采用此形式授予学位。校长任平在2013年毕业典礼上致辞:"择汉之形仪,行毕业之礼。奏汉乐、着汉服、行汉礼,希冀以此等流式,予诸生古典教育之神髓,明千年文化之底蕴,而望诸生传承旧时风骨,开拓今日文明,作己身之贡献于当下时岁。"

2012年6月28日,韩国丽水世博会中国国家馆日活动,礼仪小姐身穿汉服

(曲裾、直裾和襦裙)迎接国家领导人。山东"扶芳藤"品牌的汉服在韩国丽水世博会展示，并获得热烈反响。济南汉藤文化传媒有限公司的"扶芳藤"品牌汉服的设计师为黄芹芹。"扶芳藤"和"五色汉唐"为该公司的两大品牌，前者走的是汉服高端定制的路线，后者则主要侧重于生活化汉服和汉元素服饰、工艺品的推广与普及。

2012年8月23日，七夕节之夜，福州三坊七巷的安泰河边，一群身穿汉服、手捧花篓的年轻女子向空中"抛花祈福"[1]。身穿汉服的年轻男女手捧烛台，在三坊七巷光禄坊公园举行祭月仪式。在水榭亭台边，身着汉服的6对情侣将烛台摆放于香案上，向织女星行三拜礼，依次敬桃、敬藕、敬茶、献花及诵读祭文。仪式吸引了众多市民观看。

2012年8月8日至9月9日，山东省博物馆举办"斯文在兹——孔府旧藏服饰特展"，吸引了全国各地的汉服同袍前往参观。特展精选近百件孔府服饰精品，以明式家具为展架，用画轴做展板，详尽说明了孔府旧藏服饰的价值。由于孔府传世且保存完好的明代服饰被认为是明朝汉服珍品，因此此次展览受到广大同袍们的热烈追捧[2]。

2012年8月19日，在杭州西溪湿地悦榕庄宾馆，举行了2012年杭州汉服同袍七夕雅集活动，约有100多人参加，活动内容主要有乞巧比赛、射艺、汉舞、茶艺、古琴演奏、手工纸艺等，最后还举行了庄重的祭祀仪式[3]。

2012年9月27日，成都汉文化研究交流会举办了"2012龙迹琴韵中秋雅聚"，邀请当地政府、企业、文化界知名人士近200多人参加。参与的嘉宾及工作人员均着汉服，欣赏古典乐舞，并举行传统中秋祭月仪式。成都汉服活动组织者多为70后或60后，活动常面向政府官员、文化界名流，主张让汉服不局限于日常生活、舞台展示，还应向雅集礼服、宴会晚礼服等方向发展。9月29日晚，西安几十位80后、90后青年，在大雁塔下举办汉服中秋晚会，并举行祭月仪式[4]。来自全国各地的同袍及十余位美国、德国、瑞典青年现场体验了中国古代的拜礼、饮酒礼、揖让礼以及香道、茶道等传统文化。

2012年10月27日，南开大学首届汉服文化节正式开幕，国学社的汉服爱好者身穿汉服，为大家进行汉服穿着和古代日常礼仪的展示，并组织了汉服知识宣讲会。

2012年11月25日，在第六届中国梁祝爱情节上，有一场盛大的汉式婚典，参

---

[1] 郭熙婵、黄子瑄：《七夕祭月再现福州 汉服传承受热捧》，中国新闻网，2012年8月23日。
[2] 2012年8月14—15日，笔者在参观特展时，对多位前来观摩的外地汉服同袍进行了访谈。
[3] 笔者全程对此次雅集活动进行了参与观察式的现场调查。
[4] 冽玮、张一辰：《西安：80后、90后穿汉服在大雁塔下祭月迎中秋（图）》，中国新闻网，2012年9月29日。

加此次传统婚礼的新人来自加拿大、德国、马来西亚等多个国家和国内 20 多个省市自治区。

2013 年"两会"期间,有政协委员提议,希望国家能够确定汉族的标准服饰。

2013 年 3 月 23—24 日,广州汉服协会受邀在南海神庙"波罗诞"庙会、第九届广州民俗文化节上进行汉服专场展演,通过汉服汉礼展示、汉服短剧、儿童朗诵、武术、舞蹈、汉服试穿等多种节目,向广大市民观众介绍汉服①。这是广州汉服协会第二次在南海神庙进行汉服专场演出,上一次受邀演出是在 2012 年 3 月首届岭南民俗文化节、第八届广州民俗文化节上。广州汉服协会(筹)是目前广东省最大的汉服社团,曾参与举办了多届白云山七夕文化节、广州乞巧文化节、广州民俗文化节、深圳民俗文化节等大型官方文化活动,并深入各大高校和中学、博物馆、图书馆、公园、街道市区等地,开展汉服讲座与文艺表演活动,为推广汉服、复兴汉礼做出了重要贡献。

2013 年 3 月 26 日,在河南函谷关历史文化旅游区太初宫门前,来自三门峡的汉服社团"筝歌雅集汉服同袍"举行三献礼为老子"庆生"。据说这天是老子诞辰 2584 周年纪念日,三献礼是由道教传承下来的一种祭祀祖先的礼节。

2013 年 3 月 30 日,在南京大学国学中心"国学智慧与卓越领导高级研修班"四期班开班典礼上,数十名身着传统汉服的学生向老师呈上"束脩"拜师,老师则向学生赠书。和身着汉服的学生相映成趣,坐在主席台上的国学班老师们则穿着对襟唐装(照片 1)。学生们虔诚地向老师送上白色托盘,里面依次放着芹菜、莲子、红豆、枣子、桂圆、干瘦肉条六种物件。在这"六礼"中,芹菜寓意为勤奋好学、业精于勤;莲子心苦,寓意为苦心教育;红豆含有鸿运高照之意;枣子寓意为早早高中;桂圆意在功德圆满;干瘦肉条则用以表达弟子的心意②。

2013 年 4 月 13 日,适逢中国传统节日"上巳节",有一场穿越古今的"全球女子成人礼大典"在西安大唐芙蓉园举行,近千名年轻女子依照古时习俗,经过盥洗、束发、三拜之礼及诵读《朱子家训》等仪式之后,获得成人的权利与义务③。

2013 年 4 月 20 日下午,南昌大学、江西师范大学、江西财经大学、华东交通大学等 4 所高校的汉服爱好者联合豫章传统文化社,在南昌大学前湖小区游泳馆内,举办了江西省首届"汉服会",除了歌舞表演之外,还展示了古代女子的成人仪式——及笄礼,多位身着汉服的表演者采用角色扮演形式,重现了古代及笄礼的步骤和细节。

---

① 嘉林:《华章再现——广州汉服协会举行南海神庙专场演出》,南方网,2013 年 4 月 2 日。
② 杨甜子:《南大国学班开班,学生行"拜师古礼"》,《扬子晚报》2013 年 3 月 31 日。
③ 张一辰:《"上巳节"习俗穿越古今 近千少女西安共行成人礼》,中国新闻网,2013 年 4 月 13 日。

照片1　2013年3月31日，南京大学国学班开学典礼：学生穿汉服行拜师古礼
（图片来自《扬子晚报》新闻报道）

2013年4月29日至5月1日，由嘉誉传媒联合广州汉服协会、东翾堂本土文化促进中心和汉服商家在白云山明珠楼举办了主题为"百年茶韵杯里现，华夏文明千古传"的汉服茶文化展销活动。通过茶艺、试穿、妆容、汉婚、雅乐、汉服、字画义卖等多种方式，向广大市民介绍汉服。主办方邀请六艺书院、汉尚华莲汉服、道华汉服、紫蝶轩汉服、无忧阁古典饰品等汉服商家及多位汉服同袍在活动现场进行了汉服雅乐、书画展示及汉服试穿、义卖活动。

2013年4月30日，首届海峡两岸汉服文化节在福州文庙开幕，两岸汉服爱好者身穿各式汉服参加了献礼祈福仪式。台湾亲民党主席宋楚瑜亲笔题词："推广汉服文化，展现民族特色"。约有70余家汉服社团的数百人士齐聚一堂，以多种方式进行了交流。期间还举办了"先秦两汉服饰复原展""首届海峡汉服文化论坛""汉服倾城巡游"等多项活动。汉服文化论坛使全国各地的汉服社团得以聚首，相互交流信息，对以后的汉服运动形成合力很有促进。此次活动由福建省文史馆、福州市文化新闻出版局、福州市社科联等单位主办，由福州市传统文化促进会、福建汉服天下协会承办。

2013年6月23日，徐娇和方文山分别以"汉服"及"汉元素时装"混搭造型，亮相于第16届上海国际电影节闭幕式，这是"汉服"第一次被明星穿着走上了红地毯。

2013年8月10—31日为广州白云山第二届郑仙诞暨七夕旅游文化节。这期间凡穿汉服从南门进山的游客，可免第一道门岗的门票。

2013 年 9 月 28 日,天津文庙举行秋季祭孔大典,不再使用清代服饰,祭孔舞生均着新制作的汉服,主祭官、陪祭官、执事等也身着汉服致祭,以壮观瞻而明教化。

2013 年 11 月 1—3 日,由方文山发起的"中华汉民族服饰展演暨汉服文化周"活动在浙江省嘉善县西塘景区举行。开幕式上,由 370 名海内外汉服爱好者身着各式汉服,创造了传统乡饮酒礼参加人数最多的吉尼斯世界纪录。由方文山作词、周杰伦作曲的汉服文化周主题歌《汉服青史》在全国海选演唱歌手后,经评委选定,最终确定了 4 人入选,他们以独唱和对唱三个版本亮相唱响富于"中国风"的鲜活旋律。

2013 年 11 月 8—11 日,"首届中华礼乐大会暨汉服文化艺术展"在浙江横店影视城举行。这次活动由福建汉服天下与横店影视城联合举办。期间有汉服服饰文化论坛,探讨了新时期在时尚生活浪潮下,传统服饰如何更好地生存和传播,为汉服及传统工艺文化迈向更高层次摸索一条复兴之路。海内外传统汉服研究机构及设计者共聚一堂,展示各自的研究成果和设计作品,并以 T 台走秀及多媒体的形式,将最新作品予以动态展示。由全国著名的汉服工作机构、汉服摄影机构等共同举办了汉服摄影作品展;同时,由各地的汉服商家、汉元素工作室、文化创意单位,联合进行了为期两天的汉文化集市一条街的展示活动。

四、瓶颈与前景:汉服运动对"中式服装"可能的贡献

尽管汉服运动的活动频繁并令人眼花缭乱,全社会对汉服的认知度有明显提高,甚至也开始出现了极少数在日常生活中坚持穿着汉服的实践者,她们是把汉服当作平日里的便服来穿用(照片 2),视其为生活服饰之不可或缺的一部分[1],但他或她们依然经常要面临侧目白眼,这是因为日常生活出现了"非日常"的装束,就很容易被视为奇装异服[2]。所以,坚持日常穿汉服,确实需要很大的勇气。若是深入到中国社会的几乎任何基层社区,可以说尚不见汉服的任何踪影。换言之,汉服活动截至目前主要还是停留在社会的表层,完全没有进入基层。广州"寒音馆馆主"惨淡经营的案例,预示了在看似热烈的汉服运动中,汉服个体商家的孤独和困扰以及市场前景的不确定性。

2011 年 8 月 7—11 日,笔者在天津市蓟县西井峪村滞留数日,观察和调查普通村民的服饰生活。村民生活逐渐实现了"小康",也反映在服饰上,和过去相比,完全没有打补丁的衣服了,手工缝制也几乎全部让位于直接购买成衣;对于服饰

---

[1] 《大学女生穿汉服上课 3 年 按古时习俗行成年礼》,《扬子晚报》2012 年 10 月 4 日;《穿着汉服上下班》,《金羊网—新快报》2013 年 6 月 10 日。

[2] 戴璐、张姬:《高三女生汉服上学 学校派老师送其回家更衣》(图),《浙江在线—钱江日报》2012 年 3 月 20 日。

照片2　2013年6月8日，乘北京地铁上下班的汉服爱好者（新华社）

的追求，村民们都是以城市里或电视里"洋气"的市民为榜样，唯独还不大会"搭配"，所以，其穿着才显得有点"土气"。村民中年纪大的人追求随意、舒适，年轻人则追求时尚。还有一些传统服饰，主要是大襟袄、缅裆裤、对襟汗衫、中山装等，但大都不穿出来了；晚辈要孝敬老人时，会给父母买一件类似唐装的衣服，认为显得富贵一些才好。对于汉服，可以说没有任何印象，一定要问，回答就是古装戏里的服饰。由此可知，汉服距离进入基层百姓的日常服饰生活，尚遥遥无期。

2006年4月，《新文化报》和搜狐网、汉网曾联合进行了一次网络问卷调查，约有1200位网民参与调查，得出了大约八成以上的网民认为应在一定领域内复兴汉服，七成以上的网民认为应以汉服为样本改良现代学位服的数据。这对于"汉服圈"是很大的鼓舞，但却容易误导圈内人士对汉服运动所要达成目标的艰巨性过于乐观。就在汉服运动如火如荼地在全国蔓延开来之际，很多汉服运动的精英骨干却深切感受到"瓶颈"期的困扰。借助传统节日让汉服出场等方式，无论在形式或是内容方面，均逐渐趋于重复和雷同，习惯于因为新的创意而被媒体聚光，或因特立独行而感到刺激的部分汉服运动的"老人"，已开始对汉服活动这些"老掉牙"的程式化感到厌倦或疲惫。与此同时，媒体也已经逐渐习惯了汉服活动的口号、理念和行为模式，也开始出现了"视觉疲劳"，对反复再现的汉服正在迅速失去新鲜感，记者们看惯了的汉服活动对于公众的视觉冲击力正在递减。

汉服运动内部的理论分歧依旧，很难达成新的共识。在实践层面，当前面临的问题主要有四点：文艺化、"穿越"、优越感和场景转换等问题。

首先是文艺化问题。舞台剧、电视剧、广播剧或汉服同袍们的汉舞及其他才艺表演，毫无疑问，的确是提供了很多机会给汉服，但在客观上此种文艺化、游艺化甚至是娱乐化的趋向却有将汉服舞台化、戏服化、道具化的危险性。汉服如果作为表演服饰被过度地阐释或运用，特别是穿汉服演出各种剧目，就有可能使参加者和旁观者均误会为是在做"角色扮演"（cosplay）的游戏。假如汉服只是在服饰展演市场或古装市场上增添了更多的品种，甚或建立了更为正统的地位，汉服运动的初衷便将被抛至九霄云外。汉服运动的过度文艺化问题，目前尚看不到解决的对策。与此同时，各种祭祀仪式的反复、频繁举行乃至于泛滥化，也将会消解仪式的神圣性。近年的汉服活动还相继出现了祭拜上古的比干、西汉时的薄太后或近代的张之洞等的情形，由于政府受无神论意识形态影响而对仪式祭典倾向于采取虚无主义，倾向于不作为，民间祭祀又很容易出现混乱或泛滥化倾向，此种情形若不能得到改善，则通过仪式祭典塑造汉服的庄重感或通过汉服重构国民仪式生活的意义，均将难以实现。汉服在和各种"古代"仪式典礼相结合的过程中，自然也会显现出原本就可能附丽于其上的古代身份等级制之类和现代社会格格不入的要素，同袍们津津乐道的以服饰为载体的古代礼仪，其实在很多地方并非如网友们想象的那么浪漫。例如，笔者有几次在汉服社群活动现场参与观察时，发现社群领袖人物穿着的汉服更接近于古代贵族乃至于"皇帝"的装扮，而一般成员的汉服则像是读书人或一般庶民，甚至跑腿的（短打）或丫鬟，就像是一种角色扮演（cosplay）的场景。截至目前，除了汉服婚礼较易令人接受之外，如何扬弃汉服伴随着"复古"礼仪而来的等级制、身份制色彩等问题，将是今后的课题之一。

其次是"穿越"问题。由于汉服运动的汉服定义包含了上下数千年的服饰史，所以，不同朝代的汉服同时登场于当代汉服活动的各种场景，也就毫不奇怪。这至少说明汉民族传统服饰的文化资源极其丰富，而汉服运动内部对于款式形制问题尚未达成共识，也说明汉服运动对于其内部的多样性秉持了包容性的原则。不同朝代的汉服济济一堂，自然就形成了"穿越"时空的文化展示。汉服的"穿越"性展示，反倒更加衬托出了它的非日常属性。如果再把各种仪式和典礼的时代性也考虑进来，则难免就有现代人穿汉朝的汉服祭祀宋朝或明朝时代的汉族英雄的情形出现，于是，被批评为"关公战秦琼"的滑稽，也在情理之中。预计在今后一个相当长的时期之内，汉服运动中的"穿越"问题亦将难以解决。

第三，汉服运动的理论精英和积极实践者，经常会表现出一些文化上的优越感。在汉服论说中，汉服是最美、最优越的服饰体系，这不难理解，因为汉服运动本来就是一种文化民族主义式的运动，此种"各美其美"的表述只要不过分，可将其理解为对于本民族服饰文化的热爱。但是在涉及族际场合的比较时，就必须对过度的文化优越感保持警惕，以免滑向汉文化中心主义。汉服运动精英们的优越感，还表现为他们时不时以文化的"发现者""发明者"或"先知""先觉"自居，故有以"启蒙"周围无知民众为使命的心态,经常给人一种"世人昏昏,唯我独醒"的优越感。汉服网友或同袍中大部分人拥有较高学历,他们多才多艺,往往也以文人雅士(或儒士)自居,对中国文化受到西方文化冲击有更为强烈的危机感。据笔者观察,至少有相当一部分汉服户外活动,几乎成为现代式的"文人雅集"。至少有一部分看起来像是同袍们发明的活动方式,其实是对明代文人雅集的模仿[①]。正如拥有制作汉服的技能,就可以成为个人在汉服社团中赢得尊重的资本一样,丰富的有关汉服的历史知识以及对汉服款式形制的熟知,也和其他所有的书本知识一样,可被用来建构优越感,甚至是文化的特权,尤其是阐释权。汉服活动中的才艺表演、游艺活动,往往是为了体现参加者雅化的生活情趣,并由此证明自己的"脱俗"。这与古代文人雅集时,书斋居室之铺陈设计常被用来体现主人的身份、品位和理想一样,汉服也是这样的一种"文化物品","文化物品的正确使用可以反映一个人的身份地位,相反,使用方法的错误则会取消这种地位"[②]。就是说,对于汉服款式形制和古礼的执著追求以及对相关知识的高度关注,在某种意义上,构成了同袍们的文化资本,并成为表现其非世俗雅致生活的手段。如果汉服运动的目标是要在普通百姓中复活及普及汉服,则其自认高于普通百姓的文化优越感,反倒有可能成为其目标达成的阻碍。

第四,场景的转换问题。我们知道,"民族服装"大都是在族际场景的具体情形下,才突显出其族别的文化特性。这里所谓的场景转换,主要是指汉服在国内多民族的场景和在国际场景的转换。对于中国这样一个多民族的国家而言,汉服的理论和实践,首先是以国内多民族的族际关系场景为前提的,因此,汉服运动对国内多民族之间的关系总会产生程度不等的影响。但在有关汉服的讨论中,除了涉及汉族、少数民族、中华民族这些范畴之间的关系之外,也总是会涉及汉文化、少数民族文化、中国文化或中华文化以及与西方文化、日本文化、韩国文化等的关系。换言之,在国际化、全球化或东亚等跨越国境之对外的场景下,在国际文化交流的文脉中,汉服作为"中式服装"的属性就会突显出来。由于语境不同,表述自然有所不同,与此相应地,汉服的属性和意义也就会有新的拓展。对内将汉服和各少数民族服饰相并列的逻辑,如果转换一个场景,可以想像得到的问题之一便是如何看待唐装、新唐装和旗袍。这些在内部语境中被排斥为"满装"的服装品类,在外部认知中却常常作为"中式服装"被定义的,且比汉服还有着更高的认知度。目前,在汉服运动的户外实践中,大部分是谢绝旗袍、马褂、唐装或新唐装(由

---

① 安艺舟:《明代中晚期文人雅集研究》,中央民族大学历史文化学院2012年硕士学位论文,2012年5月。

② 〔加〕卜正民(Timothy Brook):《纵乐的困惑:明代的商业和文化》,方骏等译,上海三联书店2004年版,第264页。

于和汉服同袍们心目中的"唐服"有所不同,故有人称其为"伪唐装")以及COSPLAY一类服装的人参与,这主要是与汉服运动的纯洁性理念或正统性心态有关。汉服运动的户外实践,至少有一些(想象的)场景是针对西方文化的,汉服因此也可以被视为是中国或中华文化的认同符号。例如,2006年的冬至为12月22日,深圳有20多名汉服网友特意要在12月24日亦即所谓"平安夜",穿汉服去"补过冬至,挑战圣诞"[①]。如此穿汉服过传统节日,跟"洋节"PK,其中蕴含着的中国文化认同的寓意不言而喻。近一个时期,有以民族传统节日抵制西方节日渗透的动向,较为典型的例子如以七夕来对应2月14日的西方情人节,把七夕定义为中国式的情人节,这在部分汉服活动中也已经有所体现或建构,但对于更为保守的汉服社团,如上海的"汉未央"而言,七夕的根本意义完全不同,因此,他们举办的七夕汉服活动是试图突显七夕的原生态意义,甚或认为其中内涵着汉文化的正统性。

汉服运动的导向之一曾经是拒绝承认唐装、旗袍、中山装等作为"中式服装"的代表资格。在国际化场景下,汉服自身也会自然地具备其在汉民族服装之外的另一个可能性,亦即作为"中式服装"的可能性。那么,它和唐装、旗袍及中山装的关系能够不再是排他性的"零和"关系,而有可能成为"共和"关系吗?在国内旗袍、唐装仍被大部分公众视为"中式服装"的现实状况面前,汉服和旗袍、新唐装济济一堂也并非绝无可能。例如,南京大学国学中心的拜师礼,学生穿汉服,老师却穿对襟的唐装,似乎也很和谐。相信当汉服运动强大到不必在意旗袍和唐装的"起源"之时,说不定就会放弃排他性的服装文化之纯粹性的理念。鉴于中国民族构成的复杂性和中国文化的丰富性,更加开放和富于包容性的"中式服装"的范畴理念,不仅是可能的,也是非常必要的。在这个意义上,笔者认为,汉服运动的最大贡献可能就在于它极大地拓展了"中式服装"进一步扩大发展的可能性,为"中式服装"提供了更加丰富的建构资源。只有在这个文脉之下讨论"国服"及相关的国民认同(并非只是民族认同)的话题,才能够有建设性。2006年3月,东华大学举办了全国首次服装院校"我心中的国服"方案设计邀请赛,据说让专家们始料未及的是,大学生服装设计师眼中的"国服"非常时尚,与他们想象中的旗袍、中山装等大相径庭[②]。由此可知,中国社会公众及文化知识界关于"国服"(或中国人的"民族服装")问题,距离达成共识还非常遥远。眼下,我们只能说汉服运动为"中式服装"的多样性提供了新的可能性,这正是它的重要贡献。但由于汉服并非当代中国汉族人日常生活中现实存在的一种或一套服饰,而主要是基于遥远历史记

---

① 秦鸿雁:《深圳20余人平安夜穿汉服补过冬至挑战圣诞》,南方新闻网 http://www.sina.com.cn,2006年12月25日。
② 韩晓蓉:《大学生比拼国服设计:无一是旗袍中山装》,《东方早报》2006年3月24日。

忆的当代建构,因此,由汉服来谈论"国服",自然就会使问题进一步复杂化。在逻辑上,多民族中国的"国服"不大可能、也不需要、不应该只确定为有限的一种或一套,最具有建设性的思路或许是在已有的"中式服装"的范畴中,扩充其内涵,扩张其外延,在将旗袍、唐装、新唐装、中山装、五四衫、少数民族服装等涵括在内的基础上,再加上汉服或汉服家族。

伴随着汉服运动的深入,确实也有一些问题逐渐引起了中国社会公众和大众媒体的关注。例如,成人礼仪的建构问题,日常生活中的意义缺失问题,如何理解传统文化在当代社会之存续的问题等等,这些都可以视为是汉服运动对当代中国提起的。不难预料的是,汉服运动在不久的未来,仍会持续发展,但它仍将继续处于奇特的处境,接近"主流"的话语和亚文化的实际地位,至于其更远的前景目前尚不是很明朗。汉服运动要能够持续和健康地发展,还必须正视自身在理论和实践等方面的困惑,例如,究竟是走精英主义路线,还是走大众庶民主义的路线?是礼服、祭服,还是日常生活的服装?汉服时尚化的趋势与汉服运动对纯粹性的追求及其本质主义定位之间存在的天然冲突,汉服至上主义理念和符号化、道具化的现实之间的悖论等等。笔者在此给汉服运动提一个建议,比起汉服的象征性意义而言,是到了重新审视汉服在现当代国人日常生活中的一般功能性问题的时候了,因此,汉服运动的理论家和实践者们应该深入、认真地去研究一下在中国城乡大众之间约定俗成的"服饰民俗"。如果汉服只是国学复兴、华夏复兴的符号,那它完全可以被其他符号所替代(符号学的原理如此)。汉服不能只是承载象征意义的物体,它本身必须是对一般民众之现实人生中的服饰生活有意义,而且,它归根到底只是一种或一类服装,而不是抽象和空洞的符号。因此,比起对汉服各种伟大象征性的繁复阐释,我以为同袍们持续、坚忍的穿着实践,以及动员更多民众也尝试去穿着实践,才是汉服运动今后真正的前景之所在。

当然,也有一些同袍只是把汉服视为21世纪中国汉文化之"文艺复兴"的符号或载体,期待通过汉服运动去导引或促动现当代中国社会在迅猛的现代化进程中,能够时不时地对自身的文化、信仰和认同反躬自问,不断能有重新认识自己文化传统的机会。在这个意义上,汉服运动是可以获得一定的成功的,只要它不再执着于服装至上主义。

2012年度中国农村婚俗研究报告

吕德文 夏柱智[*]

  2010年电视相亲节目《非诚勿扰》的一个女嘉宾在谈到择偶观时说,"我宁愿坐在宝马车里哭泣,也不愿意坐在自行车后面笑",引起了社会舆论的广泛讨论。在真实的婚恋世界中,天价嫁妆和高聘礼早已成为当代婚俗的主旋律,以至于一些网友有热心去绘制全国聘礼地图。应该说,近些年来的婚俗已经发生许多重要变化,它不仅表现在婚姻礼仪变迁上,还表现在婚姻形式、价值、功能等全方位的变迁。

  这篇报告将以华中科技大学中国乡村治理研究中心近些年在全国各地的田野调查资料为基础,试图从两方面描述中国农村婚俗状况。一是对当前农村婚姻状况的考察。本部分主要从婚姻缔结形式、婚姻的稳定性及非正常婚姻三个方面来考察当前的婚姻状况。总体上看,当前的婚姻模式表现多元,出现了多种与传统婚姻结合形式不同的婚姻模式,如"两头走"婚姻、闪婚、跨省婚、"自立门户"等等。当前的婚姻越来越不稳定,离婚率上升,"闪婚闪离"、"新逃婚"现象突出。当前的非正常婚姻也出现了新特点,除了传统的光棍现象,早婚、老年人再婚现象突出。

  二是对当前农村婚姻价值变迁的考察。传统婚姻是服务于生育功能的,婚姻本身只是家庭再生产的附属,因此,婚姻缔结是附着于特定的社会结构和亲属关系之中的,婚姻与其说是两性的结合,不如说是亲属关系的延续。因此,传宗接代就成为婚姻的首要价值。随着男女平等和浪漫主义革命的兴起,婚姻的生育价值逐渐弱化,越来越注重两性结合的意义。在特定的婚姻价值基础上,会产生相应的婚姻仪式、伦理和禁忌。当前的婚姻价值总体上向理性化方向发展,传统功能渐渐消失,越来越服务于私人生活方式的变革。

一、多元化的婚姻模式

  当前农村婚姻形式呈现出多元化的特征,除了传统的婚姻缔结形式如男娶女

---

[*] 吕德文,华中科技大学中国乡村治理研究中心副教授;夏柱智,华中科技大学中国乡村治理研究中心博士生。

嫁、入赘婚姻外，还出现了一些新的婚姻缔结形式，主要表现在以下几个方面：一是传统婚姻形式中，作为补充的入赘婚姻比例增多，男娶女嫁的婚姻缔结形式受到挑战。二是出现了一些新的婚姻缔结模式，如"两头走""不招不嫁""不嫁不娶"等。三是与打工潮相伴生的跨省婚、闪婚、婚前同居等现象逐渐增多，对传统的婚姻市场造成冲击。

（一）招赘婚姻

招赘婚姻指的是男子到女子家上门，属于传统婚姻模式的一种，是对男婚女嫁婚姻模式的补充。在传统婚姻模式中，招赘婚姻受到歧视，具有严格的制度规定，比如上门女婿需改姓，小孩随母亲姓等等，因此，上门女婿会受到较大压力，这一婚姻模式也较少。但近些年来，招赘婚姻慢慢摆脱了传统婚姻制度的束缚，呈现出上升趋势，尤其是在计划生育较为彻底的中部农村地区，招赘婚姻比例很高。

在一些较为传统的地区，招赘婚姻仍然受到歧视。比如，我们在潍坊市付庄调查发现，上门女婿一直以来在文化上被排斥在村庄之外。大部分上门女婿最后的命运是回到老家，因为他们在招赘地这里生活得非常边缘，夹着尾巴做人，被称作"养老女婿"。有一户上门女婿，他是娶了外祖父大家族的女儿并一直住在外祖父所属村庄，既是女婿又是外甥。从小他就在这里生活，已经30多年，他当上门女婿的这些年自我感觉融入村庄还算不错，他在村庄里"主动出力""主动帮忙"，他入赘到村庄后按照女方的习惯来称呼所有族人，过年随族男丁一起给长辈拜年，随族人一起请高堂、上坟等。但是他最近依然决定离开他从出生几个月起就一直生活的外祖父村庄，迁回老家昌义县，和兄弟团圆。

相较而言，中部农村的招赘婚姻最为普遍。大量发生上门女婿婚姻的村庄，村庄的家族结构发育不完善，不存在对婚姻形式的约束性规定。招赘婚姻流行的一个结果是兄弟之间关系是不确定的，有可能如"女性"一样以婚姻形式流动出去，成为客人，甚至流动到较远地区，从此兄弟关系成为疏远的关系。

我们在宜昌调查发现，当地存在大量的招赘婚姻，并普遍存在二次招婿、媳妇招婿现象。男人如果早死，还可以现有的房屋和土地二次招婿。老人照样与女儿生活在一起。另外一种类型是媳妇招婿，即使是嫁过来的媳妇，如果男人早死，媳妇可以住在原来男人的家里，招一个男人上门成立新的家庭。招赘婚姻主要发生在纯女户，不过，在2000年独生子女开始进入婚姻之后，普遍兴起了不招不嫁婚姻，这是招赘婚姻的变种。

我们在湖北省钟祥市曙光村也发现，招赘婚姻在当地一直很普遍，我们以一个社区的所有的婚姻个数为基础，计算出该村一个村民小组的招赘婚姻比例为27.2%。当地招赘婚姻一般是在多子家庭，父母难以承担子女的婚姻。招赘婚姻的发生也有子女本身的意愿因素，父母非常尊重子女的意愿，不干涉子女的婚姻。

当地农民把儿子当上门女婿看做是把"儿子嫁出去"。把儿子嫁出去的家庭，一般是多子家庭，但也有把独子嫁出去而把女儿留在家里的情况。嫁哪一个儿子出去，一般看他们谈恋爱的情况。一般不是长子，但也并没有长子不允许出去的说法，一组李光斌的父亲就是作为长子从马家上门到李家的，"他自己愿意"。

女方家庭也有招婚需求。如果女方家庭只有女儿，那么为了撑门户和劳力必须要招婚，一个女儿就必须留在家里，两个女儿则至少有一个留在家里。如果女方家庭第一个是女儿第二个是儿子且年龄差距较远，那么也可以通过招婚来弥补劳力的短缺，这在集体时代表现得比较明显。还出现一种情况是女方家庭父母特别喜欢某一个女儿，或某一个女儿能干，父母就愿意把她留在家里招婚，儿子这时就可能嫁出去，在这种婚姻模式中，男女是无别的。

更早的招赘婚姻附着有养老和传宗接代的义务（农民称定门户），子女中至少有一个随女方姓。在20世纪六七十年代后，这一习俗便不太常见了，农民认为"姓氏就是一个符号"，出现子女无论跟谁姓均无所谓的现象。造成的一个结果是祖孙三代姓氏不同，成为附近河南移民讽刺的"杂牌军"。另一个结果是继替规则多样性，完全看父母意愿，把谁留在家里结婚，谁就有分家权利，因此男女在此也无别。

案例：吕敬华父亲是附近村庄上门吕家的，在吕家生育一个儿子和两个女儿，他力图留住一个女儿为他自己传宗接代，而不是让自己"绝后"，这一点吕敬华和他有着十分不同的看法，吕质问父亲"你的姓都改了，还立姓王的"？"但是我的父亲脾气相当怪，我当队长时都不掌握家里经济，他有一个目的就是留我妹妹，这种情况下，父亲不放权。"最后幺妹被留下来。即使父亲已去世，吕敬华与其幺妹仍然按照既定方针分家。

皖南农村的招赘婚姻也非常流行，皖南村庄的历史较长，不过由于长期的杂姓聚居，村庄内部的宗族结构和传宗接代观念很淡薄。我们调查了皖南宣城市东胜村下属的一个自然村袁村的上门女婿状况。

据对袁村老组长黄家银的调查，他家有两个女儿，大女儿出嫁，小女儿还在读大专，我们问他"招亲不招亲"，他说"现在社会招亲不招亲一回事"，很像是现代城市社会的思想。房东太太也表达过类似看法，尽管招亲也是一种解决传统的顶门户、养老问题的办法，但是这种办法越来越不被看重，姓氏可以随意，居住在城市两边都是一样远近的。我们问及继承香火的观念，他说"无所谓"。关于上门女婿问题，要是没有儿子必定留一个女儿招婿，袁村的夫妻有许多是招婚，招婚办酒席与接媳妇是一样的。

这里很早就有上门婚姻，在袁村我们就看到有女婿为岳父母修建墓碑的。上门女婿比较多,三代之内很难找不到没有上门女婿的,比如黄主任(村主任)父亲就是招婿而来,黄的母亲姓黄,父亲姓陈,村副书记周家录的四哥就上门到附近南洋村,现在快60岁。上门女婿供给方,与其他地区一致,一般是多子家庭,接受上门女婿的家庭,是无子家庭。有的家庭没有招婿,问及原因,是招婿也需要为其提供一定的住房条件,有的农民为了自己省心,就不倾向于招婿,比如侯光财的情形,妻子很早就去世了,他没有留任何一个女儿,目前一个人生活,70多岁了,没有钱用了就找女儿要。还有一种考虑就是嫁出去的女儿地位更加重要,特别是目前妇女当家的时代,妇女与娘家联系紧密,农民认为嫁出去与留在家里没有差别。

(二)"两头走"婚姻模式

婚姻形式的变迁改变了中国传统社会"养儿防老"的养老模式,"两头走"出现的根本原因在于双独子女婚后所必须承担的赡养双方老人的义务。传统的招赘婚姻是确立女儿养老正式身份的仪式过程,是实现女儿家庭养老功能的重要手段,在村庄中建构起女儿养老的强大伦理,足以与传统的儿子养老相抗争。我们在湖北钟祥的曙光村调查发现,女儿与儿子是可以同等嫁娶的,"娶"的婚姻即是留在家里/社区的婚姻,是要对父母负养老义务的婚姻。女儿的(义务性的而不是感情性的)养老是通过招婿来完成的,招赘婚姻自古就在钟祥地区大量存在,这构成了讨论此地养老方式的基础。我们统计过新中国成立以来的上门女婿发生率,比例达27.2%。养女防老与养儿防老,其实是同一个逻辑,家庭养老是通过留在家里的婚姻("娶")来保证的,嫁出去的男子/女子,是不能期待他们来养老的。

但"两头走"婚姻模式表明,儿子和女儿在赡养父母的责任上已经基本没有区别,无须通过招赘婚姻来赋予女儿赡养责任。我们在川西平原调查发现,近年来,当地农村悄然兴起了一种以双独子女为主体的家庭居住新模式——"两头走"(不招不嫁),主要是指当地的男女青年在结婚以后,在男方和女方两地之间不定期的、有选择性的来回居住现象①。其形成的客观性在于它是随经济社会的迅速发展和一地定居的观念逐渐被打破,青年男女特别是双独子女在结婚成家以后,必须兼而照顾双方老人而形成的一种新的家庭居住模式。年轻夫妇"两头走"的家居模式,是对传统的"从夫居"的反叛,是与"男娶女嫁"、招赘婚不一样的新的婚姻模式。可以这样认为,"两头走"婚姻模式是目前农村婚姻走向城市化的一种形态,传统的招赘婚姻和嫁娶婚姻均能进入这种婚姻形态。不招不嫁婚姻成立的新家庭,对双方父母均负有养老任务。

不招不嫁婚姻与计划生育政策实施后大量的独生子女有关。以江汉平原为例,1980年代以来独生子女家庭的大量出现,给家庭养老功能提出了重大挑战。

---

① 王会、狄金华:《"两头走":双独子女婚后家庭居住的新模式》,《中国青年研究》2011年第5期。

新时期的婚姻形态"不招不嫁"适应了这一挑战,这一婚姻并不是任何传统的突然断裂,而是由核心家庭作出的对现实挑战的一种回应,这里没有传统婚姻形式包含的价值的羁绊。

还是以江汉平原的曙光村为例。"两头走"是1980年代以来形成的一种新婚姻形式,一般是发生于70与80年代出生的人口身上,一般说来至少有一方是独生子女。这种婚姻缔结不需要传统婚姻(嫁女、嫁男)所采用的彩礼和嫁妆,当地人把彩礼和嫁妆当做标识传统婚姻的有偏向的婚姻家庭形式的象征物。不招不嫁取消了这种标识,宣告婚姻中男女双方仪式上平等时代的到来。我们调查到一个五世同堂的例子,仔细观察这个家庭各代的婚姻性质,很有趣。

案例:太公上太太门,生大儿子王天祥,娶婆婆曹秀兰,生二儿子王天进上门到一组,生一个女儿王天秀嫁给曹于成;王天祥生两个儿子王兴全、王洪全,两个女儿一个嫁古庙,一个嫁罗集,其中王兴全生两个女儿王婷、王小月,王婷不招不嫁本组刘亮,生一女王子涵,王小月待定。

刘亮是家里的独生儿子,王婷要让他当上门女婿不可能,而要王婷前往刘亮家,王家不愿意,孩子不管跟谁姓都可以,生第一个跟了王婷,生第二个就跟刘亮。不然,"这边感情不好接受,那边感情也不好接受"。不招不嫁是为了应对多个家庭生育独生子女,独生子女之间互结婚姻的一种新的婚姻模式,这表明此地的文化适应性较强。当地人没有固守嫁娶和招婿的婚姻传统,而是果断地采取新的方式,并且有对未来成为一个趋势的预期。大家都说,未来这个"不招不嫁"形式是要被广泛接受的,因为家庭都只有一个子女,谁上谁家都不愿意,那么两边都不给出去。这里遵守了一个底线,就是一个家庭必须延续下去,生儿育女本身就是意义,是家庭延续的理由,且一定要再生产出家庭。

还有一个案例很能说明"两头走"婚姻模式的发生逻辑。吉兴德的大儿子结婚是在2000年,结婚前女方提出要其大儿子做上门女婿,女方是双女户。老吉不同意,最后谈判的结果是"不招不嫁",为一种妥协、中间状态,"搞不招不嫁,双方父母都找他负担养老责任,纯招婿不负责自己的亲生父母,纯出嫁也不负担自己亲生父母,这是风俗"。

宜昌市的状况与钟祥市很相似,宜昌市的调研资料提醒人们注意市场经济机会差异对"从夫居"或"从妻居"的决定作用,婚姻形式已经无关乎居住模式。宜昌市联棚村在2000年独生子女开始进入婚姻的时候,普遍兴起了不招不嫁婚姻。由于只有一个子女,人们开始实践不招不嫁婚姻,目的是为了"留个余地",表达新成立的家庭对双方父母都有养老送终的义务。联棚村所在地区计划生育政策从20世纪70年代末开始强有力实施,农民的生育观念在80年代就已经转变,70年代末生育的妇女大多数只有一个独生子女,在1988年取消一刀切的独生子女政策,执行一胎半的政策,农民也不愿意多生,认为养育成本太大,计生部门数据显示80%的50岁以下的妇女只生育一个子女,无论男女。

新时期由于经济发展水平差异,新成立的家庭选择在区位优势好、经济条件富裕的地区落户,而不再论婚姻形式,即何种婚姻性质已经不再决定子家庭与母家庭的关联。五组一个家庭把两个女儿都嫁出去,第二个女儿把丈夫带到这边,丈夫那边是两个兄弟,该丈夫是娶该女儿过门的,继承有房屋和土地,承担养老送终的义务,然而结婚后到妻子家里居住,并准备长期居住。二组胡达银有一个儿子一个女儿,女儿嫁出去,后又回来,在两边都继承有房屋和土地。

"两头走"和"分家立户""公婆合住""招婿入赘"等传统居住模式相比,具有自身的一些显著特点,主要表现在:以"两头"居住为形式,以兼顾双方老人为根本,以"双独"家庭为其主体,以男女平等思想为其核心。"两头走"婚姻模式的出现,具有典型的时代特点。它首先是政策制度的催化效应。计划生育政策带来了"双独"的普遍化,而家庭养老为主的养老保障制度并未根本改变,"双独"父母对子女具有同等强烈的养老预期。从根本上说,它是经济社会发展和男女平等思想意识双重推动的结果。新中国成立后,农村集体化确定了男女在土地权利上的平等地位,妇女解放运动也催生了男女平等意识,两者在改革开放后进一步得到了加强,妇女的经济独立和权利平等为"两头走"婚姻模式提供了意识形态基础。

"两头走"是传统养老及居住模式的补充,也是一种挑战,家庭内部关系必然随之发生调整与重构。城市化的发展进一步促进了两头走的婚姻模式,如辽宁大古村的调查报告所示,当前农村人结婚时兴在城市买房[1]。在城市这个第三点,而不是在男方父母所居住村庄或者女方父母所居住村庄安家,这个第三点就脱离了村庄的语境,既不是从夫居,也谈不上男方入赘上门,脱离了具体地点的男婚女嫁就具有与之前不同的含义。

(三)闪婚

改革开放以后,农村的经济社会发生了巨大的变迁,尤其是打工经济的深入发展,农村的婚恋模式正在发生巨大的变革,农民工的婚恋问题也引起了学者的关注。风笑天认为这一新现象是个值得重视的研究领域,他从打工经济这一"重大事件"来探讨其对农村青年的婚姻家庭所产生的影响。[2]

---

[1] 贺雪峰:《农村的半熟人社会化与公共生活的重建——辽宁大古村调查》,黄宗智主编:《中国乡村研究》第六辑,福建教育出版社2008年版。

[2] 风笑天:《农村外出打工青年的婚姻与家庭:一个值得重视的研究领域》,《人口研究》2006年第1期。

我们认为打工潮背景之下农村出现了大量的"闪婚"式本地婚姻和自由恋爱式的"跨省婚姻",并已经成为打工青年婚恋选择中的两大主导模式。"闪婚"指的是青年农民工利用回家的短暂时间,在父母、亲朋好友、媒人的介绍下,并以数千元甚至数万元"彩礼",即"婚约保证金"或"押金"的形式迅速确定恋爱关系,然后一起外出打工、同居,并在很短时间内结婚或形成事实婚姻。①

调查显示,近十年闪婚现象在农村社会中逐渐普遍。无论在宗族性村庄,还是在中部原子化地区,抑或是在小亲族型村庄,闪婚现象都不少见,其中在中部原子化地区更为频繁。随着婚姻圈的开放和婚姻观念的开放,农村闪婚在一定时期内还会持续增多。当下农村婚恋观念的变化是闪婚现象出现的内核,婚姻的高价市场和传统观念的演进与互融共同导致了农村闪婚现象的不断增多。②

我们在赣中地区的调查显示,闪婚具有结识过程简单、订婚过程简单、结婚时间短、结婚仪式简单的特征。闪婚大都是本地婚姻,其通婚范围基本都还在传统的通婚圈之内,即基本在半径 5—15 公里的范围之内,也就是说通常在本县之内。农村的"闪婚"并不是新时代下择偶的浪漫革命,而是在中国城市化进程中大量农民工面临择偶困境时产生的一种婚恋模式。传统村落共同体的解体,传统村落文化的衰落是这一新型婚姻形式出现的背景和底色,这构成了闪婚现象出现的村庄社会基础及心理基础。闪婚的出现也意味着传统婚姻模式的家户经济,父母之命、媒妁之言,村庄共识和婚俗仪式等传统婚姻模式的几个重要的支持机制的瓦解,打工经济、父母的催促、专业媒人、面子竞争、仪式简化共同推动闪婚的形成,使得乡村婚姻模式走向了异化。③ 父权与社会流动相互融合、相互强化,编织出一张无主体的权力之网,推动农村青年闪婚现象的发生,闪婚仍然没有脱离父权的钳制。④

(四) 跨省婚姻

有两种扩大的婚嫁距离,一是在原有的村庄通婚圈基础上的通婚半径的自然延伸,一是与原有的通婚圈没有地域上的连接的分散的婚姻形成的婚嫁距离的扩展⑤。

打工经济兴起对传统婚姻模式产生了激烈冲击,跨省婚姻成为学界研究的重点。跨省婚姻主要指随着打工潮的兴起而带来的异地青年自由恋爱并结婚的现

---

① 陈锋:《"闪婚"与"跨省婚姻":打工青年婚恋选择的比较研究》,《西北人口》2012 年第 4 期。
② 王会:《农村"闪婚"现象及其村庄社会基础》,《南方人口》2011 年第 3 期。
③ 冯小、陈靖:《闪婚—闪离:农村青年的婚姻异化及其社会基础》,《南方人口》2012 年第 1 期。
④ 刘锐:《由"闪婚"看父权的延续——基于赣西北 S 村的实地调研》,《南京人口管理干部学院学报》2012 年第 4 期。
⑤ 吕德文:《婚姻形式与村庄性质——转型期乡村婚姻形式的一项考察》,《文史博览》2005 年第 12 期。

象。跨省婚姻顾名思义其通婚圈的距离大大扩大，不仅越过了县市，还越过了省。一旦跨省婚姻越来越多，通婚圈的延展在某种程度上标志着传统婚姻圈的解体。跨省婚姻在全国各地普遍增多，我们在鄂西北李村的调查发现，最近六年新结婚或出嫁的，涉及外省和外县的比例非常高，大约占一半以上[1]。

跨省婚姻有其显著特征：往往是高消费的慷慨、义气使得浪漫爱情得以延续，使跨省婚姻成为可能；跨省婚姻本身是高成本的，爱情双方都具有浪漫的特征，是农村中高消费倾向的群体；跨省婚姻维持的成本也高，回一趟娘家要花费一年的打工收入；在只有务工收入的情况下，跨省婚姻的维持会相当困难；与慷慨、义气相一致，能娶上跨省媳妇的男子，可能能力很强，因此更可能寻找边缘的发展机会，从而可以维持跨省婚姻；若找不到较好的边缘机会，或不能及时生育孩子形成稳定的家庭结构，这种婚姻可能会相当的不稳定。[2]

有趣的是，跨省婚姻与传统通婚圈内的婚姻形成了互动。一些地方的彩礼性质发生了嬗变，收入高的农民推高本地彩礼，迫使收入中低的农民把目光投向了无须支付彩礼的跨省婚姻，使得当地通婚层级化，进而形成了通婚圈内卷与扩大的双重趋势。[3] 随着打工潮的兴起，通婚地域范围逐渐扩大，本地原本相对封闭紧密的通婚圈被越来越深地卷入全国性的婚姻市场，众多男女青年都必须参与到国内婚姻市场的竞争之中。传统通婚圈内的地方性知识对婚姻流动的支配作用逐渐削弱，媒婆网络消解，村庄婚恋评价体系变更。婚姻资源以水平流动占绝对主导地位的状况被改变，垂直流动日趋明显，呈现出性别、区域和城乡差异。传统通婚圈的解体，不仅意味着婚姻资源流动范围的扩大和不平等性的加剧，而且在于地方性知识的瓦解与支配婚姻流动规则的改变，一个统一的全国性婚姻市场已经初现端倪。[4]

理解当下的农村婚姻现象，必须要拓展农村婚姻资源流动这一新因素，注重其流动性、开放性。打工所造成的婚姻资源的流动，农村婚姻资源在县际、省际间流动所受到的阻碍越来越小，导致了农村婚姻市场的出现。婚姻市场与传统的婚姻圈的不同在于，前者在理解农村婚姻现象时，兼顾了农村婚姻资源跨区域流动的可能性与现实性，而婚姻圈暗示了农村婚姻局限于地域内的封闭性。并且婚姻市场中的"中心—边缘"格局，造成了婚姻资源配置结构的失衡。[5]

闪婚与跨省婚姻作为中国城市化进程中大量农民工选择的婚恋模式，有逐步

---

[1] 李德瑞：《山村的彷徨》，山东人民出版社2009年版，第96页。
[2] 贺雪峰：《乡村社会关键词》，山东人民出版社2010年版，第87页。
[3] 余练：《农民分化与通婚圈结构变迁》，《华中科技大学学报》（社会科学版）2013年第1期。
[4] 田先红：《碰撞与徘徊：打工潮背景下农村青年婚姻流动的变迁》，《青年研究》2009年第2期。
[5] 桂华、余练：《婚姻市场要价：理解农村婚姻交换现象的一个框架》，《青年研究》2010年第3期。

增加的趋势,两者的基本特征既有差异也有共性。而从其发生机制来说,闪婚与跨省婚姻都彰显了打工青年面临的结构性婚姻选择困境,以及代际之间、性别之间对于婚姻意义中的情感性与功能性价值的偏重有所差异。婚姻中的情感性与功能性价值的权衡型塑了打工青年在"闪婚"与"跨省婚姻"之间选择的钟摆现象。

(五)特殊婚姻形式:换婚与"自立门户"

我们的调查还发现了"换婚"这一封建婚姻形式的复兴。根据焦长权关于安徽省长丰县Z镇J村的调查报告,这一地区的底层民众现今仍存在"换亲"现象。"换亲"在J村又叫做"双亲",具体做法是在同时有女儿和儿子的两家庭之间,在协商好的情况下,张家的女儿嫁给李家的儿子做媳妇,而同时李家以女儿嫁给张家的儿子做媳妇为"交换"。"换亲"通常又被称为"转亲""双亲""交换亲""姑换嫂""互相结婚"等,在学术传统上一般称为交换婚。它是指即将结成姻亲关系且自家都同时有女儿和儿子的家庭用自家的女儿交换到对方家庭为媳妇,以换取对方家庭的女儿做自家媳妇的一种婚姻形态。根据J村的不完全统计发现,J村换亲婚姻是相当普遍的,每个小组都有换亲婚姻存在,而且有的小组换亲户在目前所有的总户数中所占的比例接近或超过了三分之一,可见换亲婚姻在他们的同龄婚姻中会占据多大的比例。不过,换亲婚姻主要集中发生在1970年代末到1990年代初这段时间,而到90年代中期以后则极少发生。

我们在宜昌的调查还发现了一种"自立门户"的特殊婚姻形式。"门户"的含义是一个独立家庭,在单系偏重的继承体系中,财产和身份符号都沿着一个固定的亲属体系传递,另立门户指的是子代家庭不从任何母家庭继承财产和其他象征性符号,而单独在村庄中通过国家户籍建立新家庭。我们在宜昌调查家庭结构时,遇到好几个"另立门户"的家庭。农民通俗的解释是,有儿有女的家庭,如果姑娘选择在家里结婚,那么就属于"另立门户",虽然数量不多,然而相对于传统嫁娶婚姻、招赘婚姻和现代的不招不娶婚姻,这种婚姻形式颇值得研究。

另立门户的家庭中的男人和女人都独立于原来的家庭,不再与母家庭发生养老送终的义务关系,因为他们不从母家庭带来确定的丰厚的财产,女方可以从母家庭带走象征性的财产,这尤其重要。他们可以从亲邻那里获得帮助,展开独立的生产,建筑属于新家庭的房屋。调研还发现,获得土地的方式,可以是集体和村庄土地流转的市场。新的家庭可以从集体那里获得土地财产,可以私下购买宅基地建筑房屋。

案例:联棚5组,汪某,女,40多岁,娘家人在5组,有2个哥哥和1个妹妹。汪某在1997年结婚。丈夫王某来自长阳土家族,丈夫那边有6个兄弟,1个姐姐,汪是老三。夫妻两边一共有11个兄弟姐妹,都有亲戚往来。他愿意过来,什么东西都没有,碗和筷子都是自己买的。夫妻俩一共育有2个女儿,大的十几岁,小的几岁。她认为她的家庭属于"自立门户",不分原来家庭任何东西,把集体分给她一个人口名下的田带过来了,购买同村农户的一块土地作为宅基地,婚礼并没有举办,到民政部门去领一个结婚证就宣布结为夫妻。

结婚时,属于他们的房屋已经砌好,除了自己出资外,父母亲、哥哥帮忙、借钱,大家一起把房屋盖起来。既然是另立门户,就两边都没有养老送终的义务,"我不需要养活老的"。农村风俗里,有儿子的家庭招婿不行,父母想把她嫁出去,她不愿意。她解释说:老父亲当时60多岁,是残疾人,需要照顾,母亲没有读书,两个哥哥一个在开馆子,一个在公安局。

二、动荡的婚姻

传统婚姻形式基本上以继承单系亲属关系为目的,如男娶女嫁继承的主要是夫家的财产和象征符号,招赘婚则是对妻子家庭的亲属关系的继承。这一婚姻形式镶嵌在宗族、亲属和村落社会关系之中,婚姻并不是两个人的事,而是两个家族的事,因此,具有较大的稳定性。但是,新的婚姻模式如"两头走"、闪婚、跨省婚,甚至于"自立门户",无不是以打破单系偏向为目的的,婚姻缔结的基础在于年轻夫妇的感情,婚姻的稳定性受到了极大的挑战。贺雪峰用动荡的婚姻与家庭来描述当前婚姻的不稳定性,在他调查的川西平原的村庄,既有年过70的老太太与自己瘫痪在床的同样已年过70岁的丈夫离婚、抛夫别子,到市里与一退休丧偶的工人结婚的现象,还发生了一些离奇的现象。一名女子招婿上门,生了儿子,后来女子外出打工,在外面又"网"上一个男人,回来二话不说,就与招上门的夫婿离了婚。一个发了财的男子与妻子离婚后又在外面找了一个,并生了女儿,却仍然带着前妻及其所生的女儿一起生活。① 无独有偶,我们在湖南常德地区,也屡屡发现几女共事一夫、老年离婚的现象。

概括来说,农村婚姻的不稳定性主要体现在闪婚闪离现象的增多以及离婚现象的增多。

(一)"闪婚闪离"

闪婚的特点在于"闪",男女双方从相识、订婚到结婚的时间都很短,导致相互之间缺乏足够的沟通和了解,也没有一定的磨合期,使得婚姻的稳定性大大减弱。在闪婚增多的情况下,退婚的数量也在增多。而在跨省婚姻中,由于男女双方地理相隔较远,没有双方家庭的共同支撑,甚至遭到一方父母的反对,一旦发生婚姻

---

① 贺雪峰:《动荡的婚姻与家庭——以川西平原农村调查为例》,《江西师范大学学报》(哲学社会科学版)2008年第2期。

纠葛,婚姻也就很容易解体。何况跨省婚姻多是建立在浪漫爱情想象的基础之上,"奉子成婚"的年轻人多没有做好为人父母、走进烦琐世俗生活的准备,一些女性在遇到婚后生活困难时往往会选择逃离。①

2000 年以前闪婚、闪离现象在农村还十分少见,只在农村边缘人群如混混群体中发生。发展至今,闪婚闪离在有些农村地区已经成为一种十分常见的婚姻现象。闪婚闪离指夫妻双方维持时间非常短暂的一种快速的婚姻形式,最先起源于城市社会,随着婚姻仪式的不断简化,跨省婚姻及闪婚现象的不断增多,以及人们婚恋观念的不断解放,闪离现象在乡村社会也有不断增多的趋势,跨省婚姻带来的闪婚闪离最为常见。闪婚闪离现象在各区域有差异,在各地农村的发生、发展并不同步,各地村庄社会性质及经济发展状况的差别是其根本原因所在。我们的调查显示,在以苏北、皖中为代表的原子化地区,闪婚、闪离现象非常普遍,这些地区也是经济较为落后地区;而鄂东地区的花湾村虽是原子化地区,因经济状况较好,闪婚状况并不多,闪离也几乎为零;在山东、河南等地的小亲族村庄里,闪婚现象并不少见,闪离相对而言较少;在赣北、赣南的宗族性村庄,闪婚现象较为多见,而闪离现象相对较少。②

根据江西安义农村的调查发现,"闪婚"是当地家庭经济模式制约下的婚姻选择,而传统习俗、家庭权力规约也构成了"闪婚"的推动力量,并非一定是传统文化衰弱和现代价值理念渗透的结果。家庭经济模式与婚姻家庭模式有着微妙的"互嵌"关系,当地家庭经济模式的特点也构成了对"闪婚"的某种功能性需求,而"闪婚"夫妻双方共同经营的家庭经济模式又进一步型塑、强化了传统家庭关系和家庭责任,达到了传统与现代的一种融合,亦即"闪婚"未必闪离③。

(二) 离婚与"新逃婚"

改革开放以来,离婚率的上升已是不争的事实。从常理来看,宗族性地区重视家庭伦理和婚姻稳定,对离婚的态度非常谨慎而且舆论压力很大,但是近年来随着结婚的节奏加快和闪婚的流行,离婚的步伐也加快起来。④ 根据对黔南山河乡离婚现象的研究,我们发现有登记离婚和事实离婚两种类型,山河乡从 1978 年以来,截至 2012 年共有 257 对夫妻离婚,其中登记离婚为 174 例,事实离婚为 83 例,并且呈不断上升的趋势⑤。另外,我们在安徽皖南调查时发现,离婚对一些妇

---

① 陈锋:《"闪婚"与"跨省婚姻":打工青年婚恋选择的比较研究》,《西北人口》2012 年第 4 期。
② 王会、欧阳静:《"闪婚闪离":打工经济背景下的农村婚姻变革》,《中国青年研究》2012 年第 1 期。
③ 陈锋:《家庭经济与婚姻模式的互嵌与融合——对江西安义农村"闪婚"现象的分析》,《南京人口管理干部学院学报》2012 年第 1 期。
④ 魏程琳、赵晓峰:《"闪婚闪离":农村青年婚姻变革的社会基础及趋势——基于赣南 Y 村个案调查》,《西南石油大学学报》(社会科学版)2013 年第 1 期。
⑤ 陈讯:《婚姻价值变迁:山河乡离婚现象研究》,华中科技大学博士学位论文,2013 年。

女来讲是相当随意的事情,一位老人讲,在70年代,他搞调解时一起离婚都没有,现在妇女要离婚,孩子丢弃不管,村里和乡镇都不管不问,俩口子直接到县民政部门就办了离婚,剩下孩子可怜。例如村庄10组的一个女的叫李兴芳,44岁,生了一男一女,夫妻曾经吵架,男的是木匠,2011年离婚了,男的是招婿上门,回老家了,女的留在这里。

近些年来,发生了一些新逃婚现象。总体上看,传统的逃婚主要是基于对父权的反抗而产生的妇女解放运动的一种,但我们的调查发现,随着人口流动的加快,"逃婚"已有全新的内涵,它并不主要是父权过于强大所致,反而是年轻夫妻对婚姻不负责任的表现。"新逃婚"现象主要出现在年轻夫妇、有婚生子女、跨省婚姻、男方家庭经济条件差和夫妇长期外出打工的家庭。给农村婚姻带来了极大的不稳定性。"新逃婚"在打工潮的背景下表现得更加激烈,以打工过程中女性的婚外情为突出表现,并最终以女性的出走为结局。多数发生新逃婚的家庭男性都难以再婚,而女性则开始了新的婚姻生活。传统道德、舆论与地方性规范的式微,家庭关系与夫妻关系的松散和婚姻市场化程度的提升以及女性择偶观念的经济理性是导致"新逃婚"出现的主要机制。①

相对于本地婚姻,跨省婚姻的稳定性不高。人们通常说"外来媳妇不保险",婚后容易因为当地的经济条件差而离开。婚后的生活既是城市与农村的对比,也是浪漫与现实的对照。我们调查过的福建下烟村,河南G村以及贵州聚合村等地都发生了外来媳妇婚后因为不习惯当地生活而"逃走"的情况。这种情况集中发生在女性身上。打工时候的自由恋爱是浪漫的、高消费的,感情高于一切的,可是当自由恋爱的男女真正在一起生活的时候就不得不面对现实。外来媳妇很多不适应当地的生活习惯,婚后的妇女面对丈夫和家庭也不再是恋爱时候的浪漫和感情,而是柴米油盐,抚育儿女,照顾老人和处理各种家庭关系的琐事。如果当地生活条件很差,并且男方家庭条件也差,女方在产生各种不适应的时候没有得到丈夫和其家人的理解和关照,那么就很可能因无法忍受而离开。

三、非正常婚姻形式

非正常的婚姻形式是相对于传统理想型的婚姻模式:应该结婚——不结婚,打光棍是非正常的"婚姻"之一种;适当年龄结婚——过早结婚,例如女性20岁之前,甚至18岁就迈入婚姻,就属于非正常的;老人再婚——这在农村是非常现代的事情,也归入非正常的婚姻之列。

---

① 陶自祥、邢成举:《摇摆的家庭:农村"新逃婚"的呈现及其产生机制——基于对赣南H乡新逃婚现象的调查与分析》,《南方人口》2012年第4期。

（一）光棍

在社会学的视角下，光棍是对适婚男性由于各方面的原因不能够正常进入婚姻阶段的一种称呼，可以看做是一种非正常的婚姻。大量学者都注意到了农村光棍现象并进行了深入的研究，农村婚姻市场结构性失衡造成的后果之一就是农村中出现了大量的光棍，我们在辽宁农村调查发现，一个村子竟然有四十多个光棍。在湖南水村，随着农村婚姻圈的解体与农村宗族功能的消退，婚姻资源的困乏与缔结婚姻途径的丧失，"农村婚姻结构性因素被打破，而新的稳定有效的因素和力量又未能及时填补、建构起来，这就造成了农村大量的光棍汉"[①]。

一些地区的光棍比例极高，我们在渝北调查时发现，一个村庄的光棍约占全村成年男性的 11.56%，此地光棍类型大概有代内剥削型、经济困难型、身心残缺型、懒惰型、历史塑造型、缘分宿命型，其中代内剥削型占据 66%。兄弟之间对家庭有限资源和机会的争夺导致光棍的产生，在低度代际责任的情况下，能否有机会外出务工获取婚姻机会，对于农村的未婚男子能否成婚非常重要，在兄弟多的家庭里，长子在"长兄如父"责任伦理限制下没有机会外出务工获得经济资源和女性资源而沦为光棍。[②] 光棍处于社会的多重边缘地位，从家庭内部、人情交往、公共生活和政治参与来看，"多余人""退出者""默者""边缘人"的社会学称谓都表明了村落、社区对光棍的排斥。[③]

总的来看，根据光棍形成的直接原因，可以将农村光棍划分为历史塑造型、身心缺陷型、经济贫困型与缘分宿命型四种经验类型，而经济贫困型光棍逐渐成为当前农村光棍的主要类型。[④] 毫无疑问，家庭的缺失对光棍的形成有重大影响，家庭不仅构成了婚姻生活的重要场域，同时亦对婚姻本身产生了重要的影响：当婚姻由家族事件变成家庭事件时，婚姻之于集体的重要性也大大降低，它由一个"公共事件"转变成"私密事件"，他人对于族人婚姻的关注与贡献也急剧降低；不仅如此，"家风"作为婚姻市场上的道德要价，对婚姻双方的社区道德和口碑提出了要求，这种道德要价在男女性别结构失衡的情况下，将压力转嫁给了处于结构弱势的男性；由于家庭是婚姻交换中劳力、经济的主要承载方，因此当男青年的家庭结构不完整或经济实力不济时，这将使得男性在婚姻市场上无法获得女方的青睐。[⑤]

[①] 杨华：《绵延之维》，山东人民出版社 2009 年版。
[②] 陶自祥：《代内剥削：农村光棍现象的一个分析框架》，《青年研究》2011 年第 5 期。
[③] 余练：《多重边缘者：基于对 D 村光棍群体社会地位的考察》，《南方人口》2011 年第 6 期。
[④] 刘燕舞：《农村光棍的类型研究——一种人口社会学的分析》，《中国农业大学学报》(社会科学版) 2011 年第 3 期。
[⑤] 张翠娥、狄金华：《找回家庭：对农村单身现象的再解释》，《南方人口》2013 年第 2 期。

光棍和上门女婿都是村庄弱势男青年群体，上门女婿是成功扭转其婚姻弱势地位的一种结果，而光棍的出现则是扭转弱势婚姻地位不成功的一种结果。我们在浙西的调查还注意到，村庄中的弱势男性青年通过买媳妇来解决婚姻问题。因为讨不到老婆，浙西古村的光棍到江西、贵州等偏僻的地方花几千元或者上万元买一个媳妇回来过日子，这样的媳妇全村有10个。① 这与上文提到的跨省婚姻成为村庄下层农民解决婚姻问题的一种手段有异曲同工之处。

（二）早婚

某种意义上，早婚不能算是非正常的婚姻形式，因为在特定的地方性共识中，比如华北农村传宗接代观念仍然较为严重，早婚具有合理性。但是，一些新的婚姻形式带来的早婚现象，却可以说是不正常的。

早婚一般以事实婚姻为主，不论是闪婚还是跨省婚姻，都出现了婚育低龄化的趋势。许多地方的闪婚的男女青年一般在20岁左右就结婚，这种结婚当然不是法律上经过登记的合法婚姻，也不是经过传统仪式化确认的婚姻，而是"相中了就直接带走"前提下未婚同居、未婚先孕的事实婚姻。② 我们在不少地区都发现，当下农村普遍的婚育年龄已经提前到18岁左右。③ 王德福发现农村近年来重新出现早婚高潮，早婚率甚至已经逼近20世纪80年代的水平。他基于豫东西村的实地调查，认为当前农村的早婚现象是代际关系变动的结果，即养老倒逼婚姻：父母希望早日完成人生任务以便趁年轻力壮为自己积攒养老资源，子女在接受早婚要求的同时也通过婚姻向父母索取了大量家庭财富，代际之间的理性博弈助推了早婚的出现。④

我们认为，早婚可以解释为一个挤压男方的婚姻市场和一个容易产生自由恋爱的现代打工生活相互作用的结果。男方父母为了更容易找到一个好媳妇和女方父母为了更容易找到一个好女婿，在一个挤压男方的婚姻市场中，女方要价的结果是男方更多地倾向于早婚，男方迫切需要寻找一个媳妇，导致父母不顾一切为他起屋娶亲，尽早完成任务。另一个就是在打工女孩中频频发生的自由恋爱导致未婚同居怀孕状况，导致了其父母很早就把她嫁人，以免"白养"了女儿。

（三）老人再婚

我们在湖北恩施、鄂州等地农村调查发现，农村的再婚老人已经成为一个比较大的群体，并且其中不乏高龄老人和失能老人再婚的案例，老人再婚很大程度

---

① 陈辉：《古村不古》，山东人民出版社2009年版。
② 陈锋：《"闪婚"与"跨省婚姻"：打工青年婚恋选择的比较研究》，《西北人口》2012年第4期。
③ 王会、欧阳静：《"闪婚闪离"：打工经济背景下的农村婚姻变革》，《中国青年研究》2012年第1期。
④ 王德福：《养老倒逼婚姻：理解当前农村早婚现象的一个视角》，《南方人口》2012年第2期第27卷。

上是一种应对代际关系变迁的方式。① 大体来说,老人再婚方式主要有三种:正式婚、裹婚和走婚。

对于大部分鳏寡老人而言,结婚就是两个人凑在一起过日子,相互照顾。他们更在乎的是婚姻的实质内容,而非一纸婚书。但是,如果双方都有一定的财产,其各自的子女也都在当地生活,他们会更倾向于正式婚的形式。这种婚姻形式一方面是一种名分的需要,并且从表面上看起来更为稳定,也更有保障一些,但另一方面,这种形式的选择本身就隐含了某种顾虑,即这种婚姻今后可能出现的冲突。从老年夫妻,尤其是低龄老年夫妻双方关系来看,正式婚纳入了婚姻破裂之后财产分割的考虑,另外,从代际关系的角度来看,选择正式婚也是为了在一方先逝之后给另一方以养老送终的保障。只是,当老人再婚成为一种普遍现象,最初的那种"怕人说闲话"的心态逐渐淡化之后,正式婚也就越来越少见了。

"裹"是恩施的一种地方方言,当地人称两个非婚同居的人为"两个人裹到一起了"。这个字用得非常形象,我也借此来表述这样一种婚姻形式。这种形式只是一种纯粹的"搭伴养老",双方既没什么财产也没什么子女瓜葛。一旦结成这种婚姻,两个老人即共同生产、生活、消费,经济上不分彼此,但是去世后还是得从哪儿来再到哪儿去,即由各自的子女各自操办后事。这种现象在当前的农村比较普遍,一方面是因为没有结为正式的夫妻,遇到的子女的阻力也比较小,并且实在过不下去的话要散伙也容易。另一方面是因为它也契合了当前农村家庭养老功能弱化,"养老送终"的代际反哺简化为"只送终不养老"或者说"重送终轻养老"的这样一种状况。相对于正式婚而言,这种婚姻没有夫妻间的权利义务关系,尤其是对于子代而言,它不附带任何法律上以及伦理上的义务要求。

走婚原本是云南纳西族摩梭人的一种特有的婚姻形式,本文借用这个名词来表述在当前农村低龄再婚老人中比较常见的一种现象。即两个再婚老人男不娶女不嫁,双方并不固定居住在某一方家里,而是在双方家庭中来回穿梭。有活干的时候一方可到另一方家里去干点农活,可能住上一段时间,也可能当天就回。没活干的时候可能住在某一方家里,也可能单独住在各自的家里。相对前两种婚姻形式而言,走婚在形式上更为松散,财产上也相对独立。

中国家庭结构的核心化趋势已是学界的共识。家庭结构的核心化趋势造成的直接后果是,传统的家庭养老功能已经严重弱化,儿子养老送终的伦理义务已经大大简化,甚至开始只送终不养老,代际关系出现了不平衡的状况。在此情况下,老人自养的比例开始极度攀升,根据我们的一项调查统计,高达87.2%的老人

---

① 李元珍:《老人再婚与代际关系变迁》,《华中科技大学学报》(社会科学版)2013年第1期。

认为到自己不能动弹时才需要子女养老①。老年空巢和老年自养的相互结合,必然要求父代家庭自我提供本应由子代家庭提供的功能,即它必须延续那种男女分工合作的家庭生产、生活模式才有可能把日子过下去。否则,它就是一个残缺家庭,既是结构的残缺,亦是功能的残缺。而正是因为这种功能缺位带来的生活不便,导致老人一旦丧偶,哪怕年龄再大,都会将再婚作为一个必然的选择。某种程度上,恩施老人再婚比率极高,鄂州老人被迫再婚的情况,恰恰是家庭结构核心化趋势不断加剧,代际关系发生断裂,以至于反哺模式无法延续,老人为求自养进行选择的结果。

四、婚姻仪式的变迁

当前婚姻仪式的变迁主要表现在两个方面,一是婚姻仪式趋于简化,渐渐失去了其公共性,只是家庭私人生活的一部分。二是婚姻仪式越来越具有娱乐性,渐渐失去了其文化传承和象征婚姻价值的严肃内涵。

(一)婚姻仪式的简化

总体而言,当前的婚姻仪式趋于简化。闪婚建立在男女双方"相中"的基础之上,只要男女双方同意,两个家庭之间协商好彩礼,一起吃顿饭就可以由男方直接带走女方,而后面的婚事一般都是简办甚至不办。

跨省婚姻建立在双方自由恋爱的基础之上,女方多数还受到父母的干涉,因此整个婚礼通常女方家庭中的成员都是缺席的,而在男方那边也不需要订婚等程序,许多跨省婚姻更是"奉子结婚",因此婚礼的仪式确认功能就已消逝,"都生孩子了,结婚也就没意思了"成为许多年轻人的想法,再从实用主义的角度来看,有的则是因为家庭经济困难而不办婚礼。

我们在江西安义的农村调研发现,删繁就简的婚姻仪式,只留下见面→过彩礼→结婚必不可少的环节,最快可以当天就把女方带走。结婚的仪式大大简化,既不拜祖堂也不拜家人,更不用请先生,只是简单摆两桌酒席即可。农村闪婚现象及其带来的仪式简化,会造成文化流离现象,即是文化形式的简化、文化功能的衰弱、文化价值的消散和文化传承的无力。总体上,婚姻仪式的简化主要表现在以下几个方面:一是在自由决策型择偶的冲击下,婚姻当事人在结婚仪式上越来越形式化。二是"择日"越来越随意,尤其是未婚先孕的当事人对"择日"更是持无所谓的态度,这是因为一切要围绕从简从快的原则办理。三是"敬奉外家"和"送

---

① 数据来自湖北省老龄工作委员会委托华中科技大学中国乡村治理研究中心主持的"湖北省老龄人口'百村万户'调查"项目。

彩礼"逐步消失。四是"办酒"形式的变化。①

婚姻仪式的简约化透露出人际关系以及人与祖先关系的简约化,婚姻从与整个家族村落社会有关的公共事件转变为一件"核心家庭化"的小事件,从神圣事件转变为日常事件,从社会事件转变为类市场事件。婚姻从公共性事件到个体性事件的转变意味着婚姻程序的简化与浪漫,这让青年人对自由与自主婚姻有了更多的期待和尝试,婚姻仪式中的庄重、严肃、负责和担当等的文化意涵没有了,留下的似乎就是感情与性的需要。

农村青年婚姻变革的趋势是迈向核心家庭化和私人化的婚姻。对于婚事的意义,村民也越来越将其纳入私人家庭中去考量,而不会有人去过多的追究。另外一方面,婚姻仪式具有较强的经济特征,当下的婚姻缔结过程中的女方要价,就更具有经济性质,在女方主导的婚姻要价中,婚姻缔结过程也变得简明。订婚仪式中的文化意义弱化,很多地方订婚的过程就仅仅是男方向女方交纳订婚金的过程,尽管仪式在消失,但女方要求结婚必须要有新房子。所以,能不能提供高额的彩礼并建一套新房子,就成为女方是否答应婚姻的最重要的条件。当前农村婚姻要价形成了一种攀比心态。对于村庄而言,婚礼从来是缺少公共活动的后集体时代中重要的公共生活,当婚礼简化以后,婚礼所建构的这种公共空间也随之消失,一场陌生化的变革正开始到来。

(二)婚姻仪式的变异

婚姻仪式是确立社会性婚姻的一系列外在的仪式化表达,婚姻过程的仪礼和程序均为婚姻仪式。当前的婚姻仪式,富有时代性要素。

根据我们的调查,大冶农村保持了较为完整的婚姻传统仪式,但是现代性的因素也侵入进去了,可以择要举例说:第一是媒人的角色,第二是迎亲仪式,第三是闹洞房习俗,有趣的是"灰公醋婆"的习俗。

大冶农村的媒人依然是当代男女结婚的必需媒介,尽管自由恋爱越来越多。80年代以前,媒人是一种专门的行业,有专门的人来做,现在媒人这一行随着时代的发展已没有了固定的人来做,一般只要是亲戚朋友,一个湾子的熟人都可以做媒人,而且也不再限定男女,只要男方有中意的女方就可以找媒人去说合。旧时有"男人坐媒,女人跑路"的说法,如今成了"男女都可以跑媒,坐媒"了。旧时的媒人在男女双方中间牵线搭桥,以此媒人必须掌握男女双方足够多的信息,特别是生辰八字都要弄清楚,还要找算命先生算年庚适不适合,现在的媒人只需要知道男女双方的年龄就够了,倒是省去了不少麻烦。当今的农村,纳亲虽然不能说举足轻重,但作为婚姻礼俗的一部分仍旧是不可或缺的。即使男女自由恋爱的情况

---

① 陈讯:《婚姻价值变迁:山河乡离婚现象研究》,华中科技大学博士学位论文,2013年。

越来越多了,纳亲仍然有其必要之处,只是少了"跑媒"的环节,"坐媒"依然必不可少,男方仍然要请两个媒人履行这道程序。由此可见,纳亲作为婚姻的第一道程序,虽然这种传统的礼俗原有的神圣性在消解,但还有其重要的一面,它使得男女双方获得进一步交往的合法性,也是迈向正式婚姻的第一步。

迎亲仪式还保持着原有的习惯,迎亲的礼仪随着现代迎亲方式的不同也有所不同,但一些传统的习俗人们还是十分讲究,例如哭嫁的习俗,哭嫁依然有象征意义,不过时代的发展也给迎亲仪式带来新变动。例如小汽车代替花轿。迎亲的习俗,男家有男家的礼仪,女家也有女家的礼俗。

女方的迎亲最主要的就是"哭嫁"。"哭嫁"要进行三天,即在姑娘出嫁日的前三天就开始在每天的晚上进行——女子出嫁,即脱离生身父母之爱,从此就要跟兄弟姐妹离别,到另外一个环境度过一生,所以姑娘在出嫁前夕,对父母和兄弟姐妹的不胜依依之情都是在"哭嫁"的礼数中表现出来的。每天晚上的"哭嫁",全湾子里的姑娘阿姐都要来陪,未出嫁的小时玩伴、婶娘都会怂恿姑娘的母亲哭,因为"嫁姑娘都要哭,越哭越发达",而且,母亲会觉得养了20年的姑娘,马上就要离家了,舍不得,不得不哭。在姑娘上车和发嫁妆时母亲也要哭,叫"碰碰喜",意味着大发大旺。

再来说男家迎亲的礼俗。迎亲的前一天晚上要把媒人请到家里吃顿饭,叫"谢媒宴",表示对媒人的酬谢,这也是迎亲礼俗的起始程序。迎亲当天的上午,男家先到女家去抬嫁妆,嫁妆抬回后由"牵轿娘"来负责"铺床"。"牵轿娘"一般由男方的姑妈或舅母来担当,而且是福禄双全之人——必须是生育儿子的婶娘姑婆们,没有生育儿子的农民是不能当"牵轿娘"的。女家也有"牵轿娘",负责新娘的梳洗打扮,给新娘上"妖镜"(商店有得卖,保佑新娘之意),还要领新娘坐上喜车。不过,现在新娘的化妆打扮都到理发店去请。中午新娘家设宴款待男家客人以及自己亲戚之后,接下来就是发新娘——先由新娘的舅舅把新娘抱出门,之后由女家"牵轿娘"负责领新娘上车一直到新郎家再由新郎家的"牵轿娘"负责把新娘接下车。在这过程中,新娘的舅舅以及双方的"牵轿娘"都要给礼金,几十元到一百元不等。

2000年后,大冶农村开始有"灰公醋婆"这一项习俗。因为"三天无大小"是本地农村举行婚礼的主要特征,也就是说,在娶亲的三天中,家人、亲戚、各方的宾客和新郎新娘没有辈分之分,无大无小、无老无少,各种调侃、玩笑都不会有所禁忌,尤其是在刚过门的媳妇和公公婆婆之间。在新娘子接进家门,与新郎拜过堂之后,并不直接送新郎新娘入洞房,而是让公公登场与新娘进行闹洞房的一些搞笑的活动。下面是我们调查时记录村支部罗副书记(他当时是婚礼上的"总指挥")介绍的李支书在儿子结婚时被戏弄的场面:

首先,把李书记提前关进一个房间里,以防止他临时跑掉。然后就给他化妆,做了一件大红袍给他穿上,头上戴了一顶据说是"李世民"样式的帽子,还用铁链子拴了一把耙子①在背上,没有钥匙不能把耙子取下来、把大红袍脱掉。在新郎新娘拜过堂之后,一大群人就把李书记拥出来,这时候新郎就靠边站,接下来就是公公跟新娘的各种活动——有人会问:"公公喜不喜欢新娘啊?"公公必须回答"喜欢!"②,也会同样问新娘:"新娘喜不喜欢公公?"新娘会很不好意思,不回答,但最后还是不得不说:"我喜欢公公!"

接下来,公公和新娘被拉在一块唱歌,李书记当时被大家逼迫着唱了《夫妻双双把家还》,新娘怎么都不愿意唱,最后迫不得已,新郎出来与新娘合唱了一首流行歌曲《我爱你》这才罢休。公公新娘两人还要一人一手端茶盘,由新郎拿茶壶给来宾敬茶,来宾接茶要讲一句笑话,比如"祝你们早生贵子"之类,公公和新娘都要说"谢谢!",来宾然后就给公公和新娘礼包,8块、10块、100块都不等。在自由活动的时候,还有人让公公与新娘啃苹果——将一苹果用绳子拴起来,用竹竿挑着,让公公与新娘站在一条长凳上,用嘴一起来啃。在这个过程之中双方动作要一致,而且不准用手碰,不然就啃不到。但这时候往往两人都不啃,最后其中一人会趁人不备把苹果抢来扔掉,游戏就结束了。最后,用一根红线牵公公与新娘入洞房,仪式就结束了,来宾就入酒席吃酒。

在戏弄公公与媳妇的过程中,婆婆甚至也被戴上一副只有一只镜片的眼镜——叫婆婆看到公公与媳妇闹,要睁一只眼闭一只眼。但没有人反对这样的恶搞,因为"三天无大小,见了舅舅也可以叫老表",没有什么值得大惊小怪的。

虽然在整个戏弄的过程之中,公公与新娘都是很不情愿的,但是也不会表现出不愉快来,还是接受了这样的方式,因为他们都知道戏弄的主要目的是娱乐。

在湖北钟祥、京山等地,也能够观察到灰公醋婆的现象。在婚礼上出现灰公醋婆是80年代以来就有的事情,很早,怎么逗着乐就怎么逗,其时"公公带着高帽带耙子,婆婆带着酒瓶子",俗话说"三天无大小"。要是接上门女婿,也可以同理逗乐子,只不过将灰公醋婆仪式的角色倒过来罢了。

其他地区,例如湖南常德的婚姻仪式习俗也有诸多类似之处,例如新姑娘上门无大小、至亲亲属"铺床"、闹房习俗、迎亲工具的变迁等。

迎亲的前一天,男家送给女方礼服、首饰、化妆用品,以便新娘"妆新";又送蒸酒糕点之类,以便女家待客。这一程序俗称过礼。过礼之后,新娘就要开脸、梳

---

① 耙子:意"扒灰",来源于唐朝一个故事,隐射公公和儿媳妇有不正当性关系,公公调戏儿媳妇。此处是指婚礼中众人摆弄公公和儿媳妇的活动。

② 另外一个农民讲,众人有人敲打盆子,问公公"响不响?(想不想媳妇)",公公一般回答说"响(想)"。

头、戴花、着新衣。晚上举行"辞家礼",专为女儿设宴席,并邀请女方之至亲挚友相陪,称为"辞亲酒"。席间,亲友临别赠言,父母告以为人处世之道,席散,女方至房中"哭嫁",并唱《哭嫁歌》。

然后就是迎亲了,迎亲就是在成婚之日,由媒人率领新郎及伴娘等迎亲人员,到女家接新娘。男方用花轿迎亲,富裕人家还带有乐队、仪仗。20世纪60至70年代,曾时兴以自行车迎亲。女家在迎亲队伍到达之前,要将大门紧闭,亲友向新郎索要"开门利市",经讨价还价之后,才开门发亲。陪新娘出嫁称为"送亲",陪送的人称"上亲"。上亲为大,男方要请对等辈分的人相陪。新娘到男家后,由伴娘牵引,同新郎在香案前拜堂。旧时拜堂很讲究,有礼祝司仪,高唱"一拜天地、二拜祖宗、三拜父母、夫妻双拜。"新中国成立后,改在晚上举行婚礼仪式。新婚之夜,有"闹房"习俗。"新姑娘上门三天无大小",闹房的活动,多是亲友、同村中的一些同龄人,搞一些善意的恶作剧。此外,新娘在进入洞房之前,男方家长要请亲戚中已生育过的女性长辈为新房"铺床",铺的过程中,要说一些类似"闹房闹房,一对鸳鸯,先生贵子,后生姑娘"之类的吉利话。

如果说灰公醋婆这一婚姻仪式的变迁表现了婚礼的娱乐性的话,那么,给茶钱的仪式表达了婚礼的功利性。在很多地区,都能观察到新娘认男方亲属时要倒茶,长辈要给茶钱。茶钱在一些地方已经成为亲属的一个重要负担。成为新成立的小家庭从扩大的家庭(亲属体系)中变相聚集财富的重要渠道,在中部农村,这一现象较为明显。

以钟祥曙光村的"茶钱"仪式为例。新婚第二天上午,新娘和新郎要给亲戚敬茶,敬茶的过程他们给长辈分烟,回赠礼物,礼物内容为两个饼子和两床棉被,亲戚则要"扔钱",当前茶钱涨得非常高。茶钱在10年前200元就可以了,可现在涨到了1000元,人情钱内亲10年前100元可以,可是现在要400元,外亲都要200元。村民估计新婚夫妇一次性就能从父母和亲属那里挣到几万元,当地人说"结婚是穷了老子富了儿子"。现场的气氛很紧张,敬茶有人主持,称为执牌先生、总管,他的作用是调动气氛,他拿着话筒大声喊话。在长桌旁边有记账的,长辈顺次坐在长桌子四周,最初是大声通报爸爸妈妈等扔多少钱,然后是叫各位亲属扔钱。新娘敬茶的场合很热闹,很多人围观,总管当场数钱报数,记账的忙着记下来,旁边有人逗趣。一位新娘幺爸拿了600元,总管半开玩笑地说"还加点",幺爸很不好意思,一般来说各位亲戚在总管的气氛渲染下数次扔钱。

五、婚姻的伦理性危机

伴随越来越多离婚现象的发生,人们的家庭与伦理观念开始发生变化,核心家庭本位的观念开始为个体本位的观念所取代。某种意义上,婚姻的伦理性危机来自于私人生活的变革,表现为"无公德的个人"的兴起①。

(一)私人生活的变革

奉子成婚现象在当下的农村十分普遍,同居现象在农村青年群体中也十分普遍。打工经济带来城市中流行的各种思潮,传统村庄受到巨大的冲击,青年群体在很多方面颠覆了以往的传统观念,婚恋观念更加开放而多元化,对于婚姻、生育与性的关系都有了新的理解。婚姻缔结的原因由"生育合作社"到对情感、性、心理满足的要求,感情是否亲密、和谐,男女双方是否能从婚姻中得到快乐,为农村青年越来越看重。②

随着家庭价值的变化,村庄中出现了新的非常规家庭,新的非常规家庭不注重家庭延续的逻辑,而关注个人的感受,或是利益,或是感情,个人为了自己的感受可以任意地拆散家庭甚至不组成家庭。③"新逃婚"现象是新时代女性争取自由与权利,同时追求个人幸福生活和情感寄托的表现。根据陶自祥对四个村庄的经验调查发现,导致出现新逃婚现象的主要原因就是女性的婚外情(婚外性关系)和男方家庭经济条件差,两种原因导致的新逃婚数量占到了总量的80%。婚外性关系与男方经济条件较差的情况是联系在一起的,正是因为女性"嫌贫爱富"和"你老我不嫌,只要你有钱"的婚恋观念才导致其选择了新的爱情对象。

在现代性价值的冲击下,个体婚姻的个体主义情感性价值越加的被强调,其家庭的功能性意义则逐步被消解。然而,婚姻的功能性意义对于当下农村的家庭来说依然至关重要,它不仅关切到男女双方自身的婚姻幸福,还涉及父母的人生价值与意义,以及对村庄文化的可能影响。当下,打工青年在面临着结构性的婚姻困境时,婚姻的情感性与功能性价值的权衡又一次摆在了他们面前。

在闪婚闪离的婚姻形式中,感情不和是闪离的主要原因,现在年轻人离婚正如他们自己所说的"找不到什么原因,吵一架就去办了手续,好像是活得不耐烦了"。在调查中,某乡镇司法所所长说,现在夫妻因为性生活不和谐而离婚的逐渐增多。可见,当下年轻人对婚姻家庭的责任意识较为淡薄,更加注重自我的心理感受和情感体验。

根据我们的驻村调查经验,当前农村社会中婚外性行为越来越成为一种普遍现象,但这种现象并没有导致农村家庭大规模的破裂,而且正逐步演变为农村社会生活中的一种常态。

陈讯在鄂东北Y村调查时发现,婚外性行为现象在村庄中不仅发生的频率

---

① 阎云翔:《私人生活的变革》,龚小夏译,上海书店出版社2009年版。
② 王会:《农村"闪婚"现象及其村庄社会基础》,《南方人口》2011年第3期。
③ 耿羽:《非常规家庭的常规化:从意义世界的维度考察农村家庭变迁》,《中国青年研究》2012年第5期。

高、涉及人员多，而且正逐步成为村民日常生活中心照不宣的常态。这种行为不仅为夫妻之间的情感带来危机，而且为农村社会中的婚姻家庭带来新的冲击，更为重要的是一直维系农村社会中的传统伦理道德正在逐步沦陷。婚外性行为越是普遍发生，说明人们思想观念的改变也就越快，传统伦理观念的消解也就变得越为彻底。因此，与其说它是一种越轨行为，还不如说它正在成为一种常态①。李德瑞总结出来了几种婚外情的类型：女人在家比较强势；丈夫长期在外面打工；本性所致；两家人斗气，报复心理引发婚外情；因光棍引起的婚外性行为②。

可以说，当前维系婚姻的纽带发生了巨大变化，表现在物质要素和情感要素对婚姻稳定性越来越重要，家庭、国家与社会要素在维系婚姻稳定的纽带中逐步弱化。孩子也不再是维系夫妻情感稳定的基本条件，性生活在夫妻情感维系中的作用逐步增强，夫妻之间越来越注意个体情感性体验。在以个体生活享受和生活体验为目标的驱使下，人们的婚姻责任和婚姻义务以及婚姻行为发生了巨大的变化，婚姻成为人们追求幸福生活的一种手段，从而导致了婚姻的伦理性危机。③

（二）婚姻的功利性

最能体现婚姻功利性的是彩礼。我们在周口农村调研发现，最近几年彩礼上涨得快，几乎以一年一万元的幅度上涨，在我们调研的村庄，近郊区域当前的彩礼是2—3万元，稍微远郊一些就是5—6万元，随着地理位置的偏僻，彩礼逐步上涨。不仅彩礼多，而且在结婚的各个环节都设置了要礼金的内容，比如迎亲当天有上车礼、下车礼、改口礼等等，一般的家庭，一个儿子结婚当前的花费在15万元左右。

这笔钱并不是用于结婚的开销，很大程度上是将父辈家庭的财产转移到了刚刚结婚的小家庭之中，当地人说"小家庭都有自己的小金库"，还有人表述说"现在是大河没水，小河有"。女方父母要价高主要是为了将来女儿的生活考虑，特别是在男方有几个兄弟的情况下，彩礼要得特别高几乎是必然的，因为父母亲的劳动成果要由几个儿子来分配，那么当然每个人都想多要一点。

这笔钱不是全部用于置办嫁妆，反倒是现在男方自己将所有小家庭需要的东西置办好越来越成为惯例。一般情况下，女方父母都会将这笔钱作为女儿的陪嫁，让这笔钱成为小家庭的重要财产。但是，也有一些女方的父母并不将这笔钱给女儿陪嫁，而是留作己用，特别是女方父母尚有儿子尚未结婚时，可能会留下来。但是男方父母对于儿媳妇将钱带回小家庭是有期待的，所以没有将钱带回来的儿媳妇到了男方家庭以后很容易因为此事造成两代人之间的不和。

---

① 陈讯：《越轨抑或常态：理解农村婚外性行为现象的一个视角》，《西北人口》2013年第1期。
② 李德瑞：《山村的彷徨》，山东人民出版社2009年版，第104页。
③ 陈讯：《婚姻价值变迁：山河乡离婚现象研究》，华中科技大学博士学位论文，2013年。

实际上，周口农村的高彩礼状况在全国并非特例，许多地方的彩礼的最低标准都在 3 万以上，最高不等。不过，高彩礼并不具有买卖的特性，多数的女方父母要到彩礼之后都会在结婚时如数还给女儿和女婿，高彩礼的主要目的是实现男方家庭财产的代际转移。除此之外还需要一些押金，如我们在豫南农村调研时发现，男方如若没有盖新房，需要押金 8 万，江西安义农村要 6—10 万的押金以规避女性被抛弃的风险，直到婚姻比较稳定以后才将押金退还给男方家庭。

与之相反，跨省婚姻则通常彩礼很少甚至没有彩礼，因为许多女性是遭到父母反对后而结成的婚姻，等生米煮成熟饭之后，父母再要这个彩礼也失去了意义。对于一些家庭经济条件困难的男性来说，面对高额彩礼的本地婚姻，跨省婚姻还是解决婚姻难题的一条出路。

当前婚姻高价市场在全国农村是普遍情况，几年前流行的彩礼普遍是"万里挑一"（11000 元），目前在农村调查发现彩礼普遍都涨至两万以上，3 万、5 万以及买小车并不少见，赣南地区的彩礼从 1999 年的 1 万元涨到 2011 年的 7 万元，是原来的 7 倍。正因如此，河南农村出现了"生两个儿子哭一场"的状况。[①]

根据实证调查，我们认为从 1970 年代到 1980 年代中期，结婚对于任何家庭来说算不上是负担。这种状况能够生动地证明因经济贫困而致的光棍现象在这段时期之所以少的原因。然而，1990 年代中后期开始，一个劳动力不吃不喝需要劳动 3 至 4 年才能结得起婚。从 2000 年开始到现在，婚姻消费几乎需要一个劳动力不吃不喝劳作 4 至 7 年才能负担得起。如果考虑建房等作为 2000 年以后结婚的硬性条件的话，那么将意味着一个劳动力需要不吃不喝劳作 11 至 16 年才能负担得起。婚姻成为高消费进而影响光棍形成的机制[②]。

某种意义上，彩礼已经成为子代家庭剥削父代家庭的主要手段。彩礼包括两个层面，一是仪式性的层面，二是数量性的层面，当前彩礼已经非常简化，只强调以货币方式呈现的数量化。在我们调查的绝大部分地区，在当地婚姻的习俗中，女方家庭占据婚姻市场上的要价优势，可以要求极高的彩礼钱，特别是男方家有多个兄弟时，男方担心父母给另外一个儿子留储蓄，女方家庭试图通过彩礼来对男方父母的财产进行提前的分割，这一过程本质上是代际剥削的过程。比如，我们在皖南某村调查时，获得了一些典型案例：

案例 1 刘某，刘湾人，家中有一弟，今年正月结婚，女方家开始要价六七万，后来女子放弃由男方家购买置办家具等实物，要价 13 万。男方家经济并

[①] 贺雪峰：《农村家庭代际关系的变动及其影响》，《江海学刊》2008 年第 4 期。
[②] 刘燕舞：《农村光棍的类型研究——一种人口社会学的分析》，《中国农业大学学报》（社会科学版）2011 年第 3 期。

不宽裕,母亲在城里做保姆,1万元一年,父亲在附近的石子厂上班,弟弟在外打工。13万的彩礼费中,有一半为父母找他人借贷。

案例2 姜甲,27岁,姜碾人,家里有一弟,结婚前,为娶媳妇盖了楼房并装修,2011年时,媳妇要了"三黄",另外要价10万元,男方父母大部分的钱为借贷而来。目前弟弟已有20岁,和父母住在老房子内。

案例3 姜乙,姜湾人,家中有一个弟弟,父亲在窑厂做工,母亲在家种田。2008年结婚时,家里还是平顶房,女子没有要"三黄",向男方折算为钱,索要了彩礼费10万元。

与之类似的是,年轻人婚后,代际关系仍然严重失衡。青年婚后立即出去打工把小孩交给父母抚养,不仅推卸了自己扶助老人的赡养义务,而且将抚养子代的责任转嫁给父母;青年一代为了满足个人消费和自身幸福一味要求父母无条件地给予经济和体力支持,却忽视个人对父母对子代的义务,这样一种权利义务失衡状态呈现了代际剥削更加严重的趋势。当男方没有能力承担女方强加的婚姻负担时,就有可能退出婚姻市场。辽宁农村高额的婚姻负担让很多人娶不起媳妇,大量的年轻人只能做光棍,而这些光棍似乎已经适应了生活,他们转而通过找小姐来满足性生活需求,它成为当地的"性行业"发达的原因之一。这是农村婚姻负担过重的一种扭曲的表现。

(三)婚姻排斥

从通婚圈的角度上看,当前的婚姻状况存在着通婚圈的内卷和扩大共存的状况。这是因为,婚姻及婚姻仪式已具有明显的阶层分化特点,经济发达地区或村庄内部的上层农民,倾向于本地婚姻,通过抬高婚姻成本,迫使欠发达地区和下层农民选择跨省婚。从我们的调查来看,各地区均报告出现跨省婚姻的现象。它的兴起,主要是打工潮的兴起和农民阶层分化两个因素,打工潮的兴起使不同区域的农民接触成为可能,在打工过程中自由恋爱是跨省婚姻的基础,农民阶层分化则推动了中下阶层主动以寻找外地婚姻为一种策略。本地婚姻成为一种地位的象征,外地婚姻则是一种经济地位低下的象征。

浙江店口地区是发达地区,婚俗带有发达地区的典型特征。村落内能够找到的光棍基本是老光棍,属于1990年代之前形成的。1980年代之后,本地经济发展水平在全国位于首列,在1990年代末期农民人均纯收入就达到了1万元左右,农民普遍依赖工商业为主要收入来源,我们调查的付村人均收入3万元。中西部欠发达地区女性到本地务工,给予当地男子极多的机会。因此,本地中下阶层男子可以在全国婚姻市场上找到女性。

浙江店口高度阶层分化,这对该地区婚姻习俗造成影响,婚姻带有阶层特征,成为增加社会资本的重要手段。当地人一般找门当户对的人家,老板的女儿找老板的儿子,强强联合,一般家庭则努力寻找一般家庭结成姻亲,对于错过机会、个体素质差的农民来讲,外地婚姻成为一种选择。

之所以出现这种现象,有两个原因:第一,本地的中下阶层农民无法支付过高的婚姻成本。男性需要支付的婚姻成本包括至少花50万元购房,30万元娶媳妇,其次的教育和吃喝日常费用,总负担需要100万元以上。店口男子或女子一般在本地通婚圈找门当户对人家,娶外地媳妇是一件不体面的事,会影响他们在村庄中的地位。娶外地媳妇的大多数是村庄中经济收入处于底层的人。他们经济条件不好,能力也不突出。外地媳妇在本地被称为"外地婆",带有歧视的味道。很多娶了外地媳妇的人,也很少在与别人交往过程中提自己的媳妇是外地的,他们会觉得"没面子"。

第二,在店口嫁女儿贴嫁妆非常普遍,农民认为体面的嫁妆一般要给得比男方拿来的彩礼多,嫁妆成为社会地位的象征。精英阶层嫁女儿极为风光,陪上豪华轿车、房产和几十万上百万现金,富人阶层则陪上一般轿车和数十万元现金,普通阶层和弱势阶层只能支付少量的嫁妆。当地有"生女儿就是生强盗"的说法,因为在嫁女儿上存在激烈的竞争,中下阶层(普通阶层和弱势阶层)被甩在社会的底层。例如,付村叶某2012年嫁女儿,陪嫁一辆50万元的劳斯莱斯,十几万元现金压箱钱,而按照一般家庭的经济状况,嫁女儿只需要五六万元,花不了多少钱,还能够带来诸多回报。

安徽无为县古村的婚姻状况则展示了农民分化造成的对中下阶层农户的排挤。古村是一个中等发达地区,村庄分化也比较大,这个村落发现有大量的光棍和大量的外地婚姻存在。当地缺乏发达的经济支柱,因此难以吸引外地婚姻,年轻男子出去打工的目的是带回一个外地媳妇,本地的女性则一般嫁到本地的中上阶层家庭和城市。在古村,形成了一种本地通婚的主文化和跨省通婚的亚文化通婚观。有经济条件的收入中上层群体,几乎无一例外地选择本地婚姻。由于性别比的失衡和女性资源的外流,下层男性成为光棍的可能性较大。

古村光棍的绝对数量不少,光棍率不低,大致有10%。比如野木村的光棍数量为11人,秦场有13人,姜碾村有9人,三个村的总人口分别为190、200和170人。由于光棍在村庄的多重边缘地位,致使未婚男性都积极地在婚姻市场上寻找合适的对象。即使不能融入主流的本地婚姻市场,也会积极在外地通婚市场上寻找配偶。因此,村庄在近二十多年来出现了大量的外来媳妇,比如姜碾村共56户,170人,光棍有9人,跨省婚姻有12例。在姜碾村近5年婚姻数量中,跨省婚姻占到一半以上,这说明了外来媳妇成为古村解决未婚男性婚姻需求的重要渠道。

炫耀性婚俗是社会阶层分化在婚姻中的表现,它造成了婚姻排斥现象。这造成的一个意外后果是，从全国性的婚姻市场来看，代际关系较为薄弱致使年轻人无法对老人进行代际剥削的地区，年轻人成为婚姻排斥的受害者。

我们在皖南东胜村调查发现，父母与子女之间代际关系较为稀薄，男子结婚普遍在25岁以上。婚姻年龄较华北和华南地区晚。父母亲对子女未能成家并没有绝对的责任，比如，我们访谈到范家华，他儿子就是找的四川媳妇，结婚很晚，在28岁，为什么结婚那么晚，范说是"因为他自己年轻时不注意挣钱，父母亲也没有办法"。当地农民认为，带回外地媳妇在村庄不算是有本事的，人们也不会看不起他，因为家庭条件限制，年纪这么大了，找一个已经不错了。对于自由恋爱，村里人的态度是自己找，不用媒人帮忙，做媒人是吃力不讨好的事情。范说：媒人这件事恐怕有十几年没有了，父母亲对儿子婚事着急也没有用，有的女孩相中了什么都不要，相对于本地媳妇，娶一个外地媳妇是花钱非常少的。范为这个2010年来的四川媳妇只花了酒水钱，没有彩礼支出。对于房子，也没有攀比，有条件在城市买房子，没有条件的在家里盖房子。

东胜村的本地婚姻花费颇高，要一栋新房子，现在不仅要新，而且要装修漂亮，一般要彩礼5万元，还有"三金"，要是讲究光是"三金"就需要花费五六万元。彩礼不一定，有的要有的不要，没有攀比，比如要是女婿有好的工作就不索取彩礼。债务子女要分担，而老年人在子女成家之后挣钱归自己所有，这一点与华北地区十分不同。父母对于子女是尽义务，而不是完全承担起为子女结婚盖房娶媳妇的义务，也不期待子女为自己传宗接代，这是子女他们自己的事情。一旦子女过了岁数不再有成家的机会，为人父母也并非自责，而是"算了"。一位老人这样说道，要是子女自己恋爱的，有钱给一点，没有钱就算了，现在没有媒人做媒了，不自谈是没有本事，父母亲没有办法，因没有人看中他。子女不争气，年龄过了就找不到女人了，有时赶巧了一个二婚头，这时不会有人瞧不起他，到这个年纪还有什么好选择的，能够说到已经不错了。

而在华北农村，由于代际关系较为紧密，父母在结婚之后就想着儿子的出生，接着就为儿子将来娶妻盖房而开始储蓄，一直到老还要为子女家庭付出，把用不了的钱交给媳妇，尽量节约花费。在华北光棍一般是身体和智力有缺陷的，或者特别穷的，没有本事的人，而在皖南，有许多光棍如同正常人一样，只是错过了时机，父母亲没有办法帮助等。

结语

当前的婚俗变迁具有明显的理性化特征，它在择偶观上体现为物质主义盛行，绝大多数地方的彩礼急剧上涨，且在一些地区具有明显的代际剥削特征，即年轻一代希望最大限度地榨取年老一代的财富。与之相关的是，婚姻礼仪也变得极有功利性，人情交往成为获取利益的重要手段。物质主义必然带来婚姻的阶层分化，富裕阶层通过高聘礼、天价嫁妆的炫耀性婚俗消费，实现本地婚姻的内卷化。这反过来促使低收入阶层通过跨省婚等方式来实现婚姻缔结，本质上，这是婚姻排斥的表现。

理性化的婚恋观造成了婚姻的不稳定性。婚姻已经慢慢摆脱了传统的家族、共同体的社会关系束缚，已非生育制度的衍生，而是私人生活的一部分。因此，在婚俗领域出现了明显的伦理性危机。

需要指出的是，理性化的婚俗并非是对传统的完全反叛。随着市场经济的发展及人口流动的加剧，一些带有明显传统色彩的新婚俗开始出现。比如，恰恰是招赘婚较为盛行的中部一些农村，因为计划生育政策贯彻较为彻底，出现了"两头走"的新婚姻模式；恰恰是代际关系较为紧密的华北一些农村地区，父母愿意花大价钱给子女完婚，从而推高了聘礼；以江西安义为典型的"闪婚"现象，是市场经济与传统父权相结合的产物。甚至一些婚姻礼仪的变迁，也兼具传统和现代因素，"灰公醋婆"本来是一种传统婚俗，但在消费主义的侵蚀下，它沦为纯粹娱乐节目。

2012年度中国民间信仰研究报告

王霄冰　林海聪　周波[*]

"民间信仰"是民俗学、人类学、历史学、宗教学、社会学、民族学等人文社会学科普遍关注的议题。但就概念指称而言，学术界至今未能就"民间信仰"这一术语的使用问题达成一致。现行的概念大致上有以下几种：

（1）民间信仰

该名词来自东京帝国大学教授、"日本宗教学之父"姊崎正治1897年12月发表的《中奥的民间信仰》一文，[①]由于作者的宗教学（基督教与佛教）背景，"民间信仰"用来指代未纳入正统宗教的地域性宗教信仰习俗，被看成是"组织宗教"的对应概念。这一概念后被日本学者广泛使用。[②]朱海滨在《中国最重要的宗教传统：民间信仰》一文中提出"民间信仰"这一学术名词可能直接由日本引介入华，[③]并为许多学者所接受和使用。如金泽和乌丙安在其有关"中国民间信仰"的同名专著中，都进一步确立了"民间信仰"概念的学术地位。[④]根据阿部朋恒的综述研究，"民间信仰"这一概念是从西方狭义"宗教"概念的基础上发展起来的，被视为是"正统"宗教之外的剩余部分，处于"非正统"的边缘地位。[⑤]随着人类学、民俗学与历史学对"民间信仰"的关注，学界开始对"民间信仰"概念的宗教排除法（没有组织、没有教义、没有经典）定义和二分法定位（"宗教/民俗""正统/非正统""仪

---

[*]　王霄冰，中山大学中国非物质文化遗产研究中心教授、博士生导师；林海聪，中山大学中国语言文学系民俗学博士生；周波，中山大学中国语言文学系民俗学博士生。

[①]　〔日〕姊崎正治：《中奥的民间信仰》，《哲学杂志》第12卷第130号。又见录于八滨督郎主编：《比较宗教　迷信の日本》，警醒社1899年版。

[②]　〔日〕铃木岩弓：《"民间信仰"概念在日本的形成及其演变》，何燕生译，《民俗研究》1998年第3期；孙江：《在中国发现宗教——日本关于中国民间信仰结社的研究》，路遥主编：《中国民间信仰研究述评》，上海人民出版社2012年版，第251—252页。

[③]　朱海滨：《中国最重要的宗教传统：民间信仰》，复旦大学文史研究院编：《"民间"何在　谁之"信仰"》，中华书局2009年版，第45—46页。

[④]　金泽：《中国民间信仰》，浙江教育出版社1989年版；乌丙安：《中国民间信仰》，上海人民出版社1995年版。

[⑤]　〔日〕阿部朋恒：《日本民间信仰研究回顾——从反思二分法的视角来看》，金泽、陈进国主编：《宗教人类学》第四辑，社会科学文献出版社2013年版，第359页。

式/观念")进行超越。

（2）俗信（包括"民间俗信""民间信俗"或"民俗信仰"）

"俗信",作为民间信仰的另一指称方式,是由现国家非物质文化遗产保护工作专家委员会副主任乌丙安教授于 1985 年在其《中国民俗学》中首次提出,并在《"俗信":支配中国民俗生活的基本观念》一文中做了详细的阐释。① 刘德龙、张廷兴、叶涛等人也曾撰文,进一步讨论"俗信"的概念内涵。② 和民间信仰相比,这一概念更加受到民俗学者的欢迎,并由此进入了"国家非物质文化遗产保护"的官方话语中。在"第二批国家级非物质文化遗产名录"的"民俗"项目中设置"民间信俗"这一子项目,用于收录民间信仰类非物质文化遗产。③

（3）民间宗教（包含"民众宗教""大众宗教"）

使用这一种概念术语的多数学者主要是强调民间信仰的宗教性,将民间信仰视为一种"准宗教"。但在具体用法上体现出两种不同的立场。一种是用"民间宗教"取代"民间信仰",认为它们的内涵和概念范畴基本一致。持这一立场的主要是人类学、社会学与宗教学领域的学者,如王铭铭的《象征与仪式的文化理解》、丁仁杰的《当代汉人民众宗教研究:论述、认同与社会再生产》、柯若朴（Philip Clart）的《中国宗教研究中"民间宗教"的概念:回顾和展望》。④ 另外一种是以"民间宗教"来指称"民间结社""秘密宗教"或"民间教派",主要是历史学领域的学者在使用,如马西沙与韩秉方的《中国民间宗教史》。⑤

（4）民俗宗教

根据陶思炎、铃木岩弓、宫家准与阿部朋恒的研究,这一概念来自日本学界,首先由堀一郎在《民间信仰史的诸问题》（未来社,1971 年）中提出,意在建构"宗

---

① 乌丙安:《中国民俗学》,辽宁大学出版社 1985 年版;乌丙安:《"俗信":支配中国民俗生活的基本观念》,周星主编:《民俗学的历史、理论与方法（上册）》,商务印书馆 2008 年版,第 156—167 页。
② 刘德龙、张廷兴、叶涛:《论俗信》,《民俗研究》2001 年第 2 期。
③ 中国非物质文化遗产网 http://www.ihchina.cn/inc/guohiamingluer.jsp。
④ 王铭铭:《象征与仪式的文化理解》,王铭铭:《社会人类学与中国研究》,广西师范大学出版社 2005 年版,第 132—164 页;丁仁杰:《当代汉人民众宗教研究:论述、认同与社会再生产》,联经出版事业股份有限公司 2009 年版,第 52—60 页;〔德〕柯若朴（Philip Clart）:"The Concept of 'Popular Religion' in the Study of Chinese Religions: Retrospect and Prospects",魏思齐（Zbigniew Wesołowski）编辑:《辅仁大学第四届汉学国际研讨会——中国宗教研究:现况与展望》论文集/The Forth Fu Jen University International Sinological Symposium: Research on Religions in China: Status quo and Perspectives; Symposium Papers》,（台北）辅仁大学出版社 2007 年版,第 166—203 页。
⑤ 马西沙、韩秉方:《中国民间宗教史》,上海人民出版社 1992 年版。

教民俗学"。① 宫家准的《日本的民俗宗教》对这一概念进行了完善和延伸。② 渡边欣雄的《汉族的民俗宗教：社会人类学的研究》则援引"民俗宗教"来分析中国汉人宗教实践。③ 该术语既强调民间信仰的宗教性，又明确指出民间信仰的民俗性，周星在《祖先崇拜与民俗宗教——和学界四位朋友对话：心得与点评》一文也特别强调了这一概念的可适用性。④

（5）民生宗教

由余欣在《神道人心：唐宋之际敦煌民生宗教社会史研究》一书中提出，主要强调民间信仰的日常面向和宗教实践。⑤ 作为历史学学者的余欣受"民间信仰"字面意思的影响，将民间信仰定位为一种意识形态的精神崇拜（belief），认为民间信仰不包括宗教实践，故而提出了"民生宗教"这个概念以示区别。事实上，"民生宗教"与本报告所要讨论的"民间信仰"在内涵上是一致的。刘道超的《筑梦民生：中国民间信仰新思维》尽管使用"民间信仰"的指称术语，但是也明显受到余欣"民生宗教"概念的影响。⑥

（6）通俗信仰

由李添春在《台湾省通志稿》中使用，内容包含民间信仰和民间教派。⑦ 蒲慕州在《追寻一己之福：中国古代的信仰世界》中也使用了该术语，作为"民间信仰"的同义词。⑧

（7）普化宗教（"扩散性宗教"或"弥漫性宗教"）

以李亦园为代表，作为杨庆堃在《中国社会中的宗教》中使用的"diffused religion"概念的对译。但是，范丽珠等学者翻译该书时并没有使用"普化宗教"的译

---

① 陶思炎、〔日〕铃木岩弓：《中日民间信仰研究的历史回顾》，《民间文学论坛》1997年第4期；〔日〕宫家准：《日本的民俗宗教》，南京大学出版社2008年版，第6—7页；〔日〕阿部朋恒：《日本民间信仰研究回顾——从反思二分法的视角来看》，金泽、陈进国主编：《宗教人类学》第四辑，社会科学文献出版社2013年版，第363页。

② 〔日〕宫家准：《民俗宗教へのいざない》，庆应义塾大学出版会，1990年3月；〔日〕宫家准：《日本の民俗宗教》，讲谈社1994年版。中译本见〔日〕宫家准：《日本的民俗宗教》，赵仲明译，南京大学出版社2008年版。

③ 〔日〕渡边欣雄：《汉民族の宗教——社会人类学的研究》，第一书房，1991年5月。中译本见〔日〕渡边欣雄：《汉族的民俗宗教：社会人类学的研究》，周星译，天津人民出版社1998年版。

④ 周星：《祖先崇拜与民俗宗教——和学界四位朋友对话：心得与点评》，见金泽、陈进国主编：《宗教人类学》第一辑，民族出版社2009年版，第246—254页。

⑤ 余欣：《神道人心：唐宋之际敦煌民生宗教社会史研究》，中华书局2006年版。

⑥ 刘道超：《筑梦民生：中国民间信仰新思维》，人民出版社2011年版。

⑦ 李添春：《台湾省通志稿》卷二《人民志·宗教篇》，台湾省文献委员会编纂组1956年版，第189页。

⑧ 蒲慕州：《追寻一己之福：中国古代的信仰世界》，上海古籍出版社2007年版，第9—16页。

法,而是翻译为"分散性宗教"。① 受到欧大年"散开性宗教"与瞿海源"扩散性"翻译的启发,范丽珠与陈纳重新修订了自己的翻译,主张译为"弥漫性"较为恰当。②

(8) 宗法性传统宗教

由牟钟鉴提出,该概念立足于中国传统的国家民族宗教发展史,带有传统的政教色彩。③

(9) 民众祠神信仰

皮庆生在《宋代民众祠神信仰研究》中对宋代的祠神信仰进行研究时,④为了避免不必要的争议,他参考程民生的"神祠宗教"和"祠神文化"与蒋竹山的"祠神信仰"而提出这一术语。⑤ 类似的概念还有甘满堂在《村庙与社区公共生活》使用的"村庙信仰"。⑥

(10) 其他相关概念

陈进国首先提出"中华教"用来表述以传统儒教的价值资源和人文精神进行主体建构的各种传统信仰形态。之后,他在另一篇文章中以比较宗教学的视角提出用"中华教"来建构民族—国家语境下更具有文化整体意义的中国民间信仰版块,拓展和完善了"中华教"的概念内涵。⑦ 刘道超效仿人为宗教根据最高崇拜对象命名的模式,把民间信仰称为"社祖教",以孔孟为代表的儒家学说为教义,将社稷神和祖先神视为"社祖教"的核心,并提出了"筑梦民生"的理论。⑧ 这一概念既受到余欣"民生宗教"的影响,也与牟钟鉴的"宗法性传统宗教"内涵十分相似。石奕龙借用阿兰·艾略特(Alan J. A. Elliott)的"拜神教"(shenism),创造出"神仙教"(shenxianism)这一概念,用以指称中国文化中上层精英与下层民众以神仙崇拜为核心的共同信仰行为。⑨

---

① Ching Kun Yang, *Religion in Chinese Society: A Study of Contemporary Social Functions of Religion and Some of Their Historical Factors*, University of California Press, 1961. 中译本见〔美〕杨庆堃:《中国社会中的宗教:宗教的现代社会功能与其历史因素之研究》,范丽珠等译,上海人民出版社2007年版。
② 范丽珠、陈纳:《在跨文化的诠释中确立典范——杨庆堃关于中国弥漫性宗教概念的意义》,《世界宗教文化》2010年第3期。
③ 牟钟鉴:《中国宗法性传统宗教试探》,《世界宗教研究》1990年第1期。
④ 皮庆生:《宋代民众祠神信仰研究》,上海古籍出版社2008年版。
⑤ 程民生:《神人同居的世界:中国人与中国祠神文化》,河南人民出版社1993年版;蒋竹山:《宋至清代的国家与祠神信仰研究的回顾与讨论》,《新史学》八卷二期,1997年,第187—219页。
⑥ 甘满堂:《村庙与社区公共生活》,社会科学文献出版社2007年版。
⑦ 陈进国:《中华教:当代儒教的三种实践形态》,载陈明、朱汉民主编:《原道》第十六辑,首都师范大学出版社2010年版,第20—22页;陈进国:《民俗学抑或人类学?——中国大陆民间信仰研究的学术取向》,金泽、陈进国主编:《宗教人类学》第一辑,民族出版社2009年版,第389—393页。
⑧ 刘道超:《信仰与秩序:广西客家民间信仰研究》,广西师范大学出版社2009年版;刘道超:《筑梦民生:中国民间信仰新思维》,人民出版社2011年版。
⑨ 石奕龙:《中国汉人自发的宗教实践——神仙教》,《中南民族大学学报》(人文社会科学版)2008年第3期。

根据柯若朴、孙英刚、丁仁杰与余欣等学者的论述,①海外学者在术语使用问题上同样是五花八门,用于指称或对译中文的"民间信仰"或者"中国民间信仰/宗教"的概念术语有 folk religion, folk belief, popular religion, popular cult, lay religion, diffused religion, lived religion, shenism 以及 local religion。

从概念用语的繁杂中不难看出,学界对中国民众的宗教信仰与实践活动存在着不同的定位标准和分类观念。同时,不同语境(尤其是学科差异和语言转译)下,不同的词汇选择也会造成概念在内涵上存在各自的侧重,表现出使用者对"民间信仰"这一研究对象所持的不同学术立场。然而无论概念有多繁杂,无论学者选择哪一名词来指称,他们讨论的具体范畴大致包括民众的宗教思想、信仰和仪式实践活动。因此,本课题组仍然选择"民间信仰"这一受到广泛采纳的概念来指称民众的信仰与仪式行为。根据钟敬文主编的《民俗学概论》,"民间信仰"(也称为"民俗信仰")即"在长期的历史发展过程中,在民众中自发产生的一套神灵崇拜观念、行为习惯和相应的仪式制度","它的内容主要包括灵魂、自然神、图腾、生育神、祖先神、行业神等"。②

本报告在回顾一个世纪以来民间信仰在中国社会中的遭际与生存状态的基础上,着重梳理 2012 年国家对民间信仰的政策管理和"俗信"类非物质文化遗产的保护,以及学术界对于民间信仰的研究进展情况,以揭示民间信仰在中国现代化进程中与主流意识形态不断互动和自我调适的过程,并探讨民间信仰在当代语境下所面临的一些现实问题及未来发展走向。

一、历史回顾:近代以来中国社会中的民间信仰

关于中国民众宗教信仰活动的评述,尤其是民间信仰的研究与定位,自明末清初的中西方礼仪之争以来就已经拉开了序幕,及至晚清的定孔教为国教,将中

---

① 详见〔德〕柯若朴(Philip Clart):"The Concept of 'Popular Religion' in the Study of Chinese Religions: Retrospect and Prospects",魏思齐(Zbigniew Wesołowski)编辑:《辅仁大学第四届汉学国际研讨会——"中国宗教研究:现况与展望"论文集/The Forth Fu Jen University International Sinological Symposium: Research on Religions in China: Status quo and Perspectives: Symposium Papers》,(台北)辅仁大学出版社 2007 年版,第 166—203 页;Philip Clart, "Chinese Pupular Religion", see in The Wiley-Blackwell Companion to Chinese Religions, edited by Randall L. Nadeau, Blackwell Publishing Ltd., 2012: pp.219—221;孙英刚:《西方范式与中国学研究:以"民间宗教"的历史学反省为例》,《中国学》第二辑,上海人民出版社 2012 年版,第 86—106 页;丁仁杰:《当代汉人民众宗教研究:论述、认同与社会再生产》,联经出版事业股份有限公司 2009 年版,第 52—60 页;余欣:《神道人心:唐宋之际敦煌民生宗教社会史研究》,中华书局 2006 年版,第 5—26 页。

② 除此之外,还有《辞海》和《平凡社大百科事典》等权威工具书目对"民间信仰"下过定义,其他学者根据各自的指称概念描述过"民间信仰"的内涵。大致上,这些观点与《民俗学概论》所持的立场相近,故不赘述。钟敬文主编:《民俗学概论》,上海文艺出版社 1998 年版,第 187 页;平凡社编:《平凡社大百科事典》第十四册,平凡社 1985 年版,第 558 页;辞海编辑委员会编:《辞海》,上海辞书出版社 1989 年版,第 5120 页。

国宗教问题的争议推到了顶峰。从"清末新政"的"废庙兴学"、民国"风俗改革运动"与"反封建、反迷信"运动、新中国成立后的"破四旧"到当代的"非物质文化遗产"运动,"民间信仰"作为"核心议题"不断地被解读和阐释,也不断被中西方学者和官员们在现实问题研究与政策制定过程中使用。在这几百年历史中,无论是政策制定还是学术研究领域,中国民众的信仰描述始终都在"迷信(superstition)、宗教(religion)以及文化之间徘徊、游弋"①。

(一) 19 世纪末"宗教""迷信"概念入华与 20 世纪初的反迷信运动

学术界对"宗教"与"迷信"概念译介入华的讨论,成果非常丰富,如陈熙远的《"宗教"——一个中国近代文化史上的关键词》、孙江的《翻译宗教——1893 年芝加哥万国宗教大会》与《在中国发现宗教——日本关于中国民间信仰结社的研究》、陈怀宇的《近代传教士论中国宗教》②、路遥主编的《中国民间信仰研究述评》③。关于 20 世纪初期的反迷信运动,也有杜赞奇(Prasenjit Duara)的《从民族国家拯救历史》④、沈洁的《"反迷信"话语及其现代起源》⑤、陈玉芳的《"迷信"观念于清末民初之变迁》⑥,以及宋红娟的《"迷信"概念在中国现代早期的发生学研究》⑦。此外,高万桑(Vincent Goossaert)的《近代中国的国家与宗教:宗教政策与学术典范》⑧以及与宗树人(David A. Palmer)合著的《现代中国的宗教问题》⑨,都对中国近现代的国家宗教发展历史与国家宗教政策转变过程进行了梳理。故而,笔者将综合上述学者的研究成果,对 19 世纪末至 20 世纪初中、西方知识分子引介与翻译"民间信仰",对该概念进行学术建构与价值定位的过程进行简要的回顾。

---

① Vincent Goossaert & David A. Palmer, *The Religious Question In Modern China*, The University of Chicago Press, 2011; Rebecca Allyn Nedostup, "Religion, Superstition and Governing Society in Nationalist China", Ph. D. dissertation, Columbia University, 2001; D. L. Overmyer, From "*Feudal Superstition*" *to* "*Popular Beliefs*": *New Directions in Mainland Chinese Studies of Chinese Popular Religion*. In Cahiers d'Extrême-Asie, Vol.12, 2001. pp.103—126;岳永逸:《家中过会:生活之流中的民众信仰》,《开放时代》2008 年第 1 期;陈进国:《传统复兴与信仰自觉——中国民间信仰的新世纪观察》,载金泽、邱永辉主编:《中国宗教报告(2010)》,社会科学文献出版社 2010 年版,第 178 页;吴真:《从封建迷信到非物质文化遗产:民间信仰的合法性历程》,载金泽、邱永辉主编:《中国宗教报告(2009)》,社会科学文献出版社 2009 年版,第 161—180 页。
② 陈怀宇:《近代传教士论中国宗教——以慕维廉〈五教通考〉为中心》,上海人民出版社 2012 年版。
③ 路遥主编:《中国民间信仰研究述评》,上海人民出版社 2012 年 2 月版。
④ 〔美〕杜赞奇:《从民族国家拯救历史:民族主义话语与中国现代史研究》,王宪明等译,江苏人民出版社 2008 年版,第 85—112 页。
⑤ 沈洁:《"反迷信"话语及其现代起源》,《史林》2006 年第 2 期。
⑥ 陈玉芳:《"迷信"观念于清末民初之变迁》,《东亚观念史集刊》2012 年第 2 期,第 383—402 页。
⑦ 宋红娟:《"迷信"概念在中国现代早期的发生学研究》,《北京大学研究生学志》2008 年第 4 期。
⑧ 〔法〕高万桑:《近代中国的国家与宗教:宗教政策与学术典范》,黄郁琁译,《"中央"研究院近代史研究所集刊》2006 年第 54 期,第 169—209 页。
⑨ Vincent Goossaert & David A. Palmer. *The Religious Question in Modern China*. The University of Chicago Press, 2011.

在古代社会中，中国文化中并没有专门的词汇来指称民众的宗教信仰与活动，只是根据礼法制度将不同的神灵信仰进行"正祀"与"淫祀"的区分，并将符合朝廷意识形态的民间崇祀纳入不同层次的祀典之中，在一般的地方志中多在"寺庙""宫观"之后另列"祠神/祠祀"（"神祠"）一类收录当地的民间信仰场所及其崇拜活动的基本概貌。

"中国有没有宗教"成为一个争议的问题，是从明末清初的中西方"礼仪之争"开始的。西方传教士与中国士绅阶层展开西方宗教（以耶稣会士利玛窦为代表）与中国民间宗教实践（尤其是中国的祖先崇拜和鬼神崇拜，但"祭孔"仪式不在此列）之间孰是孰非的争论。由于论争的焦点直指儒家文化，最终由康熙帝出面下旨驱逐西方传教士的对华传教结束论争，但也造成了罗马教廷与中国朝廷之间的紧张关系，对近代中国的太平天国运动和义和团运动影响甚深。① 在这一过程中，已经有中国知识分子译介了很多西文文献，尤其是《破迷》《破迷论》《烛俗迷篇》《醒迷篇》，已经有作为翻译概念的"迷信"之身影。② 值得强调的是，这一时期的"迷"在中国的语境中是指一切民众宗教实践的概括性指称，与西方的"宗教"概念是对举关系，属于中性词。据沈洁的研究，具有贬义色彩的"迷信"一词则是等到19世纪末，经日语转译进入到中国的本土词汇之中。

与此同时，"宗教"概念也不断被译介。在1893年的世界哥伦比亚博览会（"万国公会"）上，清廷的驻美参赞彭光誉即以儒教代表的身份赴会，阐述"孔子之教"，他将"religion"音译为"尔厘利景"，并且提出"明末欧罗巴人译为华文曰'教'者是也"。但是，他并未采纳前人的"教"之译法，而是使用音译法：这是因为一方面是没有其他合适的汉语应对原文，另一方面他并不认同汉语"宗教"的概念内涵与西文一致。此后，宋恕的《六字课斋津谈·宗教类》与黄遵宪的《日本国志》出版，多次使用"宗教"一词。③ 1902年，梁启超在《新民丛报》上发表了《论学术之势力左右世界》《保教非所以尊孔论》等文章，数次使用"迷信"一词，并将"宗教"与"迷信"并用，意指作为现实世界对立面的精神信仰世界，它有"正/迷信"之分，故而不提倡绝对化地否定宗教的意义。及至曾游学欧洲的康有为与梁启超二人

---

① 有关传教士在中西礼仪之争中对中国宗教的论述情况，可参见陈怀宇：《近代传教士论中国宗教——以慕维廉〈五教通考〉为中心》，上海人民出版社2012年版；赵世瑜：《寺庙宫观与明清中西文化冲突》，《狂欢与日常——明清以来的庙会与民间社会》，生活·读书·新知三联书店2002年版，第145—161页；路遥：《中国传统社会民间信仰之考察》，路遥主编：《中国民间信仰研究述评》，上海人民出版社2012年版，第22—40页。

② 〔加〕郑安德编：《明末清初耶稣会思想文献汇编》，北京大学宗教研究所，2003年。本文转引自路遥：《中国传统社会民间信仰之考察》，载路遥等：《中国民间信仰研究述评》，上海人民出版社2012年版，第23页。

③ （清）宋恕：《六字课斋津谈·宗教类第十》，《宋恕集》，中华书局1993年版，第75页；（清）黄遵宪：《日本国志》卷三十七，上海图书馆集成印书馆1898年版，第31、33页。

针对"孔教"各自进行倡议或辩驳时①,"宗教"一词才与西方的"religion"概念合而为一,"制度化"成为主要的判断标准。"宗教"与"迷信"分离,前者不再包含民间信仰。同时,这场讨论开始了关于"儒教是否为宗教"的旷日持久的讨论。

1903年3月,在《中外日报》上发表的一篇社论进一步提出"中国有没有宗教"的议题,同时就"宗教"与"风俗"的关系进行了考察,民间信仰因为不属于"宗教",因而更加边缘化。② 1904年12月31日,《东方杂志》转载《岭东日报》的《论疆臣之迷信神权》一文,标题中的"迷信"已经被释义为"实学不兴,崇尚虚诞,窒息民智,碍文明之进步"。③ 1905年4月,该报再发《论革除迷信鬼神之法》。④ 作为非理性化、愚昧、封建、专制的"迷信",被民族主义式政治话语彻底建构成一个负面的、消极的概念术语而被使用。与此同时,法国传教士禄是遒(Henri Doré)将自己所搜罗的大量中国民间习俗、信仰整理后于1912年以《中国迷信之研究》(Researches into Chinese Superstitions)⑤之名陆续刊行,引发了中、西方对中国儒释道以及民间信仰的全面批判。

经过新文化运动后,马克思主义"阶级革命"话语的强化,"封建"与"愚昧"成为"迷信"最直接的价值内涵,政治化的目的将"信仰"与"政权""阶级"紧紧地束缚在一起,已经不再是纯然的哲学概念。1918年,陈独秀在《新青年》上发表《偶像破坏论》,明确提出"一切宗教所尊重的崇拜的神佛仙鬼,都是无用的骗人的偶像,都应该破坏"。朱执信同时也撰文《神圣不可侵与偶像打破》,认为要破旧立新、改造社会。⑥ "打破偶像运动"还得到孙中山、胡汉民、蔡元培等人的支持。1924年,李幹忱编纂《破除迷信全书》,一一驳斥中国的风水面相、成佛成仙、民间信仰、妖祥邪说。⑦ 在这些革命言论的推动和宣传下,社会对"宗教"观念的全面排斥程度达到巅峰,知识分子普遍持极端的程度,更不用说"迷信"的民间信仰了。这既导致了民国时期军人与官员废毁祠庙、神像的行为,也为后来的共产主义信仰者和拥护者们所接受,并且用来改造民众的思维与实践。

---

① 康有为:《请尊孔圣为国教立教部教会以孔子纪年而废淫祀折》,转引自〔法〕施舟人:《道教在近代中国的变迁》,《中国文化基因库》,北京大学出版社2002年版,第151页;梁启超:《保教非所以尊孔论》,《梁启超全集》,北京出版社1999年版,第766页。
② 《论说乱世记往》,《中外日报》1903年3月5日。
③ 沈洁:《"反迷信"话语及其现代起源》,《史林》2006年第2期。
④ 《论革除迷信鬼神之法》,《中外日报》1905年4月9日。
⑤ 原书以法文写作,名为"Recherches Sur Les Superstitions En Chine",中译本在2009年由上海科学技术文献出版社刊行,题为《中国民间崇拜》(10卷)。但是,中译本书名在当下语境中容易让读者误解禄是遒的原意。
⑥ 具体的研究,可参考〔法〕施舟人:《道教在近代中国的变迁》,《中国文化基因库》,北京大学出版社2002年版,第153—155页。
⑦ 李幹忱编纂:《破除迷信全书》,(台北)台湾学生书局1989年影印本。

根据沈洁、高丙中、宋红娟等学者对"封建迷信"的观念史梳理,"迷信"(superstition)起初被不少西方传教士和学者们用于指称中国整体的宗教信仰活动,后来经中国学者们翻译介绍,有时候与"宗教"形成联合词组,两者没有内涵上的差异,"迷信"作为一个中性的词汇被使用。随着梁启超、康有为等人译介和讨论中国的宗教问题,"迷信"开始与"宗教"概念分离,尤其是梁启超将"迷信"与政治体制问题联系起来,并且与"科学"作为对立概念,为"封建迷信"概念的产生埋下伏笔。据冯天瑜《"封建"考论》[①]的研究,激进主义学者陈独秀在1915年左右推动"泛封建"观念,以"封建"指称中国传统文化和政治制度的落后属性,并且将封建制与君主专制等同起来。他还发起新文化运动,号召广大青年抨击和抵制封建制度和文化,儒家思想和传统文化都被视为"封建的""反动的""落后的"内容,与之关系密切的传统礼教、礼制、宗法与迷信等文化现象必然也受到极大的抨击。尽管这种"泛化封建论"没有被陈氏新文化运动战友们所采纳,但是这一尚未系统化的学说极大地促成了"封建迷信"最后的价值转换。此外,陈玉芳曾对1830—1930年间"迷信"一词的实用次数进行过统计和分析,大致上呈现出1902—1905年与1915—1921年两个高峰,与上述分析情况基本上是一致的。

也就是说,19世纪末至20世纪初,中国知识界基本已经完成了对上述概念的译介工作,对于"民间信仰"的定位和价值问题也进行了较为深入的讨论,使其从"宗教"的附属内容发展为独立的"迷信",并进一步获得"民间信仰"这一专有术语。这就注定了此后的"民间信仰"研究既会以"宗教"为参照系,相悖于理性的"科学"观念,也因为"迷信"被视为传统文化的愚昧部分,并且与"君权神授"的封建专制观念有密切关联,相悖于开放的"民主"观念,这两点理由最后导致了民间信仰的"污名化"。

(二)民国时期政府对于民间信仰的压制和打击

民国时期,由于受到新文化运动的启蒙主义和科学主义双重影响,北洋政府延续清朝廷对民间秘密宗教的高度不信任感,对其采取查禁政策。民间信仰与秘密宗教的关系往往非常密切,同样也受到一定的牵连和压制。1913年,内务部下令:"除有系统、有经典、有历史之宗教应加保护外,其他……招摇诱惑,秘密结社各种邪教、巫教,当予查禁。"[②]从这一政令可知,政府以制度化与历史性作为宗教的判断标准,将民间宗教实践和新兴宗教都排除在外。

---

① 冯天瑜:《"封建"考论》,武汉大学出版社2006年版,第208—233页。
② 转引自马莉:《现代性视阈下民国政府宗教政策研究》,中国社会科学出版社2010年版,第208页。

国民政府还推行风俗改良运动①与新生活运动②来反迷信:前者将民间信仰视为"迷信",认为它是应被改造的民间风俗习惯;后者由蒋介石发起,将民族主义与传统的儒家文化糅合在一起,希望重塑国民的日常生活和道德规范,其中也隐含了以基督教信仰取代"迷信"的倾向。1928 年 8 月,国民党中央秘书处转抄国民党浙江省党务指导委员会常务委员呈请国民党部取缔寺庙药笺,以破除迷信活动。③1930 年 2 月至 4 月间,国民政府相继颁布《国民政府关于暂缓办理〈取缔经营迷信物品办法〉的有关文件》以及《取缔经营迷信物品办法》④,对贩卖供鬼神所用的锡箔、纸炮、冥镪、纸钱、黄表、符箓、文疏、纸马像生及一切冥器的迷信物品经营户进行限时改业的政策管理,违期将由公安局严行勒令停止。1930 年 4 月 30 日,国民党中央执行委员会秘书处奉发《神祠存废标准》致各级党部函⑤,对民间信仰进行了重新分类,并且援引战国以来的辟淫祀事例来增加该政令的"传统性"。对此,施舟人与杜赞奇都曾做过详细的论述。从政令的名称和内容上看,它显然带有传统儒家的礼教色彩,遵从了古代祀典的崇祀原则,有封建时期宗教政策的影子。多数民间信仰因为不符合条件,被归类成"淫祠",因而遭到取缔禁绝。但是,政令制定者也承认该法令尚有遗漏之处,故而希望地方在实践中对法令提供修改意见,这就为保护一些民间信仰提供了法律的弹性空间。实际上,政府只能将一些民间信仰场所拆毁,加之时局紧张,社会矛盾丛生,地方对中央政策阳奉阴违,这一政策一开始得到了部分地区政府的贯彻,但是很快就不了了之了,民众也很容易重新恢复他们的崇拜活动。1932 年,内政府拟定《废除卜筮星相巫觋堪舆办法》⑥,强制相关从业者改营他业,老弱残废者收入地方救济院。而且,根据高万桑、马莉等人的研究,国民政府对民间结社、救赎社团等民间宗教组织实施了非常严格的管理,政策紧缩。一方面,在理教等救赎社团因为热心于社会慈善事业,得

---

① 潘淑华:《"建构"政权,"解构"迷信?——1929 年至 1930 年广州市风俗改革委员会的个案研究》,郑振满、陈春声主编:《民间信仰与社会空间》,福建人民出版社 2005 年版,第 108—122 页;朱爱东:《民国时期的反迷信运动与民间信仰空间——以粤西地区为例》,《文化遗产》2013 年第 2 期。
② 〔美〕杜赞奇:《从民族国家拯救历史:民族主义话语与中国现代史研究》,王宪明等译,江苏人民出版社 2008 年版,第 109 页。
③ 《国民党中央秘书处抄转浙江省富阳县党部呈请取缔寺庙药笺迷信活动函》(1928 年 8 月 8 日),中国第二历史档案馆编:《中华民国史档案资料汇编》(第五辑第一编·文化),江苏古籍出版社 1994 年版,第 490—491 页。
④ 《国民政府关于暂缓办理〈取缔经营迷信物品办法〉的有关文件》(1930 年 2 月 28 日),《取缔经营迷信物品办法》(1930 年 3 月 19 日),中国第二历史档案馆编:《中华民国史档案资料汇编》(第五辑第一编·文化),江苏古籍出版社 1994 年版,第 492—493 页。
⑤ 《神祠存废标准》(1930 年 4 月 30 日),中国第二历史档案馆编:《中华民国史档案资料汇编》(第五辑第一编·文化),江苏古籍出版社 1994 年版,第 495—506 页。
⑥ 《内政部拟定之〈废除卜筮星相巫觋堪舆办法〉》(1932 年),中国第二历史档案馆编:《中华民国史档案资料汇编》(第五辑第一编·文化),江苏古籍出版社 1994 年版,第 514 页。

到大量的政府官员认同,曾被国民政府当作合法的宗教救赎社团被允许公开传教活动。另一方面,同善社、悟道社、道院等因"设坛开乩,谣言惑众",被当作"迷信机关"遭到查禁①。国民政府对民间宗教这种既利用又打压的态度,同样也影响到了国民政府对民间信仰的管理态度。

与此同时,文化界延续了新文化运动的思潮,掀起了"科学与人生观"②之争,科学派人多势众,加之玄学派对科学的认知不足,因此"科学"在这一场论争中取得了绝对性胜利。民间信仰作为"玄学""宇宙观"和"人生观"的重要组成部分,自然也就被视为封建、保守和迷信的文化现象而被抨击了。

值得注意的是,虽然民间信仰在民国期间表面上基本被污名化为"封建迷信",成为了需要被查禁或者改良的风俗,③实际上知识界对"民间信仰"的研究并没有形成一个成熟和系统的概念体系,也没有解决"民间信仰"的定位问题。根据江绍原的《新旧思想家对于"破除迷信运动"的批评》一文,无论新旧思想家都对这种一面倒式的破除迷信运动存有异议:新思想家"不赞成称迷信为迷信:'凡属宗教的仪式都是有背景的,都有发生的因缘,不是随便用迷信二字来贬薄它就算完事了'"。旧思想家不赞成的理由是"虽文明诸国不废也。乃今之谈者,申人而诎己。于人之迷信,而美之曰信仰。于己之信仰,而诋之曰迷信……抑扬出之,果何意哉,果何意哉"。尽管江绍原坚持自己"破除迷信"的立场,但通过他引述的这两派不同意见,我们可以看到当时中国社会对于民间信仰的态度并不与官方和主流意识形态完全一致。

(三) 1949—1978 年社会主义时期的反"封建迷信"运动

缔造新中国的第一代领导人毛泽东主席因受到列宁著作中的广义"封建"概念与马克思主义无神论的影响,从 1926 年开始便经常使用"封建"一词来概括中国传统社会。此后他多次在自己的演讲、文章中提及或者论述自己的封建社会观。④ 在 1940 年 1 月出版的《新民主主义论》中,他使用唯物论与唯心论的二分法,将民间信仰("迷信")推向不可团结的文化一面,提出"建立反帝反封建反迷信的统一战线"。毛泽东主席对于民间信仰文化的"封建迷信"定位,毫无疑问地影响到日后新中国政权对传统民间信仰的价值评估。及至 20 世纪 50 年代,这种"泛封建论"已经非常普及,"封建迷信"也彻底成为一个贬义的词汇。

---

① 《内政部关于查禁道院及悟善社等迷信机关致国民政府秘书处复函》(1928 年 10 月 9 日),中国第二历史档案馆编:《中华民国史档案资料汇编》(第五辑第一编·文化),江苏古籍出版社 1994 年版,第 491—492 页。

② 张君劢等著:《科学与人生观》,黄山书社 2008 年版。

③ 这既影响了宗教神职人员与经营迷信物品的商家,也影响了其他行业的社会活动(很多被认为是"迷信"的传统戏曲剧目就被禁演)。

④ 冯天瑜:《"封建"考论》,武汉大学出版社 2006 年版,第 289—297 页。

何虎生、陈勤建与毛巧晖、张祝平等学者曾对20世纪50年代以来的民间信仰与国家政策做了系统的梳理。正如他们在文章中陈述的那样,这一阶段主要以马克思主义宗教观为意识形态的经纬,国家宗教政策常常发生大幅度的波动和急转直下的改变。①

在新中国建立初期,国家根据1949年《中国人民政治协商会议共同纲领》和1954年《中华人民共和国宪法》,确立了公民的宗教信仰自由权力,仅对危害社会秩序的一贯道等反动会道门进行取缔和解散。例如一九五〇年十月十九日刘少奇在《关于开展反对一贯道活动给西北局的信》中就明确指出"对人民个人纯粹迷信行为,政府不加干涉"。② 相对而言,建国初期政府对民间信仰的国家政策是比较宽松的。由于一直以来的马克思主义意识形态影响,民间信仰始终被视为"封建迷信""宗教鸦片"而被当作新时期政府工作中的"落后事务",遭到政府部门的忽视。不仅如此,根据邵雍的会道门研究与杜博思(Thomas David DuBois)的民族志研究,在1950—1953年间,即便"宗教信仰自由"受到宪法的承认与保护,一贯道等秘密结社与秘密宗教组织由于被认为长期欺骗民众,并且与国民政府往来甚密,负责镇压过很多爱国工人运动,因被地方宗教管理机构视为"反动会道门"组织而被取缔与禁绝。③

由于国家政治形势的急剧变化,受到宪法保护的稳健宗教政策很快因为"文化大革命"受到极大的冲击,最终导致了民间信仰遭受有史以来最大的破坏。在反右斗争、大跃进与文化大革命运动早期,国家对民众日常生活强势介入,推行了大量移风易俗的文化政策与土地所有权调整的管理政策,民间信仰崇拜场所受到强烈冲击与破坏,民众的家庭日常信仰与公共仪式活动也遭到打压。此外,从Martin K. Whyte 与 Jonathan Carl Jackson 对新中国的丧葬礼仪研究中我们还能明确一点:传统的婚嫁、丧葬等人生仪礼都被重新改造,贯穿其中的民间信仰内容被尽可能地掩饰和剔除,这也深刻影响了现当代中国民众的生死观。④

---

① 本部分内容主要参考何虎生:《中国共产党的宗教政策研究》,宗教文化出版社2004年版,第141—143页;陈勤建、毛巧晖:《民间信仰:世纪回顾与反思》,《华东师范大学学报》(哲学社会科学版)2012年第3期;张祝平:《民间信仰60年嬗变:从断裂到弥合》,《福建论坛》(人文社会科学版)2009年第11期。

② 刘少奇:《关于开展反对一贯道活动给西北局的信》(一九五〇年十月十九日),《党的文献》1996年第4期。

③ 邵雍:《中国会道门》,上海人民出版社1997年版;邵雍:《中国近代会道门史》,合肥工业大学出版社2010年版;Thomas David DuBois, *The Sacred Village*: *Social Change and Religious Life in Rural North China*. University of Hawaii Press, 2004.

④ Martin K. Whyte, "Death in the People's Republic of China". In James L. Watson & Evelyn S. Rawski eds., *Death Ritual in Late Imperial and Modern China*, University of California Press, 1988, pp.289—316; Jonathan Carl Jackson, "Reforming the Dead: The Intersection of Socialist Merit and Agnatic Descent in a Chinese Funeral Home". Ph.D. dissertation, University of California, Los Angeles, 2008.

到了20世纪60年代,政府更加坚定不移地贯彻马克思有关"宗教是人民的鸦片"的思想,并将其视为处理宗教事务的金科玉律。1966年8月,陈伯达等人在中共八届十一中全会扩大会议上批判宗教工作部门"执行投降主义、修正主义路线",是"牛鬼蛇神的庇护所、保护伞"。民间信仰作为"封建迷信"内容也就成为了"破四旧"的对象而遭到打击,宗教从业人员和信徒们被批斗。大量的庙宇被拆除和损毁,民众只能偷偷祭祀神灵,无法再公开地、大规模地举行信仰活动。

(四) 1978—2000年民间信仰学术价值和文化价值的重新发现

1978年12月18日至22日,中国共产党第十一届中央委员会第三次全体会议在北京举行。这次会议在党的历史上是具有深远意义的伟大转折,它开启了改革开放的序幕,并且进一步在宗教文化界开展拨乱反正的主动工作。

1979年6月15日,邓小平在全国政协五届二次会议开幕词中明确指出"各民族的不同宗教的爱国人士有了很大的进步",并且明确否定"文化大革命"对宗教界人士的不公正待遇,重新正确估计新时期的宗教界发展状况。1980年8月26日,邓小平与班禅额尔德尼·确吉坚赞会面时再次强调"对于宗教,不能用行政命令办法;但宗教方面也不能搞狂热,否则同社会主义、同人民的利益相违背"。① 同时,在十二届一中全会上当选为中央政治局委员、中央书记处书记的习仲勋,在新时期里一直主管党的统一战线等重要工作。他在80年代初期提出新时期宗教工作的首要任务在于克服"左"的思想和右的倾向。1985年4月,习仲勋在中央统战部召开的"落实宗教政策座谈会"上作了《一定要抓紧落实党的宗教政策》这一重要讲话,指出落实党的宗教政策"是一个重要的、政治性很强的问题",并且将落实党的宗教政策路线视为新时期发展党的爱国统一战线工作的重要方面。② 邓小平与习仲勋等第二代领导人对宗教工作所持的开放态度,对国家宗教政策的拨乱反正具有非常重要的积极指导意义,为民间重新恢复民间信仰等传统文化习俗提供了有力的话语空间。

1979年7月6日,全国人民代表大会常务委员会公布《中华人民共和国刑法》,其中第九十九条、第一百六十五条与"封建迷信"直接相关,"组织、利用封建迷信、会道门进行反革命活动""神汉、巫婆借迷信进行造谣、诈骗财物活动"的当事人都将被追究刑事责任。这份法律文件的重要性在于,它一方面反映了国家对民间信仰与会道门、谣言结合的警惕,对其严重社会危害性的控制,另一方面也反映了国家对非反动性质的民间信仰实践的默认。实际上,该法律反映的问题是自

---

① 龚学增:《邓小平理论与中国社会主义初级阶段的宗教问题——为纪念中共十一届三中全会20周年而作》,《世界宗教研究》1998年第4期。
② 濮灵:《试论习仲勋对新时期宗教工作的贡献》,《宁夏大学学报》(人文社会科学版)2012年第2期;李文珊、陈轶鸥:《习仲勋宗教工作策略思想析论》,《西北民族研究》2009年第1期。

清代以来不同时期政府都很坚持的一条宗教管理原则,其根源在于民间信仰与民间秘密宗教结社关系过于密切,往往容易变成别有用心的人士煽动民众反抗政府的文化肌理(典型的案例分析有:孔飞力的"叫魂"、陈蕴茜的"中山陵摄魂风波"、李若建的"仙水神药事件")。① 到 90 年代以后,这一态度再次被调整,最终形成了新中国的"邪教"分类观念。

1982 年 3 月,中共中央下达了《关于我国社会主义时期宗教问题的基本观点和基本政策》文件(简称为"19 号文件"),这既是党的宗教问题基本观点的一个修订版,也是具体政策和法规的一个大纲。文件谈到在社会主义中国,虽然"宗教存在的阶级根源已经基本消失"。但是由于人们意识的发展总是落后于社会存在,旧的思维方式会继续存在,因此宗教仍然会继续存在并且发挥它的功能。该文件是对习仲勋有关宗教工作指导思想的贯彻与落实,彻底反思了"文化大革命"期间对马克思主义宗教观的教条化理解,消除了国家政府部门长时期对马克思"宗教是人民的鸦片"这一宗教观念的片面认识,将宗教视为社会主义事业积极的推动力量。事实上,这种实事求是的开放态度,非常有利于正确认识和处理好社会主义时期的宗教问题,重新调动宗教方面的社会主义积极性,客观上也推动了民间信仰在新时期的全方位复兴。

江泽民于 1991 年和 1992 年两次邀请五大宗教领袖到中南海讨论这些事务,并且强调"宗教与社会主义社会相适应"的重要性,这为民间信仰和其他宗教活动争取了合法的发展空间。1994 年,我国政府部门颁布《宗教活动场所管理制度》,对民众的信仰活动场所进行登记管理。这就意味着,民间信仰如果要继续发展并获得合法地位,就必须通过一定的形式到宗教部门进行登记注册,方能得到政府部门的认可和保护。在这一时期,某些气功运动与邪教组织相结合,造成极为恶劣的社会影响,因而遭到政府部门的取缔和打击,②并且被列入了"邪教"名单。③这一特殊的宗教发展状况也影响到了政府部门对民间信仰的重新认定和开放程度。

学术界也重新展开民间信仰的调查与研究,对其文化价值重新定位。一方面,宗教学历史学的学者们以"眼光向下"的姿态开始对民间信仰进行研究,但是一般使用"民间宗教"这一概念来替代传统的"秘密宗教""秘密结社"以及"会道

---

① 〔美〕孔飞力:《叫魂:1768 年中国妖术大恐慌》,陈兼、刘昶译,生活·读书·新知三联书店 2012 年版;陈蕴茜:《崇拜与记忆:孙中山符号的建构与传统》,南京大学出版社 2009 年版,第 554—555 页;李若建:《虚实之间:20 世纪 50 年代中国大陆谣言研究》,社会科学文献出版社 2011 年版,第 119—164 页。

② Vincent Goossaert & David A. Palmer, *The Religious Question In Modern China*, The University of Chicago Press, 2011, pp. 336—342.

③ 《邪教面面观·邪教组织介绍》,http://xh.cnfxj.org/Html/xiejiaocn/2013-2/9/094601581.html。

门"研究。① 作为"民间"的一种文化,其内在的社会和文化价值被学者们广泛肯定。另一方面,民俗学学科重新得到恢复,也较为敏锐地感知到这一学术热点,尤其是乌丙安、陶思炎与刘德龙、张廷兴、叶涛几位学者能够站在民俗学的立场,对这一议题,首先打破对民间信仰全面批判的气氛,较快做出反思性研究。考虑到民间信仰作为宗教的敏感性和政治性,民俗学者们提出了"民间俗信(信俗)"的学术概念,②把民间信仰纳入民俗文化之中进行讨论,也就是吴真所言的"去宗教化"③或者陈纬华提及的"民间信仰的文化化"④。

与此同时,一方面不少地区开始重建庙宇,通过观光化和节日化的市场运作手段来吸引游客,形成"信仰搭台、经济唱戏"的地方经济发展模式,并且出现了不少具有跨区域影响力的民间信仰庙宇或者文化旅游胜地,比如湄洲岛妈祖祖庙与曲阜孔庙。⑤ 民间信仰被地方政府当作一种"文化遗产"或者"旅游资源"进行重新包装。另一方面,这些具有历史感召力和民族凝聚力的民间信仰被国家视为一种新的文化象征符号加以重视,从政策上支持重建庙宇、举行仪式活动。换言之,这种将民间信仰市场化和符号化的模式,可以视为民间信仰在该时期的"文化资本"定位。

与内地 80 年代以前的民间信仰发展状况成鲜明对照的,是台湾地区对民间信仰的再界定与相关政策的实施。20 世纪 60 年代以来,台湾社会对民间信仰的认知经历了"神权迷信""民俗文化""文化瑰宝"的三大阶段,宗教管理政策也由"查禁""改善"转变为"发扬"。⑥ 20 世纪 80 年代以降的内地民间信仰发展,也经历了与台湾地区民间信仰类似的阶段。同时,台湾地区对民间信仰的保存与寻根(尤其是妈祖信仰最为典型),客观上也推动了内地民间信仰的重振。

---

① 较为典型的是马西沙、韩秉方的"民间宗教史"研究。可参考马西沙、韩秉方:《中国民间宗教史》,中国社会科学出版社 2004 年版。
② 陶思炎、何燕生:《迷信与俗信》,《开放时代》1998 年第 3 期;陶思炎:《迷信、俗信与移风易俗——一个应用民俗学的持久课题》,《民俗研究》1999 年第 3 期;刘德龙、张廷兴、叶涛:《论俗信》,《民俗研究》2001 年第 2 期;乌丙安:《"俗信":支配中国民俗生活的基本观念》,周星主编:《民俗学的历史、理论与方法》(上册),商务印书馆 2008 年版,第 156—167 页。
③ 吴真:《从封建迷信到非物质文化遗产:民间信仰的合法性历程》,金泽、邱永辉主编:《中国宗教报告(2009)》,社会科学文献出版社 2009 年版,第 164—166 页。
④ 陈纬华:《灵力经济:一个分析民间信仰活动的新视角》,《台湾社会研究季刊》第六十九期,2008 年 3 月,第 64—66 页。
⑤ 陈进国:《传统复兴与信仰自觉——中国民间信仰的新世纪观察》,金泽、邱永辉主编:《中国宗教报告(2010)》,社会科学文献出版社 2010 年版,第 160—162 页;王霄冰:《国家祀典类遗产的当代传承——以中日韩近代以来的祭孔实践为例》,《山东社会科学》2012 年第 5 期。
⑥ 周星:《民间信仰与文化遗产》,《文化遗产》2013 年第 2 期。

二、新世纪以来的非物质文化遗产保护运动与民间信仰的全方位复活

新世纪以来,经过了各方面的诸多努力,我国国家宗教政策对民间信仰正逐步开放,而且开始推进非物质文化遗产保护工作的展开。同时,学者对民间信仰的研究由过去以梳理文献为主的静态研究,转向了与现实结合更加紧密的当下动态研究。在非物质文化遗产视角下,民间信仰的文化价值得到了学者的重新评估。

(一)国家政策的进一步开放与非物质遗产保护运动

经过多年来的政策实践和学术讨论,21世纪以来的民间信仰活动得到了更为充分和迅速的发展。首先是国家宗教管理方面,政策制定进入了成熟阶段。地方政府根据当地的民间信仰发展现状,逐步形成了湖南模式、福建模式、浙江模式。[①]民间信仰一定程度上被视为独立的宗教文化现象,将其重新纳入政府部门的管理之下,赋予其宗教场所的合法性。2005年,国家宗教事务局设立业务四司负责民间信仰(此外还负责政策研究和新兴宗教)的管理。2007年7月24日,福建省云霄县民政局批准成立云霄县民间信仰协会,承认该社会团体的法人资格,接受云霄县民宗局的主管。[②] 这是我国首个独立于其他五大宗教协会而进行登记注册的民间信仰协会,它的成立在中国民间信仰发展史上无疑是一次重大的政策突破。

在全球化与现代化的语境下,民间信仰还获得了另一种寻求制度合法化的路径——"非物质文化遗产保护"。受到各级政府广泛重视与支持的"非物质文化遗产保护"同样给了民间信仰极为特殊的合法性信号,相较于以"信仰唱戏、经济唱戏"的招商引资和发展旅游为主的神诞庆典两种模式,主要是靠民间信仰的资本化运作获得政府认可与默认的模式,"非物质文化遗产"的合法化路径无疑更加重视彰显民间信仰作为传统文化的本质属性。国家政府部门在实际操作过程中也是倾向于将民间信仰纳入民俗文化体系进行管理,一来可以充分肯定民间信仰的传统性与民俗性,重塑地方社会的活态文化,增进普罗大众的文化自觉,另一方面也希望从名义上避免政教分离原则的悬置。文化部于2006年在首批"国家级非物质文化遗产名录"中纳入了祭典。2009年,文化部公布的新一批"国家级非物

---

① 陈进国:《传统复兴与信仰自觉——中国民间信仰的新世纪观察》,金泽、邱永辉主编:《中国宗教报告(2010)》,社会科学文献出版社2010年版,第170页;范丽珠、陈纳:《中国民间信仰及其现代价值的研究》,金泽、邱永辉主编:《中国宗教报告(2012)》,社会科学文献出版社2012年版,第167页。

② 云霄县民政局 http://www.yunxiao.gov.cn/cms/infopublic/publicInfo.shtml? id = 30243781676550000&siteId = 30238403729910000。

质文化遗产名录"中增加了"庙会"与"民间信俗"项目。① 从 2006—2011 年,中国国家级非物质文化遗产名录中所含的民间俗信(民间信仰项目或包括了民间信仰内容的其他项目)的数据情况,如图表 1 和图表 2 所示:

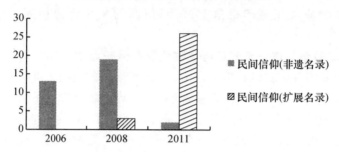

图1 "国家级非物质文化遗产名录"中民间信仰
(包括祭典、庙会、民间信俗)项目数量

表1 "国家级非物质文化遗产名录"收录的民间信仰项目

年份	项目名称	扩展项目
2006	都江堰放水节、黄帝陵祭典、炎帝陵祭典、成吉思汗祭典、祭孔大典、妈祖祭典、太昊伏羲祭典、女娲祭典、大禹祭典、祭敖包、厂甸庙会、泰山石敢当习俗、安国药市	无
2008	庙会(妙峰山庙会、东岳庙庙会、晋祠庙会、上海龙华庙会、赶茶场、泰山东岳庙会、武当山庙会、火宫殿庙会、佛山祖庙庙会、药王山庙会)、民间信俗(千童信子节、关公信俗、石浦—富岗如意信俗、汤和信俗、保生大帝信俗、陈靖姑信俗、西王母信俗)、青海湖祭海、祭祖习俗(大槐树祭祖习俗)	黄帝祭典(新郑黄帝拜祖祭典)、炎帝祭典、妈祖祭典(天津皇会)

---

① 《第一批国家级非物质文化遗产名录》,http://www.ihchina.cn/inc/guojiaminglufenlei.jsp? qmode = gjml_class&pm = 10&page = 2;《第二批国家级非物质文化遗产名录》,http://www.ihchina.cn/inc/guohiamingluer.jsp;《第三批国家级非物质文化遗产名录》,http://www.ihchina.cn/inc/guohiamingluer3.jsp。

(续表)

年份	项目名称	扩展项目
2011	舜帝祭典、祭寨神林	黄帝祭典(缙云轩辕祭典)、炎帝祭典(随州神农祭典)、祭孔大典(南孔祭典)、太昊伏羲祭典(新乐伏羲祭典)、女娲祭典(泰安女娲祭典)、庙会(北山庙会、张山寨七七会、方岩庙会、九华山庙会、西山万寿宫庙会、汉阳归元庙会、当阳关陵庙会)、民间信俗(梅日更召信俗、锡伯族喜利妈妈信俗、闽台送王船、清水祖师信俗、嫘祖信俗、波罗诞、悦城龙母诞、长洲太平清醮、鱼行醉龙节)、祭祖习俗(沁水柳氏清明祭祖、太公祭、石壁客家祭祖习俗、灯杆彩凤习俗、下沙祭祖)
共计	34	29

根据上述统计,我们可以看到,其中最为特殊的是,2009年9月30日联合国教科文组织保护非物质文化遗产政府间委员会第四次会议审议并通过了第4. COM 13.18号决议,批准将"妈祖信俗"(Mazu belief and customs)列入"人类非物质文化遗产代表作名录"。[①] 这是中国首个信俗类世界非物质文化遗产,标志着"妈祖信俗"正式成为全人类的共同文化遗产。[②] 这次申报由福建省莆田市湄洲妈祖祖庙董事会牵头,得到了港、澳、台妈祖宫庙与全国各地信众的全力支持,协助编写申报材料。[③] 事实上,一些"非物质文化遗产"项目本身具有强调的文化认同力量,对我们伟大的祖国统一大业具有十分有利的促进作用。通过非物质文化遗产保护积累了宝贵管理经验,加之在全球化背景下越来越重视国家的文化主权和文化自觉,这些又促成了国家政府更加重视作为非物质文化遗产的传统文化,并对民间信仰项目持更加开放的态度。2011年2月25日,《中华人民共和国非物质文化遗产法》正式公布,这标志着作为非物质文化遗产的民间信仰也将受到国家明文的法律保护。

尽量政府部门和学术界对民间信仰的态度是审慎开放和有保留地肯定,但是由于民众内心仍然保持着自己的信仰观念,即便是非常严苛的"文化大革命"时期也未曾断绝,加之国家推行非物质文化遗产保护,重新关注传统的民间文化,故而

---

① "Nomination files for inscription in 2009 on the Representative List of the Intangible Cultural Heritage of Humanity",http://www.unesco.org/culture/ich/index.php? lg = en&pg = 00243。

② United Nations Educational,Scientific and Cultural Organization. http://www.unesco.org/culture/ich/index.php? lg = en&pg = 00243#227。

③ "Letter of Commitment",http://www.unesco.org/culture/ich/doc/src/00227-community_consent.pdf。

民间信仰在民间很快得到飞跃性发展。基于国家政策的要求，民众为了替自己信仰的民间宗教实践活动正名，显示出民间信仰主体的生存智慧。如河北省赵县范庄龙牌会在当地民众、学者与政府机构的协商与沟通过程中，当地民间信仰场所为了避免被视为"封建迷信崇拜场所"，以庙宇兼具博物馆之名义，作为公共文化场所，为龙牌会的信仰活动场所争取了合法性。[①] 此外，粤北英德地区的民众与知识精英，由于自身对民间信仰的认知加深，同时主动学习和运用国家宗教与文化政策，为了推动当地曹主娘娘信仰进入国家非物质文化遗产名录，主动模仿妈祖与龙母的合法化模式，将曹主娘娘打造成"北江女神"，形成了民间信仰的主动"标准化"。[②] 这些都是民间信仰主体"文化自觉"之后，在公共文化建构过程中为自身文化发展寻求的一种合法化途径，也是民间信仰在现代性语境中重新调适自身，获得发展的新模式。

（二）非物质文化遗产保护下的民间信仰实践情况

进入新世纪以来，民间信仰的表述形式也发生了很大的变化，尤其是在非物质文化遗产保护的语境下，很多民间信仰通过将自身的实践形式官方化和公共化来获得社会的关注与民众的认同，进一步取得国家的政策支持。事实上，从2006年以来，大量的公共祭典、庙会和文化节相继出现，官方色彩非常浓厚，并且明显具有文化认同的特色，成为民间信仰当下发展的新趋势。其中，作为民间信仰的妈祖祭典、作为文化寻根的祭孔仪式与作为中华民族认同的炎黄祭典，就是最为典型的案例。

尽管妈祖自明清以来就已经是一位国际化的神灵，但纷繁的文本叙述与传播过程又加剧了妈祖信仰的本土化，从而使得妈祖信仰呈现出多面相的特征。[③] 只有在最近二三十年中，妈祖信仰融合现代的媒介形式，在海峡两岸与世界华人的交流互动中，逐渐走上了一条现代化、民族化与全球化的道路，成为了全球华人（尤其是两岸信仰文化）文化认同的一个标志性符号。伴随着妈祖信仰的传播，全球各地通过分香（分灵）的形式兴建了妈祖的宫庙。缘于中华文化的"寻根"情怀，各地妈祖分香信仰组织经常前往湄洲妈祖庙进香，以维持妈祖分香的灵力和提升

---

① 高丙中：《一座博物馆—庙宇建筑的民族志——论成为政治艺术的双名制》，《社会学研究》2006年第1期。
② 谭伟伦：《申遗背后的曹主娘娘信俗研究》，《民俗曲艺》2011年第174期。
③ 蔡相煇：《妈祖信仰研究》，秀威资讯科技股份有限公司2006年版，第469—516页；张珣：《妈祖·信仰的追寻（续编）》，博扬文化事业有限公司2009年版，第376—398页；林美容：《妈祖信仰与汉人社会》，黑龙江人民出版社2003年版；蔡泰山：《妈祖文化与两岸关系发展》，立得出版社2004年版；王霄冰、林海聪：《妈祖：从民间信仰到非物质文化遗产》，《文化遗产》2013年第6期；房学嘉：《天后文化在梅州的俗化》，《汕头大学学报》2004年第2期；王芳辉：《标准化与地方化——宋元以来广东的妈祖信仰研究》，《文化遗产》2008年第3期。

系谱的排位顺序;或彼此宫庙之间举行"绕境进香",扩大妈祖信仰的向心力。这些朝圣活动一方面以拟亲属关系来建构不同地域层次的妈祖信仰共同体,另一方面增进了两岸三地人文血脉的联系。随着两岸三地文化交流的增进,很多海外、港澳台妈祖庙前往湄洲岛祖庙进香,这意味着妈祖信仰已经超越了地域,成为人类的"海峡和平女神",在加强中华民族的文化自觉和自信、融洽两岸三地的民族情感方面发挥着重要的作用。谢重光甚至提出通过塑造"妈祖文化"来建构"东亚共同体"的设想。①

当代以降,社会各界兴起了"民间儒教"和"儒教复兴"的国学热,同时大批海外人士前往孔子故里曲阜观光和朝圣。两岸三地许多孔庙顺应时势,重新恢复祭孔仪式。孔子作为中国传统文化的集大成者,在当代重新受到社会各界人士的尊崇和纪念。2006年9月28日,2557位参祭人员在曲阜孔庙一律项披专用绶带,庄严肃穆地隆重纪念孔子诞辰2557年,并且还有来自台湾的中国国民党中央评议委员会议主席团主席、原中国国民党副主席林澄枝女士带领中国国民党祭孔文化参访团成员,参加了本次盛大的"两岸同根祭孔大典"。② 本次祭孔活动的主题定调为"同根一脉,两岸同祭",中央电视台、中国台湾网等媒体也进行了全程直播。2007年,曲阜再次举行祭孔大典,主题为"走近孔子,喜迎奥运,同根一脉,共建和谐",新世纪以来的祭孔活动带有很强的时代感和民族感。③ 2011年8月,"大成至圣先师奉祀官"孔垂长作为首位返乡的台湾孔子嫡系后代前往曲阜祭祖,之后在2012年频繁造访尼山,并且多次出席内地举办的儒学学术活动。虽然历史更迭,时代变换,祭祀礼仪有所损益,既反映了政治阶层对儒家思想的推崇态度,也反映了民众对文化圣贤的向往之情。孔祀之礼虽顺应历史发展,不断调整,但是"弘扬中华优秀传统文化,增进海内外华人华侨的文化交流"的宗旨至今未变。

炎、黄二帝被视为中华民族人文始祖的观念其实兴起于清末维新变法时期,与司马迁《史记·五帝本纪》以黄帝为首勾勒出上古帝系的出发点不同的是,"炎黄子孙"的提法是近代知识分子在民族—国家观念下建构"中华/中国"这一想象共同体所带来的民族主义叙事。④ 民国二十四年(1935),随着日本侵略中国华北,

---

① 谢重光:《妈祖文化:建构东亚共同体的重要精神资源》,《中共福建省委党校学报》2004年第2期。
② 新浪新闻中心 http://news.sina.com.cn/c/edu/2006-09-28/100810130063s.shtml。
③ 王霄冰:《国家祀典类遗产的当代传承——以中日韩近代以来的祭孔实践为例》,《山东社会科学》2012年第5期。
④ 沈松侨:《我以我血荐轩辕——黄帝神话与晚清的国族建构》,《台湾社会研究季刊》第28期,1997年12月,第1—77页;孙隆基:《清季民族主义与黄帝崇拜之发明》,《历史研究》2000年第3期;〔日〕石川祯浩:《20世纪初年中国留日学生"黄帝"之再造——排满、肖像、西方起源论》,《清史研究》2005年第4期;王明珂:《论攀附:近代炎黄子孙国族建构的古代基础》,《"中央研究院"历史语言研究所集刊》第七十三本第三分册,2002年9月,第583—624页。

中国共产党核心转移到陕北,当时的国家政府南京国民政府"为提高民族意识,尊崇祖贤起见,拟定清明日为民族扫墓节。四月六日为首届扫墓期"。① 在这一年,南京政府组织专员多次谒各地历代帝王陵。毫无疑问,这一政治行为在国难当头的特殊战乱年代里,具有团结民族力量、振兴民族精神的神圣文化象征意义,同时也是国民政府向外界宣示自身政治权力的合法性的一种权宜手段。民国二十六年(1937)第一次由国共两党各派代表共同举行黄帝陵公祭。这主要是因为1936年"西安事变"的发生,促使国共两党二度合作,联同抗日,共纾国难。两党代表都在祭祀仪式中恭读祭文,祭文内容一致认同黄帝的"中华始祖"尊荣。总体上看,民国时期的炎、黄二帝帝陵祭典是在一种内忧外患的民族危难环境中举行的,两者作为"民族始祖"符号的象征性色彩非常浓厚,这也奠定了建国后炎黄祭典的文化定位。1964年至1979年间,因多种原因炎帝陵与黄帝陵的公祭活动中断。20世纪80年代以来,两地重新恢复公祭活动,常常会邀请党和国家各级领导人以及海内外各界人士共同参加。2011年3月,全国人大代表、炎陵县旅游局局长谭艳向全国人民代表大会递交了《关于将"炎黄祭典"申报为世界非物质文化遗产的建议》,希望通过湖南炎陵县与陕西黄陵县的通力合作,将"炎、黄祭典"申报为"世界非物质文化遗产"(值得注意的是,联合国教科文组织级别的名录应该称为"人类非物质文化遗产代表作",而非"世界非物质文化遗产"——笔者注)。② 由此观之,"炎、黄二帝是中华民族始祖"的历史叙事已经逐步深入人心,早已为国家所采纳。将炎、黄二帝视为中华民族同根同源的文化标志,也有助于中华民族寻根问祖的文化认同,增强民族的团结与凝聚,促进祖国根本的统一大业,推动当代中华民族伟大复兴的最终实现。

(三)非物质文化遗产保护与民间信仰研究的互动趋势

一直以来,学界对于民间信仰的研究多限于对其宗教性的探讨方面,就其合法性而言,相关讨论也多围绕一个"中国宗教信仰"应是单数还是复数的问题展开。③ 但是,诚如前文所述,这种讨论将"单数的宗教(religion)"拓展到"复数的宗教(religions)",一方面通过拓展宗教的体系来确立民间信仰的"宗教性"(religiosity)空间,使民间信仰与其他"世界宗教"成为并列层级的信仰体系;另一方面仍然是在"宗教"的框架之下进行讨论,民间信仰就会贴上指向现世的"世俗化"、人神

---

① 《民族扫墓节》,《大公报》民国二十四年(1935)三月二十三日。
② 公祭轩辕黄帝网 http://www.huangdi.gov.cn/content/2011-03/11/content_4264382.htm。
③ 秦家懿、孔汉思:《中国宗教与基督教》,生活·读书·新知三联书店1997年版,第190—191页;刘永华:《"民间"何在?——从弗里德曼谈到中国宗教研究的一个方法论问题》,复旦大学文史研究院编:《"民间"何在 谁之"信仰"》,中华书局2009年版,第2—11页;彭牧:《Religion 与宗教:分析范畴与本土概念》,《世界宗教文化》2010年第5期。

结盟的"非制度化"标签,导致民间信仰因为"民间"的阶层划分与"准宗教"的程度差别而仍然低于其他"世界宗教"的文化地位。实际上,无论是"民间信仰"还是"民间信俗",基于中国民众信仰实践既包含了民众宗教实践(religion),又包括了民众日常有关禁忌、命运等的宇宙观(belief),因此本报告提倡首先将"民间信仰"作为文化视角下的民俗分类概念,以区分其他民俗文化事项。通过确立"民间信仰"文化内涵的第一性,并进一步强调民间信仰的实践性(正如周越提出的"做宗教"模式①)与生活性(即前文提及的"民生宗教",区别于功利性),就为非物质文化遗产保护的民间信仰研究提供了合法性条件,某种程度上也有利于打消一些学者对国家政府介入民间信仰的管理与保护中,是否能够准确把握政教分离原则的疑虑。

学术界也开始重新重视民间信仰的社会功能。由中国社会科学院世界宗教研究所金泽与邱永辉两位研究员主编的《中国宗教报告》就将"民间信仰"作为独立部分开始纳入中国宗教的研究体系之中,并且发表了很多扎实的民间信仰理论文章。金泽在《民间信仰:推动宗教学理论研究》中肯定了民间信仰的民俗性与宗教性特征,金泽在解读民间信仰的当代复兴现象时指出,这是一种文化的再生产,而不是简单的克隆"传统"。他还认为学者展开民间信仰研究时应该将普适性理论与地方性知识相结合,形成新的"中层理论"模式。② 吴真的《从封建迷信到非物质文化遗产:民间信仰的合法性历程》则对1980年代以来的民间信仰研究进行了综述,回顾了民间信仰通过回归传统民间文化的"去宗教化"学科策略来获得合法性历程,尤其是关注到非物质文化遗产语境下民间信仰作为一种传统的优秀文化代表重新登上历史舞台。③ 叶涛2009年的专题报告《浙江民间信仰现状及其调研述略》对浙江省民间信仰现状以及综合性调研中的民间信仰情况作了综述性介绍。此外,他还在2010年撰写了民间信仰报告《龙牌会的变迁》,主要是对龙牌会近30年来的变迁予以回顾,从中探讨民间信仰组织在当代中国社会转型时期所存在的问题。④ 范丽珠与陈纳合撰的《中国民间信仰及其现代价值的研究》,强调民间信仰作为一种真实的社会存在,是中国民众精神生活的重要组成部分。这篇

---

① Adam Yuet Chau, *Miraculous Response: Doing Popular Religion in Comtemporary China*. Stanford University Press, 2006;〔英〕周越:《"做宗教"的模式:形式的重要性》,王霄冰、邱国珍主编:《传统的复兴与发明》,知识产权出版社2011年版,第122—132页。
② 金泽:《民间信仰:推动宗教学理论研究》,金泽、邱永辉主编:《中国宗教报告(2008)》,社会科学文献出版社2008年版,第192—207页。
③ 吴真:《从封建迷信到非物质文化遗产:民间信仰的合法性历程》,金泽、邱永辉主编:《中国宗教报告(2009)》,社会科学文献出版社2009年版,第176—179页。
④ 叶涛:《浙江民间信仰现状及其调研述略》,金泽、邱永辉主编:《中国宗教报告(2009)》,社会科学文献出版社2009年版,第285—296页;叶涛:《龙牌会的变迁》,金泽、邱永辉主编:《中国宗教报告(2011)》,社会科学文献出版社2011年版,第197—209页。

文章讨论了民间信仰通过"非物质文化遗产"的话语建构与地方政府对民间信仰开放和完善政策来获得合法性的两种途径，并且论证了民间信仰在全球化时代作为文化多样性与文化认同的标志所具有的学术和理论意义。① 其中，最值得关注的是陈进国《传统复兴与信仰自觉：中国民间信仰的新世纪观察》这一篇文章。② 陈进国将讨论放置在现代化、全球化的语境之下，分析民间信仰对中华民族文化主权建构、民族文化软实力提升的国家文化战略所能产生的作用。他认为民间信仰在当代获得了宗教（文化）生态论与非物质文化遗产论两种合法性路径。前者是因为民间信仰的宗教性得到认可，一方面中国文化遭遇到外来宗教价值观的挑战，产生了"文化自觉"，另一方面忽视本土宗教经验的偏见和失误被广泛批评和继续反思。后者是因为受到国际上文化多样性和文化主权观念的影响，民间信仰的"民俗性"与"中华性"被重视，同时部分消解了"宗教性"难题，有利于打破其他所谓"制度宗教"形成的"信仰霸权"。在陈氏看来，中国民间信仰的百年遭遇反映了民间信仰自身不断走向"信仰自觉"的发展倾向，因此在审视民间信仰过程中，我们应该坚持落实本土民众宗教实践的"宗教性""民俗性"与"中华性"这三点本质属性。此外，陈进国还撰文《民俗学抑或人类学？——中国大陆民间信仰研究的学术取向》③，再次对"文化自觉与中国民间信仰的合法化"进行了详细的讨论，并且参考森永达雄的"印度教"、姊崎正治的"日本宗教"，以及"拜神教"（shenism）与"神道教"，建构出指称中国公民宗教的"中华教"这一个分析性概念。但是，刘晓春认为由于"中华"本身具有独立和成熟的文化与政治内涵，将之与"教"糅合为"中华教"这一宗教学概念时可能会缩小"中华"的内涵与外延，民间信仰的描述和指称问题反而变得更加复杂。④

此外，还有不少民俗学者对民间信仰与非物质文化遗产的关系进行了详细的探讨。刘锡诚在《非物质文化遗产的文化性质问题》中提出，我们不应把民间信仰作为人类理性思维和当前意识形态的对立物，而应看做是民族民间文化之根源，自身有存在与发展的合理性。⑤ 通过"文化遗产化"的表述策略，一方面借由隐喻历史感的"传统文化"意蕴为民间信仰做了政治脱敏和迷信祛魅，民间信仰作为中

---

① 范丽珠、陈纳：《中国民间信仰及其现代价值的研究》，金泽、邱永辉主编：《中国宗教报告》（2012），社会科学文献出版社 2012 年版，第 169—173 页。
② 陈进国：《传统复兴与信仰自觉——中国民间信仰的新世纪观察》，金泽、邱永辉主编：《中国宗教报告（2010）》，社会科学文献出版社 2010 年版，第 175—181 页。
③ 陈进国：《民俗学抑或人类学？——中国大陆民间信仰研究的学术取向》，金泽、陈进国主编：《宗教人类学》第一辑，民族出版社 2009 年版，第 366—393 页。
④ 刘晓春：《寻求民间信仰的生存空间》，金泽、陈进国主编：《宗教人类学》第一辑，民族出版社 2009 年版，第 399 页。
⑤ 刘锡诚：《非物质文化遗产的文化性质问题》，《西北民族研究》2005 年第 1 期。

华传统文化的具体实践形式,获得了官方的重视和鼓励,很快得到了恢复和发展;另一方面,这种研究路径实质上是以"传统=历史悠久"的视野重新二元划分了民间信仰,既对民间信仰进行了优劣、高下的重新界定,也忽略了当下语境中可能存在或产生的"新兴宗教"。高丙中主张把民间信仰视为非物质文化遗产保护的核心问题,认为对民间信仰在公共知识中应该归其本位,而不应该过分地污名化和恶意地利用。① 周星在《"民俗宗教"与国家的宗教政策》一文中提出使用渡边欣雄的"民俗宗教"这一术语来指称民间信仰,并且认为应该调整和完善国家宗教政策,在宗教分类体系中增加普遍存在的"民俗宗教"内容,并且将其纳入国家宗教政策的保护和管理之中。此外,他还在《民间信仰与文化遗产》这篇文章中总结了民间信仰"民俗化""宗教化"和"文化遗产化"三种获得合法性的路径。但是,他也认为民间信仰在现代社会中的"文化遗产化"操作,可能造成民间信仰内涵的"净化"(对"迷信"部分存而不论,或者直接忽视)、"艺术化"(对民间信仰的审美化改造)、"序列化"(名录的不同层级变成价值取向的高下层级)、"固定化"(由于登记注册、规范管理的操作,导致民间信仰的僵化)与"应用化"(作为一种文化产业,被过度地开发和利用)等问题。②

三、2012年民间信仰实践的发展情况

在这一部分中,我们将主要梳理2012年度民间信仰实践的发展情况,包括国家和政府有关部门的相关政策调整,和现代化与全球化进程中,特别是非物质文化遗产保护语境下,民间信仰实践所出现的一些新的发展趋势。

(一)国家和政府部门对民间信仰的管理和相关政策

2012年,国家和各级相关政府部门延续新世纪以来民间信仰管理的思路,继续对民间信仰管理工作保持高度关注。除了在民间信仰课题研究上进行经费支持外,还采取国家宗教局工作人员调研、邀请学者开座谈会、两岸民间信仰交流会等形式,以应对民间信仰管理上的新挑战,同时根据社会舆情变化来调整与民间信仰相关的政策法规。

1. 国家有关部门对民间信仰的管理政策和相关动态

2012年3月30日上午,中国宗教研究中心举办专题座谈会,邀请北京多家单位的学者讨论"寺庙被承包"问题。与会学者就问题发展的态势、产生问题的根源所在、解决问题的方式方法进行了热烈讨论。③ 讨论"寺庙被承包"问题也预示着

---

① 高丙中:《作为非物质文化遗产研究课题的民间信仰》,《江西社会科学》2007年第3期。
② 周星:《"民俗宗教"与国家的宗教政策》,《开放时代》2006年第4期;周星:《民间信仰与文化遗产》,《文化遗产》2013年第2期。
③ 中华佛教准提网 http://www.zhfjzt.com/2012/gn_0406/75878.html。

宗教管理部门可能将会有新的举措。果不其然,在2012年6月5日召开的"宗教活动场所管理经验交流会"记者招待会上,国家宗教局相关负责人表示,将多管齐下进行清理整顿寺庙"被承包""烧天价香""假僧假道"等现象。[①] 2012年10月8日,国务院九部委(国家宗教事务局、中共中央统战部国家发展和改革委员会、公安部、住房和城乡建设部、文化部、国家工商行政管理总局、国家旅游局、中国证券监督管理委员会、国家文物局)联合发布《关于处理涉及佛教寺庙、道教宫观管理有关问题的意见》[②]。该意见书使处理寺庙"被承包""烧天价香""假僧假道"等现象有法可依,有力遏制了对信仰空间和民众信仰感情的随意滥用,得到社会各界的广泛支持。

2012年11月16日,中国政府网公布国务院第628号令,国务院令将《殡葬管理条例》第二十条修改为:"将应当火化的遗体土葬,或者在公墓和农村的公益性墓地以外的其他地方埋葬遗体、建造坟墓的,由民政部门责令限期改正。"[③]"新条例国务院令删除《殡葬管理条例》中的'强制平坟',应当说是顺乎民意的审时度势。既是对传统民俗文化的尊重,也是构建法治社会的需要。"[④]《殡葬管理条例》的修改使河南省周口市的平坟顿时变得无法可依。这个戏剧性的变化说明了国家在宏观政策调整上比较及时,尊重了中国人自古以来慎终追远的民俗传统。

国家相关部门除了对社会热点问题予以积极回应外,还积极探索民间信仰管理模式。2012年4月10日至11日,国家宗教局四司副巡视员汪燕鸣一行对甘肃省武威市民间信仰管理工作进行调研走访,了解武威市民间信仰基本现状、管理情况、发展趋势及存在问题,希望"该市进一步探索先进管理方法,为国家出台民间信仰管理办法探索思路、提供借鉴"[⑤]。2012年11月13日,国家宗教事务局在浙江省温州市召开民间信仰事务管理工作座谈会,28个省、自治区、直辖市及部分县市区宗教工作部门有关负责人参加会议。会议围绕进一步探索民间信仰事务管理工作的有效途径,认真总结交流各地的做法经验,深入征求意见,并就今后一个时期的工作总体思路和举措进行了研究谋划。[⑥]

除了政府调研外,科研部门也努力为中国民间信仰管理献计献策。2012年6月27日,中科院在泉州通淮关岳庙设立的全国第一个民间信仰调研基地揭牌。[⑦]

---

① 新华网 http://news.xinhuanet.com/fortune/2012-06/05/c_112127457.htm。
② 国家宗教事务局 http://www.sara.gov.cn/xwzx/xwjj/17145.htm。
③ 国务院公报 http://www.gov.cn/gongbao/content/2012/content_2275411.htm。
④ 朱永华:《删除"强制平坟"是对民俗文化的尊重》http://www.legaldaily.com.cn/executive/content/2012-12/25/content_4084684.htm?node=32120。
⑤ 《武威日报》http://wwrb.gansudaily.com.cn/system/2012/04/12/012444178.shtml。
⑥ 国家宗教事务局 http://www.sara.gov.cn/xwzx/xwjj/17651.htm。
⑦ 安溪新闻网 http://www.anxinews.com/content/2012-06/28/content_4020700.htm。

该基地的建立结合了民间信仰的场地和世界宗教研究所的人才两方面的优势,有利于进一步深入开展民间信仰研究。①

2013年1月28日,国家宗教局办公室发布《国家宗教事务局2012年工作情况报告》。报告提出:对五大宗教之外宗教进行调查研究,探索管理方法和途径。开展民间信仰工作调研,支持有关地方先行先试,探索管理途径,召开民间信仰事务管理工作座谈会。② 我们看到民间信仰在官方定位中仍然比较含糊,它是宗教还是五大宗教之外宗教亦或其他,仍然是接下来一段时间需要统一认识的问题。

2. 地方政府及相关部门对民间信仰的管理

2012年,随着国家在民间信仰管理政策上的微观调整,海南、贵州等省也陆续出台相应的条例,以面对非物质文化遗产保护、宗教事务管理等时代的需要。

2012年9月24日,海南省四届人大常委会34次会议审议通过《海南省少数民族文化保护与开发条例》,立法保护世居海南省黎族、苗族和回族的10类民族文化,祭祀、葬礼等民间信仰项目列入其中。③ 这个条例为其他省份开展民族文化保护与开发提供了一个很好的借鉴。

2012年11月29日贵州省第十一届人民代表大会常务委员会第三十一次会议通过《贵州省宗教事务条例》,规定:非宗教团体、非宗教活动场所不得设置宗教设施、接受宗教性捐献,不得组织、举行宗教活动。④ 该条例也是中国民间信仰管理的一个缩影,延续了国家宗教事务局的做法,以致民间信仰只能被称为"非宗教的"。相关政策使得当代民间信仰不得不攀附于官方承认的五大宗教,这进一步加剧了自身定位的模糊性。

2012年12月19—20日,广东省民宗委在穗举办"广东省加强和创新宗教事务管理研讨会"。⑤ 地方宗教管理部门对宗教事务管理模式的主动探索,可以因地制宜地根据省情来制订方案,开创地方宗教事务管理模式。

3. 国家级课题中的民间信仰研究

国家的民间信仰管理离不开学术研究的支持。2012年国家教育部基金、国家社科基金均对人文社会科学界的民间信仰研究给予了较大力度的支持。其中国家社科基金民间信仰类立项课题共44项,教育部人文社会科学研究项目(规划基金、青年基金、自筹经费、重点研究基地重大项目、新疆项目、西部和边疆地区、西藏项目)民间信仰类立项课题共24项。

---

① 福建省民族与宗教事务厅 http://www.fjmzzj.gov.cn/News_Info.aspx?TypeID=43&ID=7157。
② 国家宗教事务局 http://www.sara.gov.cn/xwzx/xwjj/18852.htm。
③ 中国新闻网 http://www.chinanews.com/cul/2012/09-24/4207184.shtml。
④ 《贵州日报》http://gzrb.gog.com.cn/system/2012/12/24/011845611.shtml。
⑤ 国家宗教事务局 http://www.sara.gov.cn/xwzx/xwjj/18449.htm。

国家社科基金民间信仰类项目关注民族地区宗教信仰、民间信仰与文学、民间信仰的历史追溯,教育部人文社会科学研究项目则侧重于社会变迁中的民间信仰、民间信仰文献研究、民间信仰与非物质文化遗产的关系等方面。这些研究不仅注意到中国历史上一些重要的宗教信仰问题,还对当下的宗教信仰问题也多有关注。比如前者有23项涉及少数民族地区研究,后者有8项涉及少数民族地区研究。少数民族地区的民间信仰问题是当前中国国家管理的重要问题。陈进国指出:"随着'非遗'保护运动的推展,不少少数民族地区为了突出民族文化的多样性和地区特性,不断地将本地区的民间信仰习俗,进行'层累的建构'和'自我的描述',并通过祭典和文化节庆的展演,以强化符合本族群的文化和族群认同的需要。在这种政治化、族群化、民族化的层累的建构与自我描述中,往往片面地强化了大汉族主义与大少数民族主义的文化想象,并建构了所谓的文化厚生性和地方政治隐喻。"①陈氏的提醒非常重要,一方面我们确实要重新重视民间信仰,大力弘扬民族文化和传统文化,另一方面也要警惕民族主义可能造成的负面影响。如何进行客观的民间信仰研究,需要研究者把握好尺度。

表2 2012年度教育部人文社会科学研究规划基金、青年基金、自筹经费项目信仰类立项一览表

序号	项目类别	项目名称	申请人	学科分类
1	规划基金项目	清代民间宗教治理研究	周向阳	法学
2	规划基金项目	自死窑——中国的老人自死习俗与传说研究	徐永安	交叉学科
3	青年基金项目	冲突与交融:西方宗教在黔本地化进程及黔族群文化重构	肖 琦	交叉学科
4	规划基金项目	清末民初的佛教与政府关系研究(1895—1927)	许效正	历史学
5	规划基金项目	明清时期中国农村的田会	孙善根	历史学
6	规划基金项目	被结构的时间:农事节律与传统中国乡村民众时间生活	王加华	历史学
7	规划基金项目	古灵宝经所见的晋宋时代江东信仰世界	刘 屹	历史学
8	规划基金项目	信仰之手——广西盘瑶巫师群体权力研究	罗宗志	文化学

① 陈进国:《中华信仰版图的建构与民间信仰形态的发展》,载金泽、邱永辉主编:《中国宗教报告》(2013),社会科学文献出版社2013年版,第228页。

(续表)

序号	项目类别	项目名称	申请人	学科分类
9	青年基金项目	闽南城隍庙及其在台湾、东南亚的分炉研究	刘家军	文化学
10	青年基金项目	宗教组织参与防治艾滋病行动的人类学观察——以G省清真寺为例	张 宁	社会学
11	青年基金项目	宗教迷信和宗教信仰的认知科学研究	陈培峰	心理学
12	规划基金项目	明清道教与传奇戏曲研究	李 艳	艺术学
13	青年基金项目	闽台仪式戏剧研究	骆 婧	艺术学
14	规划基金项目	二人转与萨满跳神研究	杨 朴	中国文学
15	青年基金项目	俗神叙事的演化逻辑：以陈靖姑传说等为例	刘秀峰	中国文学

表3　2012年度教育部人文社会科学重点研究基地重大项目信仰类立项一览表

序号	单位	项目名称	申请人	课题批准号
1	华中师范大学	近世致死后群体的专业化与社会变迁——以史家、儒医、讼师为中心的考察	吴 琦	12JJD770018
2	四川大学	中国西南佛教文献研究	张 勇	12JJD750022
3	中山大学	非物质文化遗产保护与民间信仰	王霄冰	12JJD780007

表4　2012年度教育部人文社会科学研究新疆项目信仰类立项一览表

序号	项目类别	项目名称	单位	申请人	课题批准号
1	规划基金项目	中亚宗教与犯罪预防关系研究	新疆财经大学	李瑞生	12XJJA820001
2	青年基金项目	民族学视野下的维吾尔族宗教群体(Jamaat)研究	新疆师范大学	艾比不拉·卡地尔	12XJJC850001
3	青年基金项目	中国柯尔克孜族信仰现状调查研究	新疆师范大学	古丽巴哈尔·胡吉西	12XJJC850002

表5 2012年度教育部人文社会科学研究西部和边疆地区信仰类项目立项一览表

序号	项目类别	项目名称	单位	申请人	课题批准号
1	青年基金项目	清代国家祭祀研究	内蒙古工业大学	王秀玲	12XJC770004
2	青年基金项目	身体、仪式与社会——广西红瑶生命仪式的身体人类学研究	广西师范大学	冯智明	12XJC850001

表6 2012年度教育部人文社会科学研究西藏项目信仰类立项一览表

序号	项目类别	项目名称	单位	申请人	课题批准号
1	青年基金项目	宗教信仰对工布地区农村居民消费的影响研究	西藏大学	宋连久	12XZJC790002

(二) 2012年民间信仰实践的主要发展趋势

随着国家在非物质文化遗产保护上的大力支持,国内民间信仰环境的日益改善,民间信仰复兴与非物质文化遗产保护发生了更多联系。非物质文化遗产保护对于民间信仰复兴来说是把双刃剑,前者使后者的生存环境变得相对容易一些,民众可以更自由地去满足自己的精神需要;但后者有时为了适应新形势不得不改头换面使自己符合保护标准,这就不可避免地对民间信仰本真性造成了影响。

1. 国家级非物质文化遗产目录中的民间信仰

从2005年至今,我国于2006年、2008年、2011年相继公布了三批国家级非物质文化遗产名录。据课题组统计,与民间信仰相关的分别有75项、34项、46项之多,并表现出以下特点:

(1) 与民间信仰有关的内容分散在民间文学、舞蹈、戏剧、音乐、民俗等分类中。国家非物质文化遗产的分类造成了民俗事项的割裂,也使民俗事象诸元素与其原有语境发生了不同程度的偏离。从保护来说,它是为了照顾不同部门的利益而进行这样的分类,但从长远来看,则需要更加科学性的分类标准出现。

(2) 少数民族民间信仰占据重要比重,前两次均达到百分之六十以上,多与民间文学、节日、人生仪礼等密切相关;由于少数民族人口相对少于汉族,居住相对集中,其文化保持相对同一性,文化认同度高,故多以民族为名进行申报。

(3) 汉族地区的民间信仰形式以多种形式为载体,多与节日、祭典、庙会、音乐、戏剧等密切相关,每个项目会有多地区联合申报。文化的统一性与多样性是相辅相成的,我们看到诸多地区共同联合申报非物质文化遗产,既保证了非物质文化遗产的全面性,也不妨碍其区域特色的保持。

在非物质文化遗产保护运动中,民间信仰在官方与社会的共谋下,以多种形式呈现出来。随着信仰自觉程度的进一步提高,民间信仰与非物质文化遗产的关系将呈现日益密切的态势。

2. 省市自治区一级非物质文化遗产目录中的民间信仰

2012 年,广东、广西、贵州、河北、湖南、四川、新疆、浙江、内蒙古等省公布了该省的非物质文化遗产名录或传承人,不少与民间信仰有关的项目榜上有名。

从非遗名录与民间信仰相关的项目数量来看(广东[10]、广西[10]、海南[4]、河北[15]、湖南[10]、新疆[2]、浙江[42]),位于东部地区的省份尤其是浙江的民间信仰项目远多于西部少数民族地区。在 2012 年媒体所报道的公共祭典活动中各省举行祭典的次数,也可佐证这一发现。总体来看,浙江(11 次)、山东(10 次)、广东(7 次)是举办祭典活动最多的省份,少数民族地区较少举办祭典活动。究其原因,主要有以下两大方面:

(1) 经济水平的差异。改革开放以来,国家先后采取东部沿海率先发展、西部大开发战略、中部崛起战略等,努力促进各区域经济增加和经济协作。少数民族地区多位于中西部地区,由于地理区位、居民消费水平、基础设施建设、教育水平等劣势,造成经济差异变大,进而影响了对文化的支持力度。以广东为例,它的项目数量、民间信仰活动都是名列前茅的,这和它的经济发展水平是分不开的。经济发展与文化建设并重,方能获得更大的发展。

(2) 少数民族的宗教信仰或属于官方宗教或无法归入现有政策中的宗教类别,如西藏的苯教,而少数民族地区民间信仰活动多围绕这些宗教信仰举行,使得非遗申报比较难。从民族感情上,少数民族不一定愿意将自己的民族文化当做文化资源被保护和开发。

3. 官方主导的公共祭典、庙会和文化节成为公共信仰活动的主要形式

我们在网络上进行关键词搜索时,发现"祭典""庙会"和"文化节"已取代了"祭祀"成为网络媒体的主流话语。"祭祀"与"祭典"相比,祭典(或大典)的对象是人文始祖(如伏羲、女娲、大禹等)、文化名人(如老子、孔子等)、地方神灵(如妈祖),公共性更为明显,格调层级也显得比较高,而"祭祀"的对象多为家族性的祖先、行业神等,有封闭与私人化的一面。"庙会"与"文化节"相较于"祭祀"则多了一层喜庆的色彩,形式更加自如,更接地气。可以说,民间信仰表述的变化其实也是对当下社会观念与信仰实践的直接反映。

公共化相对私人化获得概念的规定,二者在进行转化时在形式与实质性内容均可能发生较大变化。如传统祭祀一旦离开私人领域进入公共领域,就不可避免地因受到利益的推动而引起人们对文化本真性的质疑。在民间信仰领域,一方面公共化体现了官方对信仰的再创造,民众作为信仰主体参与的程度不高;另一方面强调信仰形式的公开性、开放性与参与性。

民俗学者在这方面进行了较多深入的研究。如陈志勤在对大禹祭祀研究中注意到国家、地方、民众围绕非物质文化遗产保护的互动结构,作者认为发生了从"民俗"到"官俗"的转换,但此过程中民众的主体意识得到了觉醒。① 在这个案例中,我们看到,当地政府对大禹祭祀的改造使其成为国家级非物质文化遗产,这并不是一个孤例,而且在今后一段时间还会不断上演。国家、社会、民众等多方力量博弈过程使得民俗文化被遗产化、市场化。在申遗成功后,成为非物质文化遗产的民俗文化如何在保留传统精髓的前提下,在非遗语境下获得持久的生命力,这就必须依靠民众主体意识的觉醒。乌仁其其格对政府主导的额尔敦敖包祭祀表示悲观,认为这一传统形式由于祭祀主体地位的边缘化以及仪式操纵者身份、目的的改变使传统被再造后失去了本来面目。② 黄涛亦对非物质文化遗产保护工作中的政府、学者和民众的角色进行了反思。他认为政府、学者、民众应分别侧重非物质文化遗产保护的工作属性、学术属性、文化属性。其中处于主导地位的政府应该充分尊重学者的主导作用和民众的主体性,保障非遗传承和展演的本真性。最后,他认为非遗保护的工作原则应修订为"政府推动,学者指导,民众为主,社区参与"。③

4. 民间信仰活动中透射出的文化自觉意识不断增强

尽管在公共祭祀的领域出现了上述"官进民退"的现象,但在非物质文化遗产保护中,民间的信仰自觉意识也相应地得到了增强。

以浙江衢州"九华立春祭"为例。该项目于2011年5月和浙江省遂昌县的"班春劝农"、贵州省石阡县的"石阡说春"一起,被纳入到了国家级非遗名录的扩展项目名录中。九华立春祭所祭祀的,是古代神话中的木神和春神句芒,祭祀日期设在农历二十四节气之首的立春日(公历2月4日或5日)。事实上"立春祭"在当地已经停歇了几十年,直到2001年,才被民间文化人士发现了这一古俗,并发动当地民众行动起来,恢复修建春神庙,并于2004年恢复举行立春祭祀的仪式。2012年被列为国家级非物质文化遗产之后,官方和媒体都对这一祭祀仪式给予了高度关注,当地民众也自觉不自觉地模仿当地官礼的某些形式,如献花篮,让村中少女担任礼仪小姐等,从而使得祭祀的官方色彩浓厚,表演痕迹明显增强。然而在官方仪式的场域之外,具有宗教色彩的民间信仰行为却在悄悄进行。总的

---

① 陈志勤:《非物质文化遗产的创造与民族国家认同——以"大禹祭典"为例》,《文化遗产》2010年第2期。
② 乌仁其其格:《政府主导下的民间信仰——基于额尔敦敖包祭祀的田野考察》,《西北民族研究》2012年第3期。
③ 黄涛:《近年来非物质文化遗产保护工作中政府角色的定位偏误与矫正》,《文化遗产》2012年第3期。

来看,今日的"九华立春祭"被外力干预与影响的程度还比较有限,最关键的是祭祀的传承主体并未发生转移,当地民众始终担任主角。另外,仪式的中心主题也没有改变。由此可见,只要有一个实实在在的传承主体存在,其中成员的文化主体意识并未丧失,非物质文化遗产的本真性和活态传承就可以得到保证。①

河北永年县梅花拳"申遗"过程也反映出了当地民众的文化自觉意识。河北永年县故城村由于地处偏僻,较少受到外界的政治干预,常年保持着重视传统礼仪的文化面貌。该村保持着民间信仰方面的日常仪式活动,并且从梅花拳的角度形成了一套阐释人生价值的独特文化系统。虽然梅花拳据传已经有三四百年历史,但是到了20世纪50年代,梅花拳因被政府定性为反动会道门而遭到禁止,村民的习拳活动被迫转移到地下,使得梅花拳的"文场"(即梅花拳的相关信仰活动,相对于武术运动的"武场")保存得比较完整。2006年,河北邢台市将梅花拳申报为"首批国家非物质文化遗产名录"的申请获得批准,当地民众进一步向永年县政府提出恢复"梅花拳"作为正式合法活动的申请。基于当地村村民对自身文化传统的认同与自觉,经过多方协调,梅花拳最终重新获得了合法性话语。②

5. 民间信仰对象成为中华民族统一的文化符号

随着内地改革开放,国家的宗教文化政策也逐渐融冰,慢慢步入正规,回归传统。即便是在两岸尚未实行三通的情况下,许多民间信众冲破重重阻碍,不辞艰辛地前往内地进香、谒祖,捐赠和资助内地民间信仰庙宇的修建。港澳台地区以及海外华人开始掀起一股来内地寻根问祖和进香朝圣的文化热潮,表现出民间信仰所具有的强大文化向心力和感召力。其中,作为"人类非物质文化遗产代表作"的妈祖信俗、作为重振中华本土传统文化之根的孔子崇拜、作为民族国家统一象征的炎黄二帝祭典,是民间信仰中最为典型的中华文化统一象征符号。

2012年4月,两岸信众相聚湄洲共祭妈祖,参加人数由原来的266人扩大到456名,祭典仪式也同步升级,增加妈祖祭典的仪式性与庄重感。来自中国内地、美国、日本、新加坡、澳大利亚、新西兰、巴西、印尼、马来西亚、中国港澳台地区等26个国家和地区的500多位中华妈祖文化交流协会会员参加了这场祭典。③ 作为"人类非物质文化遗产代表作"的妈祖信俗,不仅仅是"两岸一家亲"的文化桥梁,更是海外华人体悟中华传统文化,增进文化认同的最佳机会。

2012年9月28日,中国(曲阜)国际孔子文化节暨壬辰年祭孔大典在孔子故里山东曲阜盛大举行,纪念孔子诞辰2563周年,也是曲阜自2004年以来第九次举

---

① 王霄冰:《民俗文化的遗产化、本真性和传承主体问题——以浙江衢州"九华立春祭"为中心的考察》,《民俗研究》2012年第6期。
② 张士闪:《灵的皈依与身的证验——河北永年县故城村梅花拳调查》,《民俗研究》2012年第2期。
③ 天下妈祖网 http://www.mazuworld.com/a/news/mazunews/2012/0424/1171.html。

行祭孔大典。参加本次祭孔大典的人员由政府工作人员、联合国教科文组织官员、海外孔子学院代表、孔子后裔、宗亲及专家学者等组成。[①] 本届国际孔子文化节以"文化圣地，共有家园"为活动主题，体现了中国"天下大同"的传统和谐思想，也反映了孔子文化节的国际性与参与性。

2012年4月4日，陕西黄帝陵隆重举行了壬辰年清明公祭轩辕黄帝典礼，一万多名代表齐聚黄陵县桥山轩辕殿祭祀广场，虔诚恭敬地参加了黄帝公祭大典，追念中华民族人文初祖。出席人员除了内地官方人士、学者以外，还包括了比利时、德国、克罗地亚、智利、奥地利等国的中国和平统一促进会会长等海内外华人华侨、台湾轩辕教信徒代表、港澳地区机构人士。本次国家级黄帝祭典所内含的"同根共祖"文化理念，客观上也有利于促进全球华人对中华民族的认同和团结。[②] 2012年4月4日清明节，陕西宝鸡隆重举行壬辰年清明公祭炎帝典礼，海内外3000多位华人代表依次向炎帝牌位敬献花篮，行三鞠躬礼，庄严肃穆。[③] 2012年11月1日至8日，湖南株洲市炎帝陵举行以"同拜中华始祖、共祈神农福地"为主题的第三届海峡两岸炎帝神农文化祭，台湾中华神农大帝协进会组织神农信众300多人出席本次祭典，台湾新党主席郁慕明、亲民党秘书长秦金生等特邀嘉宾也出席了本次神农文化祭活动。[④] 炎、黄二帝帝陵已经成为港澳台以及海外华人同胞来内地寻根谒祖的文化圣地。选择在清明节举行炎、黄祭典，就是要向普通民众强调"缅怀先祖，慎终追远"的传统文化内涵，提升两岸三地同胞对中华民族文化的高度认同感和自豪感。

正是由于妈祖、孔子以及炎黄二帝是非常具有感召力和凝聚力的民族文化统一符号，因此在国家文化部公布的"第一批国家非物质文化遗产名录"[⑤]中，妈祖祭典、祭孔大典、黄帝陵祭典以及炎帝陵祭典自然就都跻身其中。但是，这些祭典成为"非物质文化遗产"之后，虽然得到了国家层面的支持，每年都由地方申报单位联合国家文化部门举行相关的祭祀活动，但是也带来了新的问题：祭祀仪式过于统一，未能顾及"非遗保护"的文化多样性原则；地方政府之间为获得国家资源而争夺某一祭祀的"正统"地位；地方政府对祭祀活动的民间信仰内容进行改造，以鞠躬、献花代替传统的跪拜、烧香；官方色彩过于浓厚，追求规模的浩大，同样是传承主体的民众参与度较低，往往还容易造成大量的资源浪费；从出席人员到活动

---

① 新华网 http://news.xinhuanet.com/politics/2012-09/28/c_113248447.htm。
② 西部网 http://news.cnwest.com/content/2012-04/04/content_6281843.htm。
③ 西部网 http://news.cnwest.com/content/2012-04/04/content_6285093.htm。
④ 株洲政府门户网 http://www.zhuzhou.gov.cn/zhuantizhuanji/xinwenfabuhui/beijingziliao/118646.htm。
⑤ 此外，还有太昊伏羲、大禹、女娲、成吉思汗等人文始祖和历史人物。http://www.ihchina.cn/inc/guojiaminglufenlei.jsp?qmode=gjml_class&pm=10&page=2。

行程都显得祭典活动过于政治化,对祭典的文化内涵不够重视。

6. 民间信仰实践形式的新变化

2012 年,一些民间信仰实践的新形式如网络祭祀、绿色殡葬、寺庙上市等引起了社会各界的广泛关注。

网络祭祀是指人们在虚拟的网络上为故去的人建立一个纪念馆,在网上祭奠逝去的亡灵。① 2000 年,北京网同纪念网络技术有限公司开办了国内第一家祭祀网站"Netor 纪念"(http://www.netor.com/),业务主要包括网上纪念、寻根问祖、企业园区等电子商务服务,并且成为中国殡葬协会官方网站独家合作单位。2002 年国家有关部门号召广大群众通过网络祭祀来表达自己对已故亲人的哀思。2006 年 4 月 27 日,国家民政部出台"倡导网上纪念,号召殡葬业'破千百年丧葬陈规陋习,树新世纪祭祀文明新风'"的通知。2008 年,清明节被列为"国家法定节日",国家相关部门和媒体大力宣传网络祭祀相较于传统祭祀所特有的便利之处。按理来说,十多年过去了,这种实践形式并不新鲜。但是对于民众根深蒂固的思维和实践而言,它仍是一种较新的实践形式。因此,虽然网络祭祀被很多人所了解,但是仍无法取代民众的传统祭祀习惯。民众一方面抱怨清明节、中元节等节日祭祀存在扰民、污染、浪费等问题,一方面又践行传统的祭祀仪式。② 改变习惯是一个长期的过程,而网络祭祀的不断宣传对改变民众的传统风俗习惯具有潜移默化的影响。而目前的网络祭祀自身也还存在一些问题:服务单一、形似而神不似(即网友无法体验到传统祭祀中的那种身体体验和感情体验)、网祭服务长期经营保障性存疑(如果网站倒闭,势必对用户造成心灵伤害)等。③ 故而网络祭祀除坚持舆论宣传之外,仍需国家制定相关政策法规,规范网络祭祀管理,同时突破自身局限性,更加凸显人性化的一面。

此外,民政部于 2009 年明确提出推广树葬等葬法,推动绿色殡葬。绿色殡葬是一种有利于生态环境的安葬方式,目的在于不破坏环境。主要有树葬、花葬、草坪葬、江葬、海葬等多种形式。中国已经步入老龄化社会,传统丧葬形式将加大国家、社会与家庭的负担,而绿色殡葬的好处很多,可视为未来丧葬改革的方向,改革传统形式,乃是功在当代、利于千秋之举。但是,中国人的面子观念、风水思想、厚葬薄养的意识都影响了绿色殡葬的推广,想要改变民众"入土为安"的丧葬观念,恐怕会是一个长期的过程。

网络祭祀与绿色殡葬是对民众生死观念的冲击,而寺庙上市对民众信仰寄托

---

① 李晓红、方金珍:《论网络祭奠——祭祀文化的传承与弘扬》,《华东交通大学学报》2008 年第 6 期。
② 红网湖南频道 http://hn.rednet.cn/c/2012/08/27/2728572.htm。
③ 冯雨:《浅析我国新兴的网络祭祀行业》,《知识经济》2013 年第 7 期。

造成了新的冲击。2009年10月21日,香港中旅集团与登封市签署的《合作框架协议书》和《登封市政府常务会议纪要》,确定斥资一亿元成立"港中旅(登封)嵩山少林文化旅游有限公司",新公司拟定2011年上市。① 2011年5月9日举行的第十一届中国宝鸡法门寺国际文化旅游节,法门寺文化景区董事长、总经理刘兵向媒体记者透露,已开园两年的法门寺文化景区拟两年后在香港上市。② 2012年西安财神庙"借壳上市"遭遇热议,以及普陀山等宗教圣地将要上市的传闻一直是沸沸扬扬,引起国家和社会舆论的广泛关注。中国国家宗教事务局等10部门于2012年10月8日联合下发《关于处理涉及佛教寺庙、道教宫观管理有关问题的意见》,严禁寺庙道观上市。"寺庙上市"源于其所带来的巨大收益,而社会则期待寺庙等作为精神空间保持纯洁性。复旦大学社会发展与公共政策学院任远教授对此不无担忧:"上市要分两方面来看:第一,或许有它的合理性,但上市后的盈利是否真正用于社会服务,是否真正使当地的发展得到最大的利益,而不是一小部分利益集团的获利,目前还有待检验;第二,拟上市的公司与旅游景点之间难免存在利益分配关系,一旦参与利益分配,就是一种市场牟利行为,就有'宗教资本化'的倾向,我们应该对此有一个价值判断,且其间宗教场所有多大程度参与,目前是不明朗的。"③寺庙上市使寺庙成为谋取经济利益的摇钱树,那么最后的受益者会是谁呢?对于寺庙上市的阻止只是政府管理的第一个动作,至于国家接下来将如何多管齐下、未雨绸缪,进一步促进寺庙管理的良性运行,尚待观察。

7. 民间信仰在自由经济时代的"私有化"与"个体化"问题

比起寺庙上市被广泛反对,寺庙承包现象在当代中国社会就见怪不怪了。在当前非物质文化遗产保护大背景下,当寺庙越来越容易被私人承包拿来赚钱时,那么不可避免的后果是原有的信仰体系多多少少会发生变化。当信仰体系发生变化时,民众的民间信仰实践又将如何应对这种情况呢?尤其是当寺庙等民间信仰场所被"文化遗产化"后,对原有的信仰将会造成何种程度的影响,都是值得探讨的问题。山东省潍坊市寒亭区禹王台庙就是个典型的案例。禹王台的狐仙崇拜对当地民众有极大影响,狐仙传说在当地广为流行。禹王台曾经有多座庙宇,但从抗战至1991年,一直处于无庙状态。1991年,出于发展旅游的目的,庙宇被部分修复和重建。最开始时,禹王台庙由政府经营,但经济效益不佳,于是转为个人承包,由此开启了禹王台庙的"私有化"进程。无论是政府还是个人承包都对禹王台村村民免费。后来承包人发生变化,一位道士成为新的承包者。他对禹王台

---

① 腾讯财经 http://finance.qq.com/zt/2009/shls/index.htm。
② 网易财经 http://money.163.com/12/0426/16/801HCTKB00252603.html。
③ 网易财经 http://money.163.com/12/0821/11/89E7IIKS00253B0H_all.html#p1。

庙进行了大刀阔斧的改造,使禹王台传统信仰格局发生了变化。比如禹王台庙道长的涨价行为使仪式场所逐渐由"上台祭拜"变为"在家祭拜",狐仙信仰表现出"被工具化"的倾向。道长和他增加的神灵也由当初被社区排斥到逐渐接受。后来,受非物质文化保护运动的影响,政府和学者对禹王台进行了关注,道长本人趁机打造禹王文化,以求申遗成功。道长对禹王庙禹王文化的宣传旨在凸显禹王信仰而弱化狐仙信仰。① 从这一案例中可以看出,内地当代的民间信仰也遭遇到了陈纬华在研究台湾民间信仰时发现的"宗教市场化"问题。他将民间信仰看成是一个交换的场域,透过"灵力经济",可以将社会整合看成是资源动员的过程及其结果。② 事实上,在经济发展更为自由和开放的今天,"宗教市场化"已经是一个不可回避的趋势,惊呼"狼来了"仍然于事无补,只有加强市场规范化建设,提高民众的信仰自觉,信仰私有化带来的危机才有可能得到解决。

8. 和民间信仰有关的社会事件促使有关部门顾及民众心理需要

2012年河南周口地区发生的"平坟事件"是周口市地方政府进行与民间信仰有关的丧葬制度改革时所遭遇的一次挫折,最终以尊重民众意愿,暂时搁置平坟了结。

周口市位于河南省东部。2012年周口市开始进行殡葬改革,大规模的平坟复耕。可以说周口是河南的试点,而周口市的试点是商水县。2012年3月,周口市委、市政府发布的"1号文件"《关于进一步推进殡葬改革的实施意见》要求用3年时间完成殡葬改革目标。为了让农民平坟,周口出台了免费火化、公墓建设等殡葬惠民政策。试点县商水县为推动平坟复耕工作,组建了县殡葬改革执法大队和督导组,专职开展殡葬改革执法和督导活动。同时,对支持平坟和实行新丧葬标准的村民予以一定奖励。

颇受争议的河南周口平坟历时数月,200余万座坟头被平掉。但在2012年年底,被平掉的坟墓很多被圆起。2012年11月16日,中国政府网公布国务院第628号令,国务院令将《殡葬管理条例》第二十条修改为:"将应当火化的遗体土葬,或者在公墓和农村的公益性墓地以外的其他地方埋葬遗体、建造坟墓的,由民政部门责令限期改正。"2013年起民政部门不能再强制平坟,一夜之间恢复的百万座坟墓,使周口市政府进退两难。

2013年2月21日左右,据称周口商水县部分乡镇已开始第二次平坟。据周口市民政局调查统计,春节期间新圆起的坟头有十多万座,约占2012年秋冬平坟

---

① 王加华:《"被'私有化'"的信仰:庙宇承包及其对民间信仰的影响——以山东省潍坊市寒亭区禹王庙为例》,《文化遗产》2013年第6期。
② 陈纬华:《灵力经济:一个分析民间宗教信仰活动的新视角》,《台湾社会研究季刊》第69期,2008年3月,第57—106页。

总量的 7.7%。"二次平坟"是遵照周口市和商水县领导的要求进行,从正月初五(2 月 14 日)开始,目前已进入收尾阶段。最后结果不了了之。

周口市平坟复耕的过程中遭到社会舆论的强烈谴责,正如农业部总经济师、新闻发言人毕美家在 2012 年 12 月 25 日所说的,平坟的愿望是好的,方式欠妥当。① 新中国成立以来,我国殡葬改革确实取得一定成就,如丧葬法规的不断完善,推行火化成果显著,殡仪服务水平得到提高,厚葬薄养之风渐渐得到扭转等。周口平坟只是殡葬改革的一个过程而已,它以强大的行政力量迅速获得一定的成果,但在社会压力下,改革失败了。周口市在进行丧葬改革时,社会民众在制定政策时显然是缺席了。当地政府忽略了民众的感受,对民众的根深蒂固的习惯没有足够心理准备,虽然可以暂时迫使民众投身平坟运动,但运动过后,民众自然就又将坟复原了。

现代化建设与传统习俗之间的冲突,如何平衡二者的关系,考验着执政者的智慧。在今后的民间信仰改革中,政府政策出于为民所想,势必会更加慎重,在处理问题时更多地照顾到民众的心理需要。

四、2012 年民间信仰研究方面的主要成果

如前所述,民间信仰一直以来都被民俗学、人类学、社会学、历史学、宗教学与文学等学科所重视,是人文社会学科共同关注的核心话题。笔者以"民间信仰""民间宗教""信仰""信俗"等为关键词,检索到 2012 年发表的民间信仰研究论文和研究著作、期刊论文共 181 篇,博士、硕士学位论文 28 篇,学术专著与会议论文共 25 本。以下就 2012 年民间信仰方面研究成果进行分类与综述,并介绍一些重要的理论观点。

(一)民间信仰的理论研究

1. 综述性论著与学术史研究

有学者对民间信仰进行专题性与阶段性的综述,既对民间信仰研究的学术史议题(庙会研究、民间信仰仪式专家、民间信仰社会公益事业、月经禁忌)进行了总结,也对民间信仰研究的学术专著进行了回顾和梳理。陈勤建和毛巧晖对民间信仰的概念发展史和国家政策变迁进行了百年的回顾与反思。② 覃琮立足于人类学的语境,分析了民间信仰约定俗成的概念内涵,并进一步总结出人类学视野中民间信仰与中国社会研究的三个主要议题:民间信仰与现代化、民间信仰领域的国

---

① 北方网 http://news.enorth.com.cn/system/2012/12/25/010445325.shtml。
② 陈勤建、毛巧晖:《民间信仰:世纪回顾与反思》,《华东师范大学学报(哲学社会科学版)》2012 年第 3 期。

家与社会关系,民间信仰与地方社会的互构。① 其框架基本延续了王铭铭在《中国民间宗教:国外人类学研究综述》一文的研究思路。② 陈玉芳经过统计1830—1930这一百年间的"迷信"使用次数,认为可分为两个高峰阶段:1902—1905年间,1915—1921年间。同时,"迷信"的使用与"宗教"和"科学"概念的出现关系密切,这也反映出新文化运动前后的意识形态变迁。③ 李向平和李思明则将民间信仰仪式专家的研究分类为儒家色彩的礼生、民间佛道色彩的香花和尚与火居道士、巫术色彩的萨满三大类进行了综述性梳理。④

路遥主编的《中国民间信仰研究述评》,涵盖了中国内地、港澳台、日本、东南亚以及西方学界的民间信仰研究成果,多数文章本身就是近年来发表的优秀民间信仰研究综述,对民间信仰的研究颇有启发性。⑤ 例如,路遥的《中国传统社会民间信仰之考察》,首先分析了中国传统社会中的"民"之概念指涉,然后对中国传统文献中的"宗教"概念进行了梳理,并对西方基督教冲击下的民间信仰研究史进行了陈述。陈进国的《中国民间信仰研究述评——以大陆地区为中心》一文脱胎于氏著《民俗学抑或人类学?——中国大陆民间信仰研究的学术取向》,前文已有提及,此不赘述。范纯武、王见川合撰的《台湾民间信仰研究述评》,对日本殖民时期以及1950年以后的民间信仰发展进行了详细介绍,并且梳理了各阶段所涌现的理论与方法。孙江在《在中国发现宗教——日本关于中国民间信仰结社的研究》一文中对作为表述的日本民间信仰和日本学者表述的中国民间信仰两个问题进行了综述。康豹的《西方学界研究中国社区宗教传统的主要动态》将西方学界的中国"社区宗教传统"研究成果归纳为宗教与地方社会、神职人员、城市的宗教、教派与秘密会社、中国现代社会的宗教以及不间断的新研究六大类,分别进行了整理和评述,涵盖的文献非常丰富。

2. 民间信仰本体论研究

一些学者重新讨论和建构民间信仰的本体论体系,既有民间信仰的概念讨论,也有民间信仰的本质属性的分析。王晓丽认为民间信仰不是宗教和民间宗教,而是一种宗教之外的独立信仰体系,具有内容的庞杂与内在的有序性两种属

---

① 覃琮:《人类学语境中的"民间信仰与中国社会研究"》,《民俗研究》2012年第5期。
② 王铭铭:《中国民间宗教:国外人类学研究综述》,《世界宗教研究》1996年第2期。
③ 陈玉芳:《"迷信"观念于清末民初之变迁》,《东亚观念史集刊》第二期,2012年6月,第383—402页。
④ 李向平、李思明:《信仰与民间权威的建构:民间信仰仪式专家研究综述》,《世界宗教文化》2012年第3期。
⑤ 路遥主编:《中国民间信仰研究述评》,上海人民出版社2012年版。

性。① 范丽珠与陈纳讨论了民间信仰通过非物质文化遗产话语和进入地方政府政策管理范畴两种合法化途径，重新评估了民间信仰的现代价值，指出民间信仰在全球化时代作为文化认同与文化多元性的学术与理论意义。② 丁仁杰以民间信仰研究最为普遍和关键性的文化概念"灵验"为切入点，研究人神结盟关系中灵验观念的建构与灵验的再生产问题。③ 李向平从人神关系出发，指出中国宗教信仰的权力建构，是一种以神人之伦为基础的权力关系的建构。④ 刘道超延续了氏著《筑梦民生》的主张，重申民间信仰作为一种宗教所具有的组织结构和功能结构两大系统，并且认为作为"社祖教"的民间信仰是一种"筑梦民生"的宗教系统。⑤ 侯杰与王小蕾的《民间信仰史话》是一本梳理民间信仰发展史的通俗读物。⑥ 陈怀宇的《近代传教士论中国宗教：以慕维廉〈五教通考〉为中心》，通过梳理西方传教士的相关著作，探讨欧洲汉学界建构近代中国宗教学研究的过程，并总结了当时基督教传教士最为关注的中国宗教议题（创世论、宗教堕落论、偶像崇拜、生死观等），为反思当代中国宗教研究的文化建构提供了扎实的知识考古，有助于我们理解西方宗教视野下的中国民间信仰研究与西方之中国文明观。⑦ 陈彬与刘文钊的《信仰惯习、供需合力、灵验驱动——当代中国民间信仰复兴现象的"三维模型"分析》，从历时性、现时性与动态性三个维度出发，提出民间信仰的信仰惯习、供需合力和灵验驱动作为民间信仰当代复兴的"三维模型"分析框架。⑧

柯若朴主编的《中国民间宗教、民间信仰研究之中欧视角》，收录了一批民间信仰和民间宗教的研究论文。⑨ 其中，邵雍的《近年来中国民间信仰研究述评》选择了内地在1992—2010年间出版的七本民间信仰研究学术著作进行评述，认为内地学界对民间信仰的认知主要集中在民间信仰本体、作为人类学和历史学乡土社会研究横截面的民间信仰、民间信仰与文艺和科学的关系三个领域。唐力行的

---

① 王晓丽：《民间信仰的庞杂与有序》，载何星亮、郭宏珍主编：《文化多样性背景下的宗教和谐》，知识产权出版社2012年版，第103—124页。
② 范丽珠、陈纳：《中国民间信仰及其现代价值的研究》，金泽、邱永辉主编：《中国宗教报告（2012）》，社会科学文献出版社2012年版，第169—173页。
③ 丁仁杰：《灵验的显现：由象征结构到社会结盟，一个关于汉人民间信仰文化逻辑的理论性初探》，《台湾社会学刊》第49期，2012年6月，第41—101页。
④ 李向平：《信仰是一种权力关系的建构——中国社会"信仰关系"的人类学分析》，《西北民族大学学报（哲学社会科学版）》2012年第5期。
⑤ 刘道超：《民间信仰"筑梦民生"理论探析》，色音主编：《民俗文化与宗教信仰》，知识产权出版社2012年版，第11—40页。
⑥ 侯杰、王小蕾：《民间信仰史话》，社会科学文献出版社2012年版。
⑦ 陈怀宇：《近代传教士论中国宗教：以慕维廉〈五教通考〉为中心》，上海人民出版社2012年版。
⑧ 陈彬、刘文钊：《信仰惯习、供需合力、灵验驱动——当代中国民间信仰复兴现象的"三维模型"分析》，《世界宗教研究》2012年第4期。
⑨ 柯若朴主编：《中国民间宗教、民间信仰研究之中欧视角》，博扬文化事业有限公司2012年版。

《徽州民间信仰初探》则对明清以来徽州民间信仰的传播与变异进行了分析,认为多元与多神是民间信仰的最基本特征,民间信仰是处于传统社会的中国民众日常生活的重要组成部分。高红霞的《闽粤商人与上海天后信仰》则以上海地区的天后信仰为个案研究,探讨天后信仰对闽粤会馆的运作所起到的凝聚力作用。博安德(Andreas Berndt)的《明清时代的龙王信仰与崇拜:其来源、分布与地方性》一文对中国明清时代的龙王信仰与崇拜的来源进行了论证,并且以宣化、长汀、太谷、苏州四个地区的龙王信仰发展与地理条件的关系进行了分析,讨论龙王信仰的普遍性和地域特性。王霄冰的《当代孔子崇拜中的民间信仰元素》对孔子崇拜的历史进行了简要回顾,并且通过研究当代祭孔仪式中的民间信仰成分,探讨祭孔仪式不得不进行世俗化的重构来适应当代中国社会的发展倾向。周越(Adam Yuet Chau)撰写的《"文字原教旨主义":清末民初传统文人衰落与商业革命期间的敬惜字纸运动》,讨论了20世纪初失去考取功名机会改变自己社会地位的传统文人将与文昌信仰融合的敬惜字纸习俗改造成汉字崇拜,来应对清末民初消费主义商业革命对敬惜字纸传统的冲击,反映出在现代社会转变过程中传统文人的保守心态。本书的选题较为丰富和新颖,主要是围绕着民众的社会生活史展开论述,为民间信仰研究提供了很多有价值的个案研究。

(二)民间信仰的历史文献研究

2012年有关民间信仰历史文献部分的研究成果,可以大致分为以历史文献梳理为方法的民间信仰研究与关于民间信仰的文学资料研究两大类,集中在历史人类学、民俗学与文学(民间文学)三个研究领域。

1. 特定民间信仰的历史发展重构

(1)对神灵崇拜、信仰习俗构成史或变迁史的梳理

吴真的《为神性加注:唐宋叶法善崇拜的造成史》,以"层累的造成"为理论基础,对叶法善道士的成神模式做了梳理,以"加注"作为关键词来分析不同阶层和身份的民众主体对叶法善崇拜的刻写。尽管叶法善崇拜的内容主要集中在道教文化领域,但是这对于研究中国文化对历史人物的造神逻辑具有很大的启发性意义。① 萧登福的《西王母信仰研究》与于君方的《观音:菩萨中国化的演变》,对两位重要女神在中国文化内涵中的建构与转变过程做了详细的梳理。② 蒋明智的《除夕"卖冷"习俗源流新探》对"卖冷"习俗做了历史的考察,认为"卖冷"习俗并非来自"卖懒"的讹变,而是一被除寒气的古老巫术仪式。③ 张泽洪根据文献资料,

---

① 吴真:《为神性加注:唐宋叶法善崇拜的造成史》,中国社会科学出版社2012年版。
② 萧登福:《西王母信仰研究》,新文丰出版公司2012年版;〔美〕于君方:《观音:菩萨中国化的演变》,陈怀宇、姚崇新、林佩莹译,商务印书馆2012年8月版。
③ 蒋明智:《除夕"卖冷"习俗源流新探》,《世界宗教研究》2012年第2期。

对中国西南彝族宗教祭司的源流、功能和彝族宗教的发展阶段进行考察,最后指出少数民族宗教的比较研究的必要性。①

(2)对特定历史时期内民间信仰的地方社会史的探讨

何善蒙的《民国杭州民间信仰》②、孙跃的《清代长江三角洲地区民间信仰研究》③、张月琴的《仪式、秩序与边地记忆:民间信仰与清代以来堡寨社会研究》④以及陈泽华的《民间山东民间信仰研究(1912—1937)》⑤,都是对特定区域内的民间信仰进行了社会文化史的系统论述。林继富的《清江流域土家族始祖信仰现代表述研究》梳理了清江流域土家族始祖信仰的生成机制、文化结构、流变历程与动力源泉,强调始祖信仰对土家族身份建构的重要性,并且还讨论了现代化语境下,作为非物质文化遗产的民间信仰如何建构自身的现代观念和价值表述。⑥ 武人斐的《"迎神赛会"还是"普通烧香"——从民国杭州三台山庙会事件看政治社会变迁中的民间信仰》,通过对民国时期杭州三台山东岳庙的查禁与反弹作为个案事件展开分析,讨论了国家、地方政府、士绅以及民众在现代化过程中所形成的新旧观念冲突与态度差异,以此来考察民国政治社会变迁对民间信仰的管理与实践所产生的影响。⑦ 王丽英的《妈祖俗信入粤及其原因初探》探讨了妈祖信仰在南宋初年传入粤地的具体动因。⑧ 王昌宜的《明清徽州的汪氏宗族与汪王信仰》,讨论了汪氏宗族通过与汪王信仰的互动来提升宗族社会地位,分析了民间信仰深厚的宗族色彩。⑨ 李俊领与张琰的《民国"盗跖"河神化与泰山民间意识的演变》通过分析"盗跖"的河神化与民间化历程,讨论了民众在日常生活中容易以扶乩降神的仪式传统来应对社会风险的倾向。⑩ 佐藤仁史的《民国时期江南的庙会组织与村落社会:以吴江市的口述调查为中心》围绕吴江市大长浜村的口述调查分析民间信仰的村庙运营形式,从而对民国江南地区村落结构以及基层社会的重叠性进行历史的还原与建构。⑪ 侯亚伟与侯杰的《鸦片战争前后天津庙宇的空间分布——以〈津

---

① 张泽洪:《中国西南彝族宗教的毕摩与苏尼》,《宗教学研究》2012年第4期。
② 何善蒙:《民国杭州民间信仰》,杭州出版社2012年版。
③ 孙跃:《清代长江三角洲地区民间信仰研究》,民族出版社2012年版。
④ 张月琴:《仪式、秩序与边地记忆:民间信仰与清代以来堡寨社会研究》,科学出版社2012年版。
⑤ 陈泽华:《民间山东民间信仰研究(1912—1937)》,山东师范大学2012年硕士论文。
⑥ 林继富:《清江流域土家族始祖信仰现代表述研究》,人民出版社2012年版。
⑦ 武人斐:《"迎神赛会"还是"普通烧香"——从民国杭州三台山庙会事件看政治社会变迁中的民间信仰》,浙江大学2012年硕士论文。
⑧ 王丽英:《妈祖俗信入粤及其原因初探》,《文化遗产》2012年第2期。
⑨ 王昌宜:《明清徽州的汪氏宗族与汪王信仰》,《宗教学研究》2012年第2期。
⑩ 李俊领、张琰:《民国"盗跖"河神化与泰山民间意识的演变》,《泰山学院学报》2012年第2期。
⑪〔日〕佐藤仁史:《民国时期江南的庙会组织与村落社会:以吴江市的口述调查为中心》,《中国社会历史评论》第13卷,天津古籍出版社2012年版,第128—142页。

门保甲图说〉为中心》,以《津门保甲图说》为核心资料,对鸦片战争前后天津市庙宇空间分布以及与僧道的关系进行了研究。① 衣晓龙的《民间建筑的精魂:以明清时期徽州民居中的民间信仰元素为例》探讨了民居在空间呈现过程中对民间信仰符号的使用,以及民间建筑所融合与吸纳的民间俗信观念。② 姜守诚的《试论明清文献中所见闽台王醮仪式》借助明清时期闽台方志所见的"王醮"资料,对王醮仪式的缘起、沿革与传播情况做了梳理,并比较了闽台两地的王醮仪式差异。③ 白晓云的《传教士对中国西南宗教和民间信仰的考察:以〈华西教会新闻〉为中心》,通过分析新教差会主办的英文教会月刊上刊载的中国宗教与民间信仰研究史料,考察了传教士群体对中国宗教信仰的态度与理解视角。④ 李俊丰的《清代官员的鬼神信仰及其司法实践:从汪辉祖"刘开扬案"和蓝鼎元"幽魂对质案"的比较出发》,通过两个事件性个案分析民间信仰对清代司法实践的介入,以及清代官员的鬼神观念。⑤ 郑先兴的《民间信仰与汉代生肖图像研究》,以汉代生肖画像为主要文献资料,佐以传世文献与出土的简牍资料,来揭示汉代民众的信仰生活图景。⑥ 刘雨茂的博士论文《汉画像石棺及其神仙信仰研究》,是对四川地区汉代画像石棺考古资料的系统整理研究,同时还讨论了石棺图像与神仙信仰和冥界信仰的关系。⑦ 王涛的《唐宋时期城市保护神研究:以毗沙门天王和城隍神为中心》主要探讨了毗沙门天王与城隍神在唐宋时期的发展与流变过程,以及该民间信仰与佛、道的关系。⑧ 闫爱萍的《关公信仰与地方社会生活:以山西解州为中心的个案研究》,以历史文献考证与田野调查访谈相结合,将中国关帝信仰置于当地社会生活变迁史中,考察关帝信仰的历史发展源流与现状。⑨ 宁俊伟的《明代三教的衰微与文昌信仰的发展探析》分析民间文昌信仰在以儒释道三教为核心的传统信仰体系出现危机的情况下发展自身,并且成为政府抵御民间秘密宗教的理论工具。⑩

---

① 侯亚伟、侯杰:《鸦片战争前后天津庙宇的空间分布——以〈津门保甲图说〉为中心》,《世界宗教研究》2012年第5期。
② 衣晓龙:《民间建筑的精魂:以明清时期徽州民居中的民间信仰元素为例》,《非物质文化遗产研究集刊》第5辑,学苑出版社2012年版,第230—240页。
③ 姜守诚:《试论明清文献中所见闽台王醮仪式》,《宗教学研究》2012年第1期。
④ 白晓云:《传教士对中国西南宗教和民间信仰的考察:以〈华西教会新闻〉为中心》,《宗教学研究》2012年第2期。
⑤ 李俊丰:《清代官员的鬼神信仰及其司法实践:从汪辉祖"刘开扬案"和蓝鼎元"幽魂对质案"的比较出发》,《西南政法大学学报》2012年第6期。
⑥ 郑先兴:《民间信仰与汉代生肖图像研究》,河南大学出版社2012年版。
⑦ 刘雨茂:《汉画像石棺及其神仙信仰研究》,山东大学2012年博士论文。
⑧ 王涛:《唐宋时期城市保护神研究——以毗沙门天王和城隍神为中心》,中国社会科学出版社2012年版。
⑨ 闫爱萍:《关公信仰与地方社会生活:以山西解州为中心的个案研究》,山西人民出版社2012年版。
⑩ 宁俊伟:《明代三教的衰微与文昌信仰的发展探析》,《世界宗教研究》2012年第1期。

(3) 对中国传统的祭祀礼制、庙宇形制的文献梳理

牛敬飞的《五岳祭祀演变考论》,主要以五岳祭祀与儒家经典的关系为主线,考之以诸朝正史的礼志与祀典文献,并且结合历史地理的分布,分析古代五岳祭祀礼制的演变史。① 张目的《古代国家镇山祭祀格局初探》,通过梳理国家五大镇山祭祀格局形成过程,来还原古代国家完整的镇山祭祀格局,并分析镇山祭祀格局与道教祭祀和民间信仰的关系。② 周郢的《泰山碧霞元君祭:从民间祭祀到国家祭祀——以清代"四月十八日遣祭"为中心》,重点考察了泰山碧霞元君祭祀礼制的变迁,梳理了碧霞元君信仰由民间信仰升格到国家祭祀的历史过程。③ 徐晓望的《明清祭祀妈祖的官庙制度比较》,对明清两朝妈祖祭祀的礼制规格、官庙选择和庙产所属做了综述,认为清代妈祖官庙相较于明代有极大的推广和传播。④ 皮庆生的《宋代民间信仰中庙貌问题的初步考察》,则是对宋代民间神灵的祠庙与神像进行了分析,认为民间信仰庙貌是民众、官员与文人在艺术、正统与灵验之间角力和妥协的结果。⑤ 色音从宗教人类学角度对祖先崇拜进行了探析。⑥ 张小军考证了宋元至明清时期的文治复兴——祠堂之制——祖先之礼这个过程,认为祠堂之制与祖先之礼共同将国家制度的变革推向了社会制度层面。⑦

2. 民间信仰与文学叙事研究

(1) 与民间信仰有关的神话传说、宣卷故事、签诗咒语等体裁的民间文学研究

王祎茗、赵晓耕的《明清之际关公信仰的法文化解读:以关公显圣司法故事为中心》通过明清时期关公显圣司法故事中关公司法职能的赋予与消退,从法文化的角度来探讨法律的运行及其变迁。⑧ 施志胜的《台湾妈祖庙签诗探赜:以淡水河流域为中心》在文学视角下探讨签诗与文学的关联性及其在文学领域的定位。⑨ 张建勇的《妈祖信仰词语研究》从语言的角度对妈祖信仰文化信息进行探求,同时

---

① 牛敬飞:《五岳祭祀演变考论》,清华大学2012年博士论文。
② 张目:《古代国家镇山祭祀格局初探》,暨南大学2012年硕士论文。
③ 周郢:《泰山碧霞元君祭:从民间祭祀到国家祭祀——以清代"四月十八日遣祭"为中心》,《民俗研究》2012年第5期。
④ 徐晓望:《明清祭祀妈祖的官庙制度比较》,《宗教与民族》第7辑,宗教文化出版社2012年版,第337—345页。
⑤ 皮庆生:《宋代民间信仰中庙貌问题的初步考察》,《江汉论坛》2012年第8期。
⑥ 色音:《祖先崇拜的宗教人类学探析》,《内蒙古师范大学学报(哲学社会科学版)》2012年第3期。
⑦ 张小军:《"文治复兴"与礼制变革:祠堂之制和祖先之礼的个案研究》,《清华大学学报》(哲学社会科学版)2012年第2期。
⑧ 王祎茗、赵晓耕:《明清之际关公信仰的法文化解读:以关公显圣司法故事为中心》,《河南财经政法大学学报》2012年第5期。
⑨ 施志胜:《台湾妈祖庙签诗探赜:以淡水河流域为中心》,福建师范大学2012年博士论文。

对中国古代祭祀词语的演变进行考察。① 陈芳的《中国财神传说研究》对财神传说、财神信仰、民众生活的互动综合分析,探讨财神的深层文化内涵和当下兴盛不衰的原因。② 冯文开的《演述中的治病咒语:一种神秘的语言》认为口头与书写、迷信与科学、语言和非语言等要素如果放在治病咒语的演述的语境中考察的话,会发现它们并非互相排斥和绝对对立,而是在实现治病咒语的社会机能中有机地联系在一起。③ 李小玲的《中国民间文学中的"箭垛式人物""武圣"关羽研究》从人类学视域对作为箭垛子式人物进行研究。④ 李子贤的《东亚视野下的兄妹婚神话与始祖信仰:以中国彝族相关神话为切入点》以一组神话为例,对东亚兄妹婚神话与始祖信仰关系进行研究。⑤ 余未人的《〈亚鲁王〉的民间信仰特色》对《亚鲁王》唱诵中的信仰及史诗命运进行了探讨。⑥ 李永平的《神授天书与代圣立言:宝卷来源的人类学解读——以〈香山宝卷〉为中心的考察》从文化人类学视角分析为何宝卷作者难以探考,认为其背后是源远流长的神授天书与代圣立言的神谕与劝世传统。⑦ 陆永峰的《民间宝卷的抄写》对民间宝卷抄写状况及其文化内涵进行了研究。⑧ 朱明珍的《关公前世与显灵成神传说探讨》两篇对关公前世传说与显灵成神传说进行了探讨。⑨ 何文凤的《汉代祠庙功能探索:从升仙的角度来分析》以汉代的升仙传说为基础,研究汉代祠庙的祭祀功能。⑩

(2) 民间信仰与文学的关系探讨

易瑛的《"造神"与"娱神":论民间宗教信仰与20世纪小说的政治叙事》对20世纪小说民间信仰与官方意识形态的关系进行了梳理。⑪ 黄景春的《古代小说与民间信仰的互渗互动:兼谈文学与宗教的融通关系》讨论了古代小说与民间信仰的互渗互动,认为文学与宗教的融通是一种普遍的文化现象。⑫ 黄景春与师静涵

---

① 张建勇:《妈祖信仰词语研究》,山东大学2012年博士论文。
② 陈芳:《中国财神传说研究》,华中师范大学2012年硕士论文。
③ 冯文开:《演述中的治病咒语:一种神秘的语言》,《民间文化论坛》2012年第2期。
④ 李小玲:《中国民间文学中的"箭垛式人物""武圣"关羽研究》,《民族文学研究》2012年第6期。
⑤ 李子贤:《东亚视野下的兄妹婚神话与始祖信仰:以中国彝族相关神话为切入点》,《民间文化论坛》2012年第1期。
⑥ 余未人:《〈亚鲁王〉的民间信仰特色》,《民间文化论坛》2012年第4期。
⑦ 李永平:《神授天书与代圣立言:宝卷来源的人类学解读——以〈香山宝卷〉为中心的考察》,《民俗研究》2012年第6期。
⑧ 陆永峰:《民间宝卷的书写》,《民俗研究》2012年第4期。
⑨ 朱明珍:《关公前世与显灵成神传说探讨之一:关公的前世传说》,《学理论》2012年第26期;朱明珍:《关公前世与显灵成神传说探讨之二:关公的显灵成神传说》,《学理论》2012年第27期。
⑩ 何文凤:《汉代祠庙功能探索:从升仙的角度来分析》,《世界宗教研究》2012年第5期。
⑪ 易瑛:《"造神"与"娱神":论民间宗教信仰与20世纪小说的政治叙事》,《中国文学研究》2012年第4期。
⑫ 黄景春:《古代小说与民间信仰的互渗互动:兼谈文学与宗教的融通关系》,《文化研究》2012年第2期。

的《柳毅:从小说人物到民间神灵》对柳毅神化过程进行了考证。① 刘铭与徐传武的《"天齐仁圣帝"和"碧霞元君"两个名号的来源与发展考论——兼及〈水浒传〉的成书》对明朝政治环境变化中碧霞元君封号变化进行了考证,并推断《水浒传》成书于明中期成化十九年之后。② 肖向明与杨林夕的《民间信仰与中国小说叙事的近代演变》对中国小说叙事的近代演变与民间信仰文化要素之间的关系进行了梳理。③

(三) 民间信仰的个案研究与田野调查

个案研究与田野调查是民间信仰最主要的研究路径。民俗学、人类学、历史学、宗教学与文学等学科的交叉研究,田野调查与文献资料的并重,是民间信仰个案研究的显著特征。同时,将民间信仰与语境理论、非物质文化遗产保护相结合,体现出当下民间信仰研究的应用性与时代性,这是当下民间信仰研究的另一个学术走向。

1. 民间信仰的田野调查

2012 年民间信仰的田野调查主要围绕鬼神信仰、新兴信仰、民间信仰与其他宗教、庙会节庆、丧葬仪式、巫文化、少数民族医疗与信仰、口头文艺关系等类别展开。

(1) 鬼神信仰(包括动物崇拜、祖先崇拜、神灵信仰等)的调查

鄂崇荣、史玉梅、谢丽宏、靳晓芳④都对猫鬼神进行了研究,鄂崇荣对河湟地区民众既崇拜又恐惧的猫鬼神进行了历史文献的梳理与宗教人类学的分析,史玉梅同样研究了河湟地区的猫鬼神,并将其与本土信仰的互动进行了研究,认为一种民间信仰只是一种文化表征,隐匿其后并催生它的是所在地区的地方社会本相。⑤ 谢立宏、靳晓芳运用记忆理论对甘肃孙村猫鬼神进行研究,肯定了该信仰对于民众所具有的社会功能。李生柱在对冀南刘家庄、夏家庄的白猫黑狗传说进行研究中发现应将该传说置于村际关系中理解,这种研究呈现了民俗文化整体观的研究

---

① 黄景春、师静涵:《柳毅:从小说人物到民间神灵》,《民俗研究》2012 年第 4 期。
② 刘铭、徐传武:《"天齐仁圣帝"和"碧霞元君"两个名号的来源与发展考论——兼及〈水浒传〉的成书时间》,《民俗研究》2012 年第 4 期。
③ 肖向明、杨林夕:《民间信仰与中国小说叙事的近代演变》,《文化遗产》2012 年第 2 期。
④ 鄂崇荣:《崇拜与恐惧:河湟地区多民族信仰猫鬼神的宗教人类学分析》,《第二届中国人类学民族学中青年学者高级研修班论文集》2012 年会议论文集;史玉梅:《社会生态与民间信仰:青海河湟西纳地区的"猫鬼神"和"古典"》,《黑龙江民族丛刊》2012 年第 4 期;谢立宏、靳晓芳:《人类学视域下的"猫鬼神"信仰研究:以甘肃省孙村为例》,《兰州大学学报(社会科学版)》2012 年第 2 期。
⑤ 史玉梅:《社会生态与民间信仰:青海河湟西纳地区的"猫鬼神"和"古典"》,《黑龙江民族丛刊》2012 年第 4 期。

范式。① 此外,还有隋丽通过锡伯族何钧佑长篇口承叙事研究其文本背后的动物崇拜思想,②王加华对山东潍坊禹王台民众的狐仙传说与狐仙信仰的研究等。③

在祖先崇拜研究方面,有何作庆、白克仰对哈尼族祖先崇拜的口传记忆的研究。④ 彭牧根据湖南茶陵的田野调查,考察了烧香、敬拜及灵验等实践获得所表现出的人、祖先或神灵互动模式,她认为民间信仰实践体系的根基是以差序格局为原则发展出来的神界观念与宗教实践方式,因此家庭内部以敬祖为核心的信仰实践应成为研究民间信仰实践的基点之一。⑤ 这一组文章分别介绍了少数民族和汉族的祖先崇拜,相对欠缺比较性的研究。

神灵信仰是学者着墨较多的地方。苏常基于国家—市场—社会视角分析龙母信仰在南中国的当下传播,强调民俗传播应该尊重民俗文化自身的规律。⑥ 周大鸣、黄平芳考察了梅州地区惭愧祖师神格形态,指出其职能随着历史变迁而走向多样化。⑦ 陈少明以建瓯市玉山镇齐天大圣信仰为例,对其源流和功能进行分析,同时试图由个案上升到普遍,为福建民间信仰管理提供参考。⑧ 吉成名、马洪远对湖南汉族火神崇拜习俗进行了研究。⑨ 尹虎彬考察了华北后土崇拜与后土信仰的历史源起后,认为后土崇拜是一种膜拜模式,后土信仰具有类型化特点。⑩ 李锦通过对四川省宝兴县一个藏族乡调查,指出祭山会在当地社会结合中发挥着地域性纽带的作用。⑪ 李琳对洞庭湖区孟姜女传说转为孟姜女信仰的过程及原因进行了分析,肯定了孟姜女信仰所具有的社会功能。⑫ 李世武从鲁班神仙信仰来看

---

① 李生柱:《口头叙事与村落信仰的互构:基于冀南两村白猫黑狗传说的田野考察》,《西北民族研究》2012年第3期。
② 隋丽:《山林文化的历史记忆与民间书写:试述何钧佑锡伯族长篇口承叙事中的动物崇拜》,《西北民族研究》2012年第3期。
③ 王加华:《赐福与降灾:民众生活中的狐仙传说与狐仙信仰——以山东省潍坊市禹王台为中心的探讨》,《民间文化论坛》2012年第1期。
④ 何作庆、白克仰:《哈尼族祖先崇拜的口传记忆》,《宗教学研究》2012年第4期。
⑤ 彭牧:《祖先有灵:香火、陪席与灵验》,《世界宗教文化》2012年第2期。
⑥ 苏常:《龙母文化在当代南中国的传播:基于国家—市场—社会视角的分析》,《广西民族研究》2012年第2期。
⑦ 周大鸣、黄平芳:《梅州地区惭愧祖师的神格形态——以阴那山为中心的考察》,《文化遗产》2012年第1期。
⑧ 陈绍明:《福建民间信仰的发展趋势及功能分析:以建瓯市玉山镇齐天大圣信仰为例》,《宗教与民族》第7辑,宗教文化出版社2012年版。
⑨ 吉成名、马洪远:《湖南汉族崇火习俗》,《民俗研究》2012年第5期。
⑩ 尹虎彬:《浅谈后土与后土崇拜信仰》,《青海社会科学》2012年第2期。
⑪ 李锦:《山神信仰:社会结合的地域性纽带——以四川省宝兴县硗碛藏族乡为例》,《民族研究》2012年第2期。
⑫ 李琳:《洞庭湖区孟姜女信仰的文化人类学考察》,《文化遗产》2012年第2期。

巫术与道教的互渗反哺关系。① 李现红从祭灶时间的角度对灶神信仰的文化内涵进行了梳理。② 张咏、高前从宗教生态论视角对河北深州的"香门"信仰进行了探讨，强调信仰的平等对于文化自觉和文化自信建立的重要性。③ 毛巧晖、韩娜以山东运城舜帝传说为例，探讨在民间传说与民间信仰的互动关系中，记忆与"超人间"叙事的重要性。④ 卢鹏从菁口的田野调查中看到哈尼族鬼魂世界的分类体系，并探讨其现实社会功能。⑤ 安静对布朗族民间信仰的功能进行了研究。⑥ 杨甫旺、李娜对彝族猎神崇拜随着社会发展和国家政策而式微的过程进行了考察。此外，杨洪林⑦、王昌宜⑧都对信仰宗族化与社会变迁予以了关注。

（2）新兴信仰调查、民间信仰与其他宗教关系调查

上师文、刘静、谢东莉分别对本命年信仰、考神信仰、"红军菩萨"信仰进行研究。上师文对本命年信仰观念的起源、产生原因和文化含义予以解析。⑨ 上师文对当代社会拜考神现象的模式进行了总结，肯定了民间信仰的传承性、变异性特点。⑩ 谢东莉对遵义"红军坟"及"红军菩萨"的民间信仰现状进行了调查，诠释和解读"红军菩萨"信仰在时空背景中生成过程。⑪ 中国社会的新兴信仰是值得关注的现象，但现有研究在对其解释时有过于强调其与传统的某一类信仰的相似性的倾向。虽然作者都提到了民间信仰的变异性，但新兴信仰的独特性仍有待挖掘。

中国的民间信仰在长期的历史积淀中，与儒、释、道、巫等文化因素不同程度的相互融合，因地域而有差异。普麟晏、孙健灵基于云南汉地一个经忏组织的考察，认为当地有"三教合一"的传统，使民间儒教仍与释、道二教一样发挥自己的社会功能。⑫ 基督教信仰与本土民间信仰的关系也是学者着力关注的。如张清津借

---

① 李世武：《从神仙信仰看道教对工匠间房巫术的影响》，《宗教学研究》2012年第2期。
② 李现红：《从祭灶时间的确立看灶神信仰文化的变迁》，《民俗研究》2012年第3期。
③ 张咏、高前：《灵验的遗产：宗教生态视域下的河北深州"香门"信仰研究》，《世界宗教研究》2012年第5期。
④ 毛巧晖、韩娜：《民间传说的记忆与民间信仰——以山西运城舜帝传说为例》，《民俗研究》2012年第2期。
⑤ 卢鹏：《哈尼族鬼魂世界的二元划分：基于菁口的个案分析》，《宗教学研究》2012年第2期。
⑥ 安静：《布朗族民间信仰的功能研究——以西双版纳老曼峨村为例》，中央民族大学2012年博士论文。
⑦ 杨洪林：《从国神到家神：武陵地区伏波信仰变迁研究》，《广西民族研究》2012年第3期。
⑧ 王昌宜：《明清徽州的汪氏宗族与汪王信仰》，《宗教学研究》2012年第2期。
⑨ 上师文：《本命信仰研究》，重庆大学2012年硕士论文。
⑩ 刘静：《浅析当代社会中的拜考神现象》，《科教导刊》2012年4月（中）。
⑪ 谢东莉：《遵义"红军菩萨"民间信仰文化生成的文化人类学考察》，《贵阳学院学报（社会科学版）》2012年第5期。
⑫ 普麟晏、孙健灵：《"三教合一"传统下的民间儒教：基于云南汉地一个经忏组织的考察》，《世界宗教文化》2012年第6期。

用宗教人类学概念"灵性资本"对民间信仰皈依基督教的改教现象进行分析,认为基督教的灵性资本高于传统的民间信仰。① 岳永逸对华北梨区本土信仰与天主教信仰群体实践予以了关注,并对已有宗教概念进行了反思。② 曹荣在对京西桑村天主教群体考察中发现,天主教与民俗宗教并无截然的分野,灵验是二者的中介和桥梁。③ 三位学者或用本土概念,或用西方人类学的概念来反思中国社会中的宗教信仰,并进行了一定程度的理论反思。

（3）节庆庙会调查

节庆庙会是民俗文化上演的重要时刻,学者纷纷予以关注。赵晓峰、张红提出一个理解关中农村区域经济社会性质的理想模型,即"庙（会）"是关中农村区域社会秩序整合的中心的理论观点,并通过这个理想模型的不断建构,逐步达到认识非均衡的中国农村社会全貌的目标。④ 王芳辉在广东汕尾调查发现当地神庙系统及相关祭祀仪式的演变、表征并推动着地方社会结构变迁的历史进程。⑤ 此外,华智亚研究了乡村庙会中国家政策、神灵灵验对庙会生命力的影响。⑥

安琪观察到傣族泼水节神话与仪式的互动,认为二者形成了稳定的结构,在民族共有心理的基础上形成了活态的节庆神话。她认为,傣族的时间制度和在此基础上的信仰实践、生产实践是这种互动的前提。⑦ 曲啸宇通过讨论浙东南某村的年关节庆,意在从时间结构角度说明岁时节庆、村落神灵信仰、社区事件之间的内在关系。⑧ 徐天基的香港海陆丰人的孟兰胜会调查报告展示了仪式过程中国仪式角色及其各自的阐释策略和理解。⑨

（4）丧葬仪式与巫文化的调查

丧葬仪式调查。陈华文、陈淑君对丧葬习俗中的随葬物品的地位和意义进行了详细的描述,揭示了随葬物与另一个世界、与人民想象中的阴间生活和信仰的

---

① 张清津:《灵性资本与中国宗教市场中的改教》,《文史哲》2012年第3期。
② 岳永逸:《教堂钟声与晨钟暮鼓:华北梨区乡土宗教的赛局图景》,《民俗研究》2012年第5期。
③ 曹荣:《灵验与认同——对京西桑村天主教群体的考察》,《民俗研究》2012年第5期。
④ 赵晓峰、张红:《庙与庙会:作为关中农村区域社会秩序整合的中心——兼与川西农村、华南农村区域经济社会性质的对比分析》,《民俗研究》2012年第6期。
⑤ 王芳辉:《神庙系统与社区结构变迁:基于广东汕尾的田野调查》,《文化遗产》2012年第2期。
⑥ 华智亚:《地方政府与乡村庙会——以河北省为中心的考察》,《民俗研究》2012年第5期;华智亚:《热闹与乡村庙会传统的生命力——以冀中南地区为中心的考察》,《文化遗产》2012年第4期。
⑦ 安琪:《傣族泼水节的神话与仪式研究》,《广西民族研究》2012年第4期。
⑧ 屈啸宇:《社区生活与村落节庆的时间结构——以台州黄岩七里村年关庆典为例》,《民俗研究》2012年第5期。
⑨ 徐天基:《香港海陆丰人的孟兰胜会——牛头角区第四十四届孟兰胜会调查报告》,《民俗研究》2012年第6期。

关系。① 黄健、郑进以鄂西北的一场葬礼为例,分析葬礼的象征意义及其背后人们的行为和心理结构,从生者和"亡灵"的角度探究了整个仪式所呈现的"生活结构的转换",同时对风水先生的角色予以关注。② 丧葬仪式研究的意义不仅在于多角度、多学科地对其意义进行深度阐释,还要能与社会变迁研究相结合。如邓宏烈考察了代表本族文化的火葬方式和代表输入文化的土葬形式,透视羌族社会历史的变迁趋势。③

在对巫术与巫师的调查方面,邓晓对巫巴山地远古巫文化特色与地位给予充分肯定。④ 罗宗志、刘志艳以广西某瑶族师公为研究对象,考察其信仰与生活,尝试从新的视角来理解瑶族的宗教。最后,作者对师公群体的生存状态表示忧虑。⑤ 从文献考证、比较研究或个人日常生活的角度来研究少数民族宗教,对资料的丰富性和个案数量和典型要求性较高。罗宗志的《信仰治疗:广西盘瑶巫医研究》以人类学田野调查为基础,探讨了广西盘瑶巫医的历史发展脉络,分析了盘瑶巫医在瑶族社会所扮演的文化角色,论述了盘瑶巫医与现代医疗文化之间存在的异同与冲突。⑥ 但是作者过于依赖巫师作为报道人,而忽略了民众对信仰医疗的信息回馈,显得研究内容的涵盖面不够全面。徐义强从宗教人类学和医学人类学的角度对哈尼族的疾病理论、治疗实践以及神职人员展开研究,并就其与生化医疗模式展开比较。⑦ 他又从医疗人类学的角度通过对云南红河哈尼族叫魂仪式的调查、描述和分析,考察哈尼族传统信仰观念和社会文化因素,来理解传统仪式治疗在当代社会如何发生作用。⑧ 该研究为我们呈现了一个静态的哈尼族群社区研究,相对缺乏历史感,也缺乏对族群内部差异之比较。

2. 非遗语境下的当代民间信仰变迁研究

伴随着全球化时代的来临,当代中国社会仍然处在转型期。非物质文化遗产保护运动的开展,对民间信仰既是挑战,也是机遇。

当民间信仰遭遇城市化、城镇化等问题,应该如何应对,民俗学者给出了自己

---

① 陈华文、陈淑君:《民间特色:随葬物与阴间生活信仰——以浙江丧葬文化为例》,《民俗研究》2012年第1期。
② 黄健、郑进:《农村丧葬仪式中的结构转换与象征表达——基于一个丧葬仪式的分析》,《世界宗教文化》2012年第4期。
③ 邓宏烈:《羌族丧葬礼仪论略》,《世界宗教文化》2012年第6期。
④ 邓晓:《巫巴山地远古巫文化特色探微》,《宗教学研究》2012年第1期。
⑤ 罗宗志、刘志艳:《神圣与世俗——广西一个山地瑶族师公的信仰和生活》,《宗教学研究》2012年第1期。
⑥ 罗宗志:《信仰治疗:广西盘瑶巫医研究》,中国社会科学出版社2012年版。
⑦ 徐义强:《哈尼族的原始宗教信仰与仪式治疗》,《宗教学研究》2012年第2期。
⑧ 徐义强:《仪式、象征与宗教艺术遗产——红河哈尼族叫魂仪式的人类学考察》,《民族艺术研究》2012年第5期。

的思考。王琛发对开漳圣王信仰追本溯源,对这类渊源于祖先信仰和地方保护神的民间信仰在分香海外后所面对的全球化新局势予以深度关注。① 田兆元的《城市化过程中的民间信仰遗产保护研究》②《乡村城市化过程中的民间信仰危机》③,认为应该给民间信仰以生存的物理空间,并予以一定的制度性保障。孙跃回顾了上世纪80年代以后政府对民间信仰的管理,强调政府应该转变观念,完善非物质文化遗产制度,引导民间信仰的走向,发掘其娱乐因素和经济增长点。④ 政府其实已经在实践作者的这些倡导,所以并非新见。新农村建设、城镇化对于民间信仰的影响也是热点话题,王明国以新农村建设为背景,主张加强对农村民间信仰的管理以促进新农村文化建设。⑤ 但是这个主张本身预设了民间信仰的消极性,未能正确地认知民间信仰的积极面向,失之偏颇。张祝平对浙南Z村马氏天仙殿重建进行考察,指出新农村建设应有效整合村庙信仰资源,以实现村庙信仰习俗的当代意义。⑥ 传统神灵信仰在当前城镇化背景下,积极地自我调整和主动适应,也是有成功的可能性的。这方面,俞黎媛为我们呈现了张圣君信仰的成功转型过程。⑦

民俗文化在申报非物质文化遗产名录过程中,都有经历一定程度的变化。也有不少学者十分关注这种申报过程中的文化再建构现象,以及申报非遗名录之后民间信仰的文化内容会受到何种影响。王霄冰通过调查浙江衢州的国家非物质文化遗产"九华立春祭",发现该传统习俗进入非遗名录之后,官方色彩变浓,民间信仰减弱,仪式呈现出表演性的特征。但是她也认为这是文化主体针对自身文化在特定历史阶段所作出的文化调适,学者和政府都应尊重信仰主体的本真性立场。此外,她还对比研究了中日韩三国的祭孔仪式,认为中国由于受到非物质文化遗产保护运动的影响,内地祭孔仪式这一国家祀典传承模式完全不同于韩国的以继承古礼为目的的国礼模式与日本的完全民间化的模式,而是呈现出半官半民

---

① 王琛发:《中华神道的信仰版图:以开漳圣王为讨论范例》,《闽台文化交流季刊》2012年第1期。
② 田兆元:《城市化过程中的民间信仰遗产保护研究》,《华东师范大学学报》(哲学社会科学版)2012年第4期。
③ 田兆元:《乡村城市化过程中的民间信仰危机》,《中国社会科学报》2012年7月26日。
④ 孙跃:《当代政府对民间信仰管理理念的转变与导向》,《青岛农业大学学报》(社会科学版)2012第1期。
⑤ 王明国:《新农村文化建设视阈下的农村民间信仰研究》,安徽工程大学2012年硕士论文。
⑥ 张祝平:《新农村建设中村庙意义的再认识:浙南Z村马氏天仙殿的当代变迁及重建实践考察》,《社会科学战线》2012年7月。
⑦ 俞黎媛:《传统神灵信仰在当代的变迁与适应:以福建闽清金沙堂张圣君信仰为例》,《世界宗教文化》2012年第2期。

的地方公祭模式。① 张士闪对河北永年县故城村的梅花拳进行了田野调查,梳理了该村梅花拳建立自身信仰叙事体系,从而成为村落公共领域的文化资源这一过程,并进一步分析了非物质文化遗产语境下,故城村民众发挥文化的主体意识,推动梅花拳合法化的情况。② 王立阳以国家级非物质文化遗产保护项目"保生大帝信俗"为民族志对象,追溯了"保生大帝信俗"由隐秘的"封建迷信"转变为"国家级非物质文化遗产",完成了价值与意义的双重再生产这一过程,探讨由此形成的"文化"作为生活方式这一概念给予社会团结生成的契机,打破文化群体区隔的可能性。③

(四)港澳台、海外华人以及其他国家的民间信仰

对港澳台的民间信仰研究,集中在钩沉其信仰的发展与变迁历史、移民信仰文化的在地化问题、民间信仰的传播与分布状态、民间信仰庙宇空间的地域特色等问题上。

近现代以来,海峡两岸的民间信仰发生千丝万缕的联系。移民从移出地带出的民间信仰在移入地有何传承与变化?吴惠巧通过对清水祖师在台湾在地化之研究,认为灵验性是两岸清水祖师信仰的共同因素,其他方面均有较大变化。④ 谢重光也对惭愧祖师身世、法号、塔号、信仰性质诸问题及传播展开了研究。⑤ 杨孔炽、陈宜安对福建民间信仰移植到台湾后所发生的本土化特征及其意义进行了总结。⑥ 近年来,两岸民间信仰交流日益增多,台湾学者丁仁杰以2009年间内地南安诗山凤山寺广泽尊王祖庙神尊游台巡香为个案,探讨文化展演背后的时代新元素,如两岸关系、城市庙宇新生态等造成的"结构与展演间辩证性关系"的演变。⑦

妈祖信仰是两岸学界共同关注的话题之一,每年都有大量研究成果。如周金琰对妈祖信仰的社会影响进行了论述。⑧ 张珣以台湾嘉义新港奉天宫为例,为我

---

① 王霄冰:《民俗文化的遗产化、本真性和传承主体问题——以浙江衢州"九华立春祭"为中心的考察》,《民俗研究》2012年第6期;王霄冰:《国家祀典类遗产的当代传承——以中日韩近代以来的祭孔实践为例》,《山东社会科学》2012年第5期。
② 张士闪:《灵的皈依与身的证验——河北永年县故城村梅花拳调查》,《民俗研究》2012年第2期。
③ 王立阳:《文化的生成:"保生大帝信俗"的个案研究》,《西南民族大学学报》(人文社会科学版)2012年第6期。
④ 吴惠巧:《清水祖师信仰传入台湾之在地化变迁》,《福州大学学报(哲学社会科学版)》2012年第1期。
⑤ 谢重光:《惭愧祖师身世、法号、塔号、信仰性质诸问题及其在台湾传播的特点试析》,《世界宗教研究》2012年第4期。
⑥ 杨孔炽、陈宜安:《两岸民间信仰互动发展视野下的台湾民间信仰》,《宗教与民族》第7辑,宗教文化出版社2012年版,第229—241页。
⑦ 丁仁杰:《广泽尊王游台湾:汉人民间信仰神明阶序的结构与展演》,《民俗曲艺》2012年第9期。
⑧ 周金琰:《妈祖信仰对台湾社会生活的影响》,《宗教与民族》第7辑,宗教文化出版社2012年版,第242—257页。

们提供了民间信仰与文化产业创新积极互动的真实个案。① 蔡侑桦、徐明福透过日治时期北港朝天宫建筑空间变迁,探究特定时期的日本人对于妈祖信仰的看法及其宗教政策得失。②

孙俊彦对马兰部落丰年祭歌舞的类型问题进行关注,他纠正了以往的将男性系统与女性系统歌舞分开或者混用的观点,认为两性都以不同的程度共同参与,构成了歌舞活动的整体。③ 就如人们常认为哭嫁只有女性,事实却并非如此一样,这种研究取向可以避免学术的偏见,有助于学界突破固有观念的圈囿。

关于海外华人的民间信仰研究,学者们通过分析民间信仰主体的历史记忆、仪式活动与社群关系,来关注民间信仰在他者文化中如何发挥中华文化认同和族群凝聚的功能。如马强以吧城华人公馆档案《公案簿》为例,呈现早期吧城华人保持对中国文化认同的同时又融入当地社会的趋势。④

对于其他国家的民间信仰研究,体现出一种跨文化的研究视野。日本学者樱井龙彦以爱知县"花祭"为例,为我们展示了人口稀疏化乡村的民俗文化所面临的传承危机。⑤ 他在文章中提出的对策多是打破传统之举,如接触世袭制和女性禁忌、允许外部人员参加等,在具体实践上必会遇到一定的阻力,因此方案的适用性还需要继续深入研究。不少研究将中国的民间信仰与其他国家的特殊民间信仰进行比较,分析社会文化与地域环境对民间信仰观念的生成与传播具有何种影响。如日本学者松尾恒一通过介绍日本冲绳南方岛屿的种稻仪式与赛龙舟活动,对冲绳民俗与中国民俗进行比较。⑥ 此外,还有张慧对中日两国有关"鬼"的不同观念进行比较。⑦ 还有学者对韩、日、新加坡、玛雅等国家地区的特殊民间信仰类别进行了详细的介绍。如王霄冰对中美洲地区的"纳瓜尔信仰"予以关注,追溯了"他我"灵魂观念,认为未来的研究应将古典的与现代的知识结合,并进行比较研究,方有助于深入了解这种信仰形式。⑧

(五)小结

对于今天的学界而言,民间信仰的宗教性已经成为共识。民间信仰作为一种真实存在的社会图景,逐渐被学界视为一种独立的信仰体系。但是,这也意味着

---

① 张珣:《妈祖信仰与文化产业:人类学的个案研究——以台湾嘉义新港奉天宫为例》,《菁田学院学报》2012年第3期。
② 蔡侑桦、徐明福:《日治时期北港朝天宫建筑空间之变迁》,《民俗曲艺》2012年第176期。
③ 孙俊彦:《仪式性质与歌舞系统:谈马兰部落丰年祭歌舞的类型问题》,《民俗曲艺》2012年第9期。
④ 马强:《吧城华人的中国文化认同——以〈公案簿〉为中心》,暨南大学2012年硕士论文。
⑤ 〔日〕樱井龙彦:《人口稀疏化乡村的民俗文化传承危机及其对策》,《民俗研究》2012年第5期。
⑥ 〔日〕松尾恒一:《日本冲绳南方岛屿(八重山地区·西表岛)的种稻仪式与赛龙舟——冲绳·中国的比较民俗》,《文化遗产》2012年第1期。
⑦ 张慧:《中日"鬼"之意象比较》,《广西大学学报(哲学社会科学版)》2012第3期。
⑧ 王霄冰:《玛雅人的"他我"观念与纳瓜尔信仰》,《世界宗教文化》2012年第5期。

"民间信仰"仍然以"制度性宗教"为上位概念来进行价值定位,使得民间信仰的概念内涵与学科归属问题("宗教"或"民俗")仍未得到解决。同时,结构主义、功能主义与象征主义的分析是民间信仰研究的主要理论工具。尽管有学者尝试新的民间信仰体系建构,但是由于民间信仰发展现状的纷繁芜杂导致学者对民间信仰的定位模糊,呈现出过于依赖民间信仰在学术体系建构上的自足性或者过度重视民间信仰的语境分析这两种极端倾向,加之对本土宗教经验和宗教演化史的整体性把握,不够重视日常宗教实践中的核心表述(例如"神神""灵验""红火""看香"等等),少数民族的民间信仰内容被边缘化,这些问题都使得学者们的理论体系建构仍需进一步完善。

结语:问题与展望

诚如上文所述,民间信仰无论是在民众的宗教实践方面还是学者的学术研究领域都获得了非常大的进展。然而,民间信仰的社会实践以及相关讨论仍然存在一些历史遗留问题,例如:

(一)民间信仰的术语与概念问题

尽管本课题组使用了"民间信仰"的概念,但是"民间信仰"作为指称术语的不统一,民间信仰的内涵与外延、民间信仰的文化定位仍然是一个值得讨论的问题。

首先,"民俗宗教""民间俗信"与"民间信仰""民间宗教"的分野主要是民间信仰的上位概念与分类体系问题,也就是说民间信仰到底是归类为"宗教"还是"民俗"。那么,解决这一两难问题的关键是在于从概念建构入手,还是从民间信仰的社会事实出发,仍然是值得学者思考的问题。其次,民间信仰与少数民族信仰的关系也存在争议。我们能否基于我国的中华民族多元一体的格局,加之民俗也包括了少数民族民俗习惯,因此将少数民族的信仰实践活动纳入民间信仰之中呢?如果纳入,是否会造成少数民族信仰居于附属地位,其民族性特质被边缘化呢?再者,民间信仰与其他宗教的关系,也尚不明朗。由于民间信仰既是"层累地造成"或者"损益"的信仰传统和民俗形态,也在动态的发展历程中大量汲取制度化宗教的"碎片",某种意义上说,制度化宗教的世俗化形态,也可纳入民间信仰的体系之中,形成民间道教、民间佛教的子概念。民间信仰这种历史发展事实要求我们尚需确定民间信仰到底是一种处于特殊历史时期的文化现象,还是独立发展的特殊宗教信仰体系。廓清这一问题,也将有助于我们厘清民间信仰与民间教派之间的关系。

(二)民间信仰的社会定位问题

尽管当代社会对民间信仰的认识不再是一刀切地视为"封建迷信",但是由于学术界对民间信仰的术语和概念选择上尚未达成共识,同时对民间信仰的价值认知也存在很大的分歧,导致民间信仰无法得到更为准确有效的社会定位。虽然国家对民间信仰进一步开放和支持,并且纳入了文化和宗教的管理体系之下,但是也如周星指出的,我们不能无限地净化、艺术化民间信仰的内涵,忽视它仍然存在与科学理性有冲突的"迷信"内容。此外,"民间信仰"概念的模糊,也导致民间信仰在分类体系上归属于"宗教"还是"民俗"这一问题存在着分歧。一定程度上,民间信仰的学术问题未能得到有效的解决,也影响到了国家政府对民间信仰的价值定位与政策制定。

从政府部门的架构来看,无论是国家宗教事务局第四司的设置,还是地方民间信仰协会由地方民宗局管理,都说明在行政层面上民间信仰的"宗教性"被优先考虑。然而,从国务院下属的文化部所颁布的"国家级非物质文化遗产名录"来看,一方面国家非物质文化遗产保护工作专家委员会的成员们多数都出身于民俗学专业,对民众的民俗文化怀有热衷的保护情感;另一方面,"国家非物质文化遗产名录"使用的是"民间信俗"这一概念,并且作为"民俗"的子项目,这些都说明国家文化主管部门对民间信仰的"民俗文化"定位。国家管理部门对民间信仰定位的不统一,就会造成民间信仰保护工作的权责难以明晰,难以把握民间信仰的保护模式和介入程度。

(三)民间信仰主体的文化自觉问题

不仅是国家部门的定位未能统一,民众对民间信仰的归属更不明确。尽管已经出现地方民间信仰庙宇联合起来成立地方民间信仰协会的进展,但是很多时候民间信仰场所都被登记注册在道教协会或佛教协会之下。这主要是因为,民众既担心国家政府部门将自己的信仰活动视为"封建迷信",进行取缔和打击,又因为近代以来长期的"封建迷信"观念灌输,民众对自身信仰活动并不自信,未能意识到信仰主体自身的话语权力,缺乏地方性知识的自我表述,有时候甚至直接也把自己的信仰活动称为"迷信",为了获得政府的支持不得不采取对其他合法宗教进行模仿和加盟的自我保护模式。

同时,民众能否搭上海外"信仰反哺"的寻根热潮和国内"非遗保护"的政策支持两股助推力量,促成本土民间信仰重新步入正轨,参与地方社会的传统再造与信仰实践,从而提升地方内部民间信仰主体的"文化自觉"意识,将成为新世纪以来当代民间信仰能否获得崭新生机的一个至关重要的指标。

以上几个问题,实际上都互为关联。正因为学术界的研究尚未能最终解决民间信仰的本质与概念问题,国家管理部门在对民间信仰进行定位时才时常感到犹豫和棘手,而信仰主体的文化自觉意识也就无从依托。由此可见,"民间信仰"的概念界定和本体论研究仍将是今后的一个重要课题。正如本报告所概述的那样,学术界在这方面已经积累了大量的田野调查和个案研究资料,在未来几年中,如果能够通过多学科的通力合作,同时紧扣中国社会的发展现实,结合中国民间信仰自身的特点,打破西方"在中国发现宗教"(孙江语)的汉学研究传统和"中国宗教内在殖民化"(陈进国语)的文化偏见,相信中国学界在重新表述和认识我国本土的宗教经验方面,一定会有较大的进展与突破。让我们拭目以待。

表5 2012年各种祭典活动列表

时间	名称	地点	内容
1.16	春祭①	天津天后宫	迎壬辰值年太岁彭泰大将军、行上香礼、行燃灯礼、行迎神礼、行饮福酒受胙礼等
1.21	尼木措毕②	大凉山彝族	将"玛都"(祖灵牌)等通过一系列仪式程序后送入同宗祖灵箐洞
2.4	野祭③	满族尼玛察氏	祭祖先、人神、动植物神等
2.23	公祭人文始祖太昊伏羲氏大典	淮阳太昊陵	击鼓撞钟,鸣礼炮,奏祭乐
2.23	龙子上香	兰州	龙子上香、龙鳞献花、诵读辞赋等
2.23	祭河神	台儿庄	祭祀河神,民俗表演
3.1	波罗诞	广州黄埔区	仿古祭海仪式
3.7	壬辰年纪念老子诞辰2583周年公祭大典	河南鹿邑	献花篮、上香、三鞠躬
3.15	旗敖包祭祀	巴彦淖尔市乌拉特前旗	喇嘛念经祈祷、神牛皮缠绕敖包、敬献贡品、贡献神牛、泼散等
3.18	祭海节④	即墨市田横镇	祭海仪式、大戏
3.23	妈祖诞辰1052年纪念日	天津市东丽区	巡安散福
元宵之后至农历3月23	妈祖绕境	全台湾	绕境
3.23	壬辰年炎帝祭拜大典	河南沁阳	祭炎帝,向炎帝像行施拜礼,三鞠躬
3.24	北帝诞庙会	佛山	帝出巡、传统非遗表演
3.29	布洛陀祭祀大典	广西敢壮山	进香、三鞠躬、唱《敬酒布洛陀》、读祭文、诵开祭经、铜鼓伴奏朝拜舞
3.31—4.1	壬辰龙年越国汪王清明祭	安徽歙县	汪华祭祀、"抬汪公"、得胜鼓、喷火狮、汪华大鼓

---

① 中国新闻网 http://www.chinanews.com/cul/2012/01-17/3609134.shtml。
② 《中国民族报》http://www.mzzjw.cn/zgmzb/html/2012-01/31/content_82470.htm。
③ 《中国民族报》http://www.mzzjw.cn/zgmzb/html/2012-02/14/content_82771.htm。
④ 人民网 http://sd.people.com.cn/BIG5/n/2012/0224/c228281-16784120.html。

(续表)

时间	名称	地点	内容
3.31	民祭司马迁大典	陕西韩城	净手上香、缅怀司马迁
4.2	渔祖郎君氏祭祀	山东青岛	祭祀渔业祖先
4.2	渔祖郎君文化节	青岛城阳区	献祭牲、请神祇等
4.2	泰山东岳庙会暨海峡两岸民俗文化交流周	山东泰安	祈福进香
4.3—4.4	壬辰年清明恭祭钱王	浙江临安	祭祀钱镠
4.4	壬辰年（2012）清明公祭轩辕黄帝典礼	陕西黄陵	谒陵祭祖
4.4	抗倭民族英雄汤和祭祀	蚌埠市汤和文化研究会	祭祀汤和
4.5	洪洞大槐树文化节	山西洪洞	祭祖
4.5	嫘祖祭祀大典	湖北远安	祭祀嫘祖
4.5	"仙姑"诞辰庆典	山东威海	祭祀仙姑
4.7	中华蒋氏祭祖大典	河南淮滨	祭奠蒋氏始祖
4.12—4.13	天后诞辰庆典	天津天后宫	万民祈福伞、天后出巡散福及踩街、非遗展演
4.12	祭祖	广东崇左	古骆越人后裔公祭始祖
4.18	祭闽王大典	福建福州	敬香、献花、行礼、六佾舞
4.20	祭禹典礼	浙江绍兴	采用古代最高礼祭——"禘礼"形式祭祀大禹
4.21—5.6	妙峰山春季民俗庙会	北京	朝顶进香、酬山赛会、民间文艺表演
4.24	文殊菩萨圣诞日	山西五台山	水陆法会
4.30	大仙诞	佛山西樵山	"八仙贺诞"巡游
5.5	布衣祭祀庄子大典	蒙城庄子祠	行祭礼，敬献香、花、水、酒、五谷等，并宣读祭文
5.7	金花诞	长洲	拜祭金花娘娘
5.16	世界华人炎帝故里寻根节	湖北随州	祭祀炎帝神农
5.27	祭孔大典	承德热河文庙	祭孔
6.10	祭龙	浙江嘉兴	三拜礼
6.22	公祭伍子胥	江苏苏州	祭祀伍子胥，献花敬酒、宣读祭文、集体参拜
7.19	杨炯出巡祭祀	浙江衢州	杨炯出巡
7.28	句町王壬辰年祭	云南文山	祭祀句町王

(续表)

时间	名称	地点	内容
8.2	太公秋祭	浙江文成	祭祀刘基
8.6	皇甫谧故里拜祖大典	甘肃灵台	祭拜皇甫谧
8.18	敖包公祭	辽宁阜新	祭敖包
8.19	第二届中华母亲节暨第四届王母故里敬母大典	青海湟源	祭拜西王母
8.30	苏勒德龙年威猛大祭	内蒙古鄂尔多斯市成吉思汗陵	吟唱祭文、告慰神灵、保佑平安、祈求吉祥
8.30	盂兰节祭祀	广东珠海	祭祖祀鬼
8.31	中元节祭祖大典	山西洪洞	祭祖
9.1—9.4	菇神庙会	浙江庆元	祭菇神
9.23	公祭妈祖大典	山东烟台	祭祀妈祖
9.27	妈祖祈福大典	天津	祈福、皇会踩街
9.28	祭孔大典	北京、浙江衢州、杭州，山东曲阜，广西柳州	祭孔
10.9—10.11	防风祭典	浙江德清	祭防风氏
10.19	"三圣"公祭	江西景德镇	祭祀宁封子、赵慨、童宾
10.23	舞阳侯会	浙江武康	祭祀樊哙、"抬樊哙菩萨"
11.1	翡翠妈祖像开光分灵典礼	福建莆田	"割火分炉"仪式、行三拜九叩礼、迎神上香、诵读祝文、行礼奏乐等
11.2	海峡两岸炎帝神农文化祭祈福活动	湖南株洲	行三献礼、三跪九叩大礼
11.3	壬辰年海峡两岸炎帝神农祭祀大典	湖南炎陵	"八佾舞""三献礼"祭炎帝
11.9	瓦屑坝根亲祭	江西鄱阳	祭祖
11.8—11.12	青云宫庙会	山东青岛	祭祀没尾巴老李和他的母亲
11.10	祭祀大舜	浙江上虞	献贡品、敬香、击鼓、奏乐、献酒、敬酒、献花篮、恭读祭文、行礼等
11.18	谢氏祭祖	湖北黄石	祭祀谢安谢石
11.23	秋祭	广东佛山	仪仗、宣读祭文、祭祀舞蹈
11.28—11.30	第十二届中国瑶族盘王节	湖南江永	祭祀盘王

（续表）

时间	名称	地点	内容
12.6—12.8	祭尤公祭大典	贵州丹寨	祭祀蚩尤
12.7	牛王祭祀	湖南会同	祭拜牛王,跳牛铃舞
12.19	祭萨	贵州榕江	祭祀"萨"

表6 2012年进入各级"非遗"名录中的民间信俗及传承人一览

编号	序号	姓名	性别	民族	出生年月	项目编码	项目名称	申报地区或单位
1	04-1956	陈其才	男	汉族	1942.12	X-4	七夕节（石塘七夕习俗）	浙江省温岭市
2	04-1957	陈德辉	男	汉族	1946.12	X-5	中秋节（大坑舞火龙）	香港特别行政区
3	04-1958	普顺发	男	彝族	1937.11	X-10	火把节（彝族火把节）	云南省楚雄彝族自治州
4	04-1959	赵有福	男	瑶族	1946.8	X-14	瑶族盘王节	广西壮族自治区贺州市
5	04-1960	谭三岗	男	毛南族	1959.1	X-17	毛南族肥套	广西壮族自治区环江毛南族自治县
6	04-1961	王卫东	男	蒙古族	1952.8	X-34	成吉思汗祭典	内蒙古自治区鄂尔多斯市
7	04-1962	林金榜	男	汉族	1949.3	X-36	妈祖祭典	福建省莆田市
8	04-1963	当曾本	男	藏族	1970.4	X-43	热贡六月会	青海省同仁县
9	04-1964	夏吾才让	男	藏族	1978.2	X-43	热贡六月会	青海省同仁县
10	04-1967	李俊芳	男	汉族	1929.3	X-54	民间社火	陕西省洋县
11	04-1972	白有厚	男	汉族	1946.6	X-71	元宵节（柳林盘子会）	山西省柳林县
12	04-1973	陈永清	男	汉族	1958.2	X-71	元宵节	甘肃省永昌县
13	04-1974	胡文相	男	汉族	1931.6	X-84	庙会（张山寨七七会）	浙江省缙云县
14	04-1975	关章训	男	汉族	1941.1	X-84	庙会（当阳关陵庙会）	湖北省当阳市

本表中的"传承人"为第四批国家级非物质文化遗产项目代表性传承人名录中的民间信仰类项目代表性传承人。

表7 2012年民间信仰类学术研讨会列表

日期	会议名称	会议地点	承办单位	会议主题
1.16—1.17	2012"礼仪中国"东岳论坛	北京	北京民俗博物馆主办，中国民俗学会、中国人民大学国学院和北京市文物研究所协办	礼仪文明的历史源流及人文内涵、礼仪文明在中国社会的地位与作用等
2.13—2.14	宗教与中国社会六十年：回顾与展望	香港	香港中文大学	中国宗教与社会发展
3.16	第二届中华传统数术文化学术研讨会	台湾新北	辅仁大学宗教系	中华传统术数文化内涵
3.27—3.28	中华文化的当代社会影响	福建厦门	厦门大学	1. 同一祭祀圈中，嵌入现代都市社区的传统信仰文化与现代都市文明的碰撞。2. 移民海外的民间宗教与民间信仰的当代发展。3. 关注闽台庙际关系的多重形式。
3.30	座谈会	北京	中国宗教研究中心	"寺庙被承包"问题
4.8	2012北港妈祖节庆与文化国际学术研讨会	台北云林	台湾身体文化学会	节庆、休闲、文化之关联与探索
4.13—4.19	第二届全真道与老庄学国际学术研讨会	湖北武汉	香港青松观全真道研究中心和华中师范大学道家道教研究中心主办，中国道教协会、湖北省道教协会、武当山道教协会和九宫山瑞庆宫协办	"全真道"与"老庄学"
5.11—5.12	宗教的动力研究：第二届宗教人类学学术论坛	北京	中国社会科学院世界宗教研究所	宗教的动力研究
5.27	妈祖国际学术研讨会	台湾台中	静宜大学	著根大台中 探索全世界
6.1	"宗教中的教徒——第二届历史上的民众与社会"研讨会	台湾台中	东海大学历史学系	宗教中的教徒
6.2	"信仰缺失与信仰重建"学术论坛	湖南长沙	长沙和文化研究会	信仰缺失与信仰重建问题

(续表)

日期	会议名称	会议地点	承办单位	会议主题
6.17	两岸民间宫庙叙缘交流会	福建厦门	福建省道教协会、湄洲妈祖祖庙、厦门青礁慈济宫、漳州东山关帝庙、宁德古田临水宫、台湾妈祖联谊会、台湾保生大帝信仰总会、台湾中华道教关圣帝君弘道会、台湾顺天圣母协会、台湾北港朝天宫、厦门市道教协会	叙法缘、话和谐、促交流
6.25—6.28	"宋辽金元时期的中国宗教"国际学术研讨会	香港	香港中文大学	宋辽金元时期的中国宗教
6.28	中华关帝信仰文化论坛	福建泉州	泉州市鲤城区	中华关帝信仰文化
6.27—6.29	福建省民间信仰管理工作研讨会	福建泉州	泉州	民间信仰管理
7.7—7.8	中古中国的信仰与社会	北京	首都师范大学历史学院、北京大学中国古代史研究中心《唐研究》编辑部	中国中古时期的"信仰与社会"
7.12	"宗教与文化发展"高层论坛暨 2012 年中国宗教学会年会	四川成都	中国宗教学会、中国社科院世界宗教研究所、四川大学道教与宗教文化研究所	宗教与文化发展、道教与文化、宗教与社会转型、宗教学相关研究、宗教政策研究、民族宗教与和谐社会建设
7.14	宗教与法治学术研讨会	北京	西南政法大学法学研究所、北京普世社会科学研究所、《政治与法律思想论丛》编委会	宗教与法治、宗教组织的登记与自治与财务等问题、宗教与教育、宗教与公共生活、宗教行为的表达、宗教的管理、宗教与国家安全、宗教法与宗教法庭
8.14	门神文化论坛	山西朔州	中华门神文化研究中心	门神文化产业开发专题
8.27	第二届西王母文化论坛	新疆阜康	中国民俗学会、新疆阜康市政府、天池管委会	西王母神话
9.2	第三届中国国际萨满文化论坛	吉林长春	中国民间文艺家协会、吉林省萨满文化协会	萨满文化的研究、挖掘、传承和利用
9.9	"文殊信仰与和谐社会"研讨会	山西五台	山西省佛教协会 五台山佛教协会	文殊信仰与和谐社会

（续表）

日期	会议名称	会议地点	承办单位	会议主题
9.19	"渤海视野:宗教与文化战略"学术研讨会暨中国宗教学五十人高层论坛	天津	中国社会科学院文学哲学学部、浙江大学全球化文明研究中心、中国社会科学院世界宗教研究所与中国宗教学会联合举办	"宗教、传统文化与中国文化战略""宗教共同体与人类文明""宗教、信仰复兴与中国社会转型""宗教信仰在中国社会的认知与认同"
9.22—9.23	民间宗教研究:第四届宗教与民族学术论坛	甘肃兰州	西北民族大学	民间宗教研究理论创新、民间宗教研究与民族宗教学、民间宗教与民族历史文化、民间佛道教发展现状、民间宗教与其他宗教对话及民间宗教与基层文化建设、社会治理等主题
9.23	妈祖文化研讨会	山东烟台	烟台市人民政府、烟台市台湾事务办公室、烟台市文化广电新闻出版局、烟台市博物馆	妈祖文化
9.27	第五届世界儒学大会	山东曲阜	中华人民共和国文化部、山东省人民政府主办,中国艺术研究院、山东省文化厅、山东大学儒学高等研究院、中国孔子基金会、国际儒学联合会、济宁市人民政府和孔子研究院	儒家思想的当代意义
10.11	"茅山乾元观与江南全真道"国际学术研讨会	江苏茅山	江苏省道协	江南会真、金坛论道
10.20—10.22	妈祖信仰文化暨在地人文艺术国际学术研讨会	台湾云林	北港朝天宫、中正大学台湾文学研究所、成功大学闽南文化研究中心、中硕知识管理顾问股份有限公司、文水出版社	历史与文化;信仰与传播;文创与营销;海神信仰及其他;妈祖信仰与现代社会;进香活动暨传播科技的应用
10.21	第三届南瀛研究国际学术研讨会	台湾台南	南瀛国际人文研究中心	西拉雅传统宗教;汉人民间宗教道教;佛教;基督宗教;日治时期宗教;其他新兴及新近外来宗教。

(续表)

日期	会议名称	会议地点	承办单位	会议主题
10.22	首届贤良港妈祖文化论坛——海峡两岸传统视野中的妈祖文化学术研讨会	福建菁田	由福建省艺术研究院、莆田学院、台湾妈祖文化研究中心和湄洲湾北岸开发区管委会主办；台湾嘉义新港奉天宫董事会与贤良港天后祖祠董事会承办。	妈祖文化的宏观理论研究；贤良港妈祖文化的地位专题讨论；各地妈祖文化宫庙的田野调查；妈祖文化不同视野命题的综合研究
10.26—10.27	第八届"嘉义研究"学术研讨会	台湾嘉义	嘉义大学人文艺术学院台湾文化研究中心	嘉义地区宗教信仰研究
11.3	信仰与社会——全球化时代的精神反思	北京	北京大学	多元信仰与社会变迁
11.13	民间信仰事务管理工作座谈会	温州	国家宗教事务局	民间信仰事务管理工作
11.28	宗教实践与社会和谐学术座谈会	北京	陕西终南山文化研究院、佛教在线	宗教实践与社会和谐
12.1	2012五显大帝信仰文化研讨会	台湾基隆	中华五显大帝庙宇发展协会、江西省道教协会	五显大帝研究
12.21	第五届当代中国宗教论坛——世界宗教形势与中国宗教治理	北京	中国社会科学院世界宗教研究所	世界宗教形势与中国宗教治理
12.27—12.28	道教与星斗信仰学术研讨会	广州纯阳观	广州市道教协会、香港道教学院	星斗信仰与道教神学、星斗信仰与教义教理、星斗信仰与科仪法器、星斗信仰与社会民俗、星斗信仰与宗教对话
12.28	第六届海峡两岸道教文化论坛	江西鹰潭	江西省宗教文化交流协会、鹰潭市道教协会、鹰潭市道文化研究中心	传承、和谐、健康、发展

2012 年度中国网络谣言与民间话语研究报告

施爱东[*]

2012 年 4 月 8 日,中国互联网协会发布《中国互联网协会抵制网络谣言倡议书》称:"随着信息通信技术的快速发展,互联网已经成为民意表达的重要平台,对经济、政治、文化和人民生活产生着积极的影响。同时应当看到,网上不良、不实信息仍然存在,影响社会健康发展,特别是最近网络谣言的传播成为一大社会公害,严重侵犯公民权益,损害公共利益,也危害国家安全和社会稳定。共同抵制网络谣言,营造健康文明的网络环境已经成为社会各界共同关注的问题。"倡议书呼吁:"希望广大网民积极支持互联网企业抵制网络谣言的行动,自觉做到不造谣、不传谣、不信谣,不助长谣言的流传、蔓延,做网络健康环境的维护者,发现网络谣言积极举报。"[①]

这样的倡议是很有意义的,不过,其作用似乎也只限于"意义"层面,几乎不可能取得任何实际的效果。第一,谣言并不是带着标签流传的,相反,每一则谣言都是带着"内部消息""真实情况"的标签在流传,多数网民在传播一则谣言的时候,都不认为自己传播的是谣言;第二,对于谣言家来说,谣言正是他们牟利的工具,他们不仅不会承认自己生产的是"谣言",相反,他们会把谣言生产得更加精致,进一步增强谣言的"仿真性",使谣言更具隐蔽性和蛊惑性;第三,谣言的传播有其自然的规律,谣言具有强劲的反弹能力,越是信息封锁、越是严厉打击,谣言反而会越加隐蔽,越加盛行。谣言治理必须是一种综合治理,单方面地要求网民"自觉做到不造谣、不传谣、不信谣,不助长谣言的流传",只能是一种美好的愿望,就像我们强烈倡议贪官"不要贪腐"一样。

谣言不是单纯的假新闻,谣言是特定社区广为流传的假新闻。人们社交活动中时时都在生产假新闻,可是,绝大多数的假新闻都会止步于很小的熟人社交圈内,只有那些能迎合公众情绪,能满足大众好奇心的奇谈怪论、黑市信息才能吸引

---

[*] 施爱东,中国社会科学院民族文学研究所副研究员。
[①] 《中国互联网协会抵制网络谣言倡议书》,中国互联网协会 http://www.isc.org.cn,2012-04-09。该倡议书 4 月 8 日由新华网作了首发。

公众的强烈关注。

随着智能手机的普及,口口相传的谣言绝大多数已经转向社交网络。微博、微信、博客等"自媒体"社交网络重组了人与人之间的社会关系,重新分配了名人与常人的话语权力,给予了许多草根网民一夜成名的机会。

由于微博的结构模式、传播模式与谣言的结构模式、传播模式特别契合,所以,微博成了网络谣言最大的动力机制。"法制网的调查显示,在2012年出现的网络谣言中,有51.7%是源自微博,或者主要在微博上传播。"①

一、2012年的谣言大势

2012年是网络谣言最为兴盛的一年。据"中国互联网络信息中心"的统计,截至2012年12月底,我国的微博用户已经达到3.09亿。"经过2011年的高速发展,微博已经成为中国网民使用的主流应用,庞大的用户规模又进一步巩固了其网络舆论传播中心的地位,微博正在重塑社会舆论生产和传播机制,无论是普通用户,还是意见领袖和传统媒体,其获取新闻、传播新闻、发表意见、制造舆论的途径都不同程度地转向微博平台,这一因素让微博的个人用户规模在2012年继续维持着较高的增长速度。"②几乎所有的重大新闻和流行谣言,都会在微博上得到反映。

2012年下半年的政治谣言几乎占据了中文网络中谣言世界的半壁江山,而这些政治谣言泰半出自境外的各种反华网站。"据不完全统计,目前在境外建立的反共反华网站近2000家,仅'法轮功'网站就至少有260个,'藏独'网站约有200个,对中国进行全天候的污蔑攻击。"③网络已经成为东西方后冷战时代的新战场。虽然中国实行了网络管制,可是,各种"翻墙"软件却层出不穷,防不胜防。信息的流通已经让世界变得日渐透明,互联网成了东西方价值观的"角力场",生产和散布各种有关政治事件和政治人物的网络谣言,已经成为西方"网战"的重要手段。

"互联网成为美国推行资本主义政治制度和意识形态的新型工具和媒介。当前,全球网络空间秩序处于极不平衡的状态,美国拥有绝对的优势,全球网络管理中所有重大决定仍由美国主导。全球互联网的全部网页中占81%的是英语,其他语种加起来不足20%;国际互联网上访问量最大的100个网站中,有94个在美国境内。苏联解体后,美国一直没有放弃对我国的西化、分化和渗透。当前,从政府

---

① 惠滢:《网络谣言泛滥 岂能袖手旁观——关注网络信息保护专题报道之四》,《中国青年报》2012年12月30日。
② 《第31次中国互联网络发展状况统计报告(2013年1月)》,中国互联网络信息中心 http://www.cnnic.net.cn/hlwfzyj/hlwxzbg/hlwtjbg/201301/P020131106386345200699.pdf。
③ 姜胜洪:《网络谣言应对与舆情引导》,社会科学文献出版社2013年版,第94页。

到各主管部门再到网络服务提供商,他们自始至终都按照自身的标准筛选和推出符合其价值标准的互联网信息内容及传播方式,将符合本国利益和价值观的信息传播给受众者。"①2011年2月15日,美国国务卿希拉里·克林顿在乔治·华盛顿大学就国际互联网问题发表题为"互联网的是与非:网络世界的选择与挑战"的讲话,该讲话对中国等多个国家的网络政策进行了指责,明确表示:"我们正在做出积极的努力,抵制我们一贯反对的那些人,那些想采取扼杀和压制手段、想宣扬他们自己对现实的看法而不接受任何其他看法的人。我们要求你们为这场斗争贡献力量。这是一场捍卫人权、保护人类自由与人类尊严的斗争。"

在各大微博,营销账号是谣言生产和传播的主力军。2012年是微博高速发展的第三年,微博经济迅速催生出一大批营销账号,这些营销微博已经在长时间的运行中归纳总结出一套行之有效的营销策略。营销微博为了吸纳粉丝,引起关注,常常借助谣言来传播自己的名片,制造或及时散播一些耸人听闻的独家秘闻或小道消息,有时造谣传谣,有时扮民主斗士,有时扮侠肝义胆,有时表演爱心,有时讥讽时政,有时骂骂日本,有时发点美女图片,有时转个笑话,反正,受众想听什么,想看什么,他就提供什么。如此持续地生产或转发新的热点话题,很容易就能得到广泛而持续的高强度关注。一家网络公关公司至少会同时掌控着数百上千个营销账号,这些营销账号往往互相呼应,在推高各种热门话题的同时,隔三岔五夹带一些营销商品的软广告,并以此牟取巨额的商业利润。

2012年最喜剧性的谣言事件是盛行于12月的"末日谣言"。这则由玛雅历法周期而衍生出来的谣言,经由邪教组织"全能神"的蛊惑,在西部地区引起了一定的社会不安情绪。"在互联网上,'末日说'成了最流行的话题之一。百度贴吧出现了'世界末日吧',有人发表'我老家开始发救急包了''江苏出现了三个太阳'等帖子,其中关于'12月21日黑暗降临后,地球将会有连续3天的黑夜'的'变种版末日谣言'最为流行,导致市民抢购蜡烛和火柴,四川省隆昌县、双流县,湖北公安县,以及长春等多地白蜡烛脱销……比起销售'末日船票'和'逃生工具',全国乃至世界各地的末日旅游套餐和图书销售似乎更为赤裸和直接,'末日来临前必须去的十大地方''世界末日最佳逃生地'……一些旅行社调整传统线路以迎合顾客对于'末日旅行'的要求;而《末日逃亡手册》《末日地下生存手册》等打着'末日'旗号出版的图书也达几十种。"②更多的网民将"末日谣言"视作一种娱乐话题,明知其为荒谬,也乐于鼓噪喧哗。

---

① 余丽:《美国互联网战略对我国的严峻挑战及其对策》,《红旗文稿》2012年第7期。
② 新华社:《炒作"末日",只为敛财》,《深圳商报》2012年12月18日。

二、谣言生产和传播的专业化倾向

在互联网世界中,网站或者每一个自媒体的点击量、跟帖量、粉丝数、用户粘性之类,都可以转换成现实财富。因此,制造话题、炒作话题,使之成为大众传播的故事,以耸人听闻的网络谣言来提升营销账号的曝光率和知名度,已经成为网络营销常见的辅助手段。造谣和炒作结成了一对孪生姐妹,到处天女散花。

2010 年开始,一则关于"失踪孩子在某超市被剃光头"的人贩子谣言在天津辗转两年多,却并没有在天津之外形成较大影响。可是,2012 年年底,谣言被改装成"太平家乐福谣言"之后,仅仅三天时间,就从哈尔滨一路南下,席卷全国至少 40 多个城市,得到了超千万次的网络转帖。新谣言中的每一个母题,从人物、场景到行为功能,都寓意着沉重的文化隐喻和深刻的历史记忆。而谣言的结构,却是借用现代新闻导语的笔法,特别为适应微博传播而精确打造。此外,谣言准确地命中了年轻妈妈这一传播群体,选择在"年关将至"的特定时间节点批量推出,体现出谣言制作、散布的专业水准。虽然我们无法找到谣言的具体策划者,但是,该案例充分显示出谣言传播已经由口口相传的散打时代进入了精心策划、制作和传播的专业时代。网络谣言生产和传播的专业化趋势,正在成为一些网络推手的生意门径。

在谣言散布方面,"太平家乐福谣言"选择了始发于亲子类 QQ 群。QQ 群是一种半开放性质的同人网络,群外的网民无法进入群内,也无法通过搜索引擎检索群内消息,群主却可以随时将可疑人员踢出该群,因此,许多网络推手都会选择 QQ 群作为谣言始发站,具有很强的隐蔽性。

由于每一家网络公关公司都掌握着一大批的网络账号,这些账号之间往往会互相转发,互相评论。微博上的谣言往往不是最早由网络大 V 发出,而是首发于一些粉丝数极少的"小号",经过几轮转发之后,再由网络大 V 评论转发。当谣言形成一定规模之后,"小号"再将原发谣言删掉,"毁尸灭迹"。而网络大 V 也可以借口只是转发,推卸造谣的责任。

在微博上,营销账号特别擅长捕捉和加工一些耸人听闻的话题。一旦发现有炒作价值的事件,营销账号往往不是直接转发别人的微博,而是将别人的微博拷贝出来,略做加工之后,再以"原创"的形式来重新发布,然后在帖子末尾加一个"by 某某",以示此帖非己首发,一旦内容有误,也好推卸责任。这样,该微博就会带着营销账号的名称,在成千上万次的转发中,成千上万次地出现在别人的页面上,最大限度地增加其曝光率、扩大其影响力。

营销账号在传播上也有很多花样,比如,同一团队的营销账号,常常互相响应,反复转发,即使无话可说,也可借助反复出现的词语来突出战友。如新浪微博

"观点联播V"的一条题为"温州医院'山寨'救护车致人病危 副院长笑着回应"的微博。在这条微博的后面,同一团队的微博只用"让她火"三个字,就让这条微博得到了上千次的转发:"@转段子:让她火//@观点联播V:让她火//@转段子:让她火//@黑客是这样练成的:让她火//@老马时评:让她火//@历史断片:让她火//@历史断片:让她火//@焦点联播:让她火//@元芳视角:让她火//@中国微闻:让她火//@杂谈五味:让她火!"①有时候,甚至一个符号就能起到积极的推送作用,如新浪微博"转段子"的一条微博:"一哥们赚了点钱,想开宾馆,但实在想不出什么好名字来,请大家帮忙!"因为该微博下出现了一个有"内涵"的"枫林晚宾馆"的跟帖,马上被营销团队抓住,然后用一个"→_→"的符号,就将这条极其平淡的微博推成了热门微博:"@金中草堂:→_→//@转段子:→_→//@谈笑古今V:→_→//@名家评说:→_→//@观点联播V:→_→//@假装是思想:→_→//@易县那些事:枫林晚宾馆!"②

几乎所有的草根微博和营销微博,若想短时期内集聚大量粉丝,都得加入造谣和传谣的队伍。很少微博能够仅仅依靠一点心灵鸡汤或幽默小段子就可跻身新浪名博的高座。一些知名的网络大V,尤其是小报记者、京沪律师、非知名作家这三类人中的网络大V,许多人都非常热衷于造谣和传谣,尤其是传播一些不触及敏感政治、"只反贪官不反朝廷"的社会谣言。谣言的生产和传播日益呈现出专业化的倾向:"谣言制造者通常是深谙网络传播规律者。这种网络传播规律包括网络舆情的热源规律,即引发关注、点燃舆情并使舆情升温或恒温,促使事件成为网络舆情热点事件的力量所在;以及微博客等新媒体的传播特征与规律。这些规律在造谣者的知识库中并未理论化、条文化,甚至可能造谣者自身也不知晓其掌握着某种技巧,但他们在潜意识中懂得哪些元素、信息,如何加工、发布,能够在网络中引起波澜。如果说网络推手所做的网络炒作行为是网络造谣的一种极端表现,那么他们对网络传播规律的把握则达到可以操控的境界。总之,造谣者与网络推手制造谣言的技能来自对网络虚拟社会的切身感受和网络媒体应用的实际经验,往往行之有效,影响广泛。"③

三、钓鱼谣言日渐流行

所谓"钓鱼谣言",是一些网络高手为了显摆自己的智力优势而虚构的,设置了明显知识陷阱的戏谑谣言。钓鱼者往往会预设特定的垂钓对象,迎合对象的知

---

① 新浪微博"转段子"http://weibo.com/u/2452381095,2013-06-13。
② 新浪微博"金中草堂"http://weibo.com/u/3557479591,2013-11-30。
③ 任一奇、王雅蕾、王国华、冯伟:《微博谣言的演化机理研究》,《情报杂志》2012年第5期。

识结构、政治立场或审美趣味,故意创作一些似是而非的、误导性的故事或观点,他们把这个过程叫做"下钓""挖坑"或"埋雷"。比如假托一些真实的历史事件或历史人物,编造一个真假互掺的新故事,粗一看,时间地点人物事件清清楚楚,似乎真有那么回事,但恰恰是在某些特定的细节上故意设置了"鱼钩",也即能够迅速证伪的知识点。待到有人转发或引用,钓鱼者和他的同伴们就会随时拉动鱼钩,指出谣言破绽之所在,同时对被钓者的智商、人品进行嘲讽和打击,他们把这个过程叫做"收网",把被钓鱼的网民叫做"傻鱼""水鱼"。如果上钩的网民比较多,他们就把该行动叫做"炸鱼"。

钓鱼谣言是2009年之后迅速兴起的一种网络谣言。早期的谣言生产者多是一批怀有爱国情怀的军事文化爱好者,他们在与对手的论战中,逐渐发明总结出一套用钓鱼谣言来设陷打击对手的论战方式,且自许为"钓鱼党"。但从实际效果来看,钓鱼谣言不仅未能有效地遏制谣言的生产和传播,反而被不明真相的网民加以改造和扩散,成为谣言新品种,汇入当代谣言的汹涌洪流。钓鱼谣言作为一种论战工具,早期虽为"钓鱼党"所使用,2011年之后也为对手所逐渐掌握,"以彼之道,还施彼身"。

人们对于那些自己认为应该发生的事件,会很容易相信它确实发生过。尤其是在这个情绪化的时代,许多网民都愿意相信那些符合自己观点的故事,而不是事实。谣言的市场就在这里!钓鱼者一方面巧妙地迎合了市场的需求,精力地编造了像模像样的故事,另一方面,却又故意设置一些知识陷阱,常常是有针对性地专钓那些早就憋好了情绪,正在寻找发泄渠道的愤怒青年,以及那些早就预设了一肚子观点,正在等待案例的公共知识分子。而钓鱼者本人,则往往是与这些公共知识分子持不同观点的网民。被钓者一旦上钓,往往会遭到来自钓鱼者以及围观网民在智商、情商、观点三方面的无情嘲讽。当各方持不同观点的网民都在使用钓鱼手法互设陷阱打击异见的时候,钓鱼谣言已经逐渐蜕变成一种挑起网民冲突、互施语言暴力、加深政治裂痕、搅碎网络和谐、破坏网媒公信力的不谐音符。

2012年是钓鱼谣言颇为盛行的一年。以"末日谣言"为例,2012年12月18日,新浪微博"吴法天"发布一则题为"确切消息"的帖子:"NASA(美国国家航空航天局)已证实,2012年12月21日下午将会出现'天空变得异常黑暗'的天文现象。从5点左右开始,直至8点左右达到顶峰,之后持续近10小时。期间如果没有人工照明将会很难看清东西。"①这是一则极其明显的玩笑帖,马上就有网民指出:"钓鱼帖,冬天晚上5点到晚上8点如果没有月亮,本来就会是黑暗好吧。"[飞蛾子]但尽管如此,因为有了"末日谣言"的铺垫,部分恐慌的网民还是信以为真,

---

① 新浪微博"吴法天"http://weibo.com/319342666,2012-12-18。

有人问"消息确切吗",也有人问"这到底是为什么",还有人惊呼"天哪,那怎么办"。

再以"反转基因谣言"为例,2012年5月9日,新浪微博"胖哥花园"发了一张经过图像处理的16条腿的"蜈蚣狗"图片,文字说明为:"狗我们人类最好的朋友,看看那些丧尽天良的转基因人士对我们可爱的狗狗多做了什么?这样的狗你忍心吃吗?你敢吃吗?根据英国《泰晤士时报》的报道,美国的一群转基因科学家把蜈蚣的基因转入了我们可爱的狗狗身体内,培育出了这种让人吃的肉狗。请@顾秀林的微博、@陈一文顾问、@金微、@反转战士郭丹红。"[1]果然,许多反转基因人士都转发了这则微博,表达了对于基因科学家的强烈愤慨,如新浪著名博主"编辑赵华"就以"邪恶转基因:18腿肉狗!"为题转发了该微博,并且责问:"肯德基、麦当劳用的是不是转基因多翅怪物鸡?"[2]这时,博主"胖哥花园"就跳出来嘲笑说:"我在钓鱼,就是想钓那几个反转基因的蠢货,结果他们没钓上来,却把编辑赵华那个蠢货给钓上来了。我昨天下午就承认是在钓鱼了。"

钓鱼是一面双刃剑,被钓的羞辱确实让许多网民在谣言面前变得更加慎重、迟疑,但是,也有许多网民因此更加固执、极端,立场更加坚定,对辟谣言论更加抵触。随着"真相党"对钓鱼手法的习得,钓鱼谣言成了左右两派互相攻讦的投枪和匕首,成了一些网络青年站队、结盟,甚至派系认同的知识暗号。绝大多数钓鱼谣言都有明确的目标人群,一望而知创作者的政治倾向和立场,只有极少数是中间派的恶作剧。所以说,钓鱼放大了政治理念的裂痕,加重了语言暴力的乖戾,搅碎了网络讨论的和谐,"这确属一种不良现象,它不仅挑起网民冲突,还直接干扰了网络言论平台上的正常秩序,直接挑战网媒公信力"[3]。

四、图片谣言成为新的谣言生长点

在谣言的口传时代是不会出现图片的,就算有人拿着图片来讲述谣言,也不可能将图片传到一个又一个的传谣者手中。数字时代改变了谣言的形态结构,尤其是手机智能化以后,图片拍摄和传播均已成为"举手之劳"的简易操作,信息传递已经不再限于文字描述的一元结构,而是进入了文字与音像相结合的二元结构。

由于图片信息更加直观易懂、信息更加集中,因此图文对照往往更具视觉冲击力、更具事实说服力。许多网民甚至会主动向一些现场谣言发布者提出图片的

---

[1] 新浪微博"胖哥花园"http://weibo.com/panggehuayuan,2012-05-09。
[2] 新浪微博"编剧赵华"http://weibo.com/zhaohua021,2012-05-09。
[3] 佚名:《网络"钓鱼"现象挑战网媒公信力》,《南方都市报》2011年8月22日。

要求,这种要求后来浓缩成一句口头禅:"无图无真相。"

2010年以来,许多营销微博以及刻意经营微博的网络名人,都很善于利用各种图片处理软件,特别注意将自己的微博经营得图文并茂。基于"无图无真相"的认识,许多网民都将图片视做信息可靠性的依据之一。往往一张新闻图片出来,短短数小时之内就被无数人转来转去,图片右下方的博主水印,被覆盖了一层又一层。

谣言家本质上就是一些兜售谣言的谣言商贩,网民喜欢看到什么样的信息,他们就会生产什么、兜售什么样的信息。网民对于图片的信赖促进了谣言家们对于图片的利用,大量张冠李戴、移花接木、时空错乱、拼凑缝合的图片被用做谣言的注脚,甚至以一些虚假的图片为中心而虚构的故事在2011—2012年间大量出现。

针对图片谣言的大量涌现,许多辟谣的网民也开始利用谷歌和百度上的图片搜索功能,对网络图片的来源进行辨析和追踪,并出现一些技术打假的辟谣爱好者。可是,技术手段的普及并没有造成图片谣言的衰落,谣言家们迅速做出策略调整,他们只需在配图谣言后面加上一小行("图片与内容无关")或者("图文无关")就可以了。如此一来,谣言成为一种配图叙事,任何谣言都可以配上一张貌似相近内容的图片,堂而皇之地出现在网页上。2012年还出现一种说怪不怪的现象,有些谣言家为了推广其谣言,甚至为谣言配上一些与内容毫无关系的美女图片、准色情图片。

五、网络谣言的"自净"功能

网民的结构是多维的,谣言虽然蛊惑人心,但是,既然有造谣者,也就会有辟谣者。著名的辟谣组织如"微博辟谣""果壳网""科学松鼠会""谣言粉碎机",辟谣热心人士如"点子正""武汉陈国恩""吴法天"等,因此,许多人认为网络本身具有"自净"的功能。中国人民大学的喻国明教授甚至认为"微博谣言"本身就是一个伪命题:"我将微博带来的事件还原效应称为'无影灯效应'。每一个人的观点都有不全面之处,就好比每一盏灯都有'灯下黑'。但是,当所有知情人的观点汇聚在一起时,就会形成一种互相补充、纠错的关系,就会实现真相的再现。因此,只要一起事件不只有一个目击者,只要微博发布信息的机制足够开放,那么最终传达出的真相应当比传统模式更加完善和立体。所以我认为,微博不是制造谣言的地方,而是粉碎谣言的地方。"①

可是,人民网研究院调研小组研究发现,理论上说,网络作为多元舆论场,对

---

① 骆沙:《喻国明:"微博谣言"是个伪命题》,《中国青年报》2011年9月11日。

谣言及虚假信息具有纠错能力和自净化功能,但是,现实中这种自净化只能小部分地、有条件地实现。该研究院通过对2011年50个网络谣言典型案例的分析,得出了四个基本结论:

(一)网络谣言的产生以故意造谣为主,传播主渠道是微博、论坛

50个谣言中,47个谣言是由网民或线下民众故意制造的,3个是由于信息在传播中出现畸变,导致信息失实,以讹传讹造成的。在50个网络谣言典型案例中,有21个谣言在微博上首发(占比42%),有19个谣言在论坛上首发(占比38%),有6个谣言在传统媒体和网络媒体上首发(占比12%),有3个谣言首先通过人际间口头传播(占比6%),有1个谣言首先通过手机短信传播(占比2%),极少量的谣言同时在博客、QQ群、百度贴吧上首发。

(二)网络谣言的传播和净化过程同时开始,但网络澄清谣言的速度远远赶不上传播谣言的速度

网络为所有人提供了传谣的条件,也提供了辟谣的条件。谣言的"传染期",完全可以成为网络自净化的启动期,只要有人提出质疑、发布真相,网络净化即已开启。但是,网络澄清谣言的速度远远赶不上谣言传播的速度。网上流传一句俗话:"造谣动动嘴,辟谣跑断腿。"因为造谣大多只是借助合情想象和文字加工,时间成本非常低;而辟谣却需要认真取证,梳理源流,时间成本相对要高得多。而且谣言一旦形成,往往已经具有燎原之势,这时再来辟谣,往往应者寥寥,高时间成本却只能获得极低的响应回报。

(三)网络自净化尚有赖于传统媒体的大力干预

调查表明,超过半数的有说服力和影响力的辟谣信息首先由传统媒体发出,而后通过网络转发实现自净化,属于线下对线上干预的网络净化。传统媒体成为网络自净化的首要推动因素。

不过,即使传统媒体或者主流网站不介入辟谣,经过一段时间的热传之后,谣言自然也会到达弥散临界点,转为小范围传播或逐渐停止传播,这时,谣言像蛹一样进入一个暂时的沉寂期。这类谣言很可能会周期性地出现,时隔一段时间之后,很有可能再次化蝶出世。这种情况下,网络自净化只是一种暂时的沉淀式的净化,并不是完全净化。

就目前来看,能够有效辟谣的当事人或当事机构、现场旁观者、拥有专业知识的专家学者、相关政府部门等并没有充分发动起来,不能自觉地或义务地发挥网络纠错的作用,使得网络自净机制还难以充分发挥其实际功效。

(四)网络对谣言及虚假信息净化效果有限

网络为谣言净化提供了客观物质条件,但网络净化的能力和程度,仍然受到人的主观因素的重大影响:如果没有人提出质疑、发布真相,净化无从谈起;如果

辟谣的人、辟谣信息少于传谣的人和谣言,网络谣言肯定只能是部分净化;而如果辟谣信息、辟谣主体不被多数网民接受和认同,网络净化就更不可能完全实现。理论上,开放的互联网,网民表达自由,网民群体经过充分辩论,证实证伪,谣言及虚假信息能够得到澄清,网络完全能够自净化。但是,在实际上,受各种因素影响,网络对于谣言及虚假信息只能小部分地、有条件地自净化。"从总体上而言,网络谣言自净化的实际效果并不尽如人意,九成的网络谣言都不能在一定时间内实现自我纠错、自我净化。"[1]

六、信谣和传谣是一种情绪

  人民网研究院的调查还发现,与政府部门、权力机构、特殊利益阶层相关的谣言,属于"顽固型谣言",比较难于自净化。"当前众多网民对于权力腐败、司法不公、分配不公、为富不仁、社会诚信等问题已形成相对固化的认识,那些触及这些社会积怨、反映社会深层矛盾的谣言,网民'宁可信其有',往往采取主动行为转发,这也是此类谣言传播快、信者众、净化慢、辟谣效果微小的主要原因。"[2]

  公众对于此类腐败谣言的顽强信任,折射出对于政府信息的不信任。公众对待此类谣言的态度,更多是出于对谣言的情绪性信任,而不是出于对谣言的事实性判断。公众普遍认为官官相护,只要没有可信任的第三方介入,来自政府官员的辟谣说明就很难获得公众的认可。更有甚者,公众可能会将某些政府官员的辟谣信息当作取笑对象,进行嘲讽和恶搞。民间与官方的这种情绪性对立,自古以来就没能解开过,所谓"老百姓",往往就是"老不信":"当社会结构固化、阶层之间无法流动时,在上层中就会形成一部分人永远处在优势、主动和控制地位的感觉,下层成员自身无力反抗,只能在某些事情上通过不理睬、不接受、不信任等不合作态度,来表达自己的不满。"[3]

  来自人民网舆情监测室的监测显示,目前社会公信力下降导致的信任危机,以政府、专家以及官方媒体最为严重。不相信政府,不相信专家,更不相信媒体已构成了当前社会上一堵亟待翻越的"信任墙"。"通常情况下,政府、专家及媒体的信任危机并非各自孤立,它们往往都是拧合在一起出现。现实中,一些政府部门在应对公共事件上的非真诚表态,往往难以第一时间解除大众心中的疑惑,这时某些所谓的专家便会站出来通过媒体管道发表一些非公正的言论,试图平息民众

---

[1] 人民网研究院:《网络对谣言的自净化作用研究报告之一》,人民网研究院,http://yjy.people.com.cn,2012-06-13。
[2] 同上。
[3] 杨宜音:《逆反社会心态解析》,《人民论坛政论双周刊》,2013年7月(上)总第409期。

的质疑,但结果却常常适得其反,引发连锁信任危机。"①

一些政府部门或地方政府在突发事件面前,往往会采用封锁消息、遮掩问题的方式来抑制谣言,这种做法通常都会导致矛盾的进一步激化,刺激公众逆反情绪。在网络的自净过程中,我们常常可以看见这样一种怪现象:辟谣者只要说出了对政府有利的事实,或者讲出了对政府有利的道理,很容易就会被网民贴上"五毛"的标签,招致网民的讥讽甚至谩骂。部分网民对于政府、专家,以及主流媒体如《人民日报》、中央电视台的官方信息已经形成了逆向理解的思维定式。"所谓群体逆反心理,就是一群人对某个事物或者某个观念的原正确性与原正当性产生了怀疑甚至否定,走到与之相对的另一个极端上去的一种特殊的心理现象。社会上经常会出现这种现象:愈是正面宣传的东西,受众愈是反感;愈是批评错误的思想言论,受众愈是同情;原先对某个事物绝对相信,现在却对此彻底否定等等。这些都是群体逆反心理的表现。让人头疼的'老不信'现象也是群体逆反心理在起作用。"②

激愤的情绪发泄方式一旦形成习惯,人们只要看见一些刺激性的讯息,甚至只是一两个敏感词(如贪官、开发商、煤老板、官二代、富二代、二奶、宝马、五毛党之类),就会不假思索地以肯定的语气、偏激的言论、模式化的评论方式加以转发、传播。在这一过程中,很容易发生"市虎效应",众口一词将谣言坐实。

不仅官员、富人容易成为谣言攻击的明确对象,那些高帅富或者白富美的影视明星也很容易成为网民调侃、恶搞的隐性攻击对象。一个最简单的例子就是,那些公认最帅的男星,多数曾被传为同性恋者、抑郁症患者、家庭暴力男;那些公认最美的女星,要么被传为性瘾患者,要么被传为主动向某名人示爱遭拒,或者遭到富商老公的遗弃。明星离婚的消息总是比结婚的消息更引人入胜。

没有缺憾的人生是不可信的。明星的长相过于完美,成名过于风顺,都会让他的同性感觉不舒服。适度的拉低或者污名化,让别人在某些方面保持部分优越感,可能会让人更容易接受。即使明星公开辟谣,也难以阻挡网民的污名化猜想。被视做高帅富典型的王力宏就公开辟谣说:"我是异性恋,李云迪也是喜欢女生。所谓宏迪到底是什么情况?! 或许只是开玩笑,只是娱乐新闻,但我还是希望大家能分辨什么是真,什么是胡扯!"③但还是有许多网民跟帖说:"是就是呗,现在人太大惊小怪,同性恋有啥不好的。"[文一光]

---

① 陈仁泽:《舆情监测显示民众对政府专家及媒体信任度低》,《人民日报》2011年9月9日。
② 雍天荣:《警惕"群体逆反"心理催生伪改革》,《人民论坛政论双周刊》,2013年7月(上)总第409期。
③ 新浪微博"王力宏"http://weibo.com/leehom,2013-01-03。

七、谣言的变异性特点

谣言的形成,是自然信息被选择传播的结果。人类社会每天都会生产出无数的故事,但并不是每一则故事都会成为谣言,只有那些符合特定群体心理预期的,或者经过集体的不断修改之后、能激起人们传播欲望的故事才能成为谣言,被广泛传播。谣言的生产与传播,完全符合进化论物竞天择、适者生存的发展观。社会的自然选择就是谣言形成和变异的强劲动力。

谣言最清晰最实在地反映了传谣者的内心诉求。人们之所以乐于传播谣言,是因为他赞同谣言所传达的情绪,认同谣言所讲述的故事,或者乐于见到谣言蔓延所派生的后果。谣言就是"要把事情搞大",就是"惟恐天下不乱",就是期望通过"天下大乱,达到天下大治"。谣言是一种破坏的力量,同时也在破坏中包含着对于重建的希望,谣言是一面双刃剑,它可能剜去腐败,也可能伤及无辜。

信息传播中,失真是最常见的现象。在口传谣言时代,传播者必须依赖记忆将谣言加以转述,转述的过程也是用自己的语言进行故事重组的过程,因而也是再创作的过程。谣言的传播不仅仅是故事的传播,也是一种"姿态"或"态度"的传播,多数传播者会在故事中附加自己的评论信息,对故事的性质进行"表态"。他们甚至会将自己的意见演绎成具体的情节,对谣言进行精心修改,使之更符合自己的意愿。传播者不可能原封不动地传播一则违背自己意愿的谣言,如果谣言不符合他的意愿,他或者不传播,或者会加上负面的意见之后,以批判的姿态来重构谣言。

当谣言主题与传谣群体的心理预期趋于一致的时候,群体会努力维护该谣言的主题,尽量使之保真。而当谣言主题不符合公众心理预期的时候,传谣者会对谣言内容进行适当的修改,每一个传播者措词的细微变化,都可能在后面的传播中引发蝴蝶效应,最终使谣言主题符合传谣群体的心理预期,接下来,他们会很乐于传播这则经过"集体创作"之后的终极版谣言,而且会努力使之保真。所以说,口传谣言总是处于不断创作和修订的过程之中,甚至每一个传播者口中都会有一个新谣言。

不同的社会群体,或者不同的社会思潮、社会情绪,会形成不同的信息选择标准。根据进化论的观点,选择标准的改变必然导致信息的演进偏离原有方向,有时候,这种偏离甚至是逆向的。

谣言的变异性具有民间故事变异性的所有特征。网络只是改变了谣言传播的介质,并没有改变谣言传播的变异性特征。对于网络谣言来说,信息传递中的任何误差都可能导致蝴蝶效应,造成谣言主题或攻击对象的严重偏离。谣言的变异是全方位的,无论是谣言的故事主角,还是谣言的主题、谣言的发生地,都会在传播过程中发生巨大变化。一个有趣的案例是网民"陈子河"的遭遇。2012年8月16日,陈子河在"博联社"网站发布谣言《死去的"周克华"其实是一个便衣警察》①,耸人听闻的标题迅速在互联网上疯传。由于该博客在"百度搜索"中显示的格式为"死去的'周克华'其实是一个便衣警察_陈子河_博联社",许多网民在转述谣言之后,直接将百度搜索中的显示格式粘上微博。网民不断转发的同时,谣言信息逐渐精减,结果,8月17日就传成了"被击毙的'周克华'其实是便衣警察陈子河"②,很快,陈子河名字前面又被加上了"长沙便衣警察"的头衔,谣言进一步落实成了:"重庆警方击毙的'周克华'其实是前往重庆协助办案的长沙便衣民警陈子河。"短短一天时间,造谣者就被网民"击毙"。

网络时代,谣言的传播速度被无限加速。以"太平家乐福谣言"为例,该谣言最早于12月10日(星期一)上午出现在哈尔滨各中小学家长的亲子QQ群上,12时50分许,《哈尔滨日报》记者致电家乐福超市管理部门,得知并未发生类似事件。当天15时,警方经过核实之后即发布辟谣微博:"经询问我局110指挥中心和家乐福超市所在辖区派出所,均未接到丢失孩子的报警。家乐福超市管理部门也已证实,此事为谣言。"③可是,谣言依旧以惊人的速度传向全国,仅10—12日三天,该谣言在各大中文社交网站的转发量就超过了1000万,其中仅新浪、腾讯两家微博的转发量就超过300万,且如病毒般迅速变种出北京、厦门、青岛、武汉、苏州、嘉兴、南通、昆山、东莞、佛山、乌鲁木齐等至少六十多个同一内容、不同门店的谣言版本,一些根本没有开设家乐福门店的地区,也出现了当地家乐福发生小孩失踪的谣言。一则哈尔滨的家乐福谣言,可以在短短一天之内,迅速变身为广东东莞的家乐福谣言。

相对于口传谣言,网络谣言的信息传播更加稳定,有时只需复制、粘贴即可,文字修订和图片修改都变得越来越简单,音像资料的下载、上传也越来越便利。数字技术的进步使谣言传播如虎添翼,相比于口传谣言和传单式的谣言传播,网络谣言更加方便、快捷,谣言在上下家之间往往是通过"复制—粘贴"而完成,变异性似乎不大。可是,由于口传谣言只是面向一二知己或三五亲友的传播,上下家之间的传播速度和范围都不大,而网络谣言往往是面向成千上万网民的发布,基数大了,变异的可能性也就相应加大。网络只是改变了谣言传播的介质,并没有改变谣言传播的变异性特征。

---

① 陈子河:《死去的"周克华"其实是便衣警察》,博联社"陈子河个人中心"http://chenzihe.blshe.com/blog.php,2012-08-16。此文现已删除。
② 陶冶:《周克华"谣言攻防战"考验政府公信力》,新华网—新华法治 http://news.xinhuanet.com,2012-08-24。
③ 新浪微博"平安哈尔滨"http://weibo.com/harbinpolice,2012-12-10。

跨越数字鸿沟：2012年度中国民族文化资源保护

——信息化时代中国民俗文化数字化的现状、问题与对策

李 松 王学文[*]

我们已然进入到一个信息化的时代。如果说托夫勒在《第三次浪潮》中指出随着农业时代和工业时代的衰落，人类社会正在向信息化时代过渡的说法还多少有些预言味道的话，那么当下这已经成为每个人都在切身感受的现实。在以计算机技术、数字化技术、网络技术所成就的信息化时代里，人类的认知模式、生活方式、知识生产都在发生深刻的变迁。在中国因为深厚的农耕社会传统、不均衡的生产力水平、未经充分发育的工业社会基础，实现发展的迫切现实和改变冲动等诸多因素的影响，这种变迁显得更加复杂和富于挑战。民俗文化，这种通常被归于传统文化范畴的文化，本就在现代社会的治理制度、知识体系、生活实践和精神世界中处于需扬弃、转型、适应的敏感位置，现在再进入到信息化时代，可以想见这一过程中会迸发出多少问题需要我们关注，会演绎出多少图景需要我们解读，还会产生怎样新的民俗文化需要我们认识。另外在当下，中国民俗文化不仅仅是一种传统的、生活文化的存在，已经被拉入发展的语境之下，成为民族国家构建、经济转型升级、社会团结整合、文化创新发展的资源。正是在这样的背景下，本报告以信息化时代中国民俗文化数字化为主题，通过对相关案例的梳理分析，力图呈现当下信息化时代中国民俗文化数字化的现状和存在的问题。同时本报告还将结合国内外的前沿理论和实践，对中国民俗文化跨越数字鸿沟的路径进行探讨。

一、信息化时代带来变革

信息化时代带给人类社会的变革是全方位的。城市自不必多言，就是在中国

---

[*] 李松，文化部民族民间文艺发展中心主任；王学文，文化部民族民间文艺发展中心副研究员。

的广大农村,时至今日我们也已经很难找到一个没有电视、没有广播、没有电话、没有手机的边村远寨了。也许这些村寨依然隐于深山幽谷,依然困守着清贫,但现代媒介已经通过市场交换、政府工程、社会资助、农民工流动等方式进入到这些地域。它们已经在这些地方生根,以其跨时空、跨地域等迥异于传统的方式,深刻地影响着民众的认知世界和生活体系。有关信息化时代带给人类社会的变革已经有很多的论述。

时空关系的改变。时间、空间是人类社会生存发展所依赖的基本坐标。时间方面,人们通过对生命历程的认识,在生命的轨迹上创设出生老病死、婚丧嫁娶等人生仪礼;通过对自然变化的认识,逐渐提炼出用于指导生产生活的一套时间系统——在中国就是四时八节二十四节气。空间方面,人类因为移动能力的有限,长期生活在有限的地域空间,生于斯、长于斯,所有的知识、情感和社会关系都在这一空间中生产、传承和运转。然而,进入到信息化时代,这种相对稳定的时空关系被彻底改变了。人们跨地域的流动成为一种生活常态,跨时空的联系变得简单而直接。人们活动的空间极大拓展,对时间的把握能力也显著提升。

记忆机制的革新。在人类社会的发展历程中,记忆是一个关键性问题。从古至今,人们不断尝试用本能、语言、文本、媒体、介质,来记住我们的历史、知识。但是不管怎样,遗忘总是远远强大于记忆,能够记忆下来仍是少数。但是在以数字化为典型特征的信息时代里,理论上已经使得我们的记忆变得无比强大,不可限量。人类对完整记忆的需求一直在持续上升,这让如今的世界已经被设置成记忆模式。在数字化技术的发展,廉价存储器的产生、易于提取的特性和全球覆盖的数字网络的驱动下,数字化记忆、全息记忆成为可能,"往事正像刺青一样刻在我们的数字皮肤上,遗忘已经变成了例外,而记忆成为常态"。

知识生产的多元。与传统的知识生产相比,信息时代的知识生产在生产主体、生产方式、传播渠道、甚至于理念等方面正在发生着显著的变化。信息化时代,是一个人人皆媒体的时代,每一个人都是信息的生产者、使用者。知识生产不再是传统精英的特权。一直以来,掌握信息的多少决定着生产知识的质量和生产者的成就。在信息化时代,我们面对的不是信息缺乏,而是海量信息。时下,"大数据"的概念正在为世人所熟悉。在大数据时代,我们可以处理分析的数据可能不再依赖于随机采样,而是全样本的数据;拥有海量即时数据后,人们不再沉迷于数据的绝对精准;更为重要的是,在大数据时代,我们无须再紧盯事物之间的因果关系,而更加注意寻找事物之间的相关关系。大数据最大的特点是预测。知道会发生什么,在灾难来临之前发出提醒显然比知道为什么会发生更有意义。"知其然,不知其所以然"。如果这句话被我们常用来指摘工作、学习不求甚解的话,在进入一个被称为"大数据时代"后恐怕要不合时宜了。大数据时代的社会学、政治学、经济学等许多学科,因为可以获得更深入的、更全面完整系统的数据和数据分析能力,将会发生巨大甚至是本质上的变化和发展,进而影响人类的知识体系。

社会结构的重组。中国传统的农耕社会,社会结构是以家庭/家族为核心延展开的。维持社会运转的一整套的社会制度也都与农耕生产和家族繁衍紧密相关,在这一过程中也逐渐形成中国人的宇宙图式、礼俗文化和生活情趣。人们结群方式也无外乎血缘、地缘、业缘、趣缘。但是信息社会,不仅结群的空间被扩大,而且结群的复杂程度和多样性也难以把握。同时,在血缘、地缘、业缘之外,还出现了以信息交流而建立的信缘。打破城乡区隔,年龄分层,性别界限,时空限制的交往结群越来越多。稳定的、同质的熟人社会正在被流动的、异质的、陌生化社会所代替。传统社会的礼俗文化、生产制度和道德观念正在经历着深刻的冲击,新的社会运行体系还处于生成完善之中。

二、民俗文化与信息化时代的相遇

信息化时代对人类社会产生的影响是全面而深刻的。作为文化重要组成部分的民俗文化在这一时代进程中,也已经发生和正在发生着变化。同时因为民俗文化本身的特点,使得民俗文化在信息化时代的生存境遇和发展状态就更加复杂。民俗文化与信息化时代的相遇,不仅带来民俗文化本身的全面转型,涉及到民俗文化的内涵、形态、价值、传承和传播载体,而且还催生出许多新的民俗文化类型。

民俗文化是一种综合性文化,像一个巨大的筐,包括了生产、商贸、饮食、服饰、居住、交通、医药保健等物质民俗;社会组织(如血缘组织、地缘组织、业缘组织等)、社会制度、岁时节日以及民间娱乐等社会民俗;民间信仰、民间巫术、民间哲学伦理观念以及民间艺术等的精神民俗;以及民族语言、方言和民间文学等的语言民俗。不同的民俗文化类型在信息化时代中发生的变化是不同的。以故事、传说为代表的口头传统,很大程度上已经失去了口耳相传的情境,电视、网络的发达,学校教育功能的前移,特别是生产生活方式的改变,使得全家围坐听老人讲故事的景象已很难找到。植根于农耕生活之中的很多生产技艺已经没有了施展的机会,取而代之的是新的生产工具和在此基础上重新构建起的生产关系。众多的民俗文化逐渐脱离了生存的土壤,成为被观赏的"艺术"和被保护的"遗产"。许多民俗文化的"内价值"日益衰落,而"外价值"不断彰显。表面看来,我们似乎应该为民俗文化的生存发展持悲观态度。实际上,我们在看到传统民俗文化遇到传承发展问题的同时,还应该看到信息化时代为民俗文化提供的新的平台,许多新的现象需要我们加以关注。

信息时代拓展了民俗文化的传播渠道。民俗文化,有着很强的地域性和群体性,主要为本地域、本群体的民众所认知。信息时代,使得民俗文化的传播空间突破了地域和群体的界限。电视、网络的发达,让人们足不出户就可以领略世界各地的民俗风情。无论对方是接受、理解,还是反对、排斥,客观上还是传播了某一群体、某一地域的民俗文化。信息时代中的各种传播渠道,很好地呈现出文化多样性的现实,使人们更加真切地感受到和而不同的人文世界。同时,在这种交流传播中,一些地方性的民俗文化传播影响区域得以扩大,甚至成为全国性的风俗。这种交流、交融和变迁正是文化的本质所在。以春节为例,信息时代助推了中国南北方春节习俗的互相交融,也有力地推动了春节文化在世界范围内的传播。在欧洲、美洲的一些地方,春节已经不仅仅是华人华侨的节日,已经成为当地民众共同的节日。信息时代,让"天涯共此时"的图景得以全面呈现和持续建构。

信息时代创造生产着许多新的民俗文化样态。虽然我们不免为很多民俗文化消失心存遗憾,但同时我们应看到很多新的民俗文化样态在不断地生成发展。节日里短信祝福已成常态。来自工信部的数据显示,2013年春节期间手机短彩信业务量再创新高,全国移动短信发送量累计达到311.7亿条,同比增长8.3%。其中,除夕当天的手机短信发送120.1亿条,达到高峰,比日均发送量增长近4倍。短信段子的盛行和其所具有的民间文学的特征,让我们谁也不能武断地将其排除在研究视野之外。网络祭祀也悄然成为一种人们寄托哀思的方式。许多传统的娱乐,如纸牌、麻将等,也已经从现实发展到网络,有着颇多的玩家。网络购物,不仅仅是一种商业的交易,也在构成一种新的消费和生活方式,更不用说这其中还有着很多的行业内部知识,买家和卖家通过网络而建立起来并共同遵守的交易准则。

数字化为搜集、记录、保存民俗文化创造无限潜力。数字化是信息时代的典型特征之一。民俗文化作为一种生活文化,以各种形态存在于人们丰富多彩的生活之中。它是人们口耳相传的叙事,群体发展的记忆,身体力行的实践,共同遵从的惯习,精美绝伦的工艺等等。具体到呈现形态方面,有口头的,有场景的,有身体的,有文本的,有物化的。在数字化技术产生之前,我们对民俗文化的记忆、保存更多地依赖于文本的记录,后期虽然有了胶片、唱片、模拟信号的录影带,但仍然无法立体地、全方位地加以记录、保存。数字化技术的产生和广泛利用,彻底改变了这一状态。首先,人们不必再担心存储空间的问题。简单说,第一,一个图书馆藏书量有10亿字,理论上数字化这10亿字还装不满一块1TB的硬盘。第二,数字化为记录各种形态的民俗提供了工具。我们已经有了文本、图片、录音、影像等各种介质形态的数字化技术。以史诗的记录为例,我们可以记录文本,拍摄图片,进行录音,拍摄影像,建立起一个数字化的立体记录档案。对于舞蹈的记录,因为有了数字动态捕捉系统、三维建模技术,我们就不仅可以图、文、音、像的记录,还可以实时地捕捉舞者身体的律动,在电脑中加以重建、还原。第三,信息化时代使我们搜集、记录的对象无限扩大。网络上的论坛、博客、微博等成为一个个民俗文化的信息源。数字化的民俗文化文本、图片、影像通过这些交际工具记录下来,极大地丰富了我们的信息来源。第四,数据库技术的发展,为我们提取、管理复杂而海量的民俗文化资源提供了钥匙。传统的图书档案式的管理,在面对海量资源时就会显得捉襟见肘,无所适从。数据库所提供的主题检索、关键词检索、全文检索为使用者提供了快速、准确锁定目标资源的能力。而且它所具有的关联、模糊查找等功能更是人力所不逮的。进入到大数据时代,随着数据挖掘、清洗技术的发展,通过对海量的民俗文化资源和相关资源的整合分析,会释放出更多的隐藏价值,开拓出更多的研究命题。可以想见文化传播学派的"文化圈"可以通过这种数字化技术获得更多的灵感。

信息化时代为民俗文化的利用开辟了广阔舞台。民俗文化是体现人类文化多样性的重要表征,是跨文化交流的重要内容,民族国家的重要标识,还被作为推动可持续发展和产业转型升级的绿色资源。因此,我们看到,民俗文化的保护和利用越来越得到重视。利用民俗文化实现政治、经济、社会、文化上的追求,正在成为政府、市场、学界、媒体、民众等的期许和行动。信息化时代为民俗文化利用提供了技术的支撑。在影视、动漫中有民俗文化,在旅游中有民俗文化,在文化产业中还有民俗文化,其地位也在从配角走向主角。北京奥运会的开幕演出,上海世博会上的《清明上河图》都让我们感受到民俗文化与现代科技结合所迸发出的活力。三维动态模拟展示民俗文化成为当下流行趋势。民俗文化资源与地理信息系统的结合也成为当下的一个热点。

然而,民俗文化与信息化时代的相遇,也不尽然是美好,更不可能一帆风顺。不同的时代背景、不同的内在机理注定它们之间的相遇和结合,会有碰撞、有适应,需要一个时段的磨合,重建起一种新的生态。联合国教科文组织在2002年起草《数字文化遗产保护指导方针》和《数字文化遗产保护纲领》草案过程中提出的数字文化遗产保护所面临的主要问题对我们认识民俗文化数字化问题有很强的指导意义。这些问题包括:

> 资料的价值可能在其消失或变化以前尚未得到认可;
> 没有人对资料负责;
> 负责的人可能缺乏履行职责所需的知识、系统或政策框架;
> 可能没有足够的资金或其他资源在要求的时间内持续进行保护工作;
> 可能会丢失许多相关信息和链接信息,使得人们存取资源时资源本身不能被人们理解,或者不可靠;
> 由于不能确认数据和数据处理应用软件的独立性,资料的有用性被降

低。例如，数据库中的数据集可以被保留，但是如果没有办法理解其结构和其规则，则不能够被存取；

数字资料可能被很好地保存，但是标识和描述过差，以至于潜在的用户无法发现它们；

资料容易受到火灾、设备故障、洪水、病毒或使储存设备或操作系统失灵的直接进攻等灾害的损害；

诸如口令保护、加密、安全设备等措施在不适用时会导致资料不可用。

根据以上列举出的问题，我们可以进一步将民俗文化数字化面临的问题归纳为以下四方面。

一是体制机制问题。信息化时代的最大的、最根本的特点就是资源共享性。在信息化时代，一方面民俗文化资料散落于政府、科研机构、图书馆和相关个人的手中，存量资源丰富，持有主体多样，资料类型多样，质量不一，没有一种好的体制机制难以实现对这些资料的整理和利用；另一方面网络的发达，使民俗文化的采集渠道越发多元，资料增量迅速。各自为战、小打小闹的数字化，浅尝辄止、目标短浅的数字化，据为己有、设置藩篱的数字化，责权不清、利益失衡的数字化，标准不一、质量不同的数字化，带来的将不是信息化时代的共享性、便利性和文化记录传承的可持续性，而是对民俗文化的一次技术性损坏。这一切都需要从体制机制上予以规范，要有宏观的民俗文化数字化的规划，要有财力物力上的支撑，还要有知识产权方面的保护措施。

二是技术性问题，也可以说编码问题。简单说一种民俗文化如何由口头的、生活的、文本的、图片的、影像的、身体的等各种形态、介质顺利实现数字化的问题。如何在这一转化过程中，不损害民俗文化原生环境，在新的环境中不失真的问题。这就牵涉到标准化。信息要在特定的技术平台进行传播，就必须保证信息发出者与接收者遵循共同的协议，要有共同认可的数字化标准。相对而言，在自然科学中这还好解决，但在面对民俗文化时这个标准就难以明确了。数字化技术能否自动化地有效提取民俗文化的符号、元素、特征，决定了数字化的质量。

三是标注的问题。民俗文化的魅力在于它的文化价值内涵。如何通过标注的信息确切传达这一民俗文化意想的意思，也就是语义问题所在。而这也是数字化技术介入民俗文化记录、保存和利用的难点所在。我们对民俗文化的分类是一种描述式、概括式的，分类原则不同，标准不同甚至没有标准，边界不清晰，交叉较多，且有很强的主观性。有些概念只可意会，而无法言传。"中国红"到底是哪一种颜色无法说清。一幅剪纸，可以按内容归类，也可以按地域特色归类，还可以按艺术手法归类，甚至是按艺术家归类，对于风格的描述更是各有说法。中国戏曲有三百多个剧种，分类和排序就值得研究。传统上中国戏曲大致是按照音乐分类的,它是一个升降体系,符合中国地域性文化的特色,跟方言、地域、文化流变有很大关系。但是拥有这种总体把握和梳理能力的人却并不多。如何描述一种民俗文化,使其一方面接近于文化的原真性,另一方面又适合现代信息环境的传播展示的确是一个待解的难题。

四是解码的问题。也就是我们通过技术化手段记录、保存的民俗文化如何被接受者很好地领会,能够根据信息内容重新"译回"人类生活世界,进而被利用、创造。这一问题的解决要建立在技术问题和标注问题很好解决的基础之上。

技术性问题(编码问题)、标注问题(语义问题)、解码问题对应于信息传播系统中存在的3类问题,即A级问题,一个特定的信息如何准确地进行传播？B级问题,信息如何确切地传达意想的意思？C级问题,接收到的含义如何以希望的方式有效地影响行动。有研究者以剪纸为例对民俗文化的数字化技术介入方式进行了探索性的研究,在开发的系统中实现了剪纸艺术作品中特色形态符号元素的提取与处理,还有形态符号元素的组合运作,对于剪纸艺术的展示和二次创新创造了很大的空间。这样一个信息化视角的讨论和实践有助于民俗文化与数字化技术的对接。

三、我国的民俗文化数字化现状

我国的民俗文化数字化大致始于20世纪90年代,是与信息技术在我国的逐渐普及同步的。最初的数字化工作,主要还是对遗址、古建筑、古村落以及古代壁画、造像、绘画、文献等为代表的物质文化遗产和对古乐曲、传统剧目、民风民俗等为代表的非物质文化遗产的数字化复原上。比较有代表性的就是敦煌研究院从1993年开始对敦煌壁画进行的数字化记录和管理。进入21世纪,联合国教科文组织开始关注数字文化遗产保护工作,并出台草案的指南和纲领指导相关工作,同时开始推进非物质文化遗产保护工作。国内在此时非物质文化遗产保护工作也全面展开,并逐步推出弘扬优秀民族文化,建立基本公共文化服务体系,大力发展文化产业,促进文化与科技融合等一系列政策和举措,一时间,民俗文化数字化工作成为一个热点。

(一)形成共识　渐成趋势

数字化已经成为民俗文化保护、传承、发展、研究中的一个重要的领域。这一渐成的趋势,是国内外形势的要求,也是进入到信息化时代的一种发展必然。人们普遍意识到,数字化对于民俗文化记录、保存、展示、传承、研究等方面有着巨大意义,是一个非常重要的命题。中国政府在推动非物质文化遗产保护的工作中,运用数字化手段进行普查,开办中国非物质文化遗产网,建设中国非物质文化遗产数字博物馆,建立相关数据库一直是重要的内容。各级机构也纷纷建立各自的网站和开展相关数据库的建设。"全国文化信息资源共享工程"也是数字化工作的典型案例。这一工程旨在整合加工中华民族优秀文化信息资源和现代社会文化信息资源，为广大民众提供文化服务，实现优秀文化信息资源的共建共享。依托上世纪我国开展的"中国民族民间文艺集成志书"工程积累下的海量民间文艺资源，建设的"中国记忆——民族民间文艺基础资源数据库"也是顺应数字化趋势而开展起来的。另外，图书馆、博物馆、档案馆也都在各自的领域推动着相关的数字化工作。数字化成为应对信息时代挑战，适应信息时代要求，参与信息时代对话的重要载体。无数字，不先进。当下的中国民俗文化数字化吸引了政府、学界、市场的广泛关注，纷纷从各自的立场、视角出发，参与其中。有的从维护文化安全、保护文化遗产出发，有的从展示文化多样性、推动文化传承出发，有的从促进文化科技整合，推动创意产业发展出发，还有的从资源增值加值利用，实现经济价值出发。可以说，中国民俗文化就这样被推进到数字化浪潮之中。

（二）多头并进　频现亮点

中国民俗文化数字化工作的参与主体是多样的。政府主导推动了一系列的数字化项目。数字化的民俗文化是媒体，特别是新兴媒体的宠儿。学界也以项目的形式，推动着研究民俗文化的学科与计算机技术、网络技术等学科的深度融合。民俗文化的记录者和爱好者致力于数字化记录的初衷。以民俗文化资源为核心发展内容的文化产业主体，一直通过市场的手段推动着数字化工作，以期实现增值加值的可能，创造文化产业的神话。多头并进的态势，也使得一些亮点不断出现。"中国记忆——民族民间文艺基础资源数据库"不仅在数据量上成为世界最大的中国民俗文化基础资源库，在技术上也达到国际前沿水平，整合了地理信息系统、GIS技术、数据库技术、信息清洗挖掘技术，实现了对多介质形态资源的有效管理，并为增值加值利用奠定了基础，包括基于位置服务的文化信息提供、数字文化地图产品等。文化部民族民间文艺发展中心作为项目的负责人，依托北京师范大学民俗学的力量，进行了资源的整备工作，制作了数字民俗产品，在2009年国家大剧院进行的"感受遗产——中国非物质文化遗产数字化成果展"上展出，获得一致好评。2010年上海世博会期间，在中国馆展出的《清明上河图》实际上是一幅多媒体巨幕投影图，它通过复杂的数字生成技术使人物和场景全部"活"了起来，完全复原再现了《清明上河图》的生活场景，令所有参观者叹为观止。另外当前众多地方进行的山水实景演出中也多有对民俗文化数字化的模拟再现。

（三）差距明显　鸿沟拉大

虽然民俗文化数字化在我国成为一种趋势，并已经将大量的人力、物力、财力投入其中，也有许多成效，但不争的事实是，在民俗文化数字化方面与国外先进案例相比还有很大的差距，横亘在我们面前的数字鸿沟仍旧在拉大。首先就国内而言,我们民俗文化数字化的地域差异明显。沿海发达省份这方面的工作开展较快,在欠发达的省份,特别是一些民俗文化资源富集的民族省份,这方面的工作还处于起步阶段。不同地域对数字化的认识有很大差别,工作的理念、实现的方式和数字化的成效还不容乐观。很多地方和机构将数字化简单认为就是建网站、录入、扫描文本,还没有认识到民俗文化资源数字化与工作方式革新、推动文化传承和数字化学习、撬动文化创意产业发展之间的关系。文化数字化的认识和能力还有待提高。其次与国际上的一些先进案例相比,我们的数字化还过于保守和单一,表现在于为保护而保护,理念仍停留于记录复制层面,割裂了民俗文化与创意精神的联系,没有进一步的传承与开发,从而衍生出具有新生命力的作品。很多已经开发的数据库利用率低,数据质量和规模都有限,开放程度不够。类似于台北故宫博物院将毛公鼎内部的铭文制成数字化交互作品,将收藏的国画制作成数字国画的创意性产品在我国还不多见。再次是民俗文化数字化的数量和质量方面。我们已经数字化了多少民俗文化现在无法来统计,但相较于我国民俗文化的巨大存量和每年还有各种艺术团体、文化机构不断在产出的增量而言,肯定是微乎其微的。大量的资源因为没有意识、没有规划、没有搜集整理机制而流失。同时,多头并进、各自为战的局面,也使得我们资源采集的标准不一、数据异构,兼容性很差。很多资源因为元数据和相关规范的缺失,存在着文化关键性信息丢失,不方便提取使用的问题。最后,民俗文化数字化后的效益体现不明显。前三个问题是与效益不明显这样的结果紧密相关的。虽然民俗文化数字化工作的参与者都意识到数字化后的民俗文化资源有着巨大的经济价值、社会价值和文化价值,但在如何实现这些价值方面能力不足、方法不多。当我们看到一些机构利用我们的民俗文化资源制作的产品如《花木兰》《功夫熊猫》取得巨大成功,看到"韩潮"中裹挟的韩国文化、日本动漫带着的日本文化在我国甚至世界上的广泛传播,再回看我们数以万计的民间故事、民间歌曲、民间工艺、民俗活动待字闺中,不禁感到民俗文化资源从纸质的、口头的、身体的介质形态转化成产业资本的道路还很长。

造成上述问题的原因是多方面的,主要是:

1. 对数字化的认识不足

尽管我们已经开展了二十多年的数字化工作,但客观来讲,数字化对于我们来说还是新生事物。在信息化时代里,我们的认知模式、生活方式、知识生产和产业业态发生了深刻的改变,这就要求我们工作的思维和方式都应进行改革。民俗文化数字化关涉民族文化的现代传承。当人们已经开始全方位地接受网络,并有了一套数字化生活体系和数字化记忆方式,我们的民俗文化只有进入这一体系,才能够有所发展。民俗文化数字化关涉文化主权和文化安全。数字化的存储、记录和管理民俗文化资源,是保证我国民俗文化资源有序利用、合理使用的前提,是保存优秀民族文化基因的重要方式,是强化文化认同、构建民族国家的重要基础。民俗文化数字化关涉产业转型和竞争力的提升。内容资源是文化产业或者说创意产业的核心竞争力。民俗文化恰是我们丰富且有鲜明特色的内容资源。

2. 缺少顶层设计

我们当前民俗文化数字化工作十分热闹,但这种态势之下却有着无头、无序的问题。各种数据库建设重复,结构异构,数据质量不高、体量不大,不可持续。各种数字博物馆立意不高,最终效果差强人意。以民俗文化产业开发作为噱头的较多,真正做数字化内容资源整备开发的较少,过于急功近利。民俗文化数字化的知识产权保护问题还是当前的一大难点。民俗文化数字化十分有必要从国家和整体发展战略高度,在宏观上理解和把握科技进步与文化、社会发展的必然联系,进行长远的规划和具有宏观统调能力的项目设计,在发展战略层面上为民俗文化数字化构建一个有效的规划。

3. 跨学科人才和研究不足

当前我国民俗文化数字化的参与者多是半路出家,专业背景主要是民俗学、博物馆学、艺术学、传播学、档案学和计算机相关专业,并且主要来自文化馆、博物馆、图书馆系统和部分有这方面研究的高校、科研院所。专业上的隔离和对数字化的认识、数字化的能力差异非常大。对文化、技术、市场、社会有跨学科把握能力的人才十分缺乏。然而,某一民俗文化资源数字化,并实现服务生活、社会、产业的价值,既需要民俗学者、文化学者对内容的精准解读,创意人才的创意,还需要技术人才对其进行数字化的转换和产业人才的推动。这一过程是一个跨学科的深度合作的过程。这种人才的缺乏也直接导致民俗文化数字化研究的不足。国内外对于民俗文化数字化的研究基本是围绕着制度、技术和文化三个维度展开的。从制度角度出发的研究者侧重于数字化工作的制度设计、组织安排等工作层面;从技术角度出发者多为计算机等方面的研究者,主要从技术介入民俗文化保护和利用的角度出发,使用的语言多为技术性语言,文章也主要发表在科技类期刊上;从文化角度出发者,更多考虑数字化对民俗文化传承、发展的影响,多认为数字化是"双刃剑",指出可能的风险。这些研究总体还不多,而且之间还没有很好地建立起共同的学术话语平台。

4. 内容与技术、社会应用脱节

没有跨学科的合作和研究,就直接会导致民俗文化内容与相关技术之间的脱节。掌握内容的不懂技术,懂技术的没有内容资源,没有内容解读把握能力。数字化的内容,不被社会接受。社会需求的数字化服务我们又没有能力提供。这种丰富的民俗文化内容资源与各种成熟的技术之间,和信息化社会广泛而多样的社会需求之间还存在着一条巨大的鸿沟。

四、国际趋势和经验

民俗文化数字化是我们的一种说法,与国际上的说法有区别,与此相关的如"文化遗产数字化""数位典藏""数字记忆"等。不管是怎样的名称,核心都是对本地区、本民族、本国的文化资源进行数字化保存、管理和利用,为民众生活、大众教育、科学研究和产业发展提供支撑。一些经验和做法值得我们学习借鉴。

（一）联合国教科文组织：世界记忆

"世界记忆"工程始于1992年,旨在推动全球范围内的文献遗产的普及、保护和利用工作,运用最合适的技术和手段,保护这些文献遗产并被尽可能多的人利用。这一工程推动20年后,2012年在加拿大召开题为"数字时代的世界记忆——数字化和保护"的国际会议,专门研究数字文献遗产保护的问题。在此之前的2002年,联合国教科文组织就起草了《数字文化遗产保护指导方针》和《数字文化遗产保护纲领》的草案,并将"数字文化遗产"定义为包括以任何语言在人类知识或表达的任何领域从现有资料转换成数字形式的文献,以及没有其他格式而只有数字原件的文献。联合国教科文组织的这些工作为世界各国在数字文化遗产的定义、保护原则、步骤、标准等方面发挥了引领的作用。

（二）美国：美国记忆（American Memory）

"美国记忆"是美国国会图书馆启动的国家数字图书馆项目,目的是让所有学校、图书馆、家庭能够在所在地便捷地接触到他们所需的资料,并按个人要求理解、重新整理和使用这些资料。这一项目数字化的资源包括国会图书馆的文本、手稿、照片、音频及视频文件,同时还吸引各类图书馆、科研机构和博物馆提供自身的数字化资源。在资源内容上整合了不同机构,在数字化标准上采用了统一的国际标准,在检索方式上提供了多种途径,有完善的知识产权和隐私保护的技术措施和制度保障,同时还专门为青少年教育设立专区,建设用户帮助系统。

（三）日本：京都虚拟时空

日本的数字化技术一直居于世界前沿,在民俗文化资源的数字化的研究和实践方面也一直走在前列。日本在应对信息化时代过程中,先是制定了 e-Japan（即 electronics,电子化日本）的信息化战略,完成后于2004年推出 u-Japan（即 ubiquitous,意指"无所不在的"日本）,要创造一个"任何时间,任何地点,任何物品,任何人"都可以上网的环境,可以获得所需的资源和服务。日本一直有很好的民俗文化资源收集传统,同时积累有相当规范、完备的民俗文化资源。这些民俗文化资源有力地支撑了日本动漫、游戏等产业的发展。在民俗文化虚拟展示方面,日本也有丰富的成功案例。日本京都立命馆大学使用包括虚拟现实（VR）、网络3D-

GIS 在内的可视化技术,基于 3D 城市模型和有效的历史资料和信息,增加了时间维,构建自 20 世纪到 17 世纪,乃至日本平安时代的"京都虚拟时空"4D-GIS。这一时空将现存的传统民居、神殿、寺庙和近代遗产建筑的空间数据和属性数据存储为数据库,将包括的彩车、旧地籍图、街道照片和航空照片等具有空间属性的文化和历史资料也加以整合,同时提供了可视化历史时期都市景观的变化,并通过 3D 城市模型的交互式操作,在因特网上完成巨量城市信息的传输。

(四)台湾:数位典藏与数位学习

台湾从 2002 年开始"数位典藏国家型科技计画",2003 年开始"数位学习国家型科技计画",在 2008 年两计画整合为"数位典藏与数位学习国家型科技计画"。这一计划从初期的对台湾典藏文物数位化、提升全民数位学习素养的目标,逐渐深化扩大为通过数位化方式,全方位呈现台湾在人文领域、社会领域、自然环境领域的多样性,将典藏与学习、内容与技术融入到产业、教育、研究与社会发展的各个领域中,并且结合永续经营的商业模式、推广串联的专业团队,将台湾丰富深邃的数位内容带向国际舞台的目标。这一计划是一个系统的、整体性的计划,台湾 14 个部会共同参与。文化资源的组织主要通过政府机构组织实施,面向公私机构公开征集和社会公众共建等方式获得。政府主持的计划划分为数位典藏内容、技术研发、核心平台建设、社会应用推广、产业发展、教育与网络学习、语文教学、海外推广等八个子计划。在数位内容、推广应用、技术研发、团队、华语文五方面进行公开征选,遴选适合的机构或组织参与数字化建设。同时还建设一个开放、平等、自由的网络平台,为任何身份的人或机构使用,包括文史工作室、民间典藏家、小型典藏单位、一般民众、摄影者等。收纳的资料类型包含文物、标本、摄影名作、典藏资料、艺术创作图像、老照片、生活照等,来源与资源均不受限制。这一计划 2012 年结束,投入 100 多亿新台币。相关成果可以通过网站浏览。同时利用这些数位典藏的资源,一些展示、应用和创意产业得以发展。如 2006 年"中央"研究院资讯科学研究所之数位典藏技术发展组推出"MoZop"(摸索铺)应用,结合数位典藏,利用空间资讯及分群的概念,将典藏内容透过地图展示,将生活资讯与典藏资源和 GIS 整合提供服务。

通过对以上国际组织、国家和地区所进行的与民俗文化数字化有关工作的考察,还有对其他国家相关项目的了解,不考虑动漫、游戏、三维建模等民俗文化相关的文化创意产业情况,只从民俗文化记录、管理、展示和发布的角度来看,可以基本分为四个类型:

一是资源集成型。此类型的特点是将海量民俗文化资源进行数字化,然后运用数据库进行管理并提供服务。重点解决了不同介质资源和不同内容资源在向数字化转化过程中的问题,如扫描识别技术、全文检索技术、元数据规则、资源转换、分级管理等。这一类型是其他几种类型的基础。我国当前的项目多属于此类型。

二是空间型。此类型的特点是将民俗文化资源与 GIS 结合，通过地图进行文化资源的检索和呈现。GIS 成为展示文化资源分布情况和学术研究成果的重要手段。台湾数位典藏计划中有这方面的案例。

三是时间型。此类型的特点是将民俗文化资源整合到时间线或轴上，以呈现民俗文化变迁进程。台湾数位典藏计划中提供的 TimeLine 时间廊就是这样的工具。

四是时空组合型。此类型的特点是将文化资源整合到具体的时空环境中予以呈现。在此类型中因为加载不同的维度，如历史时间；运用不同的技术，如 3D、4D；不同的应用指向，如研究指向、社会服务指向等，从而涌现出很多不同的案例。如许多数字化文化地图项目，以 ECAI(Electronic Cultural Atlas Initiative，即"数字化文化地图行动计划")最为知名(具体网址：http://www.ecai.org/，总部在加州大学伯克利分校)。京都虚拟时空也是这方面的例子。

五、跨越数字鸿沟

针对我国民俗文化数字化的现状，参考国际社会的经验，要缩小我们内部的数字差距，填平我们与世界正在拉大的数字鸿沟，我们应着力解决好"六个统一"和"两个转变"，最终实现数字化技术在民俗文化记录、保存、研究、创新、传播等领域的效益最大化。

- 民俗文化保护与传承发展创新的有机统一。变迁发展是民俗文化常态，没有一成不变的民俗。正确看待保护与传承发展创新的关系。
- 民俗文化研究与技术进步的有机统一。全面深入且科学的民俗文化研究是推动数字化的基础。再高超的技术如没有准确精深的文化把握也会留之于"炫技"，失之于浅薄。技术的合理介入将让民俗文化焕发出新的光彩。
- 内容建设与渠道建设的有机统一。民俗文化内容资源是根本，传播渠道是载体。有好的车没好的路，有好的路没有好的车在上面跑，都是一种发展的畸形。
- 社会效益与经济效益的有机统一。民俗文化是生活文化，其所体现的人文价值在数字化的过程上要予以尊重和发扬。要兼顾文化价值、社会价值与经济价值，不能顾此失彼。
- 公共文化服务体系建设与市场机制运用的有机统一。民俗文化资源的数字化应通过行政的、社会的和市场的等多样化的手段来实现。
- 局部利益与整体利益的有机统一。任何资源持有者、数字化工作的参与者在利益分配中都应给予体现。

两个转变

- 实现由相关资源、渠道与技术的分散占有到整合共享的转变。共享是信息社会的基本特征。
- 实现由权力划分理念与事业协调发展的转变。从大文化、大事业的角度统筹考虑民俗文化数字化的责权利分配。

"六个统一"和"两个转变"应是推动我国民俗文化数字化工作中的基本原则。我们认为国家对此应有一整体的发展战略,从跨越数字鸿沟的高度,从文化与科技融合的高度加以部署。逐步深化全社会对数字化的认知,提升数字化生存、生活和竞争的能力;加强顶层设计,做好宏观层面的布局,中观层面的组织和微观层面的实践;开始着力培养跨学科的人才,开展跨学科的合作研究;倡导文化资源所有者、科技人员与产业资本的深度整合,打通相互间的壁垒。

民俗文化数字化已经是不能阻挡的趋势,这既是时代要求,也是所有者保护、传承和发展民俗文化的内在要求,关乎着个体知识的获得,文化上、情感上的归宿,关乎着群体的认同和产业的形成,还关乎着民族国家的发展。推动民俗文化数字化,跨越数字鸿沟,时不我待!

附:跨越"数字鸿沟"与文化创新[①]

过去几十年来,文化创造的社会、经济和技术条件在全球范围内发生了巨大的变化,高速发展的数字技术对人类发展的影响不可预知。"数字鸿沟"就是在这一背景下,最先由发达国家提出并很快成为国际瞩目的焦点问题之一,竞争意识下的忧虑是这个概念获得高度国际认同的本质原因。

数字鸿沟:没有硝烟的战争

"数字鸿沟"现象是指人类活动中占有并使用数字信息资源的差别,这种差别不仅表现为"知识鸿沟""教育鸿沟",更在实质上表现为由于这种差别所导致的在财富创造能力上的差距。这种差距在很大程度上引致了全球化过程中经济、政治及文化领域中不平等状况的不断扩大;国际社会对未来发展的疑虑和担忧也由此而生。

基于信息技术的发展和应用水平,国际社会对"数字鸿沟"关注的出发点和诉求有所不同。发达国家对新科技革命及信息化的相关社会影响更为敏感,一方面,他们对国内"数字分化"有较强烈的现实认知及危机感,另一方面,发达国家意识到南北"数字鸿沟"的继续扩大,既不利于其意识形态、价值观和发展模式的扩散,也不利于其在发展中国家创造和培育信息产品市场,继而将增加南北冲突风

[①] 作者李松,文化部民族民间文艺发展中心主任。

险、影响其市场获利的可持续性。而从发展中国家的视角来看,由技术、资本和市场优势所构成的"数字鸿沟"的不断加大,使得以话语权、信息霸权为武器的文化霸权日渐凸现:在数字技术的推动下,全球化使信息空间得以突破地域限制,文化认同模糊和冲破了原有的国家边界、超越民族国家;这使得发展中国家在力求解决国内"数字差距"的同时,更加关注南北间的"数字鸿沟",其目的在于缩小差距、保持国家文化的自主创造能力。

在文化领域,数字化是一场没有硝烟的战争。西方学者在二十多年前就指出,文化领域日益加深的商业化和传播技术的发展已将文化设定为全球传播中政治与经济的核心。时至今日,全球社会的发展显示出文化在政治与经济竞争中的核心地位,作为一种软实力极大提升了国家参与国际竞争的主动性与影响力。新技术本身并不具有改变历史与社会发展逻辑的能力,但是作为革新的物质载体,它在促成文化与信息更快捷更便利的国际流通时,也在全球化的进程中扩大了各层面的文化裂痕与不平等。就个体而言,数字鸿沟意味着知识背景、技术与设备拥有情况决定了处于不同社会阶层的个人对信息占有的多寡与自我发展空间;就国家而言,在匿形于全球文化交流过程中的"鸿沟"背后,还隐藏着不平等的文化权力结构,这种权力结构可能削弱民族国家文化传播与创新的主体性,导致民族国家概念的淡化甚至消失,并使之陷入"被操纵的文化"。在全球化、数字化的世界进程中,要守卫文化家园、保持文化自主创新能力,就必须跨越那条看似由新技术筑起的隐形的鸿沟。

跨越之路:文化资源与数字化融合

以部分发达国家所表现出来解决方式为例:美国于1990年便开始"美国记忆"计划(American Memory),以数字化方式整合建国200年来的历史文化遗产,之后的"下一代互联网"(NGI)计划,力求通过大范围的科研协作,实现科研成果共享、提高科研效率;在互联网连接速率提高到今天的100倍到1000倍的基础上,还通过虚拟图书馆、虚拟实验室提高教育质量。法国的"文化精品数字化"(JOUVE)项目于1998年启动,法国文化部每年投入8100万法郎,对来自图书馆、档案馆、大型博物馆和文献中心的文化资源进行数字化。日本在完成了"e-Japan"的战略之后,于2004年推出了"U-Japan"的战略目标,计划在2010年将日本建设成一个"任何时间、任何地点、任何人、任何物"都可以实现知识共享的社会环境。中国台湾地区于2002年启动了为期五年的"数位典藏计划",目前结合数字资源的社会推广又开展了"数位典藏与数位学习计划"(2008—2012),总规划投入约18.54亿人民币,力求通过文化资源与科技的结合,为台湾带来文化、经济、科研、教育、民生等全方位的发展。从以上发达国家和中国台湾通过数字化计划促进社会发展的举措不难看出,虽然对"数字鸿沟"的关注由竞争与交流、国际与国内、同质化与多样性、市场与文化、技术与资源等不同维度构成，但共性表现为对自身文化传统的重视，其实质则是为了在竞争环境中保持自我、掌握主动。

在全球化背景下，有序竞争的要求使文化尊重和文化交流成为未来国际秩序构建的基础理念。它要求文化多样性共存的和谐，要求在竞争和交流中标识和保存自我。国际社会对这种解决思路的认同使得对文化多样性和各种人类文化遗产的价值判断不断深化；同时也决定了不断提高文化自主创新能力和文化影响力成为增强国家竞争能力和文化发展的战略目标。这种社会发展理念要求个人、团体、国家能够保持文化创造力并适应不断变化的世界。在方法上，密切关注对社会文化产生深刻影响的信息技术发展，并积极促进其在文化保护和创新两个领域的应用水平，已被视为跨越数字鸿沟、提升文化综合竞争能力的主要途径。解决问题的核心思路是将各类文化资源与现代信息技术充分结合，整体提高国家文化在记录、保存、创造、交流、传播等方面能力，并将文化资源转化为现实的生产力，以适应数字化时代和知识经济所带来的社会剧变。由此作为基础资源的文化内容和作为条件的技术应用，在历史的发展脉络中总体构成了文明延续和文化发展的两个关键性要素；而在"数字化生存"的未来发展中，利用现代化技术保存、记录和传播自身文化，将成为文化延续、民族发展、国家复兴的必然手段之一。

创新源泉：传统文化与现代化和谐

随着人类对自身认知的不断加深，人类文化发展的线性思维（建立在达尔文进化论基础上）受到越来越多的质疑。人们逐渐认识到在全球范围内的文化存在与发展不可能形成一种单一的模式，这不仅源于对文化冲突的反思，还因为它最终将导致人类创造力的枯竭；而文化多样性作为人类创造力的不竭源泉，它的延续发展是以不同文化间的理解和尊重为基础的。这种文化价值理念的变化扩大和深化了人类对文化遗产的认识。在人类历史上，新技术的创造从来就是一把双刃剑，信息技术也不例外，在其应用中一方面极大地提高了人类了解事物和获取财富的能力，同时也加速了文化同质化的过程。这使得产生于传统的生存智慧、创造力和组织基础的文化资源成为填平数字鸿沟的核心要素。中华民族在藉由数字技术的高速公路走上文化复兴之旅时，面对浩如烟海的文化资源，首先要解决的是对自身文化资源的价值判断问题，力求使中华文明的资源优势在社会文化各个领域得到深刻的认知。

但现实中的问题是：我们对文化资源、文化传统、文化特色、文化遗产的认识，太多表现为工具理念下的表面化和碎片化"利用"，急功近利甚至曲解和破坏性开发的现象严重；重利用轻研究保护、重近期利益轻远期利益、重市场效益轻社会效益的倾向明显，这在本质上与价值理念下的文化资源利用相去甚远。作为世界上唯一延续几千年没有中断的伟大文明,悠久的历史积淀和在时空上的多样性存在是中华文明发展的基础;如果缺少深刻的反思和文化价值认知,就难以建立起我们的文化自尊与自信。

真正意义上的自主创新应该是在充分了解和利用自有资源的基础上,借鉴一切有益的人类文明成果而进行的文化创造,失去自我的"创新"本质上只能是一种学习成果,充其量只能是学习能力的表现。这需要我们对文化在社会发展中的作用和对自身文化传统与现代化进程的和谐有深刻的认知。

中华文明在一个多世纪以来所遭受的多重交替与叠加的冲击,使我们与传统文化渐行渐远,文化自觉意识的重建任重道远。近现代史上殖民地、半殖民地的屈辱重创了民族文化自信;在农业文明向工业文明的转型和近几十年的高速发展过程中,文化断层不断加深;与此同时,信息化和全球化的冲击深刻地影响到整个社会。今天在文化上的修复完善理应成为实现民族复兴的先决条件之一。这正是文化遗产保护作为发展的基础和创新的源泉而成为社会文化建设的重要内容的根本原因。

创新空间:新技术的使用效能

文化传播离不开技术。人类文明的传承媒介从语言、文字到数字化的历史说明:文化记录和解释方式的创新、传播技术的进步在文明延续和社会发展中起到了至关重要的作用。在印刷术和电子通讯技术广泛应用之后,数字化渐已成为现代文化传播和创新的核心技术支持;新技术的使用效能在某种程度上决定着文化创新能力的高低和能否在国际环境中占据竞争的有利位置。因此,在文化遗产的收集、保存、研究和传播等环节中充分利用现代技术手段成为文化发展的必然选择。

目前,数字技术在我国文化领域的运用中问题主要表现在以下几个方面。首先表现为新技术在传统的文化业态领域中使用水平不高,由于客观条件制约和发展理念滞后,我国众多的传统艺术表现形式生存濒危,在记录、传播和创新方面又少有新技术应用。其次,在传统文化资源保护领域,较之物质文化、典籍文化资源,非物质文化遗产保护领域在信息技术的应用广度和水平上更滞后。再者,文化行业和部门的划分、学术隔离和研究与应用的疏离极大削弱了信息技术在文化资源保存、整合、研究、增值和传播中的应用效能。虽然在新技术的支持下,我们得以具备对海量信息与文化资源的整合能力,但学术壁垒和体制的分割却在很大程度上消解了这种技术能力并增加了新技术应用成本。最后,不可否认,文化在数字时代的发展与传播是以新技术应用为先导的,但从更长远的战略角度来看,文化竞争最终是以内容资源为核心的。目前,文化领域的新技术应用,存在着重技术、重渠道(抢占市场)的倾向,使内容创新在文化市场的利益机制中处于边缘化的位置,制约了资源保护和内容创新的积极性。总体上,如何以积极的心态思考和应对,为传统文化产业化注入新的活力,是文化发展不可回避的问题;以上问题的存在都给文化体制改革和机制创新提出了新的课题。

机遇与挑战:创新文化发展理念

跨越"数字鸿沟"需要我们在文化发展过程中全面、深刻理解文化资源与数字技术有效融合的深远意义,以避免数字化过程中可能出现的风险。联合国教科文组织(UNESCO)在1998年世界文化发展报告中指出,发展中国家在文化遗产数字化方面有两个危险:一是过早地依赖别国力量实现文化遗产数字化,从而在知识经济时代成为文化资源的廉价出口国和文化产品的进口国;二是由别国进行文化遗产数字化,使文化遗产来源国失去对自己文化的解释权,使文化遗产的基本含义发生变异。UNESCO还于2002年下半年起草了《数字文化遗产保护指导方针》和《数字文化遗产保护纲领》的草案,将文化遗产的数字化保护方法研究正式纳入计划。

从国际组织对文化资源数字化过程中的风险防范意识提示我们,跨越"数字鸿沟"显性地表现为数字技术在文化发展中的广泛和综合运用,但它绝不止于简单的技术利用,还包括对文化资源的价值判断、抢救、研究和相关学科的合作与建设,也是一个提高文化自觉和文化创新能力的过程;同时对文化发展理念、体制、机制和方法创新都提出了现实要求。

创新文化发展理念是在文化领域落实科学发展观的逻辑起点。新的文化发展理念,来源于对文化与社会发展的历史和现实背景的宏观把握,来源于对文化建设工作的实践与思考,来源于对事业发展的忧患意识和问题意识。

针对我国文化建设的现状,参考国际社会的经验,缩小数字差距的努力,应着力解决"六个统一"和"两个转变":文化遗产资源保护与发展创新的有机统一,技术进步与文化研究的有机统一,内容建设与渠道建设的有机统一,文化创造与利益分配体系的有机统一,公共文化服务体系建设与市场机制运用的有机统一,部门(局部)利益与整体利益的有机统一;实现由相关资源、渠道与技术的分散占有到整合共享的转变,实现由权力划分理念到事业协调发展的转变。目的是确保信息技术在文化记录、保存、研究、创新、传播等领域使用的效益最大化。

目前,我国在文化领域的数字化应用在不同领域中具有一定的工作基础,数字图书馆、博物馆、共享工程等,均取得了可喜的成就,积累了一定的经验,但就总体的文化资源(尤其是在非物质文化遗产保护领域)而言,应用效益和质量还处在较低水平,我国与国际社会在数字化理念、技术、资本和市场优势等方面形成的数字差距呈现进一步加大的趋势,因此,十分有必要从国家和整体发展战略高度,在宏观上理解和把握科技进步与文化、社会发展的必然联系,进行长远的发展规划和具有宏观统调能力的项目设计,在国家发展战略层面上为科技进步与文化创新构建一个有效的切入点。以此在文化的保护和创新发展两个方面促进机制体制创新和事业发展,在全球化背景下跨越"数字鸿沟"。

2012年度中国民俗旅游发展报告

张士闪　温莹蕾　朱振华　俞理婷[*]

随着我国旅游产业的不断发展,国内旅游市场及旅游需求的市场细分化现象也日趋明显,民俗旅游作为一个重要的旅游细分市场越来越受到各级政府和旅游企业的关注与垂青。特别是对于一些经济欠发达但民族民间传统文化相对完整的少数民族集聚地区,民俗旅游更是成为发展地区经济增加地区居民收入的重要手段。在这一宏观背景下,以民俗旅游文化景区景点、民俗节庆、民俗商品、民俗艺术展演、民俗服务以及民俗旅游线路等业态为代表的民俗旅游表现形式发展迅猛。中国民俗旅游业虽然起步晚,但已成为带动城乡经济繁荣和发展的重要产业。因此,关于民俗与旅游的关系、民俗旅游与社会发展的关系日益受到整个社会的重视。

其一,民俗与旅游的关系。民俗文化是民间民众的风俗生活文化的统称,是一个国家、民族、地区中集居的民众所创造、共享、传承的风俗生活习惯,是人们在生产生活过程中所形成的一系列物质的、精神的文化现象。民俗文化旅游是旅游开发中比较高级的阶段,民俗文化旅游作为一项具有深厚文化底蕴的旅游方式,在旅游产业的多种样态中,具有独特的属性,它与单纯满足人们揽胜猎奇需求的观光旅游不同,更注重引导游客对旅游目的地民众生活的深入体验,通过游客对当地民俗生活的参与式体验,实现不同社会群体之间的交流,进而引起对自身社会传统的认知、反思与守护。

如果把民俗文化有机地融入到旅游开发中,不仅可以增加对游客的吸引力,还可以让民俗文化跳出"深闺",对其保护和发展大有裨益。许多地方独特的民俗文化吸引游客不远千里寻踪,旅游开发会对当地民俗文化起到更好的宣传作用,民俗风情文化不但走出了"深闺",还会迈向世界。

民俗旅游在带动区域经济发展的同时,注重发挥其社会效益与文化传承的功

---

[*] 张士闪,山东大学文化遗产研究院副院长,儒学高等研究院民俗学研究所所长,教授,博士生导师;温莹蕾,山东工艺美术学院建筑与景观设计学院副教授;朱振华,山东大学儒学高等研究院民俗学研究所博士生;俞理婷,山东大学儒学高等研究院民俗学研究所硕士生。

能,不因短期的产业盈利削弱了民俗旅游对地方社会的整体贡献,是当前民俗旅游发展需要关注的关键问题。在旅游开发时,要保留民俗文化的原始性,将其中的核心要素保存完整;另一方面,也要不断创新,加入现代元素和现代技术,挖掘深层次的文化内涵,提升它的文化价值,将其打造成具有地方特色的旅游产品,如此才能吸引游客,因此,把民俗文化融入到旅游中,不是简单的嫁接、组合,而是要将民俗文化活态保护。不是摆在博物馆里陈列以供观摩,而是要做成活态博物馆,这个博物馆没有围墙,在民间"生活"着。

其二,民俗旅游与社会发展的关系。作为民俗旅游主要类型的生态旅游、乡村旅游、休闲旅游、文化旅游等,可谓遍地开花,已经成为国内旅游市场的重要单元。民俗旅游的重要意义已经成为社会共识:在产业开发层面,围绕科学发展的主题和转变经济发展方式的主线,把握中国旅游业发展的良好机遇,为优化产业结构,提升产业素质,推动产业发展模式创新,推进旅游业集群发展,提高产业素质,提升产业竞争力做出积极的贡献;在推进社会整体发展的意义上,有利于以城带乡、统筹城乡发展,有利于文化生态环境和非物质文化遗产的保护,有利于优化农村产业结构、促进城乡居民增收,特别是在繁荣经济、扩大内需和消费的大环境下,发展民俗旅游显得尤为重要;在文化传承的意义上,民俗旅游所涉及的民俗文化,是中华传统文化的重要载体,也是全球化冲击下中华传统文化的重要屏障。

民俗旅游理应以产业发展促进文化传承,而保护良好的民俗文化又自然转化成了蓬勃的旅游吸引力。民俗旅游的理想模式,是借助各种民俗旅游活动的展开,使人民群众生活质量不断提高的同时,又使得优秀民俗文化在民众生活的厚土中扎根生长,促进从民众生活层面出发的传统文化保护,建设资源节约型和环境友好型社会,为中华民族的伟大复兴奠定坚实的生活根基。

一、2012年度中国民俗旅游发展的背景分析

(一)国家战略为民俗旅游发展营造了良好的政策环境

旅游产业政策是政府为改变产业间的资源配置和各种旅游企业的某种经营活动而采取的政策,是政府为了实现特定时期内特定的经济和社会目标而制定的针对旅游产业的各种政策的综合。旅游业是个异常脆弱和敏感的产业,容易受到众多因素如国家安全、国际经济、公共卫生等突发事件的影响,旅游业的常态发展尤其容易受到国家政策特别是旅游法律法规的影响。中国旅游业30多年来的发展实践证明:中国旅游政策走过了一条从无到有,从不鼓励到加强管理,再到积极发展,最后到目前的加快发展的演变轨迹。在此过程中,旅游政策制定和颁布机构从国务院转化为国家旅游局,坚持以政府主导为发展战略,根据市场动向制定旅游产业政策,发挥政府职能,重视市场调节与加速产业化发展成为我国旅游业

发展的重要标志。由此，中国的旅游产业政策也经历了一个从政府直接经营到政府实施干预的演变过程。

旅游业是综合服务型产业，在国家政策引导下受到旅游需求升级、商业模式创新的影响。近年来，旅游业与相关产业、城乡环境和各类社会资源融合发展加快，混合型业态渐成主流，进一步加强相关产业和行业管理之间的合作，其实质是寻求部门和行业之间的共赢。在此过程中，政策法规与标准化体系成为旅游业发展的重要保障。

2012年，国务院印发《服务业发展"十二五"规划》（以下简称《规划》），《规划》提出在"十二五"期间旅游业将初步发展成为国民经济的战略性支柱产业。《规划》指出，要大力发展国内旅游，积极发展入境旅游，有序发展出境旅游，走内涵式发展道路，实现速度、结构、质量、效益相统一。科学利用资源，坚持旅游资源保护与开发并重，加强旅游基础设施建设。同时，要提高观光旅游质量，大力发展休闲度假旅游和生态、文化、红色、乡村、森林、湿地、草原、海洋等专项旅游。"十二五"时期，旅游业服务质量明显提高，市场秩序明显好转，可持续发展能力明显增强，初步发展成为国民经济的战略性支柱产业。

2012年，国家和地方旅游标准纷纷出台，旅游标准已成为旅游目的地提升旅游服务品质的重要手段。各级党委政府推动旅游业发展的力度明显加大，出台了很多能够有力促进旅游业发展的政策性文件。可以预见，伴随着我国政治和经济体制改革的深入，我国旅游业产业规模不断壮大，旅游管理逐渐走上法制化、行业化的轨道，市场配置资源的基础性作用将不断突出，旅游产业政府主导型势必发生转化而过渡至政府指导、协调、服务型。

表1 旅游行业2012年重点产业政策汇总

2012年	产业政策
2月	组织开展2012年"中国旅游日"活动。
5月	印发《旅游景区质量等级管理办法》；征求《旅行社等级的划分与评定》标准的意见。陆续制定发布多项国家标准和行业标准。确定首批"全国旅游标准化示范单位"。
7月	颁发鼓励和引导民间资本投资旅游业的实施意见。
8月、12月	第十一届全国人大常委会两次审议《中华人民共和国旅游法（草案）》。完成和推进了一批国家重大旅游规划。
12月	2012年全国休闲农业与乡村旅游示范县、示范点认定名单公示。
12月	国务院发布《服务业发展"十二五"规划》，明确旅游业发展四大重点。

资料来源：中国产业政策网、国家旅游局官网。

（二）社会环境为民俗旅游发展积累了制度支撑

2012年5月19日为国务院确定的第二个"中国旅游日"。本年度"中国旅游日"的宣传口号是"爱旅游、爱生活",活动主题是"健康生活,欢乐旅游"。主会场活动设在江苏省江阴市。5月19日当天,全国各地围绕"健康生活,欢乐旅游"主题,大力宣传文明旅游、健康旅游、诚信旅游,广泛开展了形式多样的公益惠民活动和旅游景点、景观推介宣传活动。各大景点、景区和业态部门联合平面媒体、无线平台和流媒体积极倡导公共博物馆、纪念馆、全国爱国主义教育示范基地、体育场馆免费或优惠向公众开放;倡导旅游景区景点、宾馆饭店、旅行社等旅游企业推出优惠措施,吸引更多人群参与旅游活动;有条件的企业开展针对贫困家庭、残疾人等弱势群体的资助、免费或优惠的公益性旅游活动;国家旅游局还要求落实旅游景区对老年人、学生等特殊人群的门票优惠政策;鼓励有条件的省(区、市)开展跨区域合作,并推出一系列互惠措施。

据统计,2012年"中国旅游日"期间,全国31个省区市的旅游行政管理部门和2万余家旅游企业同时推出7000余项公益惠民措施。其中,11%涉及公共博物馆、纪念馆、体育场馆、爱国主义教育示范基地等场馆免费开放,50%涉及旅游景区景点、宾馆饭店、旅行社等旅游企业优惠打折措施,14%涉及针对贫困家庭、残疾人等的公益性旅游活动,21%涉及针对老年人、学生等特殊人群的门票优惠措施,4%涉及跨区域互惠合作措施和其他惠民政策。

通过广泛深入宣传和组织开展丰富多彩、便民惠民、全民参与的"中国旅游日"活动,可以进一步提高公民旅游意识,激发其旅游热情;进一步发挥旅游在传承中华文明、保护自然环境、促进经济社会和谐发展,提升公民文明素质、身体素质和幸福指数等方面的积极作用。其目的,是在全社会营造出支持旅游、参与旅游的良好氛围与环境。

(三)国民经济快速增长为民俗旅游发展奠定了坚实基础

中国与旅游相关的行业超过110个,旅游业发展带动了社会投资,促进了相关产业发展。其中,旅游业对住宿业的贡献率超过90%,对民航和铁路客运业的贡献率超过80%;旅游促进了社会消费,早在2010年我国居民国内旅游消费就达到1.26万亿元,占居民消费总支出的9.4%。

国民经济的快速增长为民俗旅游发展奠定了坚实基础。2012年,政府设立专项投资,重点支持中西部地区重点景区、红色旅游、乡村旅游等方面的基础设施建设;国务院决定将旅游发展基金保留到2015年,重点用于国家旅游形象宣传、规划编制、人才培训、旅游公共服务体系建设等;并且安排中央财政促进服务业发展专项资金、扶持中小企业发展专项资金、外贸发展基金以及节能减排专项资金时,对符合条件的旅游企业给予支持。

另一方面,我国民间投资也在不断地发展壮大,已经成为促进经济发展、调整产业结构、繁荣城乡市场、扩大社会就业的重要力量。2012年6月29日,国家旅游局发布《关于鼓励和引导民间资本投资旅游业的实施意见》,明确我国将向民间资本全方位开放旅游业,鼓励民间资本进入从风景名胜、海岛海洋旅游开发到旅游装备制造、旅游公共服务在内的所有旅游服务业链条。《意见》的主要内容包括坚持旅游业向民间资本全方位开放,鼓励民间资本投资旅游业,提高民营旅游企业竞争力,为民间旅游投资创造良好环境,加强对民间投资的服务和管理等五部分。《意见》特别强调,要坚持改革开放,充分发挥市场配置资源的基础性作用。旅游业是开放性、包容性、竞争性特征鲜明的产业,必须充分发挥市场配置资源的基础性作用,鼓励各类社会资本公平参与旅游业发展,鼓励各种所有制企业依法投资旅游产业,坚定不移地推进市场化进程。

充分发挥民间资本机制灵活、决策快速的特点,支持民间资本全方位进入旅游业,有效弥补旅游投资供需之间的缺口,不断增强战略性支柱产业功能,深刻体现了中国当前宏观经济背景下政府部门促进产业结构调整和深化改革开放的努力。它为民间资本进入旅游产业提供了充分和必要条件,解决了旅游行业发展面临的政策瓶颈,为提高旅游服务水平,增加旅游产品,提高人民群众的满意度起到了积极作用。

二、2012年度中国民俗旅游发展状况综述

(一)发展特点

1. 强调民俗文化内核,构建文化、经济双赢模式

经过近年来的学术讨论与旅游实践,人们普遍认识到:文化是旅游的灵魂,凸显民俗元素符号和文化特色是培育民俗旅游核心竞争力的关键。从产业发展的角度看,旅游产业和文化产业相互融合,相得益彰,密不可分。民俗文化的内涵决定着民俗旅游产品的价值和品位,是增强吸引力、竞争力、影响力的关键所在,也是支撑民俗旅游可持续发展的核心资源。旅游也是民俗文化的载体,通过民俗旅游寓教于乐,寓教于游,能将我国悠久灿烂的民族民间文化广为弘扬、代代相传。只有紧紧抓住民俗文化和旅游业态的内在联系,才能逐步提升民俗旅游品位,促进民俗旅游业态转型升级,形成旅游与文化的双赢。

以此为背景,2012年度全国各地在旅游产业和文化产业融合方面都作出了一定的探索,程度不同,实践效果也有相当差异。

2012年春节期间,上海市各区县、各主要景区(点)围绕春节文化和龙年主题,充分挖掘传统民俗,推出了百余项内容丰富、极富年味的节庆活动和产品,深受市民游客青睐。豫园旅游商城举办的新春民俗艺术灯会活动,累计接待游客270余万人次,同比增长12%。东方明珠塔举办的"龙年新春广场天天演"活动,接待游客12.7万人次,同比增长9%。年假七天里,上海市各主要公园累计接待

游客289.74万人次。这期间,上海大剧院、东方艺术中心、上海音乐厅、艺海剧院等演出场所推出多场龙年新春低价票演出,让广大市民、游客在长假期间享受文化盛宴。"时空之旅"在节日期间天天加演,累计接待游客11万人次,同比增长10%。上海节庆旅游对旅游市场拉动和旅游经济带动的效果是明显的,可视为以民俗文化与旅游相融合推动区域经济发展的典型代表。不仅如此,上海在发展"文化旅游+观光旅游"复合模式的同时,还形成了"综合性旅游+反哺区域经济"的"大旅游"模式。这种"大旅游"模式的本质,就在于以整合区域资源来谋求综合性旅游发展,通过文化旅游反哺地方经济并以之成为区域经济发展新的增长极。

2. 依托中国旅游日主题内涵,展现民俗旅游辐射效应

2011年起,每年5月19日(《徐霞客游记》开篇日)被确定为"中国旅游日"。"中国旅游日"的设立,标志着我国旅游业正迈入一个新时代,体现了社会各界对以旅游促进社会发展、促进人类文明的广泛认同,以及新时期人民群众对旅游生活的强烈期待。

2012年第二届"中国旅游日"的宣传主题是"健康生活、欢乐旅游"。围绕健康欢乐游的旅游日设计,浙江海宁举办了"风情盐官·民俗文化节"活动。在钱江大潮汛期及周末时段,在宰相府第风情街、观潮胜地公园举行乾隆巡街、潮乡迎亲、梦回唐朝、钱王射潮、海宁皮影戏等民俗文化表演,融合了以盐官景区为核心的特色民俗文化。与此同时,"亲子童玩节"活动在每周六下午的"宰相府第风情街点将台"开展,包括踩高跷、踢毽子、掷沙包、跳皮筋、纸飞机等游戏,多姿多彩的民俗活动使游客获得了"寻找童真、亲子童玩"的身心体验。

贵州省在各旅游景区景点、乡村旅游村寨和各个休闲度假地,推出了96项精彩的节庆旅游活动——"遵义长征文化节""沿河土家族节""天柱奇石文化节"、锦屏"隆里古城"舞龙狂欢节、榕江"萨玛"节、"三穗美食节""玉屏箫笛文化艺术节""德江傩文化节""镇远古镇文化旅游节""雷山苗年节""从江原生态侗族大歌节""草海观鸟节"等。这些以民俗文化为核心内容的系列活动,有效地推动了文化以及商业与旅游的融合。

3. 打造乡村旅游产品,拓展民俗旅游的发展深度

2012年,全国各地旅游局着力打造以乡村旅游为特色的专项民俗旅游活动,全面启动了以体验乡村文化、寄托乡土情怀为旅游动机的低碳式乡村旅游活动。十八大报告首次单篇论述生态文明,并提出"推进绿色发展、循环发展、低碳发展",提出建设"美丽中国"。这些指示精神对于以乡村旅游为代表的民俗旅游业的发展提供了绝好机遇,同时也激励了民俗旅游向着更加健康、可持续的方向发展。

乡村旅游,是指以各种类型的乡村为背景,以乡村文化、乡村生活和乡村风光等为旅游吸引物而进行的融观光、休闲、娱乐、体验、度假于一体的民俗旅游活动。

低碳式的乡村旅游是治疗城市病的良方，具有家园"归去来"式的永恒情愫，因而在当代社会中有着独特魅力。

4月25日，由国家旅游局和农业部联合举办的"2012中国欢乐健康乡村游"启动仪式，在享有"世界汶川·水墨桃源"美誉的四川省阿坝州汶川县水磨古镇盛大开幕。启动仪式结束后，全国休闲农业与乡村旅游现场会也在汶川隆重召开，其目的在于为全国乡村旅游发展搭建一个成果展示、经验交流、合作共赢的平台，宣传和展示建设社会主义新农村过程中的创新实践、成果和经验。

纵观整个2012年，全国各地都在本年度采取了种种措施，努力推动乡村旅游活动开展。如中法学者聚焦水城新津研讨低碳乡村旅游，福建省旅游局提出了推进乡村旅游发展的10条措施，漳台两岸乡村旅游实现深度互动交流，第二届海南乡村旅游文化节筹备开幕等等。2012年，山东省仅乡村旅游一项的总收入就高达920亿元，占旅游总收入的20.3%。

同时，随着海峡两岸通航的日益便利，各省市区旅游景区景点借鉴宝岛台湾成熟的乡村旅游模式，着力提升乡村旅游产业定位和完善产业政策，也成为年度民俗旅游开发的一大亮点。这不仅表现在从一个个具体的项目开发入手，着力打造主题精品和建设创意高地，营造旅游的温馨氛围，也表现在从整体上推进跨界融合与提升服务质量，力争最大限度地实现本地旅游资源共享与优势互补。本年度虽然不见有民俗旅游的大手笔、大动作出现，但无论是在数量上还是在质量上都有长足长进，却是不争的事实。

4. 增加节庆旅游的投入，升温假日经济的广阔前景

节庆旅游是基于区域自然、人文、经济、历史，尤其是民俗等资源，经过节庆形式的系统策划、开发和营销，使之成为旅游吸引物，从而被旅游业所利用，为当地带来社会、经济、文化等方面效益的一种特殊旅游活动。

20世纪90年代以来，随着我国各地旅游节庆的兴起，旅游节庆越来越成为城市形象营销、城市升级转型、提高经济效益和社会效益、带动区域发展的新手段。利用具有区域特色的民俗风情为主题，充分展示当地特有的民俗文化而举办的旅游节庆活动，在本年度继续引领假日经济浪潮。

以端午节为例。民俗游的回归，使得各地端午节日特色突出，景区活动凸显民俗文化元素，节日民俗文化气氛浓郁。以端午节为节庆核心，湖北省承办了"屈原故里端午文化节""2012龙舟竞赛""2012荆州端午灯会"等众多民俗活动。"住农家院、吃农家饭、干农家活、学农家艺、享农家乐"成为旅游时尚。据湖北旅游局统计，2012年端午节小长假期间，全省共接待旅游者634.67万人次，旅游总收入22.21亿元，同比分别增长26.47%、43.75%。紧邻武汉的黄石市、孝感市、随州市各个景区爆满，很多地方出现一桌难求、排队等待的现象。黄冈市则推出

了田园风光、垂钓、品农家菜、采摘等农家体验活动,1000多家农家乐人满为患。在北京,著名景点什刹海人潮汹涌,大家争相观看皇家端午游河仪式,大观园的端午专场游园活动,游客可竞猜红楼灯谜获五彩香包,在藕香榭向老宅食府的大师傅学包粽子。而在北海公园,游客可以亲手制作象征端午驱邪迎吉的手工艺品,观看反映端午题材的歌舞、戏剧、变脸等表演。

对比2011年、2012年相邻两个年度春节黄金周的旅游总量:2011年春节黄金周期间,全国共接待游客1.53亿人次,比上年增长22.7%,实现旅游收入820.5亿元,比上年增长27.0%;2012年春节黄金周期间全国共接待游客1.76亿人次,比上年同期增长14.9%,实现旅游收入1014.0亿元,比上年增长23.6%。黄金周和小长假虽已走过十多个年头,但仍保持着较高的增长势头,从中可以看出节庆旅游的长热不衰。

2012年度,节庆时段的民俗旅游也显现出一些新特点,自助旅游方式持续增长,休闲度假、探亲访友的自驾旅游渐成时尚,家庭式自助游和散客式自助游数量有明显增长,显示出当代旅游者更加注重个性化、体验化和休闲化的新趋势。

(二)问题分析

民俗根植于民众的生活和生产结构之中,因其在个人或社区生活中独特的调适、融洽、磋商社群关系以及整合族群文化心理结构的功能而具备了独特的文化意义和社会意义。民俗与旅游交集是旅游活动伴随时代进步和商业发展的产物。一方面,民俗以不同地域的文化差异而带给异域文化的旅游者以新鲜的心理感受;另一方面,旅游活动又因其经济活动的属性和文化活动的内在要求而对民俗产生冲击、碰撞。即便是以活态形式存在于某地的民俗活动,一旦与旅游相结合,往往因旅游资源开发者和旅游活动从业者的经济利益需求和迎合消费心理需求的实际需要而不得不对该民俗进行充满想象和夸张的改造。换言之,旅游活动的经济属性决定了景区、景点当中的民俗活动的筹备、建设、经营、运作具备消费主义的指向,这种导向必然在一定程度上对民俗活动的展演、民俗风物的展览产生扭曲。具体表现为:为了建构游客对该民俗的想象而进行全方位的民俗元素的嫁接、移植和包装;伪造、拼凑、搬弄、创作事实上并不存在的民俗事物和风物传说而形成"伪民俗";将某地事实上存在但与民俗旅游活动地区毫无关联的民俗风物进行肢解挂靠或易名顶替等等。

理论上,任何具有地域文化色彩的民俗活动一旦脱离了原生土地而进行简单的移植包装都丧失了其应有生活面貌和文化心理结构意义。但实际上,就业态的民俗旅游活动而言,绝大多旅游者在参观、游览、介入、体验的过程当中,较短的时间和紧张的行程决定了其很少关心诸多民俗事项本真的生存状态和文化逻辑,而更倾向于在短时间内迅速地对地方标志性文化通过集中观赏、体验并借此产生浓郁的心理冲击而满足其旅游动机。由此观之,作为业态存在的民俗旅游活动,在一定意义上其民俗旅游产品(物质或非物质的)除了要关注该民俗活动的本真性或原生态以外,还应当关注其以游客心理体验为前提的活动形式及其文化内涵。但更值得注意的是,即使从旅游活动的经济属性着眼,我们也应当注意到民俗旅游活动的经营者、管理者、服务者的文化修养和知识水平依然会对民俗旅游活动的成败产生至关重要的影响。在相当数量的如民族村、民俗村、民族风情园等民俗旅游景点和农家乐、渔家乐等民俗旅游活动当中,由于从业者的审美眼光和知识水平的限制,尽管投融资的资本运作基础良好,但依然产生了民俗旅游活动和民俗产品设计不中不西、不伦不类的品牌营销和基础建设现象。

目前的民俗旅游依旧存在着重视经济效益而忽视社会效益、文化效益,盲目仿照,缺乏新意,重复建设现象严重,舞台化、商业化倾向严重而损伤民俗原生态韵味等问题。

2012年,以上探讨当中涉及的民俗旅游发展中的问题又具体表现在以下几个方面:

1. 文化载体破坏严重,旅游产品趋于单一化

我国诸多民俗风情区和民俗旅游文化地区多为经济比较落后的地区,在依托文化资源优势,借助民俗旅游快速致富的同时,也面临着自然和人文环境遭到破坏的困境。新型城镇化建设和外来强势文化的渗透,已经对许多民俗文化生存结构造成了巨大冲击,许多地区的原生态文化环境和具体的生活、生计方式都在发生改变,例如服饰、建筑、习惯、仪式等,大量的民俗文化已经改变了原有的文化特征,有些甚至濒临消失。

与此同时,由于利益分配和外来价值观的影响,乡民在察觉到原本不以为然的石板房、茅草屋、竹林路可以成为"旅游资源","钱景"可观,于是包括生活本身的民俗环境发生了以金钱利益为引导的转向,原本淳朴平实的村落关系和人际关系,迅速被民俗旅游所带来的外来文化所侵蚀和瓦解,乡民的价值观发生了严重的扭曲。当种种利益诉求渗透到经营活动当中,便造成了由内而外一系列的负面影响,民俗文化的生态结构也由此发生了比物质载体更为严重的破坏,这在本年度民俗旅游范畴的旅游纠纷中表现得尤为明显。

此外,民俗文化资源开发的产品,大多规模小、效益低,缺乏行业发展的龙头,小户和散户招待的现象在乡村旅游的业态之中极为常见。乡村旅游的消费模式主要是"住农家院、吃农家饭、干农家活、学农家艺、享农家乐",大部分活动集中在单个农家。模式相似的户外采摘活动、劳作活动单调重复,旅游者参与兴趣容易消退。由于专业素质优异和管理方式先进的中介组织介入民俗旅游的力度较小,导致民俗旅游从业者的市场地位、市场细分与宣传推广都显得力不从心,家族式

经营管理的现象和弊端体现得较为明显,"门票经济"成为制约民俗景区的瓶颈问题。大量的乡村旅游经营者没有充分地整合、利用村落所具有的其他旅游资源,只是被动地满足为调剂城市家庭假日生活而短暂外出的城市市民的需求,因此消费水平偏低。还有许多少数民族村寨,多是单一的歌舞表演,没有根据人们的需求提高产品的娱乐性和参与性,突出民族特色,因而,造成了舞台化、表演化现象泛滥成灾。此外,民俗旅游产品结构不合理,民俗村的产品设计比较单一,相应的旅游产业链还未完全形成,也是产生"门票依赖"现象的重要原因。

2. 外来文化使民俗文化的特色日渐消失

民俗旅游的吸引力主要在于当地的民俗文化的独特性。一般来说,具有较独特的民俗文化地区,其地理环境往往具有相对封闭性,可以说,正是这种封闭性造就了该地区独特的民俗文化。然而民俗旅游的开发恰恰是以破坏这种封闭性为前提的。前来观光的旅游者大多代表了一种强势文化,而民俗旅游地代表着一种弱势文化,在相互接触中,强势文化往往将弱势文化同化,使民俗旅游地的特色渐渐消失,这是对旅游地传统民俗文化的侵蚀。

3. 民俗开发缺乏专业指导,理论研究滞后于实践要求

民俗旅游开发已经走过了 20 多年历程,但长期以来,对民俗应用方面的研究还没有得到足够的认识,民俗文化资源和开发设计缺乏专业人才和成熟理论的指导。进入 21 世纪,民俗旅游方面的理论文章陆续出现,并逐渐引起实践者的重视。在相当长的历史时期,一些旅游学、民俗学界的专家仍对民俗文化及其资源的文化功能和经济效益的互动关系多有顾虑。尤其是一些民俗学家,担心民俗文化一旦与商业挂钩,民俗资源以业态的形式开发会走向泛滥,而经过移植、展览、表演等脱离了乡土生活的旅游开发,不仅无助于民俗文化的保护与发展,还将加剧对民俗文化的拆解与破坏。有部分民俗学者,还将当前古村落的破坏、旧城改造中的种种误区以及世态人情的异化与冷漠,都归结为旅游开发产生的恶果,给予尖锐的批评。与此同时,各地把民俗文化与经济发展紧密结合,推出的民俗节、灯会、庙会、转山会等节庆活动,和民俗村、渔家乐、农家乐等旅游产品,刺激了游客需求,吸引了外商投资,更发展了当地经贸,促进了城乡居民增收。学界对于民俗旅游现象的压倒性批评,和作为社会经济活动的民俗旅游实践的如火如荼地开展,构成了中国 20 世纪之交的独特景观。

2001 年,北京大学社会学人类学研究所召集了 20 多所大学和科研机构,在提出十五规划的学科建议里,第一次把民俗资源开发作为学科建设正式提出,并将"民俗文化资源的认证和开发研究"作为民俗学理论与方法范式的重要选题。大家逐渐意识到,不能一味地批评民俗旅游破坏了民俗本真性,而应对如何更好地处理好民俗与旅游开发之间的关系献计献策。时至今日,关于如何进一步确立和

发挥民俗文化资源在经济社会特别是旅游事业中应有的地位和作用,如何充分发挥民俗文化独特的资源优势,怎样在民俗旅游的规划、建设以及业态发展的过程中处理好民俗文化的保护与发展的关系,仍然是学界亟待回答的现实问题。

4. 行政和行业壁垒仍待改善,市场主体亟需培育

民俗旅游市场主体,是指在民俗旅游市场上从事民俗旅游经济活动的组织和个人,是民俗旅游资源的重要配置者。创造良好的投资和营销环境,加快培育旅游市场主体,对民俗旅游业的发展具有重要作用。民俗旅游的健康发展离不开体制环境、政策环境、法规环境。在现阶段,针对民俗旅游发展的产业政策和运行机制、管理机制还存在着诸多缺陷,相对落后。

尽管在2010—2012年,大部分省市出台了许多以乡村旅游为核心的发展规划,但因为民俗旅游的景点多而分散,地方政府在一定程度上依然存在着不作为、难作为的现象。这主要表现在:政府民俗旅游资金投入、政策支持、部门协调等存在落实不力的现象;产业结构调整、产权分立、企业和产品整合、投资机制还没有适应民俗旅游新的发展态势;优秀的人力管理资源严重不足;企业服务水平和产品质量不高等方面问题严重。在一定程度上,包括民俗旅游在内的旅游业不应当仅仅作为短期投资和经济创新的一种创收手段,而应该将其作为带动地方经济社会发展乃至树立地域文化形象品牌的载体。此外,旅游部门和其他文化、文物、建设、林业、国土、农业等部门的交叉联动没有理顺,同一个景点多重行政力量交互管理的现象非常普遍,"民俗与旅游一体,资源和市场结合,开发与保护统一"的理想发展体制还没有真正形成。截止到2012年年底,全国还有相当数量的地区,没有建立起涉及旅游发展多个部门如林业、风景区、文物、文化等统一的管理协调机构——旅游协会或旅游发展委员会。因此在规划、开发、保护、行业管理、市场促销、节庆活动、产品联动、一票制等诸多方面,有壁垒林立、各行其政的现象,严重影响了民俗旅游规模扩大和品牌建设,加大了运营成本。此外,在不少人头脑中还残存着僵化的政治意识,一涉及与民间信仰有关的节庆、庙会等民俗旅游活动,还是容易受到行政力量或多或少的管理控制。尽管在近十年来,我国自上而下推行的非物质文化遗产保护运动已经深入人心,为广泛意义上的民俗信仰活动提供了合法的保护,但关涉民间信仰的民俗旅游市场主体的培育还有很大的提升空间。

(三)发展趋势

1. 地方政府主导的力度明显加大

2009年,国务院在加快旅游业发展的决定中提出把旅游业打造成为广大人民群众更加满意的现代服务业和战略性支柱产业。2012年2月16日,人民银行、发展改革委员会、旅游局、银监会、证监会、保监会、外汇局等七部委联合发布了《关于金融支持旅游业加快发展的若干意见》，以加强和改进旅游业金融服务，支持和促进旅游业加快发展。政策助力，加快了旅游行业提速。据统计，旅游业增加值已占到国内生产总值（GDP）的4%以上，今后中国还将对旅游业发展加大政府投入，并将制定国民旅游休闲纲要。据了解，我国28个省区市将旅游业定位为战略性支柱产业或支柱产业，28个省区市成立了党委或政府领导牵头的旅游产业发展领导机构，表明了对发展旅游业的态度和决心。

将民俗旅游纳入旅游产业发展的总体规划，作为旅游业全新的增长点着力扶持和培育。"十二五"规划中明确提出，充分利用乡村的生态环境和民俗文化等资源，在妥善保护自然生态、原居环境和历史文化遗存的前提下，开展各具特色的农业观光和体验性旅游活动。进一步推进乡村旅游发展和社会主义新农村建设的结合。合理利用民族村寨、古村古镇，建设一批集居住、观光、购物、娱乐等功能为一体的特色旅游村镇，打造一批乡村旅游示范村，规范提升以"农家乐"为代表的传统乡村旅游产品。民俗旅游市场正逐渐从单一的"农家乐"，开始向以观光、体验、休闲、度假、娱乐等为一体的多元化方向发展。

从宏观上说，"十二五"时期我国将坚持扩大国内需求特别是消费需求的方针，促进经济增长由主要依靠投资、出口拉动向依靠消费、投资、出口协调拉动；由主要依靠第二产业带动逐渐向依靠三大产业同步协同带动转变。《中共中央关于制定国民经济和社会发展第十二个五年规划的建议》明确提出"把扩大消费需求作为扩大内需的战略重点"和"把推动服务业大发展作为产业结构优化升级的战略重点"，将"积极发展旅游业"作为建设现代产业体系的重要内容。同时将深化改革开放，保障和改善民生，加快收入分配调整。这一系列宏观政策和权威表态也势必将推动旅游业加快向前发展。

2. 大众化的旅游发展趋势更加明显，旅游业成为产业投资的热点领域

按照国际上的一般规律，当人均GDP达到1000美元，旅游需求开始产生；突破2000美元，大众旅游消费开始形成；达到3000美元以上，旅游需求就会出现爆发式增长。我国旅游业发展的情况也印证了这一规律。2008年，我国人均GDP超过3000美元，2010年达到4000美元，大众化旅游消费的时代迅速到来，旅游将成为城镇居民生活的基本内容和主要的消费需求，旅游业也将进入爆发式增长阶段。从2012年中国家庭的旅游预算来看，预算超过5000元的家庭占打算旅游家庭的比重为40%，同比提高10个百分点，其中旅游预算在3万元以上的家庭占比为3%。但另一方面，所有受调查家庭中，旅游预算为2000—5000元的家庭占比最高，2013年旅游大众化成为主流趋势。

据预测，"十二五"期间，我国人均GDP将达到并超过5000美元。居民出游频率将大大提升，旅游将成为更广大人民群众的一种生活方式，因此，适应大众化

旅游消费需求,重点开发适合大众化消费需求的旅游产品势在必行,尤其要重视发展文化创意产业、体育休闲产业、娱乐业和会展业,促进旅游业与这些产业的融合发展。

在中央转方式、调结构政策的引导下,社会各界对发展旅游的认同度大大提高,全国出现了旅游投资热。我国旅游开发投资方式和主体越来越多样化,由引进外资到上市融资、风险投资。不同的旅游开发投资主体,会形成不同的旅游开发模式:由外来投资主体进行的旅游开发,多数是孤岛式的旅游开发模式。此外,越来越多的战略投资者、金融机构、产业基金和风险投资开始进入旅游领域,并以其专业能力和市场行为影响旅游产业走向。可以说,在旅游开发中,投资主体的差异,形成了不同利益主题、不同权益的博弈格局。

2012年,风险投资和私募股权投资的实际投资流向酒店与景区的有近30起,其中16起投向酒店行业,包括凯雷投资桔子酒店;8起投向景区和度假村,包括IDG投资古北水镇、弘毅投资海昌中国等。此外,地产企业布局旅游,典型案例如万达长白山国际度假区。与此同时,业内也出现了专注景区度假地的旅游产业基金,如中诚腾龙旅游文化产业基金总规模约150亿元,专注于旅游文化领域,投资具有优质山、海、雪景观资源的度假酒店、主题文化公园、商业配套项目等。从文化空间和地理空间的角度看,广义旅游开发从自然空间渗透到生活空间和精神空间,从湖面、湖滨延伸到山林、乡村和城市。近年来,越来越多的战略投资者、金融机构、产业基金和风险投资开始进入旅游领域,投融资正在成为左右旅游经济运行格局的关键力量。

3. 注重追求产品的特色化、定制化、深度化

如今游客出游需求和出游方式已多样化,从传统的观光旅游向休闲旅游、度假旅游、体验旅游、乡村旅游等新型、多业态、多形式旅游转变已是大势所趋。随着散客自助游、网上预订不断增多,人们在具体消费行为上表现为旅游消费动机和出游方式多样化、出游时间分散化,对旅行社服务的要求越来越高。旅行社推出的固定线路已经难以满足消费者多样化的需求,"定制旅游"业务应运而生,游客可以提出自己想去的景点、想住的酒店,再由旅行社帮助设计线路。消费者对旅行的要求不再局限在景点上,而是对具体的酒店、餐厅、特定景点都有一定要求。定制游在目的地选择、时间安排、设计独特性、资源稀缺性、服务专业性等方面具有独特优势,有利于满足高端旅游人群的出行需求,引导高端人群的旅游消费习惯,提升重复购买率,可以说从某种意义上开启了对旅游市场的一次重新定义和划分。

深度旅游,文化层面上的旅游,从表面观光走向深层了解。不只是时间长短的问题,而是一种旅游的形态。游览者通过旅游去触碰文化、感悟历史、探寻神

秘、增长阅历。通过与当地社会和民众进行接触和交流,旅游者可以细细品味旅游地的历史及风情,有更多的时间和机会涉猎当地的风土人情与日常生活,体验到当地的人文特色、生活习俗。

旅游产业被称为朝阳产业,深度旅游则是朝阳中的朝阳。随着我国经济实力的增长,人民生活水平的提高,深度旅游必将迎来其春天。

三、2012年度民俗旅游发展和产业运行对策建议

当前,我们的社会发展呈现出现代化加速、城镇化加快、全球一体化加强的特征。尤其是在商业化浪潮的冲击下,以民俗文化为主要内容的节庆活动成为近年来旅游经济重要的增长点,许多行业都打着民俗旅游的旗号,谋求利益最大化,由此呈现出一定的无序状态。2012年,以乡村旅游为代表的民俗旅游进一步得到了从中央到地方的重视与推介。但与此同时,民俗旅游的创新与发展也明显遇到了载体不足、机制缺失、主体缺位和结构失衡的问题,民俗旅游业的健康发展迫切需求从机制上寻找突破、从载体上构建平台、从组织上确立主体。

(一)对政府主管部门的建议

从政策面来说,放松微观管制、提高宏观调控能力和综合协调能力是基本方向。

过去30多年来,政府主导是我国旅游业发展的重要经验,政府部门在市场推广、产业规划、资源整合、标准引导、重点项目推进等方面发挥了重要作用。与此同时,相对于旅游业新的发展形势,旅游部门的宏观调控能力还比较弱,面向社会特别是散客的旅游公共服务严重不足,同时政府部门过多的微观干预也影响到了市场活力,进一步的发展需要推动市场化的深入。具体到政策设计来说,狭义的旅游产业政策已基本穷尽,难以在旅游行政主管部门的既有的政策和行政框架内有所突破。

在未来的产业政策创新方向上,一方面要放松微观层面的管制,提升以法治和服务为导向的宏观调控能力;另一方面要加快宏观综合性政策的调整,在政策设计和创新上积极协调相关部门,以综合协调来推动旅游发展总体环境的优化,最终形成完善的旅游政策创新体系。

毋庸置疑,中国旅游业目前的发展方向还是以国家旅游局为代表的各层级政府力量的主导。从世界发达国家和地区成熟的旅游产业发展经验来看,旅游业的繁荣发展离不开政府的宏观调控。与发达国家相比,我国的民俗旅游相对落后,对政策的依赖性比较大,旅游业对行政力量的干预仍然具有客观的现实合理性。政府支持下的民俗旅游,主要源于政府在旅游法规、意见、方案等政策支持与专项资金投入。从实践效果看,在中国民俗旅游发展和产业运行的过程中,政府的主

导作用对于推动其快速、健康、持续发展,发挥了积极的作用。在民俗旅游业发展过程中,粗放式、自发式、家族管理式的产业运作模式已经开始发生转型,但政府在民俗旅游业中的主导作用依然不可改变,并继续发挥积极的作用。

本研究报告认为,中国民俗旅游在中央"鼓励文化、旅游、健身等消费,落实好带薪休假制度"的倡导支持下,在"文化产业成为国民经济支柱性产业,社会主义文化强国建设基础更加坚实"的时代呼唤下,通过政府的宏观调控和政策引导,一定能够大有可为。

1. 借力《旅游法》出台机遇,构建民俗旅游全面协调可持续发展

改革开放以来,我国旅游业迅猛发展:一是国际、国内旅游市场逐渐融合,旅游接待人数和旅游收入不断增多,出境人数迅速增加,旅游企业集团逐步发展,旅游交通状况大大改善;二是国际地位不断提高,国际合作日益活跃,与主要客源国的双边和多边旅游合作与交流不断扩展和深化,对外交流合作迈上新台阶;三是旅游业被列为国民经济新的增长点,旅游综合功能得到全面发挥,并确立了到2020年建设成为世界旅游强国的宏伟目标。2012年,时任国家主席的胡锦涛出席中国与印尼、俄罗斯、埃及旅游合作文件签署仪式;成功举办了中国"俄罗斯旅游年",所设定的225项活动顺利完成。

以旅游业的迅猛发展为背景,为了促进旅游业持续健康发展,迫切需要制定一部综合性的旅游法。过去两年来,全国人大财政经济委员会会同有关方面在深入调研、反复征求意见基础上,形成了《旅游法草案》。草案共10章98条,对于人民群众关心的旅游安全、零负团费、景区票价、强迫购物、导游执业许可、旅游者维权困难等,均有相应规范。2012年,十一届全国人大常委会分别于8月和12月两次审议《中华人民共和国旅游法》(草案)。该草案对旅游者的权利义务单独作出规定,突出了旅游者权益保护的地位,对与旅游密切相关的交通、住宿、餐饮、购物、娱乐的经营管理进行了衔接性规定。

如前所述,中国民俗旅游发展较晚,各项具体的旅游体制中尚存着诸多问题和隐患,亟需改进。只有《旅游法》草案和正式文本的出台,才能使民俗旅游产业按照市场经济和法治政府的要求,明确并细化旅游市场主体间的权利义务关系,建立健全统一的民俗旅游服务标准和诚信、公平、有序参与竞争的市场规则,着力解决民俗文化旅游资源及其经营管理中的部门、行业和地区分割问题,实现政府公共服务和监管、行业组织自律以及民俗旅游企业依法自主经营的有机统一。

借力旅游法正式法律文本的颁布实施,可以更好地整合民俗旅游产业各要素和旅游活动全链条,构建政府统筹、部门负责、有分有合的民俗旅游综合协调、市场监督、投诉处理等规范制度,涵盖促进(经济法)、管理(行政法)和民事(合同)三方面不同性质的法律规范。毋庸讳言,今天的民俗旅游产业发展繁荣的背后同

样暴露出了许多问题,例如宏观失控,产业结构失调现象严重,因政令不一、多头领导、无序竞争引发的宰客、黄赌毒乃至群体性事件时有所见。《旅游法》草案和正式文本的通过、出台、颁布实施,中国民俗旅游业必将全面进入有法可依、依法治旅的新时代,中国国民旅游休闲的权益才能得到更好的保障。

2. 建立高效统筹协同工作机制,理顺部门监管服务联合体系

旅游业是综合性产业,关联性大,带动性强,涉及的环节众多,民俗旅游的健康发展不但需要旅游局的直接干预,更需要多个部门的联合互动。譬如,参与乡村旅游的旅游者,其人身安全涉及公安部门;游客在渔家乐、农家乐的旅游点就餐,涉及食品安全部门;旅游者参加民俗村、风情园的演艺活动,其手工制作的传统设施的安全又与质检部门的工作息息相关。

改革开放以来,我国的民俗旅游得到了空前的发展,已经走上了产业化的发展道路,政府对民俗旅游业的发展所取得的成绩功不可没。尽管目前的行政区划设置和部门责任划分有利于权责分工,但过于明确的职责分工也容易导致步调不一的脱轨现象。从国际上看,很多国家都有相应的旅游统筹协调机制。以乡村旅游为例,为了发展乡村旅游,各国政府都不同程度地采取了一些促进措施和协同创新机制。1992年美国土地管理局、鱼类与野生动物管理局、国家森林公园中心、森林委员会、国防部、美国旅行与旅游管理局的"理解备忘录"(MOU)形成了地方、区域、州政府在推进联邦土地发展旅游业中共同合作的框架。1995年芬兰成立的乡村政策委员会包括了从政府到非政府机构的所有部门,委员会的工作任务是协调乡村发展尺度,推进乡村资源的有效配置。从我国旅游协作创新机制的改革来看,1978年国务院成立旅游工作领导小组;1986年,国务院又重新成立了旅游协调领导小组;1988年,国务院撤销旅游协调领导小组,成立旅游事业委员会。这一机构的设立对解决旅游业发展中的一些重大问题发挥了积极作用,随后这一机构又在国务院清理非常设机构中被撤销。1999年全国休假制度调整后,为适应假日旅游迅猛发展的需求,国务院又设立假日旅游部际协调会议。从实际运行看,假日旅游部际协调会议对解决"黄金周"特别是节庆旅游及假日经济中的热点难点问题,发挥了积极作用,但由于其不具备讨论决定其他重大旅游事宜的职责,其协调力度远远不及综合性的旅游业发展协调机构。

从地方层面来看,随着我国旅游经济的持续快速发展,旅游协调机构由单一部门向综合联动的转变已成大势所趋。继上海、海南成立旅游发展委员会以后,在我国一些旅游资源丰富,旅游经济发达的地市也相继成立旅游发展委员会,以适应时代的需求变化。目前,我国成立旅游发展委员会的代表城市有北京市、杭州市、黄山市、海口市、三亚市、大理市、青岛市等。

综上所述,当前中国旅游业迫切需要在国家层面成立涵盖民俗旅游在内的旅

游发展统筹协调机构,并使地方统筹协调机制发挥更大作用。例如,应该在县级市以上确立旅游发展委员会制度,将分散于各相关部门的职能整合一体,加强对乡村旅游、文化旅游、休闲旅游的支持、协调和治理。为了促进民俗旅游的良性发展,应设立乡村旅游司、处、科室、中心等。此外,政府在给予一定的税收、土地使用和宣传推广等政策倾斜措施的同时,还应该加强对市场主体协同创新机制的鼓励和引导,包括协助成立行业协会、鼓励农民或经营者成立民间团体等。只有这样,民俗旅游协同创新体制改革才有强大的组织保障,才能有效确立区域性民俗旅游一盘棋的战略格局,通过集中分配和调控,实现区域民俗旅游的全面协调可持续发展。

3. 扭转假日经济井喷式短板,试行分时分地带薪休假制度

传统节日,作为中华民族文化的重要组成部分,以其内在的文化逻辑的统一性与表现方式的多样性而成为旅游经济开发利用的首要对象。近年来,我国政府为了刺激消费扩大内需从而拉动地方经济的全面协调可持续发展,依托节庆假日里具有重要标志性文化特征的民俗文化资源,制定了一系列鼓励性措施和经济政策。1999年9月,国务院修改推出了《全国年节及纪念日放假办法》,在原有假日的基础上第一次将春节这一传统节日纳入与五一、十一平行的黄金假期,我国公民的公休日在理论上达到了114天。2007年年末,国务院推行新的休假办法,将原有的三个黄金周长假调整为两个,同时第一次将端午节、清明节、中秋节等几个传统节日纳入国家法定节假日。客观上,这为我国居民休闲娱乐、购物消费、旅游休假提供了充裕的条件,也为假日经济的产生提供了现实可能。值得注意的是,以节庆旅游为代表的假日经济繁荣背后也暗含着诸多隐忧。部分旅游接待方在经济利益驱使下片面追求眼前利益,出现降低服务标准,提高服务价格,甚至欺诈、宰客等短期经营行为。面对节庆假日蜂拥而至的游客,各地服务部门和设施都出现了超负荷运转的场景,交通拥堵,基础设施安全问题层出不穷。尤其是在节假日浪潮退去之后,整体旅游态势乍暖还寒、冷热不均的问题在民俗旅游行业更是极为突出。

我们认为,面对节庆假期游客集中旅行、购物、休闲消费的火爆场景,推行分时、分地带薪休假制度,通过带薪休假达到分流、调节并缓解旅游目的地,特别是以散、小、弱形态存在的民俗旅游地淡旺季落差显著的问题,作用明显。西方发达国家的带薪休假制度已经相对完善,公民可以根据自己的实际情况灵活选择休假时间和方式,这种措施可以有效避免集中出行所造成的许多社会问题。此外,对于试行弹性工作时间的企事业单位,选择错开节庆假日的首尾段出行高峰,采取推迟或提前放假时间,通过调休、串休等手段使休假时间大分散、小集中,鼓励企业职工带薪休假参与旅游,可以有效地缓解乃至解决交通拥堵、住宿紧张、群体性事件频发等问题。

4. 完善民俗旅游治理体系,提高旅游者满意度

游客满意度是以人为本的科学发展理念在旅游领域中的具体体现。作为现代服务业的建设战略,让国内外广大游客的满意程度稳步提升,是"十二五"期间旅游发展战略目标体系的重点工作和中心工作。2012年年初,《中国新闻周刊》登载了题为"且看昆明岩泉寺怎样忽悠人"的报道,对云南省宜良县岩泉寺要求"抽签、解签"游客支付高额烧香费、诵经保佑费用等情况进行曝光。这个事件,掀开了国内前所未有的旅游黑幕曝光序幕。事实上,类似事件的发生,也恰恰说明了旅游业监管体系广泛存在着的漏洞和部门之间联合执法的短板。有鉴于此,政府应当探索通过旅游行政管理体制改革,整合多部门力量,建立综合协调、检查督办、部门联动、分工协作、统一行动的旅游综合执法新模式,针对民俗旅游从业者广泛存在着的服务素质和服务意识偏低的现状,完善旅游质量监管机构,充实旅游执法队伍,完善旅游执法后勤保障,重点打击黑导、宰客、零负团费等非法旅游经营活动以及购物欺诈行为。

旅游活动中遭遇消费欺诈,成为2012年度的旅游举报热点,无论是在网络上还是在现实世界中都引起了不小波澜。1月28日,有网友在微博上发布消息称,朋友春节假期在三亚吃海鲜,三个普通的菜被宰近4000元,邻桌客人点了一条鱼,每斤580元,共6000多元。此帖一出,激起热议,网友纷纷跟帖讲述自己在海南三亚旅行时被狠宰的经历。紧接着,苏州游客丁先生爆料,称在厦门一家海鲜排档点了5菜1汤,其中只有三样海鲜,结账时达9560元,丁先生报警后,在警方协调下,店方退回3500元。

如果要解决此类层出不穷的旅游纠纷,从政府层面看,除了旅游法制环境和制度的建立健全外,首先应当建立起由政府主导、第三方组织、游客为主体、覆盖旅游各要素的游客满意度调查评价体系,发布游客满意度调查测评报告,通过政府的公信力、第三方和游客的客观性、媒体的影响力所产生的叠加效应,反映旅游服务质量水平,引导市场消费选择,督促有关城市、地区、行业、企业、员工改进和提高服务质量。其次,还应该开展旅游服务质量评级制度,以全国游客满意度调查为基础公开发布各相关部门的游客满意度情况。加强旅游投诉电话和质监网站建设,继续完善24小时热线及电话语音监督举报系统,建立健全专门的旅游质量监督网,按月或季度发布旅游服务质量公报。再次,相关部门还应当以维护旅游者、旅游经营者和其他有关方面的合法权益为着力点。以维护旅游者合法权益为最终目标,以维护旅游企业和员工合法权益为基础,强化旅游市场监管,建设旅游诚信体系,进一步形成"企业为主体、多方配合、共铸诚信"的格局。继续开展"诚信旅游示范单位"承诺活动,开展"窗口行业文明服务网上行"活动,加强旅游行业精神文明建设,引导旅游企业注重质量、品牌和形象声誉。充分发挥旅游诚信网、旅游企业和从业人员信用评价网络的作用,不断提高旅游诚信水平。

综上所述,只有积极发挥政府部门的主导作用,呼吁社会各个部门积极参与,在符合市场规律的条件下,开展民俗旅游事业,才能使中国民俗旅游业更上一层楼。

(二)对旅游企业的建议

民俗旅游企业是民俗旅游产业的微观基础和最小单元,民俗旅游企业的活力和市场竞争力是产业促进的第一着力点。2012年,我国民俗旅游企业的总体规模保持了较快增长,形成了一批具有地域民族民间文化风情的酒店、景区、旅游路线,以及复合型的旅游集团和行业品牌。但是相对于西方发达国家和地区,我们的民俗旅游产业至今仍比较落后,无论是商业模式还是生产要素,中国民俗旅游企业的活力和产业影响都明显不足。我国的民俗旅游企业整体呈现出核心产品弱,注册资本低,基础设施差,现代化经营观念落后,家族式管理和面对市场变化反应被动等问题。虽然以度假村、民俗村、风情园为代表的大型民俗旅游企业有专业化经营团队的管理和操盘,但比较起占据绝对数量的大多数经营实体而言,我国的民俗旅游企业更多还是处于散、弱、小的形态下。当前,民俗开发因过度商业化、庸俗化、同质化带来的问题重重,处于市场核心地位的各层次民俗旅游企业应该以现代经营观念和管理方式为目标,加速形成所有者与经营者相分离,形成拥有现代技术、实施现代化管理的现代民俗旅游企业。

1. 塑造核心产品,实施品牌发展战略

时下民俗旅游产品在产业开发上的粗制滥造,旅游规划上的粗心浮气,旅游资源维护上的粗枝大叶,缺少核心产品和品牌意识、所谓"一锤子买卖"式的狭隘落后的经营思想,是造成民俗旅游产品雷同化、品位低下、质量低劣和价格低廉的主要原因。无论是农家乐、渔家乐还是民俗村,往往是一哄而上,活动方式、餐饮内容、表演形式等高度雷同,村落设施、公共资源、基础设施、人文景观等模仿搬造。这种经营思维和手段给民俗文化资源造成极大的破坏与浪费,很难形成旅游品牌,实际上仍然是典型的短视行为。当前形势下,我国民俗旅游企业在正视上述问题的同时,应当强化和坚持以人为本、活态民俗优先的原则来塑造民俗旅游核心产品。旅游企业的规划应当不断强调对民俗文化自身创新性的关注,尤其关注民俗文化主体在当代中国现实语境中的积极性与创造性,在规划创意上旅游企业应当强调关注民俗文化传统中的民俗展演,以活态展演情境化的方式拓展民俗文化展示的舞台效果,强化旅游者在民俗旅游中的现场体验与文化感受,以核心产品拉动民俗旅游从观光旅游向体验旅游的真正深化。

在民俗旅游定位方面,旅游企业应强调转变追求短期经济利益和规模扩大的

"产业本位"观念,深刻反思民俗旅游"产业中心"观念的局限性,强调树立民俗旅游产业发展的"格局思维"和"品牌意识"。格局思维是将民俗旅游放到区域、国家与世界产业发展的大格局中去发展,作为产业发展的服务提供方而不是产出方,提供发展平台,优化企业发展氛围,以此促进民俗旅游企业模块和管理、服务意识的战略眼光。

一方面,要对传统观光旅游进行改造提升,赋予新内涵,形成新的吸引力;另一方面,要适应旅游业转型升级的要求,大力发展休闲度假旅游产品,不断满足人民群众日益增长的休闲旅游消费需求。

例如,部分中小型民俗旅游企业应当采取集群发展策略,构建民俗旅游集团,在一定地域范围内,依托地理位置的邻近性和民俗旅游资源的相似度,整合旅游产品和旅游路线,优化组合,以品牌建设为出发点,优化组合,打造一些旅游极品和黄金线路。品牌意识是一个集合概念,它融合了企业产品的质量、形象、功能、效用、内涵等诸多内容。创造一个广受旅游者欢迎的民俗旅游品牌,让旅游品牌替代旅游产品的识别,需要民俗旅游企业扎扎实实不骄不躁的努力和稳定的旅游产品品质、价值的保证。只有当民俗旅游企业树立了经过科学论证后的企业战略眼光,牢牢抓住民俗文化风情的核心元素,以先进的整合营销理念和商业运作模式来运营民俗旅游业,从而形成核心产品和品牌效应,才能真正改变民俗旅游企业低水平运作的现状。也唯有通过品牌发展的战略,整合景点的市场定位,整合旅游信息的资源要素,整合旅游品牌的松散形象,广大游客对民俗旅游业的满意度才会不断提高,中国的民俗旅游业在新时期才能获得更大的发展动力。

2. 提升文化内涵,坚持保护利用方针

在世界范围内,民俗旅游"产业本位"的思想根深蒂固,把旅游经济等同于利润攀升的观念依然盛行。如何从重视产业开发的"产业本位",向对社会提供综合服务的"社会本位"转型,是当代中国民俗旅游企业应该承担的责任,也是使民俗旅游业实现可持续发展的关键因素。毋庸置疑,旅游必须有文化的支撑才能获得永恒的发展活力和动力。民俗旅游企业为了在日益竞争激烈的服务业中取得一席之地,应当不断提升文化内涵,坚持旅游开发保护利用相兼顾的原则。民俗文化作为地域文化的代表,蕴含着极其丰富的文化内涵,而这些文化内涵又具体表现为丰富多彩的区域民俗特色,具有文化的独特性和不可替代性,所以民俗旅游在某种意义上是属于高层次的文化旅游的。

民俗文化资源的保护与开发,曾被认为是一对不可调和的矛盾。民俗旅游企业之于民俗文化资源,是重开发轻保护还是相反,也曾被认为是必然面临的纠结。然而实践证明,这一难题并非不可破解。2012年1月在永嘉县召开的"中国景观村落年会"上,面对"景观村落"而开展的民俗旅游,保护与开发孰轻孰重其实是一目了然的。中国景观村落是指我国境内具有数百年以上历史,现存物质和非物质文化遗产较为丰富和集中,传统风貌、地方特色、民俗风情基本保存完好的村落。统计表明,在我国现有的约 60 万个村庄中,具有保护价值的古村落大约有 5000 个,景观村落是其中的优秀代表。在当下旅游大潮中,永嘉县境内的楠溪江古村落整体被授予第二届"中国景观村落"称号。此外,芙蓉、屿北、埭头、茶园坑、暨家寨、林坑等 6 个村落按照"保护为主、抢救第一、合理利用、加强管理"的方针,围绕"修复优雅传统建筑、弘扬悠久传统文化、打造优美人居环境、营造悠闲生活方式"目标要求,在搞好乡村建设的同时创新保护开发模式,也取得了良好的生态效益和环境效益、社会效益。试问,当"景观村落"一旦因保护不利而受损,以之为主要载体的这类民俗旅游如何持续?民俗文化之于民俗旅游的意义,也正在这里。

当前,旅游企业在产业开发中应当进一步加强物质文化遗产、非物质文化遗产资源的保护意识,深挖其文化内涵,加强新技术与旅游文化的对接融合。提升文化内涵不是空泛的口号,而是应该重点强调遗产的基本社会文化属性和功能,同时要理性对待短期经济利益带来的虚假繁荣的现象。与此同时,以富有文化内涵的旅游产品加深游客的心理体验,以活态的旅游产品形式进行文化传承。此外,民俗旅游企业还应当充分利用政府的法律法规和财政补贴的扶助政策,通过制度建设、集权制改革、资源补偿机制建立和监督机制健全等途径,真正实现在提升旅游产品文化内涵的同时,坚定以人为本,保护为主,合理利用,以开发促保护的大局意识。

3. 顺应网络时代,拓展多元化旅游营销模式

据百度数据中心提供的数字显示,2012 年上半年除了元旦春节两个传统节日外,清明节、劳动节、端午节都是三天小长假,"拼假旅游"因此成为 2012 年最时尚的旅游话题。旅游行业搜索指数同比去年保持增长,境内游和境外游的搜索指数占比约为 85%:15%,境内游无疑仍旧是大多数人的选择。尤其引人瞩目的是古镇民俗类旅游方式,成为境内游的生力军。仅在 2012 年上半年,乌镇就以关注度 2506 万的数字高居头筹,婺源和凤凰古城分别以 1123 万和 821 万的关注度分居第二、第三位。从百度数据中心的统计看,旅游网站以"去哪""携程旅行网""同程网"等为代表,网络营销在当下的旅游市场营销中占据了较大的比重。网络市场营销以其成本低、效率高、传播广、效果好、及时性的特点逐渐占领了旅游市场营销的不小份额。

2012 年,峨眉山风景区的网络营销理念和实践堪称典范。早在 2007 年,峨眉山风景区旅游股份公司就开始改变传统风景区营销方法,尝试走"营销网络化"的道路。2009 年峨眉山与网络平台"天涯社区"开始进行网络平台宣传合作,2011 年年底,双方高层取得共识,在北京签订了《拓展在线旅游三大空间,构建旅游目

的地营销新模式战略合作协议》。由此从2012年开始,按照深度、创新、长期战略性合作的要求,双方充分发挥峨眉山在旅游资源、旅游营销经验优势和天涯社区广泛的用户覆盖率、强大的网络影响力优势,共享天涯庞大的注册用户群,大力加强了网络营销、服务平台建设、在线旅游、重大旅游项目开发等方面的深入合作,在国内率先尝试建立一流的旅游目的地网络营销体系和服务体系,从而实现了品牌的较大提升和旅游人数的持续增长。2012年1月,双方签订了三年的合作协议。据人民网旅游频道的数据统计,通过近一年的合作,以品牌空间为基础,以社区360目的地旅游体验营销方式,通过聚合网络相关热帖、承载线上线下主题活动、配合相关主题及专题推广、配合相关旅游产品宣传、即时跟进景区动态,在不到一年的时间里,峨眉山天涯专区关注人次达到1431166人,品牌曝光率超过162000000人次。共吸引2871053人次参与互动活动。在合作期内,峨眉山景区在网络总是热点不断,通过全方位的宣传推广,建立网络销售天涯客峨眉山专属电子商务平台,实现了高曝光率、高互动性,进一步提升了美誉度和知名度,并带动了游客的增长,促进了总体收入的增长。

实践证明,当前民俗旅游企业应当突破传统营销观念的束缚,加强旅游服务机构与大型互联网企业的合作。旅游企业应当尝试通过综合性门户网站、网络论坛、博客、微博、微信平台、定位服务、社会性网络服务等互联网应用模式开展旅游宣传和营销活动。优秀的民俗旅游企业,应当努力构建三网融合机制下的旅游目的地营销体系,建立跨网络、跨终端的多元化旅游营销能力。此外,新技术手段的应用应该在旅游基础设施建设中引起更大的重视,例如智能终端技术在数字化导览、电子地图、定位识别、移动支付、多点通信等领域的应用,物联网技术在电子票证、旅游一卡通、景区资源管理等领域中的应用,移动通信技术在景区注量分析、客流引导、应急处理等领域的应用等等。只有整合传统营销模式和网络营销模式,并对接新兴旅游市场营销技术手段,民俗旅游企业才有可能在日益复杂激烈的旅游市场营销乱局中杀出一条血路。

4. 统筹建设旅游业人才队伍建设

在今天以乡村旅游为代表的民俗旅游业态中,一个令人反思的现象是游客慕名而来的多,但参观、游览之后真正留下来,满足吃、住、购、娱等消费链条结构的却大大缩水。之所以出现如此情况,与目前乡村旅游发展过程中出现的同类产品多、特色产品少大有关系。事实上,包括上述原因在内,真正制约民俗旅游发展瓶颈的关键,是高素质的旅游管理人才和旅游服务人才的缺乏。

以山东省为例,山东省政府对乡村旅游发展非常重视,乡村旅游在省旅游局近年来的工作规划和部署中始终占据着重要位置,在安排下达各市总规模26.5亿元"两区""一圈一带"专项资金时,明确提出其中用于乡村旅游规划、乡村旅基础设施建设的资金不低于20%,并要求各项涉农资金都要向乡村旅游倾斜。2012年,山东省旅游局积极穿线搭桥,推荐全国30家旅游规划设计单位,给予全额补贴,帮助全省132个县市区编制乡村旅游规划。然而,在政策、资金、规划等问题都得到解决的情况下,人才缺乏却成为制约乡村旅游发展亟须突破的瓶颈。研究发现,相当数量的民俗旅游企业人才的匮乏,突出表现为学历普遍不高(中小学为主),年龄普遍偏大(45—60岁),家族式经营与管理(基本以血缘关系为纽带),经营管理观念落后(基本停留在小农经济意识层面)等方面。

从民俗旅游企业的层面看,解决优秀管理和服务人才匮乏制约自身发展的问题,应当首先注意引进外部人才,同时以专业进修、职业培训的方式重点培养有潜力的家族人才。引进外部人才是快速解决企业自身发展最为快捷的方式,人才的引进可以通过提高薪金水平、丰富工作内容、提升发展空间和个人晋升平台等方式解决。在引进外部人才的同时,重点培养家族内部技术或管理型人才也是务实的解决家族式管理瓶颈的关键。如在山东省莱芜市钢城区辛庄镇城岭村,自发成立乡村旅游合作社,以合作社为平台,整合农家乐资源,统一管理,统一营销,以此解决乡村旅游管理、服务人才的缺失。乡村旅游合作社实行"统一标准、统一价格、统一接待、统一培训、统一管理、统一宣传"等六统一措施,规范设定准入门槛,设置服务统一标准,取得了明显的效果。此外,山东烟台抹直口社区在近年成立了渔家乐协会,发展会员140余户,可以容纳5000人同时住宿、3000人同时就餐。协会通过协商认定的办法,统一授权旅游专门管理人员6人,自发邀请旅游专家培训、评审、认定专业从业人员24名,全部经过专业培训并持有关证件上岗,建立了一整套严格规范的内部管理制度。通过行业协会主持监管,完善安全设施,落实各项措施,使景区消防安全、食品卫生、服务规范等软件设施高度符合了行业标准。显然,优化民俗旅游品质、提升民俗旅游服务质量的道路绝非只有一条,无论是在政府主持下进行的旅游人才行业培训、制度扶持、对口支援等,还是旅游企业自发提高行业管理的能力、服务人才的水平,都能收到明显的实效。而上下协力,才能更快更好地推动中国民俗旅游业向标准化、特色化、规范化的方向发展。

四、2012年度中国民俗旅游十大热点话题

2012年度与民俗旅游有关的十大热点话题,是本课题组在广泛搜集35个省市区旅游活动资料的基础上,从社会关注度、社会影响力等方面评选而出,部分结果参考了百度数据库和国家旅游局门户网站的统计数字。

(一)国务院发布《服务业发展"十二五"规划》,明确旅游业发展的四大重点

2012年12月12日,中国政府网刊载了由国务院发布的《服务业发展"十二五"规划》。《规划》明确了旅游业发展目标,提出要大力发展国内旅游,积极发展

入境旅游,有序发展出境旅游,走内涵式发展道路,实现速度、结构、质量、效益相统一。科学利用资源,坚持旅游资源保护与开发并重,加强旅游基础设施建设。提高观光旅游质量,大力发展休闲度假旅游和生态、文化、红色、乡村、森林、湿地、草原、海洋等专项旅游,提升旅游业发展的科技化、信息化水平。

《规划》明确了"十二五"期间旅游业发展四大重点。一、为加快乡村旅游发展,要推进实施《全国乡村旅游业发展纲要》,建设一批乡村旅游及休闲农业示范村和示范县,加大对乡村旅游基础设施建设扶持。二、加快旅游精品建设,要推进实施《"十二五"全国旅游基础设施建设规划》,加强旅游公共服务设施建设,提升打造一批国家级城市旅游目的地、国家级精品景区,推出一批文化旅游演艺精品和精品旅游线路及文物、森林、海洋、温泉、草原、工业、科技、会展、修学等专项精品旅游景区。三、加快红色旅游发展,要推进实施《2011—2015年全国红色旅游发展规划纲要》,继续加大红色旅游基础设施投入,深化红色旅游经典景区、精品线路、重点旅游区建设,加强红色旅游与其他旅游产品的结合,完善配套服务,提高红色旅游经典景区和精品线路的吸引力和影响力。四、加快海南国际旅游岛建设,要推进实施《国务院关于推进海南国际旅游岛建设发展的若干意见》,加快体制机制创新,推进旅游要素转型升级,完善旅游基础设施和服务设施,开发特色旅游产品,规范旅游市场秩序,全面提升海南旅游业管理、营销、服务和产品开发的市场化、国际化水平。

《规划》指出要充分利用乡村的生态环境和民俗文化等资源,在妥善保护自然生态、原居环境和历史文化遗存的前提下,开展各具特色的农业观光和体验性旅游活动。进一步推进乡村旅游发展和社会主义新农村建设的结合。合理利用民族村寨、古村古镇,建设一批集居住、观光、购物、娱乐等功能为一体的特色旅游村镇,打造一批乡村旅游示范村。规范提升以"农家乐"为代表的传统乡村旅游产品,大力促进休闲农庄、养老基地、有机农庄、葡萄酒庄园、乡村俱乐部等新型乡村旅游产品发展,建成一批乡村旅游示范村项目。《规划》为民俗旅游今后发展做出了合理规划,并提供了指导方向。

(二)国家旅游局确定 2012 年中国旅游日主题为"健康生活,欢乐旅游",各地推出公益惠民措施

2012 年 5 月 19 日为第二个中国旅游日。今年"中国旅游日"活动主题为"健康生活,欢乐旅游",宣传口号是"爱旅游、爱生活"。旅游日当天,围绕"健康生活、欢乐旅游"主题,全国各地广泛开展形式多样的公益惠民活动。据统计,全国 30 个省区市旅游行政部门和旅游企业组织开展的主题活动近千项,同时推出 7000 余项公益惠民措施。这些惠民措施的折扣力度大、覆盖范围广,突出了旅游业惠民、便民、亲民的特点。

根据全国各省、自治区、直辖市旅游局（委）及新疆生产建设兵团旅游局上报国家旅游局的情况汇总，5月19日当天和前后相邻时段，全国30个省区市旅游行政部门和旅游企业组织同时推出7000余项公益惠民措施。如：黑龙江省博物馆、哈尔滨文庙、侵华日军七三一部队罪证陈列馆、东北烈士纪念馆等公共博物馆、纪念馆、爱国主义教育示范基地以及全省80家文化场馆旅游日当天将免费开放；河北秦皇岛市大部分景区面对海内外游客免第一门票；吉林长春净月潭国家森林公园、松花湖等景区对散客和公众实行半价优惠，长白山景区对活动当天省旅游局统一组织的团队实行门票半价优惠；江西景德镇市全部景区、鹰潭龙虎山部分景区等凭本地居民身份证参观景区免门票；湖北三峡大坝、三峡人家、清江画廊等景区门票五折优惠；云南楚雄彝族自治州内A级以上旅游景区将在当天门票实行5—8折优惠；浙江将邀请组织100名特殊群体人员免费游览"三江两岸"黄金生态旅游线，宁海县针对低保户人员、外来务工者及其子女、老复退军人、老年人、环卫工等特殊群体开展千人免费游活动；江苏的常州、徐州、扬州等市景区全部对残疾人免费开放等。

国家旅游局综合司相关负责人表示，今年的活动和惠民措施紧扣"健康生活，欢乐旅游"的主题，倡导"诚信旅游、文化旅游"的理念，增加了与香港等地区的合作，惠民措施的折扣力度大、覆盖范围广，突出了旅游业惠民、便民、亲民的特点。通过江苏无锡主会场和全国各地组织开展的丰富多彩、特色鲜明、注重实效、利民惠民系列活动，将进一步扩大和传播"中国旅游日"的理念，提升公民旅游意识，激发人民群众旅游热情，发挥旅游业在扩大内需、促进就业、传承文化、提升素质等方面的作用，在全社会营造关注旅游、参与旅游、支持旅游的良好氛围。

（三）国家旅游局出台新政策，鼓励民间资本投资旅游业

国家旅游局2012年7月2日正式颁布《关于鼓励和引导民间资本投资旅游业的实施意见》，《实施意见》主要包括5大方面28条主要内容：坚持旅游业向民间资本全方位开放；鼓励民间资本投资旅游业；提高民营旅游企业竞争力；为民间旅游投资创造良好环境；加强对民间投资的服务和管理。

国家旅游局、中国旅游研究院等有关负责人表示，作为改革开放后最早向外资开放的产业，旅游业对民间资本开放，体现了传统领域全方位、新领域鼓励创新、政策上力度超前等特点。

《实施意见》指出："坚持旅游业向民间资本全方位开放"的原则。涉及吃住行购等传统旅游业所有核心领域，包括旅行社服务，海陆名胜景区资源开发，餐饮饭店业等。各类地质、森林、风景名胜、水利、文物、城市公园、科教、工农业、湿地、海岛、海洋等旅游资源，可以进入的资源领域无所不包，有旅游利用价值的物质和非物质资源，生态旅游、森林旅游、商务旅游、体育旅游、工业旅游、医疗健康旅游等，民间资本均可依法采取多种形式开发利用。

旅游装备制造业将是我国旅游业今后的最大看点之一。这一领域既是旅游业新增长点，又是装备制造业新领域。民间资本将得以投资旅游装备和用品制造业，包括投资旅游房车、邮轮游艇、景区索道、游乐设施和数字导览设施等旅游装备制造，生产具有自主知识产权的休闲、登山、滑雪、潜水、露营、探险、高尔夫等各类户外活动用品及宾馆饭店专用产品。

民间资本将同国有企业一样，在"走出去"方面获得前所未有的支持。国家旅游局强调，支持民营旅游企业"走出去"，在境外投资开设旅行社、旅游饭店等经营项目。支持民营企业之间、民营企业与国有企业之间组成联合体，共同开展境外旅游投资，参与国际市场竞争。利用驻外旅游办事处等网络，建立对外旅游投资咨询服务体系。

（四）《旅游法》草案审议、公示，旅游行业将获得国家立法保障

2012年8月27日，《中华人民共和国旅游法（草案）》首次提请全国人大常委会审议，并向社会公开征集意见。一时间，旅游法受到社会各界的广泛关注，引起了强烈反响。草案内容涉及旅游者、旅游规划和促进、旅游经营、旅游服务合同、旅游安全、旅游监管、权利救济等内容。旅游法采取综合立法模式，突出保障旅游者和旅游经营者的合法权益，坚持以人为本，安全第一。各方普遍认为，旅游法的出台将是中国旅游发展的里程碑，是所有旅游者的众望所归，也是中国经济发展转型和旅游产业发展的大势所趋。

目前，我国还没有统一的旅游法，对旅游活动的规范主要依赖国务院制定的《旅行社条例》《导游人员管理条例》《中国公民出国旅游管理办法》等行政法规，以及各省市制定的《旅游管理条例》或《旅游业条例》等地方性法规。由于缺少法律上的支持，在近年来的旅游发展过程中已经体现出一定的弊端。《旅游法》草案对规范我国旅游市场不正当竞争问题将起到很大的作用，草案特别提出了对零负团费、强迫购物、景区门票涨价、网络旅游产品销售货不对板、旅游投诉等问题进行立法层面的规定，这些亦是旅游消费者对此次《旅游法》草案最为关注的焦点，更体现了《旅游法》突出保障旅游者和旅游经营者合法权益的精神。

《旅游法》草案中，最受消费者关注的是为杜绝"零负团费"推出的措施，规定"旅行社安排旅游者在指定场所购物、强迫或者变相强迫购物、安排另行付费旅游项目的，由旅游行政主管部门责令改正，没收违法所得，处5万元以上20万元以下罚款，初犯的并处停业整顿，再犯的吊销旅行社业务经营许可证和相关人员的导游证、领队证"。与之前出台的《旅行社条例》相比，这项整治"零负团费"的措施更加严厉，这也显示国家对于整治连出纠纷的"零负团费"旅行团的决心。对于追求旅游品质的游客来说，这是一项提升旅游产品品质的有利措施，但因此团费会有一定升幅，对此消费者应当理性看待。

（五）旅游人才培养日益引起关注，各层次旅游研讨会、培训班频繁举办

举办旅游研讨会和旅游培训班是进一步加强旅游人才队伍建设，促进旅游产业的发展的重要手段。2012年，分别由国家旅游局，各省、市、地旅游局以及旅游协会、科研机构为主举办的旅游研讨会、培训班层出不穷。这些活动为提高旅游从业人员服务意识、业务水平和服务质量，特别是为贯彻落实全国旅游工作会议精神和《中国旅游业"十二五"人才发展规划》，提高各地旅游行政管理干部的行业管理能力等方面发挥了重要作用。本年度，各层次的旅游研讨会和培训班，主要内容多聚焦在《旅游法》草案解读、旅游规划与开发，旅游市场营销，旅游人才开发，乡村旅游开发，中外旅游发展现状及趋势，民俗文化与旅游开发以及如何做好旅游管理行政单位领导工作等方面。

在旅游人才培养方面，国家旅游局启动实施了旅游行业"百名青年专家"培养计划，不断加强旅游业领军人才和专业骨干人才队伍建设，举办了第10期西藏旅游经济研讨班、第二期新疆旅游经济研讨班和两期云南、四川、青海、甘肃藏区旅游经济高级培训班，直接培训西部地区和藏区旅游行政管理干部400余人。浙江省旅游局实施了"十万从业者大培训"计划，组织全省旅游局长培训班和全省景点景区高端人才培训班国外段培训。

4月上旬，第三届中国旅游品牌营销研讨会在青岛举行，这次研讨会是2012中国国内旅游交易会的组成部分，由国家旅游局和中央电视台主办，山东省旅游局协办。本届品牌营销研讨会以"传播品牌，联动营销"为主题，围绕旅游市场发展变化趋势，以前瞻性的视角审视和探讨当前旅游、营销等方面的热点问题，多角度剖析了品牌营销面临的实际问题，深化了品牌联动营销推广的核心理念，增加了业界对品牌营销价值的认知和了解。8月，由北京第二外国语学院、厦门大学、高雄餐旅大学（台湾）等联合主办的"2012海峡两岸旅游观光研讨会"在北京召开。会议围绕"旅游促进文化繁荣与发展"主题，就海峡两岸旅游热点问题：旅游与文化的融合与提升、旅游观光发展与政策、酒店餐饮经营与管理、会展与旅游教育、旅游观光热点与趋势等进行了热烈研讨。9月，由国家民族事务委员会、文化部、国家旅游局指导，中国人类学民族学研究会和国际节庆协会（IFEA）联合主办，中国人类学民族学研究会民族节庆专业委员会和延吉市人民政府共同承办的"第三届中国民族节庆峰会"在延吉市隆重举行。第三届民族节庆峰会以"打造民族节庆品牌，传承优秀传统文化"为主题开展学术交流，盘点和回顾2012年度中国的节庆产业发展状况，研究和探讨优秀民族节庆品牌的打造与传播、民族节庆与民族民俗文化的保护与传承、民族节庆推动旅游发展的新趋势与新途径等重要问题。

12月，全国红色旅游季报员培训班在广西美丽小城兴安县举办。本次培训由全国红办主办、广西桂林兴安文化旅游局承办，各省、自治区、直辖市和新疆生产建设兵团旅游局负责红色旅游工作的业务部门、纳入全国红色旅游统计系统的18个红色旅游重点城市和81个红色旅游经典景区负责数据统计的人员、以及专家学者共计114人参加。而在成都市召开的2012中国城市旅游发展战略研讨会上，与会嘉宾则一致认为，随着我国旅业业进入大众化发展阶段，旅游从业者和城市管理者应及时回应旅游发展对城市管理的新要求，秉持包容、共享与创新的理念，将城市打造为市民和游客更加满意的生活空间。

（六）节庆活动总量稳中有降，中央政府的清理和规范工作初显成效

2011年4月5日，中办、国办联合发文，要求"全面清理和规范庆典、研讨会、论坛"。随后，召开了全国电视电话会议，在全国开始了大规模的清理、审核工作。据全国清理和规范庆典研讨会论坛活动工作领导小组统计，截止到2012年年末，全国共清理和规范庆典、研讨会、论坛项目6763个，其中保留项目4214个，撤销项目2549个，撤销率达37.7%，节约经费支出约12.2亿元。其中，浙江省撤销庆典研讨会论坛逾八成，湖南省清查节会半年节约逾千万，江西省瑞昌违规办龙虾节被严处，贵州省重拳治理取消庆典等活动62项，江苏省严审严控缩减超六成。

2012年2月9日，全国清理和规范庆典研讨会论坛活动工作领导小组召开会议，总结工作进展情况，审议《节庆活动管理办法（试行）》和《社会组织举办研讨会论坛活动管理办法》两个规范性文件，研究部署下一阶段工作。会议指出，清理和规范庆典研讨会论坛活动工作，是党中央、国务院部署的一项关系党风廉政建设的重要工作。截至去年年底，全国共撤销庆典、研讨会、论坛活动2549个，撤销率达37.7%，节约经费支出约12.2亿元，促进了党政机关工作作风进一步改进，由此类活动过多过滥引发的形式主义、铺张浪费等不良风气得到有效遏制。会议提出，要正确估价清理和规范工作取得的成绩，充分认清工作中存在的薄弱环节，进一步贯彻落实党中央、国务院对清理和规范工作提出的要求，认真总结经验，加大工作力度，深化专项治理，确保清理和规范工作任务圆满完成。要广泛征求意见建议，总结吸收各地区各部门特别是基层在清理和规范工作中创造的好经验好做法，制定规范性文件，建立健全控制和规范庆典研讨会论坛活动的长效机制。

会议强调，要严格执行举办庆典、研讨会、论坛活动的各项规定，对有令不行、有禁不止、顶风违纪的，要发现一起、查处一起；对因监管不力造成严重后果的，要坚决追究有关领导责任；对性质恶劣、群众反映强烈的，要在严肃处理的基础上予以通报批评或公开批评，不断巩固专项治理成果。

事实上，节庆清理活动促进了党政机关工作作风进一步改进，由此类活动过多过滥引发的形式主义、铺张浪费等不良风气得到有效遏制。清理和规范工作取得阶段性成果，基本实现了预期目标。清理泛滥成灾的庆典、论坛，是一个专项行动，也应该是一个开始。既要有效整顿、清理，更要研究建立长效机制，通过制定更加科学有效的政绩考核机制,引导地方干部把更多精力用到推动科学发展、解决民生问题上去。去粗留精,去伪存真,摒弃鱼龙混杂、一哄而上的乱象,中国的节庆产业与节庆文化才会相得益彰,健康发展。

(七) 品牌节庆活动渐趋稳定,特色节庆不断涌现,差异化日趋明显

据第三方的统计,始创于1991年、迄今已举办22届的青岛国际啤酒节,共接待海内外游客396万人次,同比增长5.04%;消费啤酒1180吨,同比增长80吨,再创历届啤酒节之最。来自世界五大洲16个国家25个世界知名品牌的300多种啤酒产品入驻啤酒节。本届啤酒节除游客总数增加外,游客构成也悄然发生变化,本地游客占参节游客总数的57.1%,外地游客占参节游客总数的42.9%,比上届啤酒节提高了1.48个百分点。外地游客比重的增加,侧面印证了品牌化的节庆活动进一步走向成熟,影响力和吸引力不断提高。

本年度,富于地方特色和创新的节庆不断涌现,中国节庆在2012年度呈现出从"标准化"走向个性化发展的转向。一些少数民族地区濒临消失的独特民俗活动得以保护和发扬传播,并发展成为受人民喜爱的现代节庆活动。如广西百色市布洛陀民俗文化旅游节,在广西田阳县敢壮山举办,以祭祖、对歌、舞狮、抛绣球等活动纪念壮族始祖布洛陀。此外,获得"2012中国优秀民族节庆"荣誉称号的务川仡佬族吃新节,是仡佬族仅次于过年的大节,以采新、祭祀、吃新、民族文化文艺表演为主要内容,秉承了个性的民俗活动和保护传承仡佬民族优秀传统体育项目,进一步树立和宣传了"中国的务川·世界的仡佬"品牌形象。现代的祭斡包活动发展成为了达斡尔族人民的群众性活动,将斡包会纯朴、富有民族特色的传统节庆,以活泼多样的形式和现代人的欣赏标准,用心演绎,成为各位来宾进一步了解莫力达瓦和达斡尔民族的一个窗口。少数民族节庆的发展,起到了新时期振奋民族精神、增进各民族之间团结、促进社会和谐进步等作用。还有一些"节赛相结合"的节庆举办得很成功。如环青海湖国际公路自行车赛,已发展成为中国体育、传媒、旅游、文化与环保集大成的盛会。海阳国际沙滩体育艺术节,将体育与文化艺术完美结合,包含了沙滩主题文化活动、沙滩体育活动、配套文化活动等一系列活动,力争通过一系列活动,来带动游客感受海韵阳光,体验激情时尚,共享"快乐在一起"的美好时光。富春江运动节以"休闲浙江 运动富阳"为主题。充分利用山水资源,激活运动元素,彰显"运动"个性。积极创新运动休闲理念,融合多种休闲元素,实现体旅转型提升。促进国内外运动休闲交流互动的有效平台。

2012年,以景区摄影为背景的摄影节正在悄然兴起,丰富了节庆活动的社会功能。喀纳斯金秋国际摄影节自2001年举办以来已成功举办了十届,并成为国内最富影响力的摄影节之一,2004年,喀纳斯景区被中国摄影家协会正式命名为"中国摄影家创作基地",成为全国八大摄影家创作基地之一。

此外,传统节庆得以复兴,一些传统的习俗得以恢复。如端午节期间,湖北、广州、江苏等地举办了盛大的龙舟比赛。

(八)山东省成功举办第二届"好客山东休闲汇"与第三届"好客山东贺年会",地方旅游品牌效应持续发酵

由国家旅游局和山东省人民政府共同主办的第二届"好客山东休闲汇"活动8月份在聊城启动。第二届"休闲汇"依托"好客山东"品牌效应,秉承"健康休闲,幸福人生"的主题,旨在满足群众的休闲消费需求,提高生活幸福指数。

据了解,本届休闲汇由山东省直32个部门和全省17市政府共同承办,发展休闲产业形成了政府主导、部门联动的发展格局。在整合全省社会、人文及城乡休闲资源基础上,推出了一系列群众喜闻乐见、参与性强的休闲产品,形成了完善的休闲汇产品体系。休闲汇期间,山东全省推出了包括蓝色休闲、黄河休闲、乡村休闲、健身养生休闲、绿色餐饮休闲等10大类旅游产品。全省城乡健身休闲、文化休闲、旅游休闲、美食休闲、购物休闲等各类休闲活动高潮迭起,形成了"天天有活动,周周有高潮"的全民大休闲氛围,进一步培育了山东旅游的新特色、经济发展的新引擎、转方式调结构的新亮点。例如以"齐鲁乡村逍遥游休闲系列"为主题,突出"记忆乡村、回归田野、陶冶身心、放飞梦想"乡村休闲主题,围绕海滨渔家休闲游、山区生态休闲游、滨湖湿地休闲游、平原农家休闲游、民俗文化休闲游等五大板块,重点打造"齐鲁乡村逍遥游"产品系列。结合资源特色,开发包装一系列适合市民休闲度假的一、二、三日游特色乡村休闲游产品。以"好客人家"为统领,支持各地融合地方文化打造"沂蒙人家""泰山人家""阙里人家""胶东渔家""滨湖人家""森林人家"等乡村休闲品牌产品。为此,山东省旅游局先后推出100多条自驾游新干线;以种植、采摘、垂钓、养生、健身为主题的乡村休闲系列;挖掘鲁菜文化,打造一批经典鲁菜,深入推进"到山东不可不品尝的100种美食"在全省各地的落户工作等。

与此同时,"休闲汇"活动期间,全省各地主要商场、超市、各类购物街区、农贸市场等商贸企业开展休闲购物大优惠、大让利活动,旅游景区推出免费门票、打折门票,餐饮企业推出打折大优惠、大让利活动。星级饭店在推出优惠住宿价格的基础上,加大特价房和免费房的比例;旅行社配合景区、饭店等休闲场所的优惠措施,设计特别优惠的休闲汇"二日游""三日游"旅游专线产品。

在以人为本、社会参与、惠民利民的原则下,休闲汇硕果累累。以本年度的"十一"黄金周为例,作为第二届"好客山东休闲汇"活动的重要节点,全省旅游系统精心打造推出了滨海休闲、水浒文化、运河文化、黄河文化、齐长城等一大批自驾游新干线专项产品,引导游客"快旅慢游",居民出游兴致高涨。休闲汇先后引爆暑期、十一黄金周、秋季采摘季三大节点,实现了"政府——市场——社会"资源的灵活调配。仅假日期间，山东省就接待游客4663.9万人次，比去年"十一"增长26.2%，旅游综合收入335.01亿元，比去年"十一"增长33.6%。

2012年"好客山东贺年会"积极响应国家旅游局提出的"中国欢乐健康游"年度主题，突出欢乐、祥和的中华春节传统文化内涵，以"我们的节日"为主题，突出元旦、春节、元宵节三大节点，持续打造贺年宴、贺年游、贺年礼、贺年乐、贺年福五大产品，推出一批到山东过大年的新品、精品、名品。2012年的贺年会更加注重节事品牌向产品的转化，首推六大地标文化旅游产品品牌，即："孔子在这里诞生——游三孔知天下；泰山在这里崛起——登泰山保平安；黄河在这里入海——赏奇观抒豪情；长城在这里始建——读齐鲁做好汉；运河在这里重现——品水城揽古今；奥运在这里扬帆——亲蓝海享休闲"。

2012好客山东贺年会期间，元旦、春节假日旅游先后叠加、迎来双重热点，餐饮、购物、娱乐等相关产业再次引爆假日旅游市场。济南、泰安、曲阜等地围绕福文化，举行大型灯会、庙会等祈福活动，吸引大量游客驻足观赏游玩；青岛、烟台、临沂等地围绕"团圆""贺岁"的主题，推出民间习俗艺术展演。自驾车旅游、温泉度假等一些新业态旅游项目激活冬季旅游市场，滑雪场、葡萄酒庄园等特色旅游产品也成为冬季休闲度假新热点。贺年会期间，山东共接待游客4000多万人次，旅游综合收入375亿多元，两项数据均大幅度超过往年。

（九）借力莫言效应，高密市斥巨额资金打造文化旅游引发舆论热议

2012年诺贝尔文学奖授予中国作家莫言，莫言成为有史以来首位获得诺贝尔文学奖的中国作家。获诺贝尔文学奖后，"莫言效应"不断发酵。高密市表示将深入发掘莫言作品中"东北乡"等艺术场景，借此推动旅游文化产业发展。高密市市长介绍说，高密市将着力打造"三贤四宝，莫言家乡"文化旅游品牌，挖掘莫言"红高粱"文化旅游资源，加强莫言旧居和莫言文学馆等场所的保护建设工作，尽快将高密的旅游文化品牌推向世界。

在山东，高密的旅游一直处于平淡状态，成形的旅游线路尚不明显。如果不是莫言获诺贝尔文学奖引起的巨大轰动，高密这个位于山东半岛中部、胶莱平原腹地的县级市的旅游资源也许不会这么令人注目。实际上，高密是中国民间艺术之乡和中国扑灰年画之乡。高密茂腔、扑灰年画、剪纸、泥塑被称为民艺"四宝"，列为国家级非物质文化遗产保护项目。齐相晏婴、汉代经学大师郑玄、清代大学士刘墉诞生在这里，被誉为"高密三贤"。莫言获奖后，当地政府提出了"古有三贤，今有莫言"的口号。

莫言获得诺贝尔文学奖，大量新闻热议其当地政府准备投资巨额资金打造文化旅游带，包括莫言旧居周围的莫言文化体验区、红高粱文化休闲区、爱国主义教育基地等等。在红高粱文化休闲区,还将花千万元种植万亩红高粱以重现20世纪80年代根据莫言小说改编,张艺谋执导的著名电影《红高粱》的美术场景,莫言老家所在辖区的官员则明确表示"赔本也要种"。莫言获奖给高密市带来了极高的荣誉和关注度,但高密市政府在新闻热潮逐渐消退后则郑重表示,在围绕莫言开发相关产业的计划方面,官方头脑很清醒,将理性对待围绕莫言效应而产生的包括旅游在内的一系列文化产业开发问题。

(十)海南三亚被曝春节宰客,旅游纠纷惹网络争议

2012年1月28日,微博实名认证用户罗迪发布微博称:"朋友一家三口前天在三亚吃海鲜,3个普通的菜被宰近4000元。他说是被出租车司机推荐的。邻座一哥们指着池里一条大鱼刚问价,店家手脚麻利将鱼捞出摔晕,一称11斤,每斤580元共6000多元。那哥们刚想说理,出来几个大汉,只好收声认栽"。该微博发布后,引起网友的热议,一些网友纷纷转帖并留言称自己也遭遇过类似情况。截至29日下午6时30分,这条微博在网上被转发4万多次。但随后几天内,三亚管理方无视当地宰客风盛行之实,先后以"零投诉""无法举证"等措辞冷漠应对,由此引发社会强烈关注和热议,海南三亚旅游被推到了舆论的风口浪尖。

最终,在舆论力量和媒体不断深度挖掘、关注和报道下,2月8日,根据《价格违法行为行政处罚规定》,三亚市价格主管部门决定对涉事的海岛渔村海鲜城处以50万元罚款的行政处罚。三亚市物价局向海岛渔村海鲜城下达了《行政处罚事先告知书》,并按照相关法律法规的程序组织处罚。三亚市委常委、常务副市长张韵声表示,三亚将开展为期3个月的海鲜市场整治行动,对存在欺客宰客、敲诈勒索等突出问题的海鲜排档将坚决实行"零容忍",坚决实行"一次性死亡",坚决依法追究违法经营者的法律责任,坚决维护广大游客和市民的合法权益。

该事件呈现出了政府异常重视、媒体争相报道,网民热烈评论的景象,三亚被宰客事件推到了风口浪尖,这是一个必然的结果。多年来,游客对三亚旅游热情不减,但投诉却也非常之多。对于投诉,三亚相关单位对其态度似乎如网友所言"无曝光无回复",处理问题的能力也被媒体指责为"主动性差",宰客事件前后三亚的舆论被动正是多年弊病累积而成。随着舆论对三亚"宰客"事件的关注,还有一些旅游城市也被卷入了"宰客门"。大量的游客投诉在事实层面表明,一些地方在旅游市场的快速增长和旅游环境的改善之间出现了严重脱节。很多地方政府往往热衷于大手笔投入旅游基础设施建设和形象塑造,但在营造良好的市场生态环境建设方面却缺乏作为。

总的说来,在全球化、现代化、城市化的大背景下,2012年国内民俗旅游发展迅速,保持了持续健康发展的态势。

后　　记

《中国民俗文化发展年度报告》(以下简称《报告》)自2011年在教育部立项,至今四载,已出版两部。回首以往,甚觉艰辛,深感当初与参与此事的同仁所确立的主旨"深描中国现代化(未来数年将突出城镇化)进程中民俗传统变迁与创生现状,为中华民族崛起中重大问题的解决提供民俗智慧",真正实践起来着实不易,但我们在克服重重困难之后,也为向"学以致用"的方向迈出了坚实步伐而备感充实。

本《报告》作为项目的特别之处,在于强调学术研究的社会服务功能,使民俗研究从职业化的学术活动转化为理解当代中国的一种立场与角度,这是本项目申报之初各位同仁的同心之结。就我个人而言,近十几年来,我主持的项目主要有两类:一为基础研究项目,是从职业学术角度出发而进行的学术探索,主要落实在艺术民俗学、村落社会研究领域;二为服务于地方社会发展而进行的民俗文化产业或民俗公共服务类的项目,大略是对一县一镇一村甚或一景区所做的发展设计,目的明确,针对性强,强调就事论事,解决地方发展中遇到的现实问题。《报告》项目与上述二者似乎都有不同:它同样注重解决实际问题,但视野更开阔,追问更深沉,所关注者既是中国民俗传统的当代发展,更是中国社会发展的民俗趋向,传统民俗的当代样态、社会构建的民俗动因和价值树立的民俗契机是本《报告》的三大问题层面。

经过如此定位的《报告》,必然不再是单纯的学术研究,而是从学术本位出发的咨政应询。本《报告》协同相关高校、研究机构与政府部门的多种力量,组建了相对稳定的研究团队,围绕中国民俗文化与当代社会发展问题开展了对策性、前瞻性研究,为政府部门积极建言献策。特别是针对新世纪以来,随着以全球化、都市化为特征的现代生活传统的迅速展开,乡土民俗的连续性、系统性、整体性已严重受损的问题,给予重点关注,对乡土民俗关键要素的变化忠实记录、深入分疏;关注当代中国社会中由形形色色民俗事象所构成的人文传统,在"礼俗互动"的学术传统中重构精英文化失落中遭遇危机的价值信仰;揭示中国民俗文化在现代化进程中的现实遭遇与自我创生,关注其走向,描画民俗文化与其所承载的宏大传统在中国现代化进程中突围的悲喜剧;揭示民俗学研究关注中国社会当代命运、介入其历史发展进程的关键路径。我们在承担《报告》项目的过程中,正是怀着这样神圣的责任感而惕然自励。

总的说来，我们在推进这一项目的过程中，主要有三点体会：

这一项目的顺利实施，首先，是找对了人，组织了一支素质优良、结构合理、能进行长期合作的核心研究团队。2011年《报告》作为培育项目立项以后，我旋即联系文化部民族民间文艺发展中心的李松主任、王学文博士和中国传媒大学耿波副教授，就撰写体例、功能设计、特色定位、田野调查计划等反复磋商，最终确定了目前呈现在大家面前的这份报告的主框架，和以深度田野调查、广泛资料查证与积极响应现实重大问题相结合的研究方式，并将本报告定位为：立足中国社会发展的宏大背景，以当代民俗发展进程中所产生的生活与文化现象为考察对象，关注焦点，剖析热点，既要呈现中国当代民俗现象的细节与脉络，又要揭示中国民俗发展在当代社会所发生的深刻变化以及与整体性社会生活的互动态势。以追踪现实、把握现实、服务现实为重要宗旨目标，为各级政府建言献策。在团队各位同仁的齐心协力中，上述定位应该说是坚决而有效地执行下来了。

其次，是找对了协同对象，尽早确定文化部民族民间文艺发展中心为合作单位，使得《报告》运作如虎添翼，少走了不少弯路。《报告》项目涉及面较广，田野调查工作尤为繁多。山东大学为我们进行田野调查提供了充足的项目配套经费支持，此一幸也；后来又得到了文化部民族民间文艺发展中心在资金与智力的双重支持，此为大幸。事实上，山东大学民俗学团队与文化部民族民间文艺发展中心早已形成比较密切的合作关系，形成了较强的协作优势。山东大学民俗学研究二十多年来一直注重村落田野作业，积累了颇丰的民俗研究第一手资料，而文化部民族民间文艺发展中心在编撰"十集成"、实施《中国节日志》等大型民间文化调查项目的长期过程中，不仅保存了大量宝贵的民间文化资料，而且积累了丰富的组织经验，并与各地文化艺术部门、各界学者建立了良好的合作关系。可以说，我们"接地气"，中心"通天气"。2009年，中心在山东大学设立中国节日研究基地，合办《节日研究》，《报告》项目可谓是对双方已有合作关系的拓展与深化。《报告》在田野调查研究的学术资源与政策沟通渠道方面形成互补优势，确实受益于此。

再次，是找准了人，在《报告》撰写框架确定后，因事选人，集聚了目前国内高校、研究机构相关学科的一大批学术精英，保证了报告撰写的权威性。《报告》的长期参与人员跨越文化部、中国社会科学院、北京大学、北京师范大学、中山大学、中国人民大学、华东师范大学、华中科技大学、中国传媒大学和山东大学等单位，我们在具体调研与撰写过程中，总结凝炼出《报告》撰写的"五结合"原则，即作为中国民俗文化发展背景的世界格局与现实国情要结合起来通观，作为民俗文化传承空间的城市与乡村要结合起来互观，作为民俗文化结构的社会机制与精神生态要结合起来深观，作为民俗文化自身发展的多元倾向与趋同态势要结合起来细观,作为民俗文化管理的民间自律与国家调控要结合起来纵观。在讨论、撰写与发布《报告》的过程中,整个项目组40余人也结下了深厚情谊。

辛勤的工作总有回报:2013年出版的《中国民俗文化发展报告2012》中,专题报告《觉醒与期待——2011年度中国民间文艺知识产权保护研究报告》的主体内容"民族民间文艺知识产权工作亟待加强",被中共中央办公厅《每日汇报》收入,并被国家知识产权战略实施工作部际联席会议评为"国家知识产权战略工作动态十佳优秀稿件";专题报告《2011年度中国民俗旅游发展报告》中的主体内容"转变民俗旅游发展思路 构建旅游服务社会模式",刊载于国务院参事室《国是咨询》;其他重要观点在《光明日报》《中国文化报》《中国社会科学报》等数十家媒体发布后,引起了广泛的社会影响。

我们深信,《报告》对当代民俗文化的多视角的关注与多层次的分析,对焦点问题的深入剖析,对国家政府下一步如何更好地利用民俗文化改善民生,起于责任,出乎深思,贴近民心,必有可观之处。我们将继续完善报告学术委员会的定期工作制度,约请《报告》相关专家、资深媒体人员、官方人士和企业界人士参与商讨,在对上一年度发展报告予以准确评估的基础上,认真构思新年度发展,从分报告与专题报告的选题的遴选、写作人的确定、写作质量的把握等方面予以保障。我们有信心将这份报告越做越好!

张士闪
2014年5月10日